U0021474

Histoire du Caucase au XXe siècle

歐亞火藥庫的誕生

在俄羅斯、土耳其、伊朗之間求生存的20世紀高加索

埃提安・佩哈◎著
Etienne Peyrat
許惇純◎譯

推薦

受困於強權競爭的高加索

陳立樵／輔仁大學歷史系副教授

本書《歐亞火藥庫的誕生》（*Histoire du Caucase au XXe siècle*），聚焦在二十世紀高加索地區（Caucasus）的歷史。在筆者的研究之中，高加索是相當重要的部分，所以很高興有機會先行閱讀本書，讀來也頗有熟悉的感覺。

講到高加索，讓人想起二〇二〇年九月至十一月之間，亞塞拜然（Azerbaijan）與亞美尼亞（Armenia）交戰，為了爭奪稱為納卡（Nagorno-Karabakh）*一地。這區域頗為複雜，納卡在亞塞拜然境內，但卻是認同亞美尼亞，且在一九九一年建立了阿爾察赫共和國（Republic of Artsakh），成了兩「亞」之間對峙的因素。

*編注：本書翻譯為上卡拉巴赫地區。

納卡的爭奪，其實是高加索當地勢力與周邊強權相互拉扯的縮影，這並非近年才有，而是從更早以前的時代就留下來的問題。如本書所說，自十六世紀之後，高加索便是伊朗薩法維王朝（Safavid Dynasty）與鄂圖曼帝國（Otoman Empire）爭奪勢力範圍的地區。但是，從十七世紀之後，加入了俄國的競爭。一七二二年當薩法維王朝滅亡之際，俄國與鄂圖曼帝國立即瓜分了高加索，可是，薩法維王朝的殘餘勢力仍試圖取回高加索的土地。十九世紀初期，伊朗新成立的卡加王朝（Qajar Dynasty）*持續與俄國及鄂圖曼帝國交戰，大致以亞拉拉特山（Mountain Ararat）作為三方交界處。

在高加索的土地爭奪、劃分界線的過程之中，影響了特定的制度形成。例如卡加王朝的王位繼承，其中的重要條件是，王儲在登基之前，必須擔任過亞塞拜然省長。本書也有提到這部分，「讓他（王儲）實地學習治理國政」，畢竟這區域的爭議最為複雜，算是「職前訓練」，讓王儲在接任王位前，已經有處理國家大事的基本能力。

然而，即使帝國之間有機會暫時解決爭議，卻總因為重大事件發生後爭端再起。第一次世界大戰便是高加索局勢發展的另一個分水嶺，因為俄國在一九一七年年底，由持社會主義的蘇維埃（Soviet）勢力取得政權，蘇俄成立。而鄂圖曼帝國也在戰爭後崩潰，為土耳其共和國（Republic of Turkey）取代。在局勢劇變、社會主義影響之下，高加索出現了喬治亞（Georgia）、亞美尼亞、亞塞拜然等社會主義共和國，但彼此之間也有領土劃分的糾紛，而蘇俄、土耳其、伊朗也宛如上個世代的俄國、鄂圖曼帝國、卡加王朝一樣，仍不斷關注與介入高加索事務。

因此，儘管接下來一九一九年到一九三九年第二次世界大戰爆發之間，是為「戰間期」

（interwar period），但本書作者埃提安・佩哈（Étienne Peyrat）則認為「戰間期」的概念，並不見得適用於衝突不斷的高加索，畢竟當地的情勢本來就不樂觀。在本書的第十章與結語，也已經可以看到二十世紀末亞美尼亞與亞塞拜然的爭執。從近期的國際新聞之中，還是偶爾會看到零零星星的衝突。換句話說，即使時代不同，但所有問題並沒有結束，往後還會有人繼續重提往事。

藉由本書了解高加索地區的歷史後，可知道這區域之所以成為火藥庫，並不是當地族群、文化、習慣複雜使然，而是周邊強權的勢力範圍爭奪、邊界的劃分所導致。本書讓筆者想到，英國學者馬佐爾（Mark Mazower）所寫的《巴爾幹：被誤解的火藥庫》（*The Balkans*），便是呈現這樣的意涵。巴爾幹地區（Balkans）之所以為火藥庫，其實狀況與高加索一致。巴爾幹也有許多穆斯林、基督徒、各類群體，在近代卻經歷了周邊強權的衝突與界線劃分，致使當地各方勢力與強權之間關係緊張，給世人留下了火藥庫的形象。

貓頭鷹出版社在二〇一九年出版的《歐亞帝國的邊境》（*The Struggle for the Eurasian Borderlands*），作者里博（Alfred J. Rieber）指出歐亞大陸在十六到二十世紀之間，各帝國邊界上諸多衝突與融合的局勢。該書談論的年代較早，涵蓋的範圍較大，可當作了解歐亞近代歷史背景的用書。比較起來，本書《歐亞火藥庫的誕生》是深入探討特定時期與區域的專業研究，能夠讓讀者更了解高加索地區所經歷的大小事情。而且，里博與佩哈都告訴讀者，如高加索這樣的「帝國邊境」，其實都是帝國之間競

＊編注：本書翻譯為卡扎爾王朝。

爭的「中心」，具有不可忽視的重要性。

本書作者埃提安．佩哈使用的資料廣泛，除了大量的二手研究之外，還有相關的英、法、俄、德、土耳其、波斯文檔案，建構出二十世紀高加索歷史的方方面面，既有區域發展的微觀角度，也有世界局勢走向的宏觀視野。即使高加索僅是個世界上的一個區域，但其前世今生也值得關注。

導讀

高加索：是邊陲地區，亦是文明交會的所在地

周雪舫／輔仁大學歷史學系兼任教授

高加索（Caucasus）指位於歐亞交界處、黑海和裏海之間高加索山脈的地區，山以北稱北高加索（North Caucasus），又稱內高加索（Ciscaucasus），今為俄羅斯領土；山以南稱南高加索（South Caucasus），又稱外高加索（Transcaucasia），今為喬治亞（Georgia）、亞美尼亞（Armenia）、亞塞拜然（Azerbaijan）三個國家的所在地。地理位置屬於亞洲，但南高加索人民自認為屬於歐洲。

長期以來以歐洲為中心的歷史敘事，人類歷史似乎只有經歷歐洲現代化發展的軌跡，亦即現代化之後取得不斷進步才有「歷史」，否則停滯不前是沒有「歷史」可言，至多作為邊緣被寫入歷史。隨著後現代主義的衝擊與全球化的影響，改變了以歐洲視野認識人類的歷史。本書探究南高加索三個國家二十世紀的歷史，此期間幾乎由俄羅斯帝國和其後的蘇聯統治，它們是邊緣地區，然而作者埃提安·佩哈（Étienne Peyrat）並非以俄羅斯或蘇聯的角度談論這段歷史，而是跨越國界的藩籬，告

訴讀者這個地區是介於俄羅斯、伊朗和土耳其的南高加索，不能忽略伊朗和土耳其的影響力。位於諸帝國邊界的南高加索，它是地理上的邊界，也是社會和經濟的邊界，邊界的開放與關閉都與三大帝國有關。

挪亞方舟是一般人熟悉的聖經故事，《舊約聖經．創世記八章四節》記載挪亞方舟在洪水退後著陸停留亞拉拉特山（Ararat），位於今土耳其境內，早期為亞美尼亞領域。為人類偷火種的普羅米修斯，被宙斯囚禁在高加索的卡茲別吉山（Kazbegi），今位於喬治亞與俄羅斯的邊界，此受希臘文明的影響。

亞美尼亞早在公元三〇一年以基督教為國教，是世界上第一個基督教國家，為「亞美尼亞使徒教會」。公元四〇五年由神學家聖梅斯羅普．馬什托茨（Mesrop Mashtots，公元三六二至四四〇年）以希臘字母為基礎創造亞美尼亞文字，翻譯聖經與祈禱文。喬治亞在公元三三七年以基督教為國教，在十一世紀時脫離安提阿（Antioch）教會的管轄，獲得自主的權利，屬於東正教會。公元四三〇年時模仿希臘字母創立了喬治亞文字。亞塞拜然亦在四世紀時以基督教為國教，七世紀時受阿拉伯統治的影響而改信伊斯蘭遜尼派*，十六世紀初受波斯影響改為伊斯蘭什葉派。在五至十世紀的書寫係以古土耳其字母創立的亞塞拜然文字，其後幾經改變，以現行土耳其語字母為基礎所創的新文字成為今日官方語言。

亞美尼亞約於公元前八六〇年代到公元前五九〇年代建立以凡湖（Lake Van）為中心的凡王國，在亞述文獻中稱烏拉爾圖（Urartu）王國，《舊約聖經．耶利米書五十一章二十七節》中稱亞拉拉特

（Ararat）王國。接著是奧龍蒂德（Orontid or Eruandid）王朝，臣屬於波斯第一帝國阿契美尼德帝國（Archaemenid Empire，公元前五五〇至公元前三三〇），在帝國崩解後才獨立建國，王朝的後裔統治了「大亞美尼亞王國」（公元前三二一至公元四二八），係領土跨越土耳其、喬治亞和伊朗的大國。

喬治亞在公元前十三世紀建立濱臨黑海的科爾基斯（Kolkheti / Colchis）王國，公元前六世紀中葉臣屬於阿契美尼德帝國，至公元一三一年亡國。科爾基斯是希臘神話中阿爾戈（Argoauts）英雄尋找金羊毛的地方，今位於喬治亞西部。亞塞拜然早在羅馬帝國時期屋大維（Augustus，公元前六三至公元九）於巴庫建立軍營，「高加索阿爾巴尼亞人」（此為早期亞塞拜然人的名稱）於公元前四世紀末在此建立「高加索阿爾巴尼亞王國」，受亞美尼亞文化的影響，此王國結束於公元七〇五年。在公元前一八九年至公元四二六年期間，亞塞拜然的東南部〔含今納希契凡（Nakhchivan）〕被併入大亞美尼亞王國。

高加索位於歐亞交接處是東西的交會點，亦是基督教與伊斯蘭的交會處。歐亞的帝國向外擴張無論自東而西或由西往東，此處是必經之地，自古以來為兵家爭取的地區，先後受到波斯帝國、羅馬帝國、馬其頓帝國、塞琉古帝國（Seleucid Empire）、阿拉伯帝國、蒙古帝國、伊兒汗國、鄂圖曼帝國以及俄羅斯帝國的統治，南高加索三國真正獨立的時期不長。

＊編注：本書翻譯為順尼派。

俄羅斯早在基輔羅斯時期（八六二至一二四〇）受到亞美尼亞和喬治亞的藝術影響，伊賈斯拉夫大公（Iziaslav，一一四六至一一五四）娶喬治亞公主為妻。俄羅斯對南高加索的征服始自彼得大帝（Peter I, the Great，一六八二至一七二五），為的是爭取東西貿易路線的掌控權，在一七二三年至一七二五年短暫統治獲自波斯帝國裏海西岸與南岸的狹長地帶，包含巴庫（今屬亞塞拜然）、拉什特（Resht，今屬伊朗）、阿斯塔拉巴德（Astrabad，今屬喬治亞）。凱薩琳大帝（Catherine II, the Great，一七六二至一七九六）在一七八三年戰勝鄂圖曼帝國而掌控喬治亞，到了亞歷山大一世（Alexander I，一八〇一至一八二五）繼位之初兼併之。接下來俄羅斯與波斯的戰爭在一八〇六年獲得巴庫，一八二八年占領亞美尼亞的葉里溫（Yerevan）汗國與亞塞拜然的納希契凡汗國。

第一次世界大戰期間的南高加索爆發種族屠殺。俄羅斯在一九一五年一月收復巴統省（Batumi）和卡爾斯省（Kars，今屬土耳其）後對境內的穆斯林以通敵之名處決數千人，迫使五萬人逃往鄂圖曼帝國，給予鄂圖曼帝國反宣傳的機會。鄂圖曼帝國對於安納托利亞東部的亞美尼亞人進行屠殺與驅逐，允諾願意改信伊斯蘭教者則豁免。伊朗對於亞塞拜然省的基督徒也同樣強迫其改宗，造成大量基督徒跨境逃亡而帶來難民問題，他們遷徙到阿布哈茲（Abkhazia）、阿札爾（Adjara）和俄羅斯，移入俄羅斯的難民就有三十萬人之多。

鄂圖曼帝國在一九一五年到一九一七年期間，對於境內的亞美尼亞人進行種族滅絕（genocide），這是有計畫的屠殺。帝國在一九一五年五月二十七日頒布《驅逐出境臨時法》，要驅逐境內所有的亞美尼亞人，其後約有一百五十萬人被屠殺。屠殺亞美尼亞人早在一八九五年至一八九六年由哈米德二世（Abdul Hamid II，一八四二至一九一八）建立的軍團屠殺了十萬亞美尼亞人，目的是建立起穆斯林的崇高地位，強迫亞美尼亞人移出以減少該區的亞美尼亞人數。一九一五年四月二十三日到二十四日的屠殺，以撤離前線的亞美尼亞人為名展開，到了年底，安納托利亞東部幾乎不存在亞美尼亞人。亞美尼亞種族滅絕在當時被西方報紙報導，俄軍隨著戰場前進直接拍照蒐證，公開譴責鄂圖曼帝國，土耳其至今仍不承認對亞美尼亞人的種族滅絕。

由布爾什維克黨領導的一九一七年十月革命推翻了臨時政府，在此之前列寧（Vladimir Lenin，一八七〇至一九二四）鼓吹民族自決以換取少數民族脫離帝俄，革命後布爾什維克在南高加索設立「外高加索委員部」取代臨時政府設立的「外高加索特別委員會」。新政府尚未有所作為時，南高加索三國不願承認一九一八年三月三日俄羅斯與同盟國簽訂的《布列斯特－利托夫斯克條約》（Treaty of Brest-Litovsk），該約同意將部分領土給予鄂圖曼帝國，於是在同年的四月二十二日共同組成「外高加索民主聯邦共和國」，但僅存在三十三天。喬治亞率先在五月二十六日宣布獨立，成立「喬治亞民主共和國」，兩天後亞美尼亞和亞塞拜然亦宣布獨立，其中亞塞拜然首次出現在國名當中。

紅軍在一九二〇年四月進入南高加索，同月的二十八日成立亞塞拜然蘇維埃社會主義共和國，亞美尼亞蘇維埃社會主義共和國在一九二〇年十二月二日成立，喬治亞蘇維埃社會主義共和國在一九二一年二月十五日成立。期間受到土耳其的軍事干涉但未成功，亞美尼亞、喬治亞和亞塞拜然此時對土耳其與伊朗的痛恨猶在，歡迎俄羅斯來臨。

在俄羅斯的安排下，三國共同組成「外高加索社會主義聯邦蘇維埃共和國」於一九二二年十二月三十日加入蘇聯*。喬治亞曾提出以平等的獨立共和國加入蘇聯，但是遭到喬治亞出身的史達林（Joseph Stalin，一八七八至一九五三）的反對。史達林一開始就希望將喬治亞成為俄羅斯聯邦裡的一個自治共和國，但是列寧重視少數民族的權益，不希望重蹈帝俄的大俄羅斯沙文主義。由於列寧病重無法參與會議，於是史達林在列寧反對下退一步將喬治亞、亞美尼亞和亞塞拜然組成外高加索聯邦加入蘇聯。到了一九三六年十二月五日三國才以獨立的國家名義各自成為蘇聯的加盟共和國，直至一九九一年蘇聯瓦解獲得真正的獨立，並刪除國名中的蘇維埃社會主義。

史達林下令在一九二九年全面且快速實行農業集體化，農民雖極力反抗但是最終抵抗不了中央政府。不同的是南高加索是邊境地區，他們與土耳其和伊朗有著悠久深厚的關係，農民為逃避集體化而大規模逃到伊朗和土耳其。蘇聯的庫德族人和土耳其的庫德族人頻繁聯繫，使得土耳其透過特拉布宗省（Trabzon）電台向提弗里斯〔Tiflis，今名提比里斯（Tbilisi）〕和葉里溫播送人民反抗的訊息，滋長了抗爭活動，甚而謠傳土耳其將解放亞塞拜然。蘇聯視逃亡者為叛亂者，要求伊朗和土耳其將逃亡者遣返，為了不與蘇聯發生衝突，不少逃亡者被遣送返回蘇聯。到了一九三〇年秋天，伊朗和土耳其受到蘇聯的壓力，同意不再接納逃亡者，入境者一律引渡回國。

在蘇聯統治下奉行馬克思主義，史達林於一九三六年建立起社會主義社會，這是人類歷史上第一次的實驗與實踐，為了鞏固政權與邁向共產主義社會，史達林採取極權統治，實行農業集體化、大整肅、勞改營、意識形態的控制……，對人民造成極大的迫害。這些亦在南高加索實行，對於該區人民來說是受到異族統治導致的結果，成為他們集體的創傷記憶。

冷戰時期土耳其與伊朗傾向美國，是與蘇聯對立的陣營。然而外交一向以本國的利益為優先考慮，土耳其與蘇聯進行黑海地區的貿易活動，蘇聯在石油和天然氣產業提供技術援助，也投入大量金錢支持土耳其和伊朗境內重大工業的建設，蘇聯更是開放邊境以活絡貿易。

說來諷刺，掌握蘇聯最大權力的史達林是喬治亞人，統治蘇聯二十五年（一九二八至一九五三）；曾任蘇共政治局委員的奧爾忠尼啟澤（Grigoriy Ordzhonikidze，一八八六至一九三七），以及曾任喬治亞共產黨第一書記和擔任蘇聯內務人民委員「一九四六年改稱國家安全委員會（KGB）」長達十五年的貝利亞（Lavrentiy Beria，一八九九至一九五三）是喬治亞人；曾任戈巴契夫（Mikhail Gorbachev，一九三一至二〇二二）執政時期五年的外交部長謝瓦納澤（Eduard Shevardnadze，一九二八至二〇一四）也是喬治亞人。蘇聯解體後謝瓦納澤回到喬治亞，當上第二任總統又連任共達八年，期間為平定內亂而邀請俄軍協助。曾任蘇聯部長會議第一副主席九年和最高蘇維埃主席團主席的米高揚（Anastas Mikoyan，一八九五至一九七八）是亞美尼亞人。曾任亞塞拜然共產黨第一書記長達二十一年（一九三二至一九五三）和蘇共中央委員會成員達十六年（一九三七至一九五三）的巴吉羅夫（Mir Jafar Baghirov，一八九六至一九五六）是亞塞拜然人。他們奉行蘇聯中央政策，都是大俄羅斯

＊蘇聯成立之初由俄羅斯聯邦（全名是：俄羅斯蘇維埃聯邦社會主義共和國）、外高加索聯邦、烏克蘭和白俄羅斯四個蘇維埃社會主義共和國組成，在此之前史達林提出要求將烏克蘭、白俄羅斯、亞美尼亞、喬治亞、亞塞拜然等五國皆以自治共和國名義加入俄羅斯聯邦，此無異於回到帝俄時期的狀況，故遭到列寧的反對。

主義者，沒有民族主義的色彩。

南高加索三國是蘇聯的創始會員國，但等不到蘇聯解體，喬治亞提早在一九九一年四月九日宣布獨立，同一天獲得美國參議院事實上的承認；亞塞拜然在八月三十日宣布獨立，亞美尼亞遲至九月二十三日宣布獨立。

獨立後至今的喬治亞、亞美尼亞、亞塞拜然三國並不平靜，不是彼此之間有種族與領土的軍事衝突，就是與俄羅斯之間爆發戰爭。位於亞塞拜然境內的納戈爾諾－卡拉巴赫（Nagorno-Karabakh）自治州，居民以亞美尼亞人占多數，在蘇聯解體前半個月的十二月十日宣布獨立，建立阿爾察赫（Artsakh）共和國，引爆兩次戰爭：一九八八年至一九九四年和二〇二〇年九月至十一月。第二次戰爭經由俄羅斯斡旋停戰，阿爾察赫共和國僅控制原自治州的北部，俄軍藉機進駐屬於亞塞拜然的拉欽走廊（Lachin corridor）維和控制。今年（二〇二二年）九月十三日凌晨亞美尼亞和亞塞拜然再度爆發軍事衝突，與之前相同的是背後有（亞美尼亞的）親俄和（亞塞拜然的）親土耳其勢力的角力，伊朗則呼籲兩國自制*。

位於亞美尼亞境內但屬於亞塞拜然領土的納希契凡自治共和國，居民以亞塞拜然人為多，境內的卡爾基（Karki）面積僅十九平方公里，北部與亞美尼亞相連，自一九九二年至今事實上由亞美尼亞統治。

在喬治亞境內的南奧塞提亞（South Ossetia）自治區欲脫離喬治亞，一九九一年一月至一九九二年六月雙方爆發戰爭，經由俄羅斯調停，其後衝突仍不斷。雙方在二〇〇八年八月發生衝突時，喬治亞與俄羅斯的軍隊皆進入南奧塞提亞。戰後俄羅斯承認南奧塞提亞獨立並與之建交，實質上由俄羅斯統治，並建立軍事基地。原屬於喬治亞的阿布哈茲自治共和國也在這次戰爭之後獲得俄羅斯承認其獨立的地位，俄軍自二〇一四年十一月起駐紮在阿布哈茲境內。

去年二月二十四日開打的俄烏戰爭仍在進行當中，烏克蘭總統澤倫斯基（Vladimir Zelensky，一九七八—）在八月三日提及由於全球安全架構失靈，於是「出現許多與其他地區衝突及威脅的報導。先是巴爾幹半島，再來是台灣，現在很可能輪到高加索（Caucasus）地區」†。預測非事實但可看出位於邊陲的高加索處在數個強權的夾縫中生存，對於俄羅斯來說該區非常重要，事關與伊朗和土耳其在此地區的競爭。北大西洋公約組織和美國的勢力在南高加索也加入博弈，世人更關心的是「高加索火藥庫」引爆帶來的外溢影響。

---

* 《NewTalk 新聞》，〈整條邊境都在開火！亞塞拜然和亞美尼亞再度發生軍事衝突〉，2022.09.13 12:34 https://newtalk.tw/news/view/2022-09-13/815945（二〇二二年九月十五日擷取）；和《NewTalk 新聞》，〈又一個火藥庫被點燃！俄烏戰爭外溢　亞塞拜然、亞美尼亞交火近百士兵死亡〉，2022.09.14 12:13 https://newtalk.tw/news/view/2022-09-14/816513（二〇二二年九月十五日擷取）。

† 《民視新聞網》，〈澤倫斯基談台灣　點出「全球安全架構失敗」〉，2022/08/04 22:38:25 https://www.ftvnews.com.tw/news/detail/2022804I18M1（二〇二二年九月十五日擷取）；亦見澤倫斯基著，閻紀宇等譯，《澤倫斯基——我們如此相信》（台北：大塊文化出版股份有限公司，二〇二二年九月初版第一刷），50〈聯手建立一個新的全球安全架構〉，二〇二二年八月三日，頁三五九。

國內的歷史教育，向來以歐美為重，所謂的世界史實則西歐和美國史占了大部分，二〇一九年八月正式實行的「一〇八課綱」對歷史科的要求提及：「連結本土歷史經驗與他國的歷史發展，深化對史事脈絡的理解，發展全球視野。」以及「關懷世界不同文化的歷史變遷，以及文化傳承的議題。」*欲跳脫傳統歷史敘事的框架，然而實際運作的情況為何？再看各大學歷史系的課程，世界史的課程仍有其局限性。坊間出版的世界史以國人熟悉的東亞、西歐、美國為主，至於中東與伊斯蘭文明、東歐史書籍近年有增加的情況，然而高加索無論是南或北高加索地區的歷史書籍相當有限，本書填補了此空隙以饗讀者。

---

*參見國家教育研究院頒布的《十二年國民基本教育課程綱要國民中小學暨普通型高級中等學校——社會領域》，（歷 2a-V-1）和（歷 2a-V-2），頁六。https://www.naer.edu.tw/PageSyllabus?fid=52（二〇二二年九月十五日擷取）。

代譯序
高加索，其實沒有那麼遠

許惇純

高加索，聽起來好像離我們很遠。翻譯這本書，除了因為自己念歷史的興趣，更多的是出於好奇。翻譯的過程中發現，其實書中描述的某些政局運作、各民族追求屬於自己國族認同的努力等，彷彿似曾相似。而且高加索與其周邊諸國歷史糾葛造成的蝴蝶效應，或許已影響我們的歷史發展。高加索，或許並沒有那麼遠。

多國史料、多方觀點

這本《高加索二十世紀史》的特殊性，在史料蒐集方面。作者從多國的檔案局包含外交密檔中，彙整歷史材料，有大量來自非歐美語文的資料。作者除了親自前往喬治亞、亞塞拜然、亞美尼亞高加索三國的檔案局調閱檔案，主要尤其從牽動此地區歷史發展的三鄰國：俄國（包含帝俄與前蘇聯）、伊朗、土耳其的檔案局蒐羅資料，還從那些在背後有多重利益糾葛的歐洲國家（英、德、奧等）和美國的外交檔案中，集結了許多珍貴史料。在各章的注釋中，也可看見作者引用和參考的學術期刊數量與語言種類之多之廣，許多資料的篇名或書名本身就極具意義。

這麼多國的史料，同時也意味著這麼多國的語文。非歐美語文在轉寫成拉丁文字時，在英語或其他歐洲語言間，拉丁化方式可能差異極大，想必是當初作者書寫時遭遇的難題之一；譯者雖然沒能習得這多種語文，但幾個月下來，也學會對比出 Khan Khoïski 和 Xan Xoyski 是同一個人，而 Khoybûn/Xoybûn / Hoyboun 是同一個組織。有時，作者可能為了因應所找到的史料，在諸國諸民族的敘事立場間切換，又未明確表述，導致有些段落令人忽有迷路感。此外，在種種糾葛中，作者或許是為了顧全每一方，不少論述寫得隱微，在中文翻譯過程中，經常必須花時間查找非常多相關事件資料，才得以解出很多文句背後隱藏的恩怨，當然應該也有不少譯者能力未逮沒有看出的微言大義。這些都給翻譯工作帶來了挑戰，也帶來了探迷解密的樂趣。

歷史是人的故事

在本書中，作者捨棄了國別史的檢視角度，以高加索地區為整體，由其歐亞交會處地緣政治的重要性，自十九世紀以來持續上演各懷心機的三鄰國相互角力的背景，論述直到一九九〇年代蘇聯解體後出現新秩序之前的二十世紀史，並延伸至二十一世紀初的部分局勢。不過，儘管主題是論高加索，第一章卻是從發生在周邊國家的三場革命講起：一九〇五年俄國第一次革命、一九〇六年波斯立憲革命、一九〇八年青年土耳其黨人革命。藉由這三場革命的錯綜關聯，揭開高加索與鄰近的歐亞地區，甚至與更遙遠的國家間的糾葛。例如，日俄戰爭中，對馬海峽海戰日軍戰勝，為何讓六千五百公里外的喬治亞年輕人歡聲雷動地大喊日本萬歲？而第一次世界大戰期間，又是何種對帝制政權的同仇敵愾，讓在前線對壘的鄂圖曼軍和俄軍暫時休兵？而當土耳其與美國的外交關係，隨著一九六〇、七〇年代因為古巴問題、賽普勒斯問題觸礁，土耳其決定報復美國武器禁運，於是停止架設在土耳其境內偵測蘇聯轄下高加索和中亞的美國監視雷達運作，導致美國少了一隻監看蘇聯的眼睛。令人不禁揣想，美國是否為了另外找一隻眼睛來探知蘇聯活動，而開啟了乒乓外交及後續促發一九七九年與中國建交？

有別於許多歷史著作經常交代了政權更替，卻遺憾地忽略了社會民生或人民的苦難，本書作者除了著眼於分析高加索地區境內與境外的政治影響力，也不忘地方菁英的經濟與文化力量。同時也描述人民在各種政治迫害下，遭到盲目屠殺或被迫遷徙遠離家園，所感受到的恐懼無奈，與深入骨子的暴力仇恨。這是一部看得見「人」的歷史著作，看見人性，看見民生經濟：看見為了賺錢養家的季節移工血淚，看見共產鐵幕裡人民偷聽境外廣播節目，看見音樂、詩歌的跨境文化凝聚力，看見蘇聯與伊朗合作將天然氣自伊朗輸入高加索時，那句「此番天然氣的進口真是繫命所需」。還看見占人數優勢的主流民族以國家政策霸凌少數民族，然而此國的多數可能是彼國的少數，彼此冤冤相報；或者境內、境外勢力，利用諸民族間糾結不清的恩怨情仇挑起對立，操弄認同問題；或者國家機器為了轉移戰敗的民怨，尋找替罪羔羊，嫁禍通曉多種語言的邊境少數民族。

強國覬覦下民族自決的認同

高加索地區在民族、宗教、文化方面馬賽克般豐富多元的特色，很不幸地，幾乎成為衝突不斷的代名詞，包含利益、意識形態、政治與軍事上的衝突。高加索諸國變動的國界，認同也在不斷形塑中變化；政治上的變遷，讓情形更加複雜。若以城市地名、街道、廣場的更名為例，常可從中一窺端倪，感受對高加索諸民族而言，帝俄與蘇聯時期的俄語化，與後蘇聯時期全方位的去俄羅斯化，在生活、教育、社會各方面的改變（甚至衝擊）。例如亞美尼亞西北部的大城久姆里（Kumaïri / Guioumri / Gyumri），變成亞歷山卓堡（Alexandropol），再變成列寧納坎（Leninakan），一九九一年亞美尼亞獨立後，再重新改回久姆里，就是典型的例子。那些充滿紅軍革命色彩的名稱，在蘇聯解體後，大多改用或重新恢復原民族語言的稱法，或是改以紀念民族詩人或民族英雄來命名公共空間，這些都是追求國族認同、歷史認同的一部分。

本書在二〇二一年獲得法蘭西研究院（Institut de France）頒發給歷史類著作的 Eugène-Colas 獎（prix Eugène-Colas）。本書提供我們認識高加索諸國如何走過二十世紀，經歷帝國統治、民族屠殺、前後夾擊的戰爭、共產政權、衛星國與獨立的掙扎；如何嘗試在諸強環伺下，以緩衝地與中介者的角色，爭取自己的國際地位。二十一世紀以來，隨著民族自決的概念在後蘇聯時代持續發展，各民族爭自治、爭獨立，然而隨著某些國家獨裁威權的再興起，這些矛盾力量不僅左右高加索的局勢，也間接牽動著世界。

寫於二〇二二年七月二十日

歐亞火藥庫的誕生

目次

導論

一八九二這年，眾人絡繹前往欣賞禮札王子*位於高加索群山間溫泉勝地博爾若米最新完工的宅第。它優雅的柱廊、精緻的木作與玻璃花窗，都吸引遊人駐足。由於建築微帶藍色，而使這座宅第得到「綠松石」（Turquoise / *Firouzé*）之名。自十九世紀中葉起，博爾若米便因礦泉極受讚譽而聞名，客群都是瘋迷水療的帝俄貴族菁英。今日喬治亞首都的提比里斯，當時是俄國高加索地區的政治與文化中心，提供源源不絕地這類型客群，更別提還有那些來自更遙遠地方的水療客。半個世紀後，安德

*譯注：禮札王子（一八四六至一九三九），伊朗外交官與軍事將領，出身世家。在葉里溫汗國（khanat d'Erevan，一七四七至一八二八）遭俄國併吞前，他的祖父是汗國首相。禮札相當年輕便展開外交生涯，經驗豐富；一八九五年出任伊朗駐聖彼得堡大使，一八九九年代表伊朗出席第一次海牙和平會議，參與二十七國討論並簽署戰時人道約束法則。他獲得卡札爾王朝第五代國王穆札法爾丁（Mozaffar ad-Din Chah，一八五三至一九〇七）封賞王子銜（Mirza）與「汗」銜（Khan）。禮札也是知名作家與詩人，筆名 Danish，法文著作有《東方之珠》（*Perles d'Orient*，君士坦丁堡：一九〇四年；巴黎：一九〇五年）、《海牙和平會議回憶錄》（一九二四年）等。

烈・紀德遊歷蘇聯時，讚賞此地景致，描寫山上高處那些「間有謎樣開闊處的森林，夜晚在白晝未盡之前便先降臨」。[1]

禮札王子以波斯駐帝俄高加索總領事的身分，給自己建造了這座官邸；他從一八九〇年代初就擔任這個職務，在此照看當地最主要的外籍族群之一，他便是在這高達數十萬的波斯人當中物色工匠來打造這座宅第。我們想像，在落成的那幾天，就如他的肖像所展現的那樣：一位壯碩的男人，有著飛揚的小鬍子和敏銳的眼神，頭戴當時伊朗*貴族代表性的圓高帽，胸前驕傲地佩掛著卡札爾王朝（自一七九〇年代起統治伊朗）國徽——獅子與太陽紋樣的勳章。在這些照片的說明文字中，這位王子的名字前面還冠上君王頒予他的榮譽頭銜：「國之偉人」（*Arfa ed-Dovle*）。[2]

一個世紀後，舊時伊朗社群於俄屬高加索和後來蘇聯治下的高加索的足跡，幾已消失殆盡，在博爾若米街道上閒晃的旅人，很難重建這幢建築的歷史；並非房子本身失去魅力（從它最近被改裝為旅館即可得證），而是因為殘存遺緒並不容易與其歷史重繫連結。以這個角度來說，它與其他星羅棋布於高加索的那些地點極類似，名聲雖響亮卻也模糊。一切都見證著這個地區的過往歷史：一個多重政治、文化、宗教與經濟特色薈萃的地區，且此特色影響直至最深層的認同根柢。[3]十九世紀末，高加索的地圖上不過畫著三個帝國：俄羅斯帝國、鄂圖曼帝國和波斯卡札爾王朝；在一九九一年蘇聯解體後，在當今的地緣政治上，過去蘇聯的南緣多了三個新的共和國：喬治亞、亞美尼亞和亞塞拜然。

高加索地圖日益複雜，卻無法掩藏另一種反向的發展：成就了帝國空間絕不封閉的文化豐厚性的那些相互連結、交通往來與影響，極大部分都在一個世紀間消失了。這個時期的遺跡，在在提醒我們一個高加索地區遍布著各色民族的曾經，一個遠不符合有清晰界線的民族國家模式的曾經。「語言之山」[4]這個離它愈來愈遠的暱稱，見證了這多彩遺緒；直到二十世紀高加索仍是一個極好的少數民族和語言的保存庫，吸引不少學者的關注。印歐神話學之父喬治．杜梅吉爾，於一九二六年至一九三一年在伊斯坦堡大學客座期間，不就是在此地得到靈感啟發，而投身於蒐集高加索西境的民間傳說？[5]

高加索的三種面貌

因為高加索，主要是一座山脈，夾在黑海與裏海之間，東西向又由一系列非常多樣的地理形態切割開來。更精確地說，是雙重山脈，最北邊是大高加索山脈，隔著一道長長的谷地，是小高加索山脈，與南鄰的土耳其和伊朗為界。若提到北高加索，一般首先想到的，便是這個山勢綿延的高加索；這裡始終在俄羅斯勢力範圍下，包含如車臣、印古什與達吉斯坦等地區，這些地名都由於一九九〇年代起的種種衝突與暴力事件而很悲劇地聞名。[6]然而，從聖彼得堡或是從莫斯科的角度來看，高加索也是「外高加索」（Trans-Caucasie，俄文為 *Zakavkaz'e*），這是沙皇時代與隨後的蘇聯時代經常使用

＊譯注：一九三〇年代中期，由當時統治的巴勒維王朝正式在國際上將波斯正名為伊朗，不過「伊朗」一詞自薩珊王朝時期（二二四至六五一）即已存在。本書作者不論在名詞與形容詞上均交替使用「波斯」與「伊朗」，譯者遵隨作者於文中之使用。

的詞彙，意思是南高加索，指的是位於大小高加索山脈之間的那塊谷地。[7]

今日，南高加索涵蓋後蘇聯時代的這三個國家，自一九九一年起便相處困難。喬治亞，自一九九〇年代初便面臨其北境兩個州——阿布哈茲與南奧塞提亞宣布脫離，更由於「玫瑰革命」迫使總統愛德華・謝瓦納澤於二〇〇三年十一月二十三日辭職，之後又有武裝衝突導致俄軍坦克在二〇〇八年夏天進逼首都提比里斯幾公里外[8]等這些新聞，使其多次登上政治與外交時事版面。亞美尼亞與亞塞拜然，則自蘇聯後期便陷入領土糾紛。這兩國爭奪上卡拉巴赫地區*，且一直處於隨時開戰的狀態。[9]兩國人民都受到愈來愈具侵略性的國族主義教育，而這兩個民族長期融合的過往卻鮮少被提及。在亞塞拜然的首都巴庫，距離蓬勃的城中心噴泉廣場兩步之遙的地方，亞美尼亞教堂關閉了，掩藏在厚重圍柵之後避人目光。而在葉里溫，亞美尼亞境內如今最後倖存的穆斯林年代遺跡，藍色清真寺，則仰賴鄰近的伊斯蘭共和國將它作為文化與宗教中心，維繫著一種表面的生氣。

不過，不論是北高加索或南高加索，都經常被視為俄國勢力延伸拓展的空間，自十八世紀末起，這裡就一直是俄國軍事征服與影響標的。[10]此拓展地肯定是不服的，但大部分的專家和西方世界外交人員不就是如此看待和定位高加索？在他們的分類法中將它歸類於東歐、歐陸，或者一個依舊散發出冷戰氣味的「歐亞」（Eurasie）？[11]本書檢視的高加索範圍將超過俄國或蘇聯對此地區的這種記載，儘管它顯然仍構成一重要部分。細心的觀察家在當今土耳其東境省分或是伊朗北部漫步時，必將發現一個過往時代所留下的遺跡，而那個時代高加索曾經也包羅涵蓋這些疆域。

本書並不是要打著一種具有更廣大正當性的名義，以另外一種定義，替換掉俄羅斯定義的高加索；而是因為這個地區，如同世界上其他邊境區域一樣，都不是太過狹隘的框架能局限的，其遼闊取決於個人實踐、他們的思維地圖（cartes mentales）與他們在當地建立的種種網絡。今天在土耳其東北，例如在一個微不足道的省會卡爾斯城中，仍然可見一八七八年至一九一七年俄國占領期間的一些政治殘跡。奧罕．帕慕克在其小說《雪》中，以一種諷刺的傷懷筆調，描寫這座失落於草原中的城市卡爾斯，圍繞著一個由帝俄時代的建物組成的核心發展，而某些建築在廢棄數十年後，再度翻新。[12]總督宮殿（說實話，相當寒酸的住所）粉彩系的顏色，悄悄地傳達著十九世紀俄國城市的氛圍，就如我們可在中歐邊界處見到的那些城市一般。由於這裡曾是俄國與鄂圖曼對峙衝突的熱點，一座晦暗陰沉的碉堡始終居高臨下矗立於城裏高處，當雲壓得很低時，這碉堡看來就更威赫赫了，而幾公里外舊時沙皇的狩獵小屋——凱薩琳亭，則散發出一種波羅的海的氣息。

若是移動個數百公里，去到伊朗的裏海沿岸，或甚至到德黑蘭，都很容易能找到俄國在這個地區留下的遺跡，這些因為伊朗北部曾再三遭到帝俄與蘇聯軍隊入侵占領而留存的遺跡，自十九世紀中葉起變得極為敏感；有些遺跡出現在一些出乎意料的場域中，例如搭建在伊朗邊境地區的那些俄國醫療站和醫院：始於第一次世界大戰從烏爾米耶到庫德斯坦省沿路、一九三四年在德黑蘭，還有亞塞拜然省境內，以及第二次世界大戰期間被占領的裏海沿岸都可見。

＊譯注：位於小高加索山脈東南，卡拉巴赫高原的東北緣，東邊是阿拉斯河平原和庫拉河平原。

介於俄羅斯、伊朗與土耳其之間的高加索

在某種意義上，高加索一直是帝國的國界，無論從哪個角度看，都是邊陲，另一頭便是未知的疆域，且有時更是充滿志怪綺想的土地。[13]曾經的科爾喀斯王國，位於今天喬治亞境內的黑海沿岸，因傑森冒險來此尋找金羊毛的傳說而成為神話場景。[14]對波斯第一帝國阿契美尼德王朝來說，高加索是萬王之王大流士的大軍千辛萬苦想征服的驍勇馬背民族斯基泰人的南疆。而高加索不也是希臘神話中泰坦神族的普羅米修斯瞞著宙斯偷火給人類的那座山？這個廣為流傳的神話，還與當地一些傳說中受嚴懲被綁在鐵柱上的半神阿米拉尼相呼應。[15]好幾個世紀之後，一九二〇、三〇年代反蘇聯的高加索流亡人士，重拾這個神話意象，將他們的主要刊物命名為《普羅米修斯》。[16]

高加索也是極富象徵意義的群山之地，充滿宗教想像、政治意義與民族意象。坐落於土耳其、伊朗與亞美尼亞交界處的亞拉拉特山，據說是大洪水消退時挪亞方舟停泊地點，至今仍有一些人在山上的雪地裡搜索，希望尋獲方舟殘跡。這座山，當地各民族給予它不同的名字，也成為當代亞美尼亞國家認同的象徵之一。[17]儘管如今位於土耳其境內，在晴空萬里之際，居高臨下地傲視著僅僅數公里外的亞美尼亞首都；但其認同象徵力之強大，仍出現在一系列亞美尼亞的國徽紋飾之上。

神話傳說之地、懲戒之地和避難之地。法國文豪大仲馬留下的一部遊記，也樂於分享此觀點；他曾於一八五八年十二月至翌年二月間在帝俄高加索小住，很喜歡聽這裡的民間故事、觀察這裡的原始山林景色和令人驚嘆的眾多民族，他寫道：「自從關注高加索歷史後，便看見那巍峨綿延的山脈提

供其山間谷地給那些遭到諸國以各種理由排擠之人避難。」[18]俄國作家們更是有意維繫此形象，例如萊蒙托夫一八四〇年的《當代英雄》，或如托爾斯泰在一九一二年發表的《哈吉・穆拉傳》。[19]在這方面來說，高加索與其他的帝國邊陲一樣，沒少助長那些謎樣的形象；一如葉門，讓那些尋找「幸福的阿拉伯」*的旅人們目眩神迷。[20]跟葉門一樣，高加索也是一塊反抗各種政治力、無政府的、精通「不受統治之術」[21]的土地。

我們不難理解為何這個地區給人叛逆之地的形象：一八五〇年代，在漫長的對峙衝突後，俄國在一八五九年終於勉勉強強打敗車臣領袖沙米爾。[22]這是因為俄羅斯同時以兩條戰線征伐高加索，一是往南的外部戰線，一是從內部的戰線，包圍著難以進入、始終鮮少受控制的山區。在一種「破口甚多的疆界」（frontière poreuse）加持下，這種俄國殖民主義與美國十九世紀之西進，具有某些共同特色。[23]然而，一八五〇年代末，帝俄勢力還是在此地日益鞏固，並在歐洲人的想法中建立了這種想到高加索就想到俄國的必然連結。

＊譯注：「幸福的阿拉伯」（Arabie heureuse）是希臘人與羅馬人對於阿拉伯半島南端（約相當現今葉門一帶）的稱呼，相對於「荒漠的阿拉伯」（Arabie déserte）而言，半島南端因有山區攔住水氣，使得氣候較為濕潤，得以建設灌溉系統發展農業。

俄國的征伐步調

自十八世紀末起高加索歷史最重要的現象，無庸置疑地便是俄國的推進。假如禮札王子身處早一個世紀前一七九〇年代的提比里斯，那麼他幾乎不會見到這些俄國存在的痕跡。高加索從十六世紀就一直是鄂圖曼和波斯的爭奪標的，兩國經常對峙衝突，並上演代理人權力鬥爭戲碼：西高加索成了鄂圖曼的衛星，相對的便是高加索中部與東部諸王國更為親近伊朗，且受什葉伊斯蘭菁英掌控。在這種對峙情勢中，不時有些大型軍事行動，像是一六一四年至一六一七年間，薩非王朝阿拔斯一世攻打鄂圖曼的那些喬治亞藩屬，就是一例；直到一六三九年的《席林堡條約》*才終於劃定當時中東這兩大「火藥帝國」（empires de la poudre）的國界。[24]

俄國的第一波推進，於彼得大帝時代開始明顯地展開，當時黑海與裏海逐漸地被納入莫斯科沙皇國的夢想藍圖中。從此不再是一些零星的襲擊，像那些哥薩克投機分子†結夥突襲，例如斯坦卡．拉辛於一六六七年至六九年間率眾舉事那樣；[25]而是正規軍隊趁著伊朗帝國陷入無政府狀態的混亂時刻往南推進。一七二三年至一七三二年間，裏海南岸甚至還曾經短暫地遭到俄軍占領。之後，在凱薩琳二世治下（一七六二至一七九六），往高加索推進再度成為優先政策。俄羅斯在一場與鄂圖曼的衝突後，於一七八三年與伊拉克利二世‡簽約訂盟，穩固立足於今喬治亞之地，並為一八〇一年直接控制此地奠下基礎。

俄國在十九世紀的推進，都是些即興而起且碰運氣的行動，但仍導致鄂圖曼帝國與波斯帝國在戰場上屢屢敗退。波斯在一八〇四年至一八一三年與一八二六年至一八二八年的兩場戰爭中相繼敗北，失去在今日南高加索的立足之地：第一場戰爭，與拿破崙戰爭間接相關，使波斯失去了今日之達吉斯坦以及巴庫地區；而第二場戰後簽署的《土庫曼恰伊條約》（一八二八年）則割讓葉里溫汗國和納希契凡汗國給俄國。直到一九九一年，這兩個地區與阿拉斯河一直是俄國與波斯的主要邊境分野。這些敗績，重挫了卡札爾王朝自十八世紀末統治以來的軍事榮光，直接影響王儲阿拔斯全力著手進行軍隊與行政改革。而俄羅斯方面，則在此間看到良機，鞏固對人民的掌控，其中包含透過在戰後條約中附加一項人口條件：前述一八二八年的條約中，割地以外，還有附加條款：將原波斯轄下的近十五萬亞美尼亞人遷徙至俄羅斯內地。

＊譯注：波斯薩非王朝與鄂圖曼帝國在一六二三年至一六三九年的戰爭後，簽署《席林堡條約》，並結束兩國已長達一百五十年的衝突。此條約議定國界，其中整個伊拉克地區，包含巴格達與摩蘇爾兩大城，盡歸鄂圖曼帝國所有，波斯則擁有葉里溫地區與今日的亞塞拜然。

†譯注：哥薩克人（cosaques）並不是指一個特定的民族，斯拉夫語中「哥薩克」一詞（*kozak* / *kazak*）字源學上可追溯至突厥－蒙古語的 *qazaq*，為「自由人」、「無羈絆」之意，衍生泛指居無定所的遊牧民或傭兵。十五世紀的文獻中已記載有一些哥薩克出沒於莫斯科附近。這些幫眾組成分子多元，有脫逃的農奴、為了躲避重稅和戰爭舉家遷徙的難民、周邊國家的逃犯等，雖然以東歐斯拉夫人為主，但也有來自北歐或東方民族；他們自成生活聚落與組織。除了劫掠營生以外，這些驍勇之民經常為四周的國家提供他們的各種戰力服務。

‡譯注：這位喬治亞國王的稱號由於拉丁化方式不同而有 Irakli II 與 Héraclius II 兩種寫法，其生卒年為一七二〇／二一至一七九八。

至於俄羅斯與鄂圖曼的邊界，則更加爭議不休，直到一九二〇年代初，布爾什維克黨人與新建國的民族主義土耳其簽訂兩個條約後，才終於確定下來。然而在這兩個帝國存續的最後百年間，隨著一場又一場的對峙衝突，便是一波又一波的人民流離失所：[26]一八二七年至一八二九年的戰爭、一八五三年至一八五六年的克里米亞戰爭，然後一八七七年至一八七八年因為巴爾幹半島一場外交危機而展開的戰爭，導致高加索地區軍事行動不斷，並歷經數次重大的疆界調整；這些都展現出這兩個帝國的「摩擦地帶」（zones de friction）的緊密關聯。[27]俄國從中取得了許多關鍵地方與省分：臨黑海東岸的主要港口巴統、礦藏豐富之地阿爾達漢，以及卡爾斯省。[28]而這些武裝衝突有時都有地方人民的協助，在和約簽訂之前與之後，都伴隨著鎮壓行動與大規模人口遷徙。

何謂帝國邊境？

十九世紀末時，在許多觀察家眼中，這三個帝國間的疆界似乎已然鞏固，儘管有些關於鄂圖曼帝國氣數的流言一再出現，眾人對於商貿、遷徙和傳教的關注，並不少於對地緣政治與防禦碉堡的關注。並不是說不可能再有新的疆界變動，畢竟開疆拓土是帝國活力本質的一項願景，如果不是在事實上，那也在意識形態上，與稱霸寰宇的野心緊密相連。[29]不過疆界變動只是高加索生活的眾多元素之一。那麼，如何定義這種帝國邊境？

首先，這是一個多元之地。在地原生族群的多元性，承繼自悠久的歷史與亙古的交通往來，使得不同民族、語言和宗教的族群，在這地狹人稠的空間中共同生活，有時甚至居住在同一個谷地或同一個村莊內。根據一八九七年的普查數字，俄羅斯人在外高加索地區只不過占百分之四點五，遠遠不及喬治亞人、亞美尼亞人和那些「韃靼人」（Tatars，日後被稱為亞塞拜然人的什葉穆斯林）的人口數。今日，提比里斯城幾乎清一色地只有喬治亞人，在當年則有將近百分之三十的人口是亞美尼亞人，並有相當大比例的穆斯林人口。[30]不過，當代觀察家必須謹慎詮釋此種共同生活的現象，莫以晚近歷史或我們習以為常的時事下太過絕對的多元認同作為框架來解讀：儘管國族形式的認同正逐漸地凝聚成形，但其他宗教、地理、語言和社會元素依然具有相競的重要性，且各種元素的同等重要性，經常使得當時首度嘗試進行的分類變得複雜。[31]

這裡的人民嫻熟多種語言、宗教信仰多元，並且通婚聯姻，這些都使得族群之間的界線變得模糊。在帝俄高加索以及鄂圖曼與波斯的某些邊境地帶，除了通行俄語以外，還有各種突厥語的方言都很常用，且不只是高加索的穆斯林會使用這些語言。亞美尼亞語也同樣相當普遍，因為三個帝國中都有彼此關聯相互聯繫的亞美尼亞人社群。像帝俄高加索行政首府提比里斯這樣一個城市的街道上，更是南腔北調地充斥著喬治亞語、波斯語、希臘語、德語、波蘭語，還有地方貴族聘請的一些女家庭教師教授學生講法語。

十九世紀以來，由於帝國間新形態的交流，強化了這種自古以來的多元性。如果說，從聖彼得堡的角度來看，俄屬高加索是一塊相對而言晦暗不明的邊陲地，但此地的發展卻使其遠超前於相鄰的伊朗和鄂圖曼諸省。一八六〇年代至七〇年代間，巴庫地區發現石油，引發俄羅斯帝國首次的石油熱

（boom pétrolier），加速了這個地區與歐洲和中東之間的聯外大型基礎建設，首要便是電報與鐵路。一九〇七年，第一條輸油管自巴庫連通至黑海，更加速了這珍貴原料的輸出。[32]

這些基礎建設的發展，加上與國界另一端經濟差距日益懸殊，帶來大規模的經濟移民。尋找季節性工作的人潮，從安那托利亞高原東部和波斯北部湧入，尤其是進入礦坑、工業或農業，而商人與人力販子則在整個地區引介牽線，交織出一些網絡。[33]一位比利時旅行者於一九〇三年至〇四年在遊記中寫道：在提比里斯，波斯人是「人口組成中非常重要的一個元素」，而且「市集中相當大部分的店鋪都是波斯商人在經營」。[34]不過這個族群人數雖多，但變動甚大，有時候隨著季節有一到三倍的變化。[35]

多元之地與交通往來之地，帝國邊境在不同的程度上也是一塊被暴力烙印之地。軍武暴力，想當然耳；各式各樣的衝突再再提醒，這是一個誕生於衝突的地區。某些戰鬥和「綏靖」行動殘酷慘烈，長久以來為人熟知，自當時就提供對比俄國的北高加索政策與法國的阿爾及利亞征服的素材。[36]一八一六年至一八二六年間，高加索的駐軍指揮官葉爾莫洛夫，便因他毫不留情的鎮壓政策以殘酷著稱，一心想讓人「聽聞其名就膽寒，以恫嚇鎮守俄國邊境，更勝邊關連綿堡壘」。[37]

除了軍武暴力，還有政治社會暴力，隨著那些革命運動興起與帝國勢力決裂，對此種暴力的感受就愈來愈明顯。亞美尼亞人的一些地下運動，結合著社會主義和國族主義，在高加索地區組織起來：最早開始的是一八九〇年創建於提比里斯的亞美尼亞革命聯盟，又稱達什納克楚瓊，更知名的是它簡稱為達什納克黨；或者早三年在日內瓦建立的亨查克黨*。[38]達什納克黨的主要抗爭目標是鄂圖曼帝國，所以與俄國當局維繫著一些複雜的關係，而俄國當局則譴責該黨煽動沙皇治下的亞美尼亞人叛亂。一九〇三年，當高加索總督暨將軍葛里哥利・戈利岑親王†下令抄沒亞美尼亞教會財產時，這些亞美尼亞民族主義者的確是將矛頭轉向對抗俄國當局。[39]高加索地區的政策逐漸激進化，人民不滿情緒高漲，愈加反抗帝國體制；帝制看來已跟不上群眾政治的發展，且也跟不上這時期「第一波全球化」（première mondialisation）[40]帶來的大規模社會經濟轉型。

高加索各方勢力

隨著這些有時是偶發事件的動盪，高加索隨時可見暴力如火舌突竄，這也成為帝國邊境特色之一。夾處三個帝國的邊境，使各種交互影響和傳染的可能性倍增。而這種邊疆地區政治與社會的不穩定性，更是造成高加索最後一項特色的原因之一：二十世紀初，在周邊帝國權力陰影下，存在一些區域性的自治組織。過去直到十九世紀中，高加索和中東曾經普遍存在的獨立或半獨立的諸侯國，當然

---

*譯注：亨查克黨（parti Dachnak），全名為亨查克社會民主黨（Parti social-démocrate Hentchak），創設於一八八七年，是亞美尼亞最古老的政黨之一。一九〇八年土耳其青年黨人革命奪權後，亨查克黨的立場與之對立，而達什納克黨則選擇與土耳其青年黨人聯手。

†譯注：這位將軍出身俄國第二顯赫貴族世家——戈利岑家族（famille Golitsyne），生卒年為一八三八至一九〇七，是高加索地區最高行政與軍事指揮官。於一八九三年成為俄羅斯帝國參議院議員，一九〇六年議會改組，他仍位列其中。

已不合時宜；而相應於那些穆斯林汗國更往南，在波斯與鄂圖曼土耳其帝國的邊境，則有一些庫德人埃米爾治地*，於一八四〇年代至一八五〇年代間被解散。[41]此後，那些自治組織都被納入帝國行政體系中，但這些自治組織也提醒眾人這種因地制宜融入邊地的能力。高加索於是成為多種施政與對帝國邊境「看法」（manières de voir）交會和比較的地方。[42]

在鄂圖曼轄下的安那托利亞，駐守特拉布宗港或該地區經濟大都會艾斯倫的總督們，由於偏遠，而獲准擁有一種權宜自由。一八九〇年至一九〇八年間鄂圖曼第四軍督軍澤基帕夏就更威武了，儘管他駐紮於小城埃爾津詹，但他得以著阿布杜勒哈米德二世蘇丹†服色，代王行事。他與朝廷的關係，確保他一種遠遠逾越其軍職權限的影響力，並使他成為該地區雖非官方正式授命但得到默許的監管人，這讓某些非軍職的總督們非常不舒服。澤基帕夏率領一八九二年成軍的庫德人哈米德耶軍團‡，駐防守衛帝國東境省分，同時也是為了管控那些桀驁不馴的庫德族部落；他多次對埃爾津詹的市容進行大規模的整頓美化，留下他個人印記，並且也使這個城市直至今日仍是土耳其軍隊的指揮中心之一。[43]

在波斯方面，自卡札爾王朝初年，便將邊境自治逐漸制度化，且習慣上會將伊朗轄下的亞塞拜然省交付給王儲（*vali'ahd*），讓他實地學習治國理政。[44]該省首府大不里士，是絲路上很重要的一站，直到新形態的交通運輸於十九世紀下半葉致使該城慘遭衰頹的命運。[45]由於王儲在此，大不里士也成為政治中心「二號」，且整座王儲行宮（在亞塞拜然突厥語§中稱 *Ali Qapu*），與伊斯坦堡的「高門」（Sublime Porte）◎宮殿群相呼應。這裡的朝廷人數眾多，每個人都或多或少公開地押注於王儲或其寵臣的政治前途上。十九世紀末年，在此理政的是自一八六一年成為王儲的穆札法爾丁；他在父親納賽爾丁國王※（一八四八年登基）遭暗殺後，於一八九六年五月被推上王位。

然後再往北去，庫拉河岸邊，俄羅斯的高加索總督駐在提比里斯城（直到戰間期都稱提弗里斯）。總督的權力非常大，這個地區、以北、以南、從黑海到裏海，全是他的管轄範圍。這個總督行政區於一八四六年一月被授予副王國等級（le titre de vice-royauté），以一些不同的形式，一直存續到一九一七年春天第一次俄國革命時被廢止。[46]過去幾任副王的宮殿，已於一九四一年改成青年活動館，雖然仍堂堂矗立在喬治亞首都主要幹道之一魯斯塔韋利大道&上，且雖然其高雅的柱廊依舊見證

---

*譯注：阿拉伯語中稱部族首領為埃米爾（Émir），其治理地稱為émirat，也有譯為酋長國；而汗王（khan）與汗國（khanat）則見於受蒙古和蒙兀兒文明影響之地。在這個段落裡雖然講的是政治勢力，但也可見文化色彩不同。

†編注：蘇丹指伊斯蘭國家中的統治者，此頭銜帶有宗教的象徵意味，以對比於世俗的國王頭銜。在中國古代，此頭銜還有速檀、素檀、素里檀等譯名。

‡譯注：一八九一年，在這位澤基帕夏（一位鄂圖曼皇家公主之駙馬）的建議下，阿布杜勒哈米德二世決定仿效俄國軍隊的哥薩克軍團模式，創建一支騎兵軍團，士兵主要從帝國東部的穆斯林民族部落招募，命名 *Hamidiye*，意為「屬於蘇丹哈米德的」。

§譯注：亞塞拜然語是突厥語族中的一支。

◎譯注：伊斯坦堡的皇宮前有一座雄偉大門，象徵鄂圖曼統治威權。在過去歐洲外交語言法語中便以此「高門」來代稱鄂圖曼帝國；如同今日常以白宮或克里姆林宮代稱美、俄政府一般。

※譯注：波斯對國家君主的稱呼為chah。也有中譯為「沙」、「沙王」、「沙赫」、「沙阿」等。

&譯注：這條馬路於一八四八年米凱伊．沃隆索夫親王（詳參前注）治下時拓寬，並在兩側種植行道樹，成為景觀壯麗的大道，當時名為avenue Golovin。一九一八年，喬治亞民主共和國將之更名魯斯塔韋利大道，以紀念「高加索的荷馬」——中世紀詩人魯斯塔韋利（Chota Roustaveli，生卒年約莫為一一七二至一二一六）。二十世紀末以來，喬治亞幾場重大的人民集會活動都是聚集於此大道上。

舊時的副王宮，一九三一年攝。（私人典藏）

提比里斯市中心帝俄時代最有份量的新古典主義建築，卻也早已不再引人好奇。

前述這些區域勢力，都以各自的規模，並因應各自帝國的種種限制，發展著各自的策略。由於高加索的多元性、地理位置遠離權力核心及其異國特質，使得這個地區的治理形式，始終是各國行政的例外之地。這項觀察對俄羅斯帝國而言格外真切，俄國對高加索與中亞的統治，曾被拿來與英國對印度的殖民統治進行比較。[47]高加索的副王行政區成為帝俄政治界與知識界藉以涉入伊朗的一個主要角色，於十九世紀末起便特別受到關注。[48]

不過鄂圖曼帝國也並非全然沒有那種所謂的「鄂圖曼東方主義」（orientalisme otoman）——延伸自愛德華．薩伊德（Edward Saïd）主張之「東方主義」，原是指稱西方世界自啟蒙時代以來對穆斯林世界所持的殖民觀點。[49]這種鄂圖曼東方主義，是帝國改革重建時期現代化想法中不可分割的本質，將某些省分棄於落後與異國異民族的狀態中：首先便是那些阿拉伯省分，但也包含安那托利亞東部那些交通不便的疆域；這類地方的某些「蘇丹的帕夏」極抗拒被干擾，這些省分透過他們的地方勢力，竟然擺脫單純的中央－邊地之邏輯框架，自有自的發展動力。[50]

與這些自治權力相配合運作的，是一些多元管理政策，與官僚政權單一制式的觀點背道而馳。情況不同，就以不同的方式治理，是這些帝國統治的中心理念，儘管無法以此概述一切。就此觀點而論，伊朗的例子相當有意思：伊朗北境那些省分形成一片不容小覷的邊地，況且德黑蘭更是距離北邊國界不遠，而俄羅斯愈來愈具威脅感的存在，則使伊朗執政者在此邊區投入相當多的心力，與當時在整個伊朗南部影響力日增的英國，進行一種複雜的制衡遊戲。[51]

通融邊境自治，經常（或許是太過輕率地）被歸因於伊朗朝廷本身的失序混亂：卡札爾王朝當時恩庇門閥與貪腐情況嚴重，沒什麼好討論的——有些惡毒流言甚至說禮札王子可能挪用了他轄下領事館的印花稅去興建那座「綠松石」宅第……。但是，有時候全然只被呈現為食古不化的做法，也應該被當作面對外國滲透入侵的一種反抗形式來思考：俄國或英國的壓力迷失消散在權力迷宮中，而且伊朗外交部派駐各省的代表們（*kârguzâr*），更是不見得會給他們方便。[52]

除卻俄羅斯、鄂圖曼和伊朗三個帝國間的組織差異性以外，二十世紀初，在這個邊境地區的運作中，還存在一種繁複的政治、行政上的階級劃分，疊床架屋，且有時彼此矛盾。若說這種存在值得分析，是因為這能打破那些太過聚焦於中央的外交政策、太過聚焦於君王和政府決策的高加索歷史述事；以區域層面而言，看來強烈烙印影響高加索的，是這些地方勢力、他們游刃運作的空間，以及他們有時候顯然與中央指導方針有落差的私心。在某些時刻，是這些力量在穩定這個麻煩不斷的地區；在另一些時刻，他們自己火上澆油地加劇各帝國首都希望避免的緊張情勢。[53]這些種種都是限制，帝國權力無論如何無法使其臣子盲目服從。

那麼，考量諸地方勢力在各大帝國對高加索政策的影響力，該從何切入為高加索寫一部從十九世紀末到一九九〇年代出現後冷戰秩序時的歷史，一部屬於這個地區自己的歷史呢？同時彰顯諸政治要角、地方上的經濟豪紳與文化菁英的影響力，還有那些被當作這些帝國間外交關係的斡旋籌碼的人民，他們所感受的被逼無奈與經常深入骨子的暴力仇恨。高加索歷史展現的，是一個動盪紛擾的邊陲地，如何成為種種以同質化為目標且旨在將該地區融入國族意識日強的領土內的政策核心。邊境，原是開放的，各色人民在此往來暢通無阻地生活著，卻成為對峙衝突之地，不論是政治衝突或意識形態的衝突，在此同時自然已失去文化、商貿與知識交流。[54]

一種封鎖與其限制

直到第一次世界大戰前，邊境各方當局關切且主要關注的，便是保持邊境開放。一九〇五年一月底爆發的俄國第一次革命，與隨後革命在伊朗與土耳其的發展，都使高加索成為一多方聯繫的介面，並迫使諸帝國當局必須面對兩難抉擇：對立或合作。伴隨革命的混亂而來的，是種種政治暴力，還有種族暴力；這些都揭露這個地區社會秩序脆弱，並且預示了第一次世界大戰的集體暴力（violences de masse）。

自一九二〇年代至一九三〇年代起，這片邊境地的往來互動明顯地逐漸衰退，過往諸帝國在高加索互動關係不再。相對於被《塞佛爾條約》（一九二〇年八月）輾成碎片的鄂圖曼帝國，慢慢誕生了由《洛桑條約》（一九二三年七月二十四日）所成就的、且與穆斯塔法・凱末爾名字分不開的土耳其共和國；一九三〇年代後，凱末爾更常被稱為「阿塔圖克」（Atatürk）*。以領土的角度而言，蘇聯政權重拾大部分的帝俄高加索，不過在該地強加了一些與共產黨體制計畫相關的新結構。於此同時，統治波斯的卡札爾王朝，則逐漸遭野心勃勃的將軍睿札汗奪取，他於一九二五年十月宣告廢位阿赫馬德國王，並登基創立一個新王朝——巴勒維王朝。正是在他的治理下，波斯自一九三五年起，在國際舞台上稱為「伊朗」。

隨著這些新政權日益鞏固，必然有種種政策加強國土統合建設並具體釐清疆界，而釐清的還有社會疆界與經濟疆界。不過，若說在一九二〇年代時這三國的關係還算良好，接下來的十年則關係惡化，加速撕破臉：在一種意識形態的疑心日益嚴重的時局下，遷徙移民減少了、商貿凋零了、文化交流也寥落。兩次世界大戰的戰間期就此成為這塊邊境地的轉捩點，也提供我們分析後帝國時期高加索地區的發展軌跡。

「戰間期」的概念，對一個並未如歐洲、亞洲或中東那般受到第二次世界大戰衝擊的地區來說，

---

*譯注：意為「土耳其人之父」。

或許並不全然適切。然而，蘇聯治下的高加索，承受了蘇聯大力投入戰爭的慘重後果。北高加索和亞塞拜然的石油，於一九四二年夏天直接成為納粹大舉進攻的目標，而且當時納粹更是瞄準高加索打算作為進入中東地區的大門。[55]南高加索那些共和國，面對德軍威脅，紛紛貢獻一己之力徵召大量士兵送往前線。土耳其與伊朗雖已正式宣告中立，卻引起同盟國的不信任；[56]伊朗甚至於一九四一年八月底遭到蘇聯和英國占領，英蘇借道來轉運物資，支援蘇聯抵抗德軍攻勢。

冷戰，才是二十世紀高加索大分裂的真正主因。在幾場見證了蘇聯政權勝利者姿態的擴張主義野心的危機後，土耳其與伊朗自一九四六至一九四七年起，與西方世界站在同一陣營。高加索邊境短暫登上國際關係時事版面，就此變成軍事要地，要穿過此地往來交通似乎徹底不可能了。然而，在這種毫無和解可能的敵對狀態的表面背後，還是有一些解凍的時刻，且有一種邊境的地下生活也慢慢建立起來。

諸鄰國的內政發展變化自然也衝擊到這些封鎖與解凍的節奏。一九五三年，史達林逝世，使得高加索地區考慮與土耳其和伊朗重新建立關係。而震撼土耳其的三次政變也衝擊到外交互動與地緣政治，發生於一九八〇年九月十二日的第三場政變，當時土耳其已經歷十年幾近內戰的狀態，又遇上伊朗伊斯蘭革命與一九七九年十二月蘇聯入侵阿富汗的區域動盪時局。[57]對夾處在這種種角力核心卻不見得與自身相關的高加索，如此動盪究竟會帶來何種衝擊？

一九九一年蘇聯崩解，終於為高加索開啟新的展望：超越冷戰的疆界，重新進行區域連結的可能性，比如土耳其當局帶頭展現的那種積極熱情，還有伊朗（熱情稍減）在面對高加索與中亞地區所展現的態度。不過，由於在權力的各個階層，都明顯存在急於脫離中央的力量，也出現分崩離析的危機。就在喬治亞、亞塞拜然和亞美尼亞宣告獨立的同時，地方上也興起分離主義，使得這個過去共融之地日益瓦解。

這些邊境在一九九〇年代開放後又封閉起來，都提醒著「高加索」是個極度相對的概念。兩個世紀以來由於這個地區動盪的歷史而離散世界各地的龐大僑界，也在提醒這種向外發展的特性，更多時候是被迫，而不是因為習慣。一八六〇年代從北高加索往鄂圖曼帝國避難的切爾克斯人，於二十世紀改紘易轍加入服務殖民政權以及隨後的民族國家政權；而遭到第一次世界大戰殘害的亞美尼亞人族群，則從敘利亞到歐洲四處地找尋新的安家之所，對他們而言，高加索的過往，已成為回憶、神話和矛盾的認同之根源。[58]由於僑民四散且與外部世界的連結經常程度不一，都以意想不到的方式營造「各自的」高加索。高加索這個地方真是普羅克魯斯的床，[*]鮮少符合期待，且將所有即便是最靈活的統治組織都耍得團團轉。

＊譯注：源自希臘神話，普羅克魯斯開設黑店，所有路過客凡是不符合床鋪尺寸的人，都會被拉長或是被砍掉超出的部分，由於他備有兩張床，故意給高的人睡小床，給矮的人睡大床，所以不論誰都不合適、不論誰都會被改造。

第一章——

革命，在諸帝國間

位於今日土耳其、伊朗與亞塞拜然的飛地*納希契凡交界處的高加索邊地景色，高原、山岬和峽谷相間，隨著天候不同與季節變化，有時灰濛濛一片，有時則浸在赭黃色的煙塵中。在伊朗那側的高處，每相隔一定距離，隱約可見一些民居或宗教建築的輪廓，有時候模糊勾勒的是散布於此邊地的亞美尼亞教會†的教堂或修道院，其中某些建築甚可上溯至古典時代晚期。包含位於朱勒法的聖斯德望隱修院和聖達德隱修院在內的好幾座邊境建築群，在漫長的修復後，都在二〇〇八年被列入聯合國教科文組織世界文化遺產的名單。

然而，一個世紀前，這些宗教建築除了朝聖還很盛大之外，遠無今日成為世界文化遺產如此榮光。當時這些場所部分作為禮拜用途，由於可疑而特別吸引當局關注：懷疑他們在邊界兩端建立緊密交織的網絡，涉嫌掩護走私武器、彈藥和宣傳品，提供給一八九〇年代後變得格外活躍的亞美尼亞革命組織。[1]這是很重大的指控——儘管當時革命分子的進出往來是高加索最受到關注的議題；此地當時已陷入周邊諸帝國革命的交錯火線中：一九〇五年的俄國革命、一九〇六年波斯展開立憲革命、一九〇八年夏天讓鄂圖曼帝國進入動盪的青年土耳其黨人革命。[2]

如果說這三個革命因深繫各國歷史，一直被獨立檢視，近幾年來，一種以高加索空間為概念的檢視角度，逐漸形成一條頗具成效的途徑，來分析這些革命彼此錯綜的發展動力。[3]這三場發生在高加索周邊的革命，雖是同時發生，但在政治的大事記中也是有時間差的，那些積極參與革命運動的人士與軍人、口號與主張、武器和宣傳品，全都在同一個名符其實的政治競技場內流通。在一九〇〇年代末，從為了俄國革命而奔走，到支持伊朗反抗國王的立憲主義者，這當中的轉變並沒有什麼太大的困難。[4]眾多宗教社群、民族社群和語言社群跨帝國的存在，都促進此種流動性，其中亞美尼亞人便是一例；高加索的各方連結愈來愈好，成為「巡迴革命分子」[5]（révolutionnaires itinérants）的一個轉運站。這些動員秉承十九世紀的革命主張，尤其是在廣義而言的地中海空間中，承繼了刻意結合的國族主義和國際主義，以營造各種錯綜的團結力量。[6]

不過，之所以能夠發生這種跨境抗爭，也是源於羅曼諾夫王朝、卡札爾王朝的君王和鄂圖曼蘇丹之間緊密交織的關係（當然並非全無敵意），以及這些帝國派駐各地方的代表之間所建立的密切關係。[7]除卻他們在地緣政治上的對抗，在不少地方層面的活動分子眼中，這些帝國王朝全是一丘之貉，都是專制政體。二十世紀初這些革命的時間差，更強化這種感覺：當俄羅斯的秩序自一九〇六年起逐漸恢復時，伊朗正逐步陷入一場內戰，沙皇當局很樂意居間仲裁，而鄂圖曼帝國則在一九〇八年後歷經種種內部撕裂。此後，這些政治空間的連結，就成為許多高加索地區人民的基礎經驗，這些人跟年輕的史達林一樣，在此體驗「邊境之民[‡][8]」的基本教育。

---

*譯注：飛地（exclave territoriale）指與本國疆域之間隔著其他鄰國或被其他鄰國包圍的土地。

†譯注：指亞美尼亞使徒教會（Église apostolique arménienne），相傳是由十二使徒之一的聖達德前往亞美尼亞傳教時建立，為世界上最早的教會之一。亞美尼亞自西元四世紀初即以基督信仰為國教，是最早的基督教國家。梅斯羅普（Mesrop Machtots，三六二至四四〇）創立亞美尼亞文字，並於五世紀初翻譯亞美尼亞語聖經。亞美尼亞教會在禮拜儀式上，有別於東方正教會，不使用希臘語，而使用古亞美尼亞語。且由於並不採信三位一體的教義，以及其他政治因素，與其他基督教會分立，自成一格。

‡譯注：史達林在一九〇三年被流放到西伯利亞之前，一直都在高加索地區成長生活：一八七八年出生於喬治亞的哥里（Gori），青年時期於提弗里斯的教會學校受教育，一八九八年加入俄國社會民主工黨，隔年由於諸多叛逆行徑遭教會學校退學。之後離開提弗里斯，前往臨黑海的港口城市巴統，為社會民主工黨做事，於一九〇二年被捕。

〈砲火下血泊中的巴庫〉，英國《畫報》（*The Graphic*），一九〇五年十月二日。

砲火下血泊中：俄屬高加索的動盪

一九〇五年的俄國革命，事實很清楚，不是從高加索開始的。一九〇五年儒略曆[9]一月九日（西曆一月二十一日）「血腥星期天」（dimanche rouge），哥薩克部隊在聖彼得堡鎮壓一場和平示威才是真正的起點。然而反抗沙皇權力的政治不滿情緒，在數日後有了激烈的分歧。儒略曆二月六日（西曆十九日），巴庫一名穆斯林商人雷札．阿珈．巴拜耶夫慘遭殺害，這件事出乎意料地成為整個高加索地區接連好幾個月的族群間暴力衝突之肇因。

凶殺事件的消息，從穆斯林聚居的舊城區與新城區交界的城垛廣場（place Parapet）＊傳開來，一直傳到開採石油的郊區「黑城」（ville noire）。接下來那幾天，亞美尼亞人與韃靼人（當時對說突厥語族方言的穆斯林的稱法）之間的群架械鬥愈來愈多，造成將近兩百七十人死亡；巴庫的總督納卡契茲王子於是宣告封城戒嚴。[10]

這些暴力事件的強度，反映出高加索這些快速成長的城市之脆弱；十九世紀末以來，在經濟發展的效應下，從裏海沿岸到黑海沿岸的所有都會區都發生劇烈轉變。巴庫於一八六三年至一八九七年間，居民從一萬四千五百人，成長到十一萬一千九百人，是這種多族群大都會產業擴張的典型，伴隨多民族多文化出現的，經常是宗教信仰與社會經濟方面的緊張情勢。[11]這種緊張情勢更由於一八九四年至一八九六年殘殺亞美尼亞人的哈米德大屠殺（les massacres hamidiens）而加劇；當時有眾多難民逃至俄國境內。然而這類族裔間的隔閡與摩擦，若不是又加上一種對當局的深切不信任，懷疑俄國當局操作利用這些族群摩擦，也不會在一九〇五年演變成種族間的互相殘殺；就如當時那些不斷出現的流言所呈現的，說城裡的警察激化暴力，以轉移人民對帝制的不滿。巴庫前市長亞歷山大・諾維科夫†在一份文宣小冊中向總督納卡契茲喊話：「這場屠殺的凶手，就是你。」[12]

從這一刻起，帝俄高加索的革命，就緊密地結合了一種反抗俄國當局的政治抗爭和族群間的對立

＊譯注：在一八六四年的地籍圖上，已見此空間，可能是用來舉辦大型慶典或閱兵的空地。一八六八年沿著舊城的牆邊建此廣場，故名。這一區很快地便發展成巴庫的商業活動核心地。如今有從古典主義風格到現代風格的十餘座噴泉在此，稱為噴泉廣場（place des fontaines），是巴庫人民生活中非常重要的公共空間。

†譯注：亞歷山大・諾維科夫（Alexandre Novikov，一八六一至一九一三）曾於一九〇三至〇四年擔任巴庫市長。他主張推廣全民教育，建立法治社會，認同二十世紀初俄國出現的自由運動，曾嘗試進行巴庫議會與市政的改革。但由於不懂地方風俗民情，且其理想信念鄙夷建立在利益之上的政治，不屑當時巴庫議員們將保護各自事業利益理所當然地視為政治生活的一部分，他擔任市長時並不成功。

衝突。這種同時並存的特性（simultanéité），解釋了社會民主黨人與政府之間，有時為了維繫秩序，避免各族群與宗教群體間的血腥衝突，而出現種種突兀矛盾的短暫結盟。如果說尼古拉二世頒布的《十月宣言》，是藉由承諾進行自由改革和召開議會（*Douma*，音譯杜馬），安撫那些最溫和派的人，那麼在高加索地區則只不過是給那些反帝制之人壯大了膽量而已。當諸如葉里溫、伊莉莎白波爾（即今亞塞拜然之占賈）或巴統等大城市遭暴力吞噬時，鄉村地區也陷入無政府的失序混亂。於是在提比里斯周邊，我們見到綻放了一種農村社會主義（socialisme rural），開展出一種名符其實自發組織的共和國，而這是帝俄當局費盡九牛二虎之力要弭平的。[13]

面對這些攪擾帝國的動亂，當局相當樂於宣告戒嚴，並且任命臨時的軍方單位全權致力於恢復秩序，尤其是一九〇六年七月彼得．斯托雷平擔任首相之後，這種意圖變得格外明顯。然而，革命也是良機，藉此審視俄國政權數十年來對高加索的統治，且特別是審視帝國傾向中央集權統治的結果。昨是今非，一九〇一年當時可以透過一系列紀念活動毫無保留地慶祝喬治亞併入俄國百周年，慶祝「俄國在高加索建立統治」。[14]繼一九〇三年亞美尼亞人的動亂形成第一記警告後，一九〇五年的族群殘殺更在在提醒：高加索只是非常相對而言的併入沙皇的帝國。

此後，為了因應危機而採取的首要措施，便是透過恢復於一八八三年廢除的高加索副王行政區，重新建立尼古拉二世與高加索之間一種象徵性連結與政治連結。被封為高加索副王的伊拉里翁．沃隆索夫－達什科夫，是位知名人物，曾於一八五九年至一八六二年間在北高加索作戰對抗山匪。一九〇五年四月初，他寫信給副手瑪拉瑪將軍說：「我是老兵，戰爭時候，我不能拒絕使命的徵召。」[15]這位年近七旬的老將，與已故沙皇亞歷山大三世（一八八一至一八九四）很親近，心中夾雜著對專制政權的依戀，以及認為必須考量帝國邊陲特殊性的信念，與當時某些聖彼得堡官僚想進行俄羅斯化和同質化的政策背道而馳。[16]他的政策，以一種新的傳統主義（néo-traditionalisme）形式施展，他化身為高加索的統治者，並嘗試與地方百姓和菁英分子都重建關係。在一九〇五年五月威風凜凜地抵達提比里斯後，他就嘗試落實此政策方針，例如一九〇六年二月至三月間他在副王宮舉辦的那類聚會，透過一連串的和解儀式，聚集所有宗教界與民間有頭有臉的人物。[17]

當強權失勢

在一個由於北高加索混亂情勢而與聖彼得堡幾乎切斷關係的地區重新設立副王，目的在於同時回應內亂危機以及挽回沙皇威權在這個地區的頹勢。一九〇四年至一九〇五年的日俄戰爭已然開始減損俄羅斯的光環，這讓亞洲和中東的那些國族主義者相當振奮。[18]一九〇四年二月，俄軍首度落敗的消息一傳來，庫塔伊西城*的喬治亞年輕人便挑釁地對當地總督大喊：「日本萬歲！」在此同時由於部隊被抽調往遠東，加上逃兵以及不服從指揮等情況，導致高加索軍力減弱。[19]一九〇五年五月底，對馬海峽的海戰慘敗後，鄂圖曼與伊朗的邊境都發出「幸災樂禍」的歡呼，而且有某些鄂圖曼兵士甚至

*譯注：庫塔伊西城為喬治亞第三大城，古代科爾喀斯王國的國都。

號召志願軍，要收復自十九世紀起被俄國侵吞的領土。[20]因此，這位副王必須致力的，是一種典型的帝國邊境政策，兼具對內控制與對鄰近地區進行政治宣傳的威望政策（politique de prestige）。

一九〇五年時俄國國內失序混亂，再加上遭到日軍大敗，徹底顛覆了政治上與象徵意義上的階級。族群對立的暴力衝突剛爆發的那些天，數百數百的伊朗人急急湧入各波斯領事館尋求庇護；這個現象之所以值得注意，是因為這些來到俄屬高加索的伊朗人，大多沒有合法有效的身分文件，他們過去都盡量迴避領事館——對領事館的直接聯想，就是收賄與行事敷衍的波斯公務人員。[21]不過，這下子他們期待德黑蘭拯救了：伊朗當局肯定看到有利可圖，於是接下來幾個月組織了撤僑，撤回數千名旅居高加索的伊朗人，讓某些大規模仰賴伊朗人的經濟產業頗受影響。[22]波斯國王穆札法爾丁於六月九日路過巴庫，欣欣然接見他的屬民，並重申他保護波斯人民的君王角色。

幾十年前俄羅斯還刻意抱怨俄國人民在伊朗不安全，現在角色驟然反轉；那年九月伊朗大宰相沒忘記要向俄國駐德黑蘭公使阿列克謝．史佩雅強調這點。[23]除此之外，伊朗在外交上還決定要加入歐洲強權的行列，為國人在俄國革命動亂期間蒙受的財物損失，向聖彼得堡提出賠償要求。可是歐洲國家的企業，例如在石油產業很活躍的諾貝爾公司*，頗具規模，比較有能力計算他們的損失，並向當局施壓；[24]而波斯人卻是零散地加總手工藝匠、商販或工人們的損失，這些不見得匡列在原先預設的賠償計畫中的項目。[25]伊朗藉由操弄國際法的責任與賠償概念，無論如何還是爭取到相對於其他歐洲國家而言更大程度的承認，並自認為是「已文明開化的」國家（État «civilisé»）——「文明開化」可說是國際體系承繼自十九世紀的關鍵概念。[26]

跟伊朗的皇家表親同樣受逢迎的鄂圖曼蘇丹，則見到高加索的穆斯林人民轉而向他求助，尤其是那些順尼伊斯蘭菁英，面對帝俄當局的無能，尋求奧援。[27]一九〇五年八月，舉辦了第一屆的俄羅斯穆斯林大會，這個時期的確是彰顯了跨帝國元素在認同上的份量，這些人民的認同糾結於政治效忠、信仰歸屬和語言歸屬的分歧。[28]若說某些鄂圖曼領事呼籲要放大這類庇護訴求的政治效應，鄂圖曼官方外交方面則比較謹慎，要求這些地方代表在面對俄國政權落難時要自制。[29]不過這毫不妨礙鄂圖曼當局支持一些戲劇性的做法，例如一九〇五年十二月和一九〇六年一月派出伊茲米爾艦和荷代達艦前往俄羅斯的黑海沿岸，接運那些因定期船班被取消而無法返國的鄂圖曼人。[30]這場撤僑行動，形式隆重，刻意要回敬十九世紀歐洲列強時常掛在嘴上、用來對付鄂圖曼帝國的那些人道介入行動；這類人道介入行動的始作俑者，便是拿破崙三世一八六〇年至一八六一年向黎巴嫩派出的遠征軍†。[31]

不過，這場接運行動也反映出鄂圖曼唯恐革命傳染到自家帝國內；雖然說鄂圖曼轄下的希臘人民有被接運到這兩艘艦上，反之，鄂圖曼轄下的亞美尼亞人則被排除，不在將近一千四百名撤離的僑民中，因為亞美尼亞人不論在邊界的哪一側都被視為惹麻煩的分子。這種擔憂伴隨的是對於跨族群紛擾和政治抗爭的擴散危險，進行一種近乎生物學的解讀（lecture biologique）。鄂圖曼一則在外交上請

＊譯注：諾貝爾兄弟與其他合夥人於一八七八年創立的石油公司，在十九世紀末時是全球最大石油開發商與煉油廠，產量占全球半數。

†譯注：由於一八六〇年七月大馬士革街頭淪為獵殺基督徒的殺戮場，拿破崙三世聯合英、奧、普、俄等國，於八月派出一支半數兵士為法軍的聯合遠征軍，「協助」鄂圖曼整頓黎巴嫩行省的秩序。當時以法國為首的歐洲列強，便是以保護黎巴嫩基督徒的人道介入行動為名，出兵他國。

帝俄當局好好管控邊界，一則對本國邊境進行管制，所採行的措施類似一九〇三年至一九〇四年霍亂流行重創該地區時拉起防疫封鎖線一般。[32]就如一九〇六年一月俄國駐里澤領事所述，其目的在於「密不透風地自我保護」以防範已成為「疫區[33]」的外高加索。

抗爭的種種邊地連結

然而，所採行的措施，包含加強控管往來交通、暫停發放進出俄屬高加索的簽證或是強化邊境駐軍，效果都相當有限。更糟的是，這些措施所造成的某些衝擊，更是危及高加索邊區，例如：限縮來自安那托利亞的季節移工進入俄屬高加索，重創了地方經濟；當時帝國東境省分農產歉收，而且人民對稅賦不滿，已然民怨四起，如此時局自一九〇六年二月起造成艾斯倫省的一連串動亂。[34]而一波類似的危機也在伊朗北部萌芽；伊朗北部由於地理上的箝制，商貿幾乎完全仰賴俄國，或與俄人貿易、或由俄人經營。[35]

一九〇五年十二月，恰恰是因為一樁打擊囤積炒作的事件，德黑蘭市的總督下令痛毆兩名商人，商人們與當局的衝突於焉爆發。接下來的幾個月，一場強力要求波斯君王進行政治改革的運動愈演愈烈。這些抗爭者得到英國駐德黑蘭公使*館的庇護（*bast*），他們所提出的訴求，於一九〇六年七月硬是讓波斯王做了一些讓步，[36]其中包含於當年年底舉行國會（*Madjlis*，伊斯蘭議會）議員的選舉。首先，我們注意到高加索的伊朗社群在支持這場波斯立憲運動中所扮演的角色，參與這場運動的許多位指標性知識界領袖本身都居住在高加索，而某些來自鄂圖曼帝國的影響，也都是經由高加索傳遞。[37]二十世紀那些服膺馬克思主義的史學家們，都刻意強調高加索孕育出伊朗社會民主派人士的角色，就是基於高加索與伊朗革命分子透過某些政治結構有力連結的事實，例如創立於一九〇四年末的穆斯林社會民主黨。[38]

這些積極參與革命運動的人士，通常招募自高加索的伊朗僑民中，他們自一九〇六年起便在伊朗的革命中找到一個投射理想的新場域。二十世紀初建立的那些互助會，成了政治動員地，就像巴庫的伊朗人聚會所（*andjoman*）那棟建築，在革命運動中具有核心地位，名符其實地變成改革派菁英往來與會面的地方。[39]事實上，內陸交通狀態糟糕，迫使波斯轄下遼闊的亞塞拜然省（立憲運動核心地之一）許多政治參與者，必須從帝俄高加索搭火車，然後經由裏海才能抵達德黑蘭；如此一來，使他們得以與高加索政治圈以及知識界頻繁往來，並接觸到在國境兩邊廣泛流傳的報紙和書籍，例如由化名Mammadqoulouzadé的政論寫手在提弗里斯編輯發行，非常受歡迎的諷刺報《莫拉・納塞爾丁》†。[40]

---

*譯注：公使（légation），是外交使節的層級之一，略低於大使（ambassade）。

†譯注：諷刺報名稱《莫拉・納塞爾丁》（Mollah Nasreddin），取自所有突厥語民族共同的傳說故事中一位家喻戶曉的人物，經常倒騎毛驢，若愚卻大智之人。該報創刊於一九〇六年四月，主要創辦人與編輯之一Galil Mamed Kuli Zade（一八六六至一九三二）是亞塞拜然裔的民主派人士，反對保守主義並反對神學士主導政治。編輯團隊中還有知名亞塞拜然諷刺詩人與哲人Alekper Sabir（一八六二至一九一一）。自創刊後以週刊形式發行，以大篇幅幽默諷刺畫搭配詩文譏諷批評時局，每期八頁。一九〇七年七月曾遭俄國當局勒令停刊三週，一九〇九年版面曾擴充至十二頁。是少見的穆斯林諷刺報，其受歡迎程度甚至有人將該報與法國的《鴨鳴報》（*Le Canard enchaîné*）相比擬。一九一一年詩人Alekper Sabir離世後，盛況不再，時有停刊。

一九〇七年一月十九日，被送入波斯國會的議員們，在提弗里斯受到總領事莫法罕·歐薩塔涅與當地波斯商界的隆重歡迎，而巴庫更是準備了一場更為盛大的儀式，由伊朗改革派元老塔列波夫*親自接待他們。[41]這些議員在參訪高加索之後，向議會提出了關於旅外勞工生活狀況的「社會問題」（question sociale），並將與外僑連結的重要性帶入政治論辯中；僑界被當作是國家經濟困境的象徵。[42]同時，立憲派人士也經常向在高加索的伊朗人尋求對革命的奧援，後者也在財務上和物資上支持他們。這種支援係出於一種對於革命的真誠熱情，同時也是出自這些旅外僑民所承受的壓力，反映出高加索伊朗僑民的動員在國內革命發展中所扮演的關鍵政治角色。

一位備受爭議的副王

對那位高加索副王而言，高加索的伊朗人對於政治的這種投入，助長了區域內部與邊境地的政治動亂。「武裝人士之鄉」，隨時有盜匪攔路搶劫，這種揮之不去的高加索形象，都在破壞副王就任時所享有的好聲望。[43]好幾樁震撼的事件，比如一九〇七年六月亞美尼亞人革命分子卡莫幹下的提比里斯國家銀行搶案†，或是那些遍布高加索惡名昭彰的匪幫活動等，都滋長了副王行政區沒有能力重建秩序的形象。[44]儘管多次進行剿匪，並且在司法和警察執法方面都特別祭出重典，但這些事件遭到副王在帝俄政府或警察部門內部政敵的刻意利用，譴責他寬縱。[45]

一九〇八年四月，首相斯托雷平在一份呈遞給沙皇的報告書中，猛烈抨擊副王的政策。他羅列高加索於一九〇七年發生的三千零六十件「恐怖行動」，造成一千兩百三十九人死亡和一千兩百五十三人受傷，這還不包含一連串經過統計的犯罪事件、失序動亂和革命分子的武裝事件。[46]當副王和他的團隊收到這封信的副本時，明確地表示不同意，在上面標滿驚嘆號、問號和各種劃線。[47]如此批評的背景，是假設副王同情亞美尼亞人；這看來就跟說達什納克革命黨親近土耳其聯合進步委員會（CUP）一樣有問題‡，而且當時鄂圖曼帝國即將發生政變的傳說甚囂塵上。沃隆索夫－達什科夫只能痛心遺憾說他覺得聖彼得堡的高層對於高加索種種現況有嚴重的錯誤認識，並且竭力主張與亞美尼亞教會聯手；然而警察部門接到高層命令對亞美尼亞人進行大規模逮捕，最後在一九一二年一月至三月在聖彼得堡進行一次集體審判。[48]

沃隆索夫－達什科夫在否認所有對副王行政區的指控之同時，更強調值此危機時刻其行政區存在之必要性。一九〇八年四月於邊境發生的一個事件，讓他展現了作為國內政策與國際政策介面所具之

---

*譯注：塔列波夫（Abdolrahim Talebov，一八三一至一九一〇），伊朗革命重要精神領袖，受推崇為伊朗立憲革命之父。思想傾向社會主義、民主論與和平論，反對封建制度與殖民主義。一九〇六年雖然獲選為波斯第一屆議會議員，可能由於年邁並未前往德黑蘭就任。

†譯注：這是一場由布爾什維克黨人策劃的行動，由卡莫帶領，一夥三十餘人（據傳包含列寧與史達林）搶劫一輛俄羅斯帝國國家銀行的運鈔車，造成四十人死亡、五十人受傷。

‡譯注：達什納克革命黨，是傾向社會主義的亞美尼亞人革命黨派，而土耳其聯合進步委員會，即推動土耳其國族革命的青年土耳其黨人。

權威。自從伊朗革命展開後，波斯西北部與高加索南境邊地的遊牧或半遊牧民就蠢蠢欲動，在從穆甘平原到喀拉達格的廣大草原上，龐大的沙塞芬遊牧民聯盟不斷挑釁伊朗與俄國地方當局。[49]在此時局背景下，一九〇八年儒略曆三月三十日（西曆四月十一日），帝俄邊境守備隊的一位隊長德沃耶格拉佐夫越境去追一匹脫韁的馬時，死在貝拉蘇瓦一帶。他的死，立刻就被歸結是與闊札邊境侯領地的沙塞芬部族之人發生激烈爭執，並且也提供副王展現他一心守護俄羅斯榮譽的良機。[50]

沃隆索夫－達什科夫得益於暫時壟斷了關於這事件的所有資訊，他與高加索參謀總部派出部隊前往邊境，並且極力要求聖彼得堡必須組織一支遠征軍，他還要求恢復越境緊追權（droit de *hot pursuit*）以解除邊境地區遊牧民的武裝。[51]一支哥薩克騎兵隊奉命越過邊境去並摧毀了好幾個沙塞芬人的村落，然而這場肆無忌憚的暴力出擊，遭到帝俄外交部的批評，認為「出兵平添了波斯人的不滿，他們只見到我方的殘暴和不公」。[52]儘管有這些抱怨，但外交部在這場危機最烈之時，被摒至次要地位，而副王則透過駐提弗里斯的伊朗總領事以及俄國駐德黑蘭大使，與伊朗政府直接溝通。

這個事件變成沃隆索夫－達什科夫塑造自己在邊境維護帝國主權形象的一個機會，駁斥國內對他的指控。他還自作主張對伊朗政府下了一道最後通牒：要求立刻交出與俄軍守備隊長之死有關的那些沙塞芬部族首領，並且要求一筆八萬盧布的鉅額賠償，否則就派軍攻占阿爾達比勒地區。[53]對莫斯科的外交部而言，彼時伊朗國內已然群情激憤，這些要求都是一種相當無謂的羞辱。然而，副王對於批評反對他做法的回應，則顯示他堅信自己做的是對的：

我十分有信心，貝拉蘇瓦事件之結局必將有利我方。如此信心來自我對亞洲人民性格的個人經驗，基於不只沙塞芬人還有波斯政府所表現出的畏懼，並且基於對我所率領部隊的信任。[54]

這是以邊境執政官的身分在講話，自詡熟稔治下之民，並且要求外交政策必須配合高加索局勢；就像是殖民地總督在人類學研究中看到「依以奠立統治政策的材料」，這位副王自以為是心理分析師洞悉人民。[55]但，沃隆索夫－達什科夫也是以貴族姿態在說話，相對於外交部比較小家子氣且布爾喬亞的考量，他則捍衛著帝國的榮譽。[56]

事實上，這兩個元素密不可分；因為正是帝俄菁英那種對高加索人民以及對高加索是中東邊境的人類學概念，才得以正當化地維繫這種建立在榮譽、一種勝利王權和一種「刑罰展演」（spectacle punitif[57]）上的政策。高加索的俄國形象同時既要「寬大」又要足以懲戒那些冥頑不靈且原始的人民。[58]整個五月，外交部都在勸高加索行政區不要在最後通牒期限後懲罰性地發兵，卻遭到斷然拒絕。[59]斯納爾斯基將軍率領一支組織好的隊伍深入波斯境內，抄沒沙塞芬人的牲畜和財產，並將他們部分繳械，同時也遵守上級指示避免與伊朗正規軍隊發生任何衝突。[60]雖然說這場行動在當下看似成功，它的中長期後果在外交部看來則是非常有問題的：在羞辱那些立憲派人士的同時，還加速了波斯政府解體。波斯國家結構在接下來幾個月土崩瓦解，使得俄羅斯中央愈來愈難透過外交管道來主導與波斯的關係。

牽動波斯革命的邊境能量

在高加索伊朗人的動員以及帝俄當局和伊朗立憲派政權之間水火不容的關係，構成了伊朗革命國際化的基礎。這個國際化發展是由兩條政治曲線交錯而生：一方面是俄屬高加索內部生成的革命運動日趨減弱，另一方面是伊朗於一九〇八年夏天陷入內戰。六月二十二日，穆札法爾丁後繼之君穆罕默德．阿里的哥薩克禁衛軍，炸毀國會所在地，並結束了波斯第一次憲政時期。波斯國王的哥薩克禁衛軍是俄國軍官所培訓和指導的，就像是君主制度的堡壘，這也讓整個地區的革命分子堅信，反抗伊朗皇權可以成為一種團結的共同吶喊。於是，以亞塞拜然省和吉蘭省為首的那些伊朗西北部的省分，便開始與中央權力對抗。

就在效忠派與立憲派的對峙衝突於一九〇八年下半年愈演愈烈之時，革命運動者更是加強跨境參與。那些遭到帝俄司法找麻煩的高加索革命分子，在伊朗看到一片可施展拳腳的新天地。警員薩吉諾夫於當年秋天被派往俄國邊境小鎮朱勒法，緊鄰著波斯的戰鬥熱區，他就目睹這些革命分子的往來。雖然他刻意要淡化那些說有數千革命分子跨過邊境的誇大說法，但他也承認這個寒冷、風捲塵漫的小鎮的位置，由於邊境守衛不多，很方便革命分子偷渡。[61]當時帝俄於「亞洲」邊境採行的特殊通行制度，減少了在護照與簽證方面的要求，方便了各種非法往來，從走私到最政治性的活動都有。[62]

朱勒法靠近鄂圖曼帝國、俄羅斯和伊朗三角邊境地的地理位置，使其成為觀察區域政治角力複雜性的一個特別敏銳的觀察站，此地所有的勢力（尤其是帝俄駐伊朗龐大的外交與領事組織）都在政策擬定上扮演著主要角色。[63]在伊朗方面，立憲派必須接二連三應付的是，掌控著庫德和突厥語族半遊牧民且受到世襲王權利用的傳統部族領袖們，如瑪庫汗。在此同時，於當年夏天取得政權的青年土耳其黨人，則決定要支援波斯的革命運動，但他們也對那些居住有順尼穆斯林和庫德族人的邊境地區領土懷抱著野心；他們自一九〇五年秋天起就占領了部分邊境地。[64]

伊朗革命分子與前來「救援」立憲思想的那些高加索革命分子之間的相處過程，並不必然融洽。高加索革命分子在戰鬥思想甚至戰鬥經驗上，的確都強而有力，在某些情況下，對於挽救立憲派岌岌可危的局勢是有幫助的。在裏海沿岸，高加索人扮演要角，協助奪回好幾座遭效忠派勢力控制的城市。一九〇九年初，就是那些「喬治亞人們」（*Gourdji*）在那裡幫忙推翻撒達爾·厄夫坎*的君權政府。[65]

然而，他們喜歡使用暴力，以及他們受到俄國背景烙印的政治文化，顯然都令運動中那些較為溫和的領袖卻步。[66]對於炸彈攻擊的援用，無論是好是壞，也就此被歸咎於受到高加索人的影響。「炸彈造成反動派分子大量傷亡，同時又能引發一種普遍的恐慌。那些反動派死時，都在詛咒那些從高加索帶著炸藥來的喬治亞人，」[67]人稱特里亞†的喬治亞革命分子，以這句話引介炸彈的使用，作為政

---

*譯注：撒達爾·厄夫坎是吉蘭省首府拉什特的總督。這個事件成為後來立憲派德黑蘭勝利（triomphe de Téhéran）之前奏曲。

†譯注：特里亞（Tria）曾經積極參與一九〇五年第一次俄國革命。對於波斯的立憲革命有極大的貢獻，相當大部分的波斯憲法都出於他筆下。一九一七年十月俄國布爾什維克當政後，他強烈反對列寧，返回喬治亞家鄉參與喬治亞民主共和國的獨立運動。

治恐怖工具。普遍而言，高加索革命分子對於伊朗人有某些刻板印象，覺得他們在政治方面不成熟；此種偏見比為帝俄服務的某些東方主義論者更甚：像康斯坦丁·斯米爾諾夫這位軍官，於一九〇七年借調至德黑蘭擔任王儲的師傅，就能敏銳地感受到伊朗政治生活相對地有秩序且平和的特色，與俄國那些好戰分子帶進伊朗的大相逕庭。[68]

俄式反應

不過，高加索革命分子參與伊朗革命叛亂，構成了俄國干涉地方革命的一項主要正當理由。由於大不里士遭到忠誠派勢力艾因杜雷圍城*，俄國軍隊以確保對省府大不里士的補給為由，自一九〇九年春天便進入亞塞拜然省。這場在多國領事要求下所組織的介入行動，在強調內戰對於歐洲各國僑民、當地人民以及整體商貿的災難性衝擊的同時，又將人道介入的論述放回俄羅斯手上。於此伊朗內戰時刻，也開啟了往後俄國軍隊時不時就出現在這個地區的先例。

一九〇九年夏天，立憲派勢力倚仗著那些部落勢力，終於成功奪回對首都的控制，迫使國王穆罕默德·阿里流亡俄羅斯。然而新政權卻出現前所未有的分歧，且必須面對各省以及在各個保守勢力中種種新的抗爭。由於革命分子日益激進化，曾在第一時間支持立憲派請求的教士階級本身也愈來愈分歧。已遜位的波斯王，不斷從俄羅斯使手段，而伊朗駐高加索和中亞的領事機關則更是持續成為君主派與立憲派激烈衝突的標的。

伊朗政局持續的亂象，提供俄國當局一個軍事介入的藉口，滿足其對該地區赫赫昭昭的霸權野心。俄國之所以能夠出兵，是由於英國為了尋求地緣政治盟友更為明確的表態支持，自此將一九〇七年八月兩國簽署規範雙方在中亞關係的英俄協定加以延伸。俄羅斯於一九一一年十二月發出的一道最後通牒，導致波斯國會與伊朗輿論分裂。[69] 十二月二十一日，俄軍直入大不里士，發生激烈巷戰。二十六日，暴力程度加劇，來自葉里溫的軍隊開始轟炸大不里士，並且草率處決了好幾位立憲運動的公眾領袖；這些殉難者很快地便榮列「為爭自由而犧牲」的烈士。[70]

* * *

於是，二十世紀初高加索歷史第一階段的落幕，便是俄軍入侵大不里士。這場介入行動，讓帝俄扳回接連發生的日俄戰爭敗北與第一次俄國革命丟失的帝國政治威嚴與軍事威嚴。這種威嚴的重建，以一種粗暴激烈的方式進行，占領伊朗北部省分直到第一次世界大戰期間，儘管並沒有正式宣告兼

---

*譯注：艾因杜雷（Ayn ed-Dovlé，一八四五至一九二七），因拉丁化方式不同，亦有 Ein-ed-Dowleh 或 Eyn-al-Dowleh 的寫法。他是卡札爾王朝親王，是第二代君王的曾孫，也是第五代君王穆札法爾丁的女婿，曾任伊朗首相。一九〇八年六月第六代君王穆罕默德·阿里強行解散國會，結束了第一次憲政時期，企圖恢復專制王權，艾因杜雷為了剿滅最後的立憲派分子，襲擊立憲革命運動重鎮大不里士。然而這場行動最終失敗，造成波斯王被迫流亡俄羅斯。

併。在俄羅斯內部，有些人甚至公開地幻想以帝俄侵略中亞和中東的模式，對這些省分進行農業移墾殖民。[71]如此，在政治失敗及軍武暴力之外又疊加了羞辱。在此同時，伊朗立憲革命的尾聲，也對應到一個跨帝國高度動員時期的結束，一個立基於政治抗爭的交集和整個跨域流動的往來結束了。雖然說在第一次世界大戰之前那幾年，遷徙和交流活動都仍繼續著，政治色彩卻也因此顯著減少了。

第二章——

高加索戰爭的前線與邊境

一九一四年七月十七日，裴迪南大公在塞拉耶佛遇刺身亡後兩週餘，俄羅斯庫塔伊西城的總督向鄂圖曼特拉布宗警局詢問一樁協商的進展。事實上，警察局長瑪穆·瑟拉勒丁必須向他確認引渡數位潛逃的非法之徒的事宜。[1]儘管外交方面烏雲罩頂，但這案件在他們來說全是例行公事，因為邊境各方當局為了打擊犯罪，多年來已然建立起一種緊密的合作。

此類交流一直進行到秋初才中止，如此事實提醒我們：俄羅斯與鄂圖曼兩國在高加索邊地爆發的戰爭，起因並非源自當地。並不是說這個地區不存在緊張情勢的因素：三個帝國間關係的牽動，便是利用這裡的民族與宗教糾葛來大做文章。[2]面對這一直不為人熟知且尤具威脅的地方本位主義，帝國邊緣往往助長了「帝國主義者的不安」。[3]

過往戰爭的記憶也沒有消逝。一八七七年到一八七八年那場戰爭的悲劇英雄穆罕默德·阿里夫帕夏*的回憶錄在一九〇三年出版時大賣就是明證。[4]鄂圖曼這方面，是報仇雪恨的戲碼；帝俄那方面，則是在戰事記憶之地（lieux de mémoire）舉行一系列紀念勝利的活動。繼一九〇七年提比里斯的軍事史博物館改名「榮光堂」之後，沃隆索夫－達什科夫又於一九一〇年十一月六日為卡爾斯市中心一座壯觀的紀念雕像揭幕：那是一名俄國士兵正在立竿插旗，而地上躺著的則是鄂圖曼旗幟；這整組雕像，位於距離鄂圖曼邊境僅十餘公里的一座俄國碉堡內，同時紀念一八七七年奪下這座碉堡，以及一八二八年與一八五五年兩場更早的戰役。[5]

然而，第一次世界大戰尚未開打的那幾年，顯現出有種政治、行政與軍事上的整體平衡存在，防止高加索的利害關係發展成該地區強權間的衝突。直到戰爭爆發前幾個月，都還見到各國高層為鄂圖曼帝國安那托利亞諸省所設置的一種特殊體制，宗旨便是在處理這多元地域中族群間與社會經濟方面的緊張情勢。第一次世界大戰爆發，這種邊境地的權宜之計（*modus vivendi*）戛然終止，並使得高加索邊地的民族與宗教多元性再度成為地緣政治的核心焦點。當時蔓延的集體暴力（violence de masse），尤其在鄂圖曼邊境特別嚴重，這是一種不信任的直接表現，表現在戰爭局面下對於帝國多元性的不信任，同時也是各種企圖利用這種多元性取得策略性優勢的直接結果。

邊境的種種平衡

享有後見之明的史學家們，傾向於將戰前那些年視為備戰期。各國軍方情報單位和民政主管機關，每隔一段時間都會發出一些與鄂圖曼帝國外交關係的警示報告。在一九〇七年至一九〇八年冬天，高加索參謀總部和沃隆索夫－達什科夫挑動鄂圖曼出兵威脅，但是這場操弄看起來更像是一種吸引政治關注，好為高加索爭取到更多預算的手法。[6]同樣的，對於土耳其聯合進步委員會派遣宣教者進入俄國的風險的過度強調，最早也是出於一九一〇年春天俄國駐埃迪爾內領事館一位公務員所寫的報告書中，儘管這類擔憂並無確鑿實據。

---

*譯注：帕夏（pacha），鄂圖曼帝國軍中最高將領的銜稱，承繼自草原馬背民族的傳統，依位階不同而享有一束、兩束或三束馬尾的儀仗；後來各省的總督，或包含文臣武將的高層人士也得到蘇丹頒授此榮銜。

俄國自一九一二年初占領伊朗北部，亦可被視為導致與鄂圖曼帝國關係緊張的原因之一。當時鄂圖曼帝國的確是分神在利比亞一帶與義大利對戰，隨後一九一二年至一九一三年又與巴爾幹半島國家對戰。*不過，由於帝俄境內穆斯林起而動員，這些戰事對於高加索邊地並非全無衝擊。青年土耳其黨人的領袖向全世界穆斯林發起的某些募捐，再度挑起邊地敏感複雜的認同問題，而俄國當局更擔心見到境內的清真寺與鄂圖曼領事館成為募款地點。

然而，這種種擔憂無法隱藏在地方層級經由日常交流延伸而出的眾多合作形式。直到戰爭前夕，高加索地區其實都還在試圖調解幾樁懸而未決的衝突。鄂圖曼自一九〇九年起占領的伊朗邊境帶狀土地，得到俄國與英國出面調解。一支代表團，特別是有外交家暨東方研究學者弗拉基米爾・米諾爾斯基†參與其中，於一九一一年六月至九月跑遍該邊境區域踏察後，促成鄂圖曼與波斯於十二月簽署一份協議，並且開啟往後兩國所有邊界爭端的調解途徑。[7]當時鄂圖曼正忙著應付巴爾幹戰爭以及與義大利在利比亞的一場衝突，接受這個外交調解是有利的，於是在一九一二年十一月從那片帶狀占領的伊朗領土撤軍，並鼓勵議定國界的委員會繼續努力；這個劃界委員會一直持續運作到一九一四年夏天。[8]

從非正規戰爭到集體暴力

所以第一次世界大戰並不是起於高加索，直到戰爭結束，這裡都是邊陲之地——不論從字面意義或衍生意義來看，都是邊陲。這種邊緣性對俄國而言尤為如此，因為鄂圖曼帝國可是對這條具威脅性卻又期待收復的戰線寄予厚望。然而，鄂圖曼要確保一個很難通達的地區（沒有鐵路，也沒幾條走得了馬車的路）的軍事後勤支援，是非常吃力的。[9]而帝俄高加索的參謀總部也同樣遭遇此種軍資匱乏的問題，從一九一四年夏天起有些部隊就已經被抽調去支援更具優先性的歐洲戰線。再加上長久以來將此地民族－宗教多元性予以工具化的一種傳統，解釋了援用非正規軍並將平民百姓捲入抗敵行動的好處。而這種操作利用（第一次世界大戰時東方戰線的共同操作），還一體兩面地尋蹤追緝國家內部的敵人，成為二十世紀集體暴力之前奏。[10]

在鄂圖曼方面，對於少數民族的動員與監視，可追溯至一九一三年十一月創立的準軍事架構「特別組織」（Organisation spéciale / *Teşkilât-ı Mahsusa*），隸屬於一位青年土耳其黨建制派（*establishment*）的政治軍事關鍵人物——恩維爾帕夏。[11]「特別組織」在特拉布宗地區的負責人，與高加索建立聯繫，並且在巴統與卡爾斯這些地區組織了一些地下任務，以試探萬一戰爭時於各地

---

*譯注：一九一一年義大利入侵利比亞，與鄂圖曼發生土義戰爭。而巴爾幹半島四個基督信仰的政權，保加利亞、希臘、蒙特內哥羅、塞爾維亞，於一九一二年締結巴爾幹同盟；他們背後有俄國支持撐腰，趁著鄂圖曼忙於與義大利討論停戰協議時，向鄂圖曼宣戰，開打第一次巴爾幹戰爭。戰後，四個戰勝國瓜分了鄂圖曼在巴爾幹半島的領土。

†譯注：俄國東方研究學者，一八七七年出生於俄國中部窩瓦河邊的古城科爾舍沃（Korcheva），一九六六年逝於英國劍橋。以其對庫德族與波斯歷史、波斯和外高加索地理、文學與文化的研究貢獻聞名。

糾集穆斯林的可能性。[12]該組織在東安那托利亞的領袖巴海丁．沙奇更是不放棄希望要動員亞美尼亞人：一九一四年七月，他在艾斯倫達什納克黨大會中，承諾他們一個藩屬於鄂圖曼的自治區，作為發生戰爭時他們伸出援手的交換條件。[13]不過，高加索副王和沙皇尼古拉二世對於亞美尼亞人、亞述人（Assyriens）和庫德族人的號召更為有力。

副王行政區的做法，最著名的是在俄國軍隊中設立了幾個亞美尼亞人的旅級兵團（brigades arméniennes），此舉並沒有造成亞美尼亞教長喬治五世的過度不安；他強調，若是俄羅斯的亞美尼亞人太過張揚地投入，可能會給鄂圖曼帝國的亞美尼亞人帶來危險。[14]不過，早在兩個帝國開戰前，鄂圖曼帝國的基督徒就已經遭到更為嚴密的監視了。[15]亞美尼亞人離境前往帝俄外高加索，被鄂圖曼地方政府盯上，形同「集體叛逃」。[16]這些少數民族很快地就被送進戰線後方一些軍營從事特別勞動，在鐵血管訓下受盡羞辱欺凌。[17]鄂圖曼境內那些還保持某種中立態度的總督，很快地就被聯合進步委員會那些平行運作的組織邊緣化；而凡省的總督哲夫岱貝伊*就見證了這種對亞美尼亞人毫不掩飾的敵意，他將亞美尼亞人視為對他轄下這個省的一種威脅——該省守備不足，且位於面對帝俄高加索的最前線。

鄂圖曼軍隊最初那幾場敗仗真是晴天霹靂。十一月時本來一切情勢看似大好：鄂軍成功地短暫突破，攻進俄國巴統與卡爾斯兩省，還以捷報大做宣傳。[18]恩維爾帕夏窺出高加索的穆斯林大舉叛變的苗頭，希望藉由從秋天起就以土耳其文、阿拉伯文和俄文印發的那些傳單助長火勢。[19]一九一五年一月，鄂圖曼在薩雷卡梅什的那場慘敗更是恥辱：當時恩維爾以為包圍了俄國軍隊，然而卻造成六萬鄂圖曼士兵陣亡，一萬五千餘人被俘。[20]除了指揮失誤，再加上整個軍隊的軍需都沒有送達，鄂圖曼士兵沒有拿到冬季軍服，卻必須在雪地裡奮戰。[21]

儘管鄂圖曼官方極力否認，但敗陣程度之慘烈隱瞞不住，追究責任時，投入戰事諸方的歧見便浮出檯面：軍方傾向推諉給「特別組織」，批評他們喜歡找庫德族民兵，既無戰力又無紀律。[22]可是執政的青年土耳其黨人極不喜歡此類批評，並將敗戰責任歸咎為一場基督教人民的陰謀，並從此拿來當作聯合進步委員會政治宣傳的一個重點†。[23]聯合進步委員會在各地的分會將此論調廣為宣傳，並且將俄國設置亞美尼亞人軍團的事實當作安那托利亞的亞美尼亞人集體叛國的明證。[24]自一九一五年一月起，各國駐伊斯坦堡的大使館就陸續接到安那托利亞的基督徒遭到暴力攻擊的消息。[25]地方層級的報復性掃蕩確立了這種緊密關聯，例如在凡省首府凡城，哲夫岱貝伊就是在攻打伊朗的霍伊城未果後，採取第一波暴力行動：[26]屠殺於四月十七日爆發，迫使凡城的亞美尼亞人躲進他們的居住區築壘自衛；[27]雖然凡城的動亂是對一個特定局勢的反應，但這樁亞美尼亞人動亂卻肯定鼓勵了聯合進步委員會的領袖們繼續進行那樣的詮釋，並且加速在四月二十四日對帝國全境發動一場對亞美尼亞人的集體迫害。[28]

---

*譯注：哲夫岱貝伊與恩維爾帕夏是姻親兄弟。凡省原來的總督塔辛貝伊被認為過度溫和，遭轉調至艾斯倫省，哲夫岱被派至凡省接替塔辛貝伊之總督職。貝伊（bey），土耳其語字意即為邊境將軍，是鄂圖曼的邊境諸侯。

†譯注：青年土耳其黨人的政治理想，是建立一個只有穆斯林而沒有基督徒的土耳其國家。

接下來幾個星期，超過兩千名亞美尼亞菁英人士被捕，而聯合進步委員會的那些領袖們還針對亞美尼亞人啟動一項大規模流徙計畫（un plan de déportation, *tehcir*＊）。鄂圖曼司令部自五月二日起便提議政府做出選擇：是將凡省的亞美尼亞人強遷至帝國內部，或是將他們強制趕往俄國邊境驅逐出境。對於亞美尼亞人社會和政治菁英的迫害，於五月時在凡省鄰近持續有反抗行動的地區以及在前線，特別嚴重。[29]鄂圖曼政府在五月二十六日至三十日之間頒布了一道驅逐亞美尼亞人的法令。[30]由於當時有通報一些在黑海岸邊遭溺斃殺害的案件，那些居住於內陸的亞美尼亞人都被遣往敘利亞和伊朗北部的沙漠走去，踏上漫長的死亡之途，倖存者直到一九二〇年都還擠在這一帶的難民營裡。

總計，這場持續到一九一六年中的滅族屠殺，共造成八十萬到一百萬人罹難。美國大使亨利・摩根索†自一九一五年十一月起便稱之為「史上最重大犯罪[31]」。在此同時，還有希臘人社群也遭到集體暴力，以及更慘的是亞述人和葉茲迪人（yézidies），當時在伊朗邊境哈卡里地區有將近三十萬人喪命。[32]在這些屠殺與驅逐流徙中，扮演著最根本角色的，是聯合進步委員會的各地代表，他們監督那些對此法令有時持保留態度的行政單位必須執行。德國駐艾斯倫的領事舒納－海特在七月談論關於巴海丁・沙奇所建立的這個委員會時，說那是個名符其實的「平行政府」，督導所有的行動，並且確保那些太過溫和的公職人員都被撤換掉。[33]諸行省中此類架構的角色，與塔拉特帕夏‡那某種平行執政的形式連動運作；他擁有一套私人電報設備，可以繞過官方管道直接下達指令。[34]

迫害之鏡像

帝俄高加索近距離地目睹了這場滅絕行動。對安那托利亞東部和伊朗亞塞拜然省的基督徒而言，除了行賄、信仰改宗或是一些地方上的保護以外，逃亡，其實是一條救贖之道。這些「飢餓、疲累、幾乎衣不蔽體、在街上行乞的」難民，開始遍布高加索的各個城市，而且俄國報章也大肆報導他們的跨境逃亡。[35]直到一九一〇年代末，湧入俄國的人數在三十萬到五十萬人之間。一九一五年夏天之前，許多亞美尼亞人和希臘人在黑海上的拉茲族船民幫助下，渡過黑海逃往阿布哈茲與阿札爾[§]；[36]而一

＊譯注：*tehcir*，鄂圖曼土耳其語，意為遷徙。

†譯注：亨利．摩根索（Henry Morgenthau，一八五六至一九四六），一九一三年十二月至一九一六年一月曾任美國駐土耳其大使，他的回憶錄中附有當時與華盛頓政府以及美國駐土耳其諸領事館之間互相傳遞的快訊，示警並記錄了亞美尼亞人大屠殺的進行。由於他的兒子與他同名，曾任美國財政部長（一九三四至一九四五），故也譯為老亨利與小亨利以茲區別。

‡譯注：自一九一三年青年土耳其黨人政變後，到鄂圖曼帝國於第一次世界大戰後遭瓜分之前，土耳其實際掌政的三巨頭，是擔任鄂圖曼帝國大丞相與內政部長的塔拉特帕夏、戰爭部長恩維爾帕夏與海軍部長傑瑪爾帕夏（Djemal Pacha），被稱為三帕夏。他們是土耳其加入第一次世界大戰與發動亞美尼亞人種族滅絕的關鍵。

§譯注：阿布哈茲位於黑海北岸，首府為蘇呼米；阿札爾位於黑海東岸，首府為巴統，巴統與波季港是維繫阿札爾地區經貿的重要港口。

些亞美尼亞年輕人也經由內陸山地逃過大規模搜捕，進入俄國境內。一九一五年春天，在戰場上頗有推進的帝俄軍隊，直接參與蒐集這些屠殺的資料，在發現屍坑時進行拍照蒐證，並有軍方口譯人員詢問亞美尼亞難民和鄂圖曼戰俘關於這些事件的經過，此種舉措背後自然有其政治盤算。[37]

補足資料蒐集工作的，還有亞美尼亞教會的自主網絡、高加索的亞美尼亞人辦事處以及外高加索的出版業與一般平民也都在進行，例如出身鄂圖曼帝國的小說家札貝爾・葉莎揚*。[38]這些資料的蒐集都在新派至副王身邊的外交人員斯托利察的嚴密監視下進行，他被交辦重任負責向彼得格勒†彙報，揭穿這些對應「德國暴行」的「鄂圖曼暴行」，以使一九一五年五月二十四日協約國譴責鄂圖曼罪行的嚴正聲明更為有力。[39]他送往彼得格勒外交部的這些資訊，成為轉發給所有協約國和其他中立國之文件的重要基礎，後來一九一六年倫敦才出現一本揭穿這些大屠殺的《藍皮書》（*Livre bleu*）。[40]

高加索副王行政區對於亞美尼亞人大屠殺的關注，卻與在此同時（儘管規模小很多）對其轄下卡爾斯省和巴統省某些穆斯林的迫害如出一轍，這些穆斯林於一九一四年底被控通敵——與鄂圖曼人合作。[41]俄軍在一九一五年初收復這兩個省分的失土後，就放縱軍隊對這些遭控叛國的人民施暴，造成數千人喪生。[42]然而，所謂通敵並無任何證據：一九一五年一月，巴統警察局長估計支持鄂圖曼的人口不到三分之一，且是基於個人利益支持，而非基於政治忠誠。[43]這種帶著報復色彩的血腥「再征服」，迫使近五萬人民逃往鄂圖曼帝國，而後者也將這些難民的下場當作反宣傳的材料。[44]

一九一五年一月中旬，在鄂圖曼下手的同時，副王命令強制驅逐數千名穆斯林，[45]他說這些措施都是為了「以麵包和鹽」收容那些為他們「帶路和幹髒活的」鄂圖曼人，但承認「以司法角度而言證據不足」。[46]不過這些做法都沒有造成堪比鄂圖曼對亞美尼亞人的那種迫害。帝俄這方面，核心始終存在強有力的組織制衡，防範某一組織肆無忌憚地將政治暴力無限上綱。[47]雖然某些部會批准了將遭驅逐的穆斯林的土地充公的計畫，但司法部和外交部則堅決反對沃隆索夫－達什科夫所提出撤銷他們國籍並將其財產全數抄沒充公的計畫，並且強調此種計畫並不合乎國內法和國際法。除了這些內部意見不和之外，還加上一場公眾論辯，不僅穆斯林菁英人士，還有帝國內的喬治亞人或俄羅斯人，全都在論辯中批評副王此項政策。[48]在帝國杜馬議會中，喬治亞代表們疾聲反對一宗看來質疑喬治亞人（不論是否穆斯林）帝國忠誠度的起訴案，而地方上公民社會則自發組織起來，在一九一五年四月巴統最初那幾場審判時提供辯護律師。[49]

＊譯注：札貝爾·葉莎揚（Zabel Essayan，一八七八至一九四三？），亞美尼亞詩人、小說家，她一生經歷數場種族滅絕，參與亞美尼亞人革命與建國，往返於歐洲與高加索，援助難民，並辦報和寫作。一九三三年返回亞美尼亞，於葉里溫國家大學教授西洋文學。一九三七年因史達林的大整肅被捕判刑入獄，之後便再無蹤跡。她一九一一年出版的重要小說《在廢墟裡》（*Dans les ruines*）描寫一九〇九年四月鄂圖曼阿達納省土耳其人屠殺亞美尼亞人和亞述人之事件（massacres d'Adana）。

†譯注：聖彼得堡於一九一四年至一九二四年間稱為彼得格勒（Petrograd）。

於是，這種平行的迫害*，轉而不利於其組織者；當年年底展開的一場行政調查，對於大部分的起訴，最終都以空有其事結案。一九一五年八月初，年邁多病的沃隆索夫－達什科夫遭撤換，由尼古拉·尼古拉耶維奇大公接替，更加速了結這個事件。這恰好對應副王行政區政策的明顯改變。俄國在第一次世界大戰期間對鄂圖曼帝國的政策，長久以來都是以其對英、法兩國的外交觀點來詮釋；布爾什維克黨人在掌權之際，便挑明了此種外交是以瓜分鄂圖曼帝國為目標。外交部長薩宗諾夫起初並未考慮兼併鄂圖曼領土，他更不希望看見盟友們在高加索邊境插旗，而優先支持在一個被維繫的鄂圖曼帝國之中，設立一個自治的亞美尼亞。[50]一九一六年一月開始，俄軍在尤登尼奇將軍帶領下神速推進，擊破了土耳其第三軍†的部署，改變了局勢：二月中旬，儘管馬穆·卡米爾帕夏採行焦土策略，戰略要地艾斯倫還是落入俄軍之手。[51]雖然他立即遭到撤換，改由達達尼爾海峽戰役的英雄威毅帕夏領軍，但仍無法挽回前線頹勢。俄軍持續挺進，一九一六年四月十八日，特拉布宗港慘烈地淪陷，情勢直到八月又丟了巴伊布爾特市以及尤其是埃爾津詹市之後才穩定下來。[52]

這種軍事上的進展給予外交協商一個新的意義，俄、英、法三方於一九一六年四月、五月換文，展開一個瓜分土耳其亞洲部分的計畫。[53]尼古拉耶維奇大公和外交部長薩宗諾夫協議（並非全無犬儒想法）要承認說，在如今亞美尼亞人不過是支少數民族的地區，那個「土耳其屬的亞美尼亞」計畫已然再無意義。[54]這位副王將東安那托利亞視為外高加索的新的延伸，並且尤其認為在建立一個自治的亞美尼亞時，民族自決有可能會倒打帝俄一耙，反而衝擊帝俄領土。[55]因此，他延續一九一五年底所提出的政策（當時他解散了那些遭鄂圖曼人指控襲擊了穆斯林平民的亞美尼亞非正規部隊），並且致力於削減亞美尼亞人組織的整體影響力。[56]

這項新政策的目標在於，要跟沃隆索夫－達什科夫擔任副王最後那幾個月所採行的政策有所切割；當時病痛纏身且大幅仰賴注射樟腦素撐持的副王，似乎受到妻子身邊那票人的影響，他們向來是眾所周知的親亞美尼亞派。一九一五年春天，當俄軍往凡城推進時，凡城的亞美尼亞人正在反抗鄂圖曼人，在俄軍的攻勢中，很多人見到更多的是以救助亞美尼亞人為動機的舉措，而不是為了帝國的整體利益。[57]一九一六年五月儒略曆五日（西曆十八日），一位前亞美尼亞革命領袖阿朗．瑪努健‡，在帝俄軍隊進城後不久，被任命為總督；這讓亞美尼亞人大為振奮，不過彼得格勒的大多數部會內則將此視為一種挑釁。[58]這個凡城的政府，是高加索軍扶持拼湊而成的組織，僅仰賴數百名公職人員和地方警察，他們被懇切拜託為戰時徵調盡力並出力維繫地方秩序，且主要都是亞美尼亞人。[59]而帝俄當局更不忘提醒亞美尼亞人，凡省並非完全只屬於他們；比如安德烈．尼古拉耶夫將軍硬要瑪努健大

＊譯注：「與鄂圖曼屠殺亞美尼亞人」平行的「對高加索穆斯林的」迫害。

†譯注：土耳其最大、最重要的部隊。

‡譯注：阿朗．瑪努健（Aram Manoukian，一八七九至一九一九），又被稱為「凡省的阿朗」（Aram de Van），是一九一五年鄂圖曼人大舉屠殺亞美尼亞人時，組織凡省亞美尼亞人反抗的領袖之一。也是日後建立亞美尼亞民主共和國的主力之一。

赦那些曾為鄂圖曼方作戰的庫德族人。60

俄國部長會議主席戈列梅金唯恐設立這樣一個亞美尼亞人的實體，將會成為「東方各種複雜發展的源頭」；只有外交部長薩宗諾夫支持副王的做法，並且強調「莫要疏遠國外的親亞美尼亞派」的必要性。61尼古拉二世，一本其性情，首先無法決斷地看待這個他稱之為「整合亞美尼亞土地的政策」；後來俄軍在七月十八日（西曆七月三十一日）進行了一次戰術性撤離，趁機結束這場尷尬的經歷。

就在一九一五年夏天帝俄軍隊在歐洲戰線發生了一連串災難之時，原先指揮參謀總部的尼古拉耶維奇大公遭調離，並被派去擔任高加索副王，這是讓他保留體面的策略，同時改由沙皇親自統帥軍隊。高加索地方行政體系喜迎這位有活力又有決斷的大公到來。這位新任副王並不贊同前任的仁慈做法，但為表尊重，對於所有民族事務保持中立。像是巴庫副總督瑪卡羅夫這樣一位高官，對於「沃隆索夫之亂無章法」總算告終額手稱慶，而俄國駐德黑蘭大使艾特則樂見這個任命終於可以「將言語化為行動」，向波斯戰線推進。62

占領區：一個延伸的高加索

尼古拉耶維奇大公到任後，為副王行政區帶來幾分新氣息，對於管理一九一五年至一九一六年間他率軍陸續攻占的土地，這種新氣息是相當必要的。但是，這位大公與帝都的關係很差，尤其與皇后身邊的人關係不好，這使得高加索在後續戰爭期間的運作得更加自力自強。如同帝國杜馬議會主席米哈伊爾．羅江科在回憶錄中所寫：「只要副王一說什麼，我們〔在彼得格勒〕就對著幹，而且他的所有請求絕對無法被實現。彼此都有惡意：如果有人在中央的參謀總部遭撤職，立刻就會在高加索覓得職位。」[63]副王行政區在施政上愈來愈自主，尤其展現在對所占領的原鄂圖曼之安那托利亞以及波斯北部領土的管理上。

這種由地方當局監管的占領，在第一次世界大戰期間從法國芒什省海岸到東歐平原所有各式各樣的占領方法中，都算是一種獨特的現象。其實，在對德國與奧地利占領案例的研究中，關於軍方與民政方面的對立，已多有著墨。[64]國際法的實施，特別是一八九九年與一九〇七年的《海牙公約》，也開啟了許多省思的方向，首先便是第四公約《陸戰法規和慣例公約》（一九〇七年十月八日）中對於軍事占領的定義與規範。隨著各種武器的發展，對這些章程的遵守完全是隨興的，且因地區而異。[65]在高加索的情況是，這些問題均屬次要；首要問題在於釐清副王行政區對於管轄所占領的東安那托利亞擁有哪些例外特權。

一九一六年六月五日，一道帝國飭令設立了「依戰爭法占領的土耳其領土」[66]的總督府。這是個軍政府，其行政管理隸屬於副王；首任總督佩什科夫將軍決定不駐在艾斯倫，而留在提比里斯，更是證實此種緊密關聯。總督府的治理，延伸了自一九一五年起的某些嘗試，從外高加索鄰近地區管轄占領區。[67]這種與高加索緊緊綁在一起的技巧安排，既符合副王行政區的利益，對此地區享有一種無可爭議的權力，同時又符合外交部的利益，在此找到一個辦法鞏固這個臨時治理章程：在摒退對於該地區權力合法性討論的同時，這種曖昧的地位在當下隨即確立了一種管控工具。相隨的還有複製帝俄在高加索的政策——與奧匈帝國軍事占領加利西亞所採行的措施大不相同，高加索的政策並不喜歡無限上綱地俄羅斯化。這種挑戰並不小，一九一六年秋初，一位英倫記者描寫到那些人民「全都活在一種對立與相互懷疑的狀態中」。[68]

被占領地區的少數族群基督徒，起初期待著俄國占領對他們是有利的，黑海地區的希臘人安德烈．斯皮蘭蒂報導：「希臘人歡天喜地，教堂鐘聲齊響，教士們全都盛裝、手持聖像與福音書，迎接俄國人如救命恩人。」[69]在攻克特拉布宗的第一時間，希臘菁英在俄國軍方的同意下接掌市府行政，不過希臘人與亞美尼亞人無法取得優越的地位。[70]而在內陸地區，由於亞美尼亞人已在前幾個月慘遭青年土耳其黨人大舉消滅，俄國政權選擇任用那些穆斯林菁英：在艾斯倫，主持市議會的是之前的鄂圖曼將軍穆罕默德．阿里帕夏。[71]許多旨在鞏固族群平權的措施，令基督徒愕然，而且，不准抄沒已逃離當地之穆斯林財產的禁令，更是讓基督徒不解。[72]

軍事與民政管理的設置，用的是帝俄內陸征服時的老招（尤其是一八七八年強占鄂圖曼帝國領土時那些方法），努力與在地菁英聯手。[73]為此目的，占領區當局起用那些曾於高加索任職的公務人員，由他們擔任行政上的中間人，同時也作為語言和文化的媒介。在實地作業方面，這些公職人員則經常是在從前的勞動移民（*gurbetçi*）幫助下一起工作，這些移工的俄語能力變成一項重要優勢。[74]然而聘用這些公職人員，並不表示實施的政策將偏袒這個族群；例如奧匈帝國在占領的過程中雖然也援用眾多地方人士擔任中間人，但其方針極度中央集權，且軍方菁英是非常提攜日耳曼人的。[75]不過，在高加索的軍隊與行政體系中，這些地方上的中間人卻有助於在不同民族間達成一種族群平衡政策。

逐漸建置起來的一種占領區行政，賦予這些中間人一個有利地位，何況土耳其占領區總督府很難取得足夠的資源來執行任務，而僅以聊備一格的人事結構在運作。總督認真投入去高加索各行政部門遊說，爭取借調公職人員，有時還從退休人員中找來。邊境的巴統、卡爾斯和葉里溫這些省分，由於與安那托利亞占領區在行政管理上所遭遇關鍵問題的相似性，所以成為特別遊說的重點對象。在被招募的人之中，喬治亞人和會說土耳其語的穆斯林特別多，所以也有更多具備這種條件的人應徵。[76]然而，在一個本身行政力不足的外高加索，進行這種招募有其局限；公眾秩序由於一九一六年二月從巴庫開始的一連串城市動亂而危殆不安，揭露了戰爭造成的物資短缺。[77]占領和內患，使得副王行政區在分配有限的軍力時，面臨一些彼此矛盾的迫切必要，顧此失彼。[78]這些壓力再加上占領造成的沉重開銷，幾乎無任何進帳，卻在人道協助和建設投資上對帝國的財政造成極大負擔。如果，以帝國的尺度而言，占領東安那托利亞，看來是場勝利，然而卻在同時摧毀了帝俄高加索的堅實力量。

占領區的邊界與往來

事實上，占領，打開了一個流暢的空間，模糊了前線與內陸的分野。雖然俄鄂邊界並未正式消失，但僅徒具形式，就如英國《曼徹斯特衛報》的通訊記者摩根．菲利．普萊斯經過原先的卡拉烏崗邊境檢查哨時所觀察到的：「俄國邊界被往南移得更遠了，從此再也沒有什麼攔阻路上絡繹不絕往前線方向的貨車和人、畜、軍隊。」[79]這句話並不完全正確，因為我們知道在安那托利亞占領區和俄羅斯之間仍然維持邊境查驗管制；不過，這句話的重點強調的是：在以前的邊境，軍隊角色弱化，已幾乎不見監控單位。而在俄國與波斯邊境也是同樣的情況。[80]

邊境人民樂於趁機利用占領區這種在經濟體制上的不確定性。以官方角度而言，俄羅斯帝國與這些占領區之間既有的海關規範，一直到議和條約或許會改變這些占領區土地的歸屬之前，仍是有效力的。不過邊境守備軍預料東安那托利亞的軍事占領會使黑海的走私愈來愈密集頻繁，因為帝俄與占領區之間只要警戒稍微鬆懈，那些拉茲族船民隨即趁機圖利。[81]移民遷徙方面也是處於一種類似的混沌狀態，一九一五年以來的難民危機，使得高加索所有城市社會都備受挑戰。[82]為了避免再度發生大規模遷徙，如何使人民定居下來成為首要之務，內中的政治效應不言可喻：副王行政區想要藉此防範亞美尼亞人返回安那托利亞占領區，因為在俄國人眼中，這些人返回安那托利亞可能會製造麻煩，並且妨礙對該地區的殖民計畫。[83]僅有少數幾千人，在一些亞美尼亞人組織的保護下，獲准返回凡省和亞拉什喀地區，以利部分土地的復耕。[84]

地方上民眾也能投入許多由於戰爭動員而帶來的工作機會，例如我們見到一位來自薩雷卡梅什的俄羅斯女性，跟著軍隊占領的步伐，前往埃爾津詹的一個客棧中工作。[85]也有反方向移動的，外高加索的礦業、煉鋼業、還有漁業和農業都大量徵募來自波斯北部的勞動者，以因應戰爭的迫切需求。[86]伊朗政府把握此良機向俄方要求給予這些勞動者更好的制式契約，並改善他們的生活條件。[87]俄國沿著黑海沿岸或是往艾斯倫方向修築的鐵路和公路，也同樣吸引了大量勞動力：以當時該地區普遍的貧窮程度來說，帝俄軍隊在這些鐵路、公路修築工地所發給的薪資相當吸引人。[88]正如德國記者保羅．

維茲於一九一八年所觀察到的，俄方在占領的一年半期間，修築了兩百多公里的鐵道。[89]另一方面，外高加索的經濟菁英們則大力支持這些計畫的進行，他們從中見到一些在一九一四年之前不可能出現的新發展出路。

與占領區的經濟開發不可分割的，是一項智識與文化方面的挪用計畫（projet d'appropiation）。在列強間相互競爭的脈絡下，率團勘查的俄國學者，知名的拜占庭研究者費朵・烏斯賓斯基，將黑海地區與特拉布宗地區的希臘文化遺產提出作為重點。科學與占領在實務操作上的關聯有時更加顯露無遺，彼得格勒帝國植物園的園長，植物學家費琴科*被派往安那托利亞，同時還有一支任務隊伍也被派往占領區探勘礦藏。[90]不過這些考察任務也經常是在某種混亂的狀態下進行，顯示出那些負責戰事的組織之間欠缺協調，土耳其占領區總督府很不喜歡這種情況，而將之詮釋為中央部會權力傲慢，介入干預。

於是，這個藉由占領所建立的空間也被以私有邏輯和社群邏輯進行開發，而不在帝俄當局的掌控內。隨著占領而發生的戰爭動員，超出政權原先的目標所能負荷，這在高加索與在其他地方都一樣。[91]俄羅斯帝國內的庶民社會，由於必須照顧大量難民（尤其是那三十萬湧進俄屬高加索的亞美尼

*譯注：植物學家鮑里斯・費琴科（Boris Fedtchenko，一八七二至一九四七），他的母親歐嘉・費琴科（Olga Fedtchenko，一八四五至一九二一）也是著名植物學家，父親阿列克謝・費琴科（Alexeï Fedtchenko，一八四四至一八七三）是俄國的地理學家、博物學家。

亞人），因而快速成長：自一九一五年夏天起，帝國內創立於十九世紀的聯省議會「地方自治局」（*zemstvos*）所組成的全俄地方自治局聯盟，以及全俄城市聯盟，便成為在外高加索和占領區扶助這些戰爭受難者的最主要組織。[92]並肩合作的，還有一些同鄉會、同業會的組織創立起來，一起照顧來自某地或某業的難民。如果說提比里斯的亞美尼亞人辦事處非常活躍，穆斯林方面也不顧帝俄當局起初所持的反對態度，嘗試組織起來接待他們流離失所的同胞。[93]由於在一九一六年之前，這些人並未獲得官方承認其難民身分（因為帝俄當局認為他們沒有「逃離」鄂圖曼的理由），外高加索有頭臉的穆斯林人士，以裏海那些油業巨頭資助的巴庫善行會為核心，自組起來協助難民。[94]

各種社群組織都在占領區找到一個優先擴張勢力的地方。例如，喬治亞菁英們關注黑海沿岸「穆斯林的喬治亞」，運送救濟物資、派遣教師和醫生前往，好幾位大人物也都親赴當地，例如議員岑凱利。[95]而俄國的希臘人社群，在特拉布宗被占領後，也動員去幫助黑海地區的希臘人。[96]雖然說這些積極行動有時候引起帝俄當局的疑心，但確實彌補了一些國家沒有能力完成的工作，並且有助於將占領區與外高加索連結起來。[97]事實上，這些行動也揭露了一些實情：例如巴庫善行會艾斯倫分會的負責團隊，就遭遇當地居民的不諒解，問這些「亞塞拜然人」為什麼要來幫助他們。一位居民說：「在此之前，大家從來沒有聽說過有個叫做亞塞拜然的地區，也沒聽說過什麼亞塞拜然土耳其人。」[98]安那托利亞的穆斯林除了認識到在巴庫的穆斯林弟兄，也得到俄國軍隊中某些穆斯林軍官的援手，這些軍官利用占領期間投入參與慈善組織的行動。[99]

* * *

第一次世界大戰對於高加索這個地區的影響，如同這場大戰對中歐和中東許多帝國邊境的影響一樣，彰顯出新的政治潛能和新的地理潛能。同時也彰顯出深植在邊境地區多元民族和宗教的集體暴力，尤其在結合了地緣政治的對立衝突以及國家全面動員的政策時，這種集體暴力更為嚴重。鄂圖曼深入安那托利亞高原對亞美尼亞人的滅族屠殺，便是最極端的例子，它見證了青年土耳其黨人執政下官方機構於一九一五年的一個激進化發展。在俄屬高加索或伊朗的其他少數族群，也都遭遇了一些潛藏的暴力傷害。到了一九一六年底，整個高加索地區都被徹底動搖，而且歷經兩年多的戰爭，社會經濟結構變得非常脆弱。一九一七年二月那場革命使俄羅斯帝國核心再度陷入危機，更將劇烈顛覆這種脆弱的平衡，並讓這個邊陲之地前途未卜。

第三章——帝國崩解的地理

一九一七年三月底，尼古拉．尼古拉耶維奇大公穿過從副王宮到提比里斯火車站之間的那幾條街時，滿目所見盡是群眾高舉的紅旗，耳裡聽到的全是社會民主黨人高唱的馬賽曲＊。幾天前，他請託記者摩根．菲利．普萊斯報導他對於彼得格勒成立的臨時政府的支持，以及他希望高加索地區保持冷靜，以保全戰爭實力。普萊斯這篇言簡意賅的文章結語是：「高加索副王行政區就這麼結束了。」[1]

結束當然還說得太早。二月二十三日至二十八日（西曆三月八日至十三日）彼得格勒發生重大罷工、示威遊行和抗爭行動的消息，過了好一陣子才片斷地傳進高加索。副王行政區早已習慣這種資訊缺乏的情況，憂心著如何在帝國南方前線維持秩序和軍紀。[2]臨時政府自三月五日（西曆十八日）便表示有意廢除副王行政區，改成立一個由當地幾個主要政黨代表組成的外高加索特別委員會。

然而，在一九一七年的春天，誰也沒預料到第二次俄國革命將在高加索捲起軍事與政治風暴。相較於一九〇五年第一次俄國革命時，局面有許多顯著的差異：首先，高加索在三年的戰爭後已筋疲力竭；而且，帝俄占領了伊朗北部和東安那托利亞後所展開的新權力布局，創造了一些讓革命運動拓展的機會，配合邊境情勢發展出高加索版本的革命。[3]可是，如何想像在接下來的兩年，俄羅斯和鄂圖曼帝國相繼土崩瓦解，然後從這片瓦礫中，在那已全然陷入無政府狀態的波斯邊境，高加索將出現好幾個獨立的共和國？

從一九一七年起，直到中央集權式的政權再度掌握過往帝國核心之前，是動盪紛擾的時期，同時也是一個從各種角度進行新的政治、國族、領土框架實驗的時期，當時積極運作其中的人，並不見得有規劃，或者頂多只有短期的規劃。[4]我們在此見到一個後帝國時代的邊區如何轉型，卻仍繼續挑著帝國遺留的那些結構性限制的重擔。歷史學家麥可．普羅旺斯描繪的一九二〇年代中東民族主義者「最後的鄂圖曼人」，在此與沙皇最後的子民交手。[5]本章亦將觀察，對高加索以及部分的東歐與中東地區而言，這個時期如何成為「一場無止盡的戰爭」，[6]第一次世界大戰的協約國三巨頭英、法、義，為了拓展各自的勢力範圍，在此展開一場激烈的競爭。[7]

一場在前線的革命

讓在高加索的俄國革命不只是「俄國」革命！許多證詞都清楚反映出這一點，這已深深刻劃在當地生活中。在前線，最早得知發生事變的，當然都是軍人，他們絕大多數是俄羅斯帝國的斯拉夫人†。[8]護理師妮諾．焦爾賈澤在安那托利亞占領區赫努斯拍攝的照片，顯示三月四日（西曆十七日）密密麻麻的士兵群集聆聽一名軍官朗讀成立俄國臨時政府的宣言。[9]

＊譯注：〈馬賽曲〉（*Marseillaise*）創作於一七九二年法國向匈牙利宣戰之時，原名〈萊茵河軍團進行曲〉。這首鼓舞民氣軍心上陣殺敵的歌曲，曾於一七九五年至一八〇四年間短暫被定為法國國歌，後來一度遭禁，直到一八七九年法國第三共和時，再度成為法國國歌至今。一九一七年俄國二月革命曾以〈馬賽進行曲〉為基調，創作〈工人馬賽曲〉。

†譯注：斯拉夫人，語言屬於斯拉夫語族，主要分布於中歐與東歐。與高加索地區使用突厥語族的亞塞拜然人、語系獨特的亞美尼亞人和屬於南高加索語族的喬治亞人，在語言、文化、信仰上都不同。

〈臨時政府宣言〉，一九一七年三月四日（西曆十七日）。
（私人收藏：Collection Alexandre Bagrationi et Tamar Lortkipanidze）

不過占領區的人民，鄂圖曼人與伊朗人，對此並非無動於衷。一位當時還是孩子的艾斯倫居民，回憶當時城中流言散播速度之快：「庫爾琪茲姑媽來找母親，跟她說了什麼事。從她那個小房子的二樓可以輕鬆看到就在對面的俄軍總部，她說營裡有大騷動，而且正在做準備。」[10]所以，革命所觸動的不只是俄國子民。

先前與帝俄談判的各個族群，現在都希望新政權能夠改善他們的境遇。賀電湧入俄軍軍營，也湧入地方重要人士家中。伊朗霍伊城亞述教會的主教以利亞，寫信給臨時政府的主席李沃夫大公，提醒他在戰爭期間亞述人所遭受的粗暴對待，希望「在自由的俄國對抗德國取得關鍵勝利時，莫忘了亞述人」。[11]而波斯的菁英們，則由首相沃索杜雷帶頭，於三月底加入運動，嘗試再次喚起一九〇〇年代革命時的團結力量。[12]

在前線，甚至在敵方鄂圖曼人的陣營，所有人都以某種形式關切著俄國革命。高加索戰線不連貫的特色，當然使得日常聯繫更加困難，但是在那幾段壕溝中，所有人都隨著俄國陣營的激動起伏。鄂圖曼軍官瓦思非・桑索真回報了一樁他的部隊得知時談論不已的趣事：「俄軍戰線後方進行了一些會議，然後其中一名俄軍爬上一個小土堆，發表了一段演說，還贏得了掌聲。」[13]這裡、那裡，土耳其據點到處都亮出了白旗和標語板，不過，並未像在歐洲戰線的某些據點還展開了敵對雙方兵士間的友誼交流。[14]

二月革命那幾天過後，新成立的高加索當局在整個一九一七年面臨的是三重挑戰：當地經濟狀況急速崩壞，通貨膨脹飛快、物資缺乏，而且在伊朗還出現了嚴重的饑荒。臨時政府的代表們都直接感受到如此局勢的威脅，首當其衝的便是前線軍隊。在此同時，外高加索特別委員會，在政治場域上成為許多敵對組織的抗爭對象，帶頭的便是高加索地區四處出現的蘇維埃*。外高加索特別委員會的所有決定都遭到故意的抗爭反對，甚至不被執行。最終，被占領區的命運博弈政治味愈來愈濃，當時新政權好幾位有力人士的口號之一，便是讓亞美尼亞人自治，但是遭到激烈反對。

自當年夏天，執政當局的情勢就嚴重惡化，而此時波斯北部好幾處地方還發生了數樁暴力事件和

*譯注：自一九〇五年起俄羅斯帝國中便出現許多工、農、兵委員會，俄語稱 soviets，音譯為蘇維埃，這些秉持共產主義思想的工農兵委員會，逐漸在工廠、城市等地方組織中取得權力。

動亂。就在高加索地區革命勢力的多重拉扯加速其衰亡之時，十一月初，布爾什維克政變，更是將高加索的政治核心直接摘除。除了前線的幾個蘇維埃委員會，大多數的地方組織都譴責這場政變，且拒絕承認任何後續結果。[15]高加索參謀總部孤立無援，決定於一九一七年十二月五日（西曆十八日）與鄂圖曼指揮官威毅帕夏簽署一份停戰協定；這份協定讓高加索進入一種假象的表面平靜，因為俄屬高加索內部為了究竟要採取何種態度應對新起的政治混亂而撕裂。

外高加索的生與死

高加索的領導階層與俄國其他邊區如烏克蘭或是波羅的海那些省分不同，在一九一八年初俄國二月革命時並未宣告獨立。這種等待時機的拖延態度，其實與高加索尚未理出任何清楚的政治計畫或國家藍圖有關：這些領袖們已習慣於在帝俄框架下的一種區域社會化（socialisation régionale）形態，他們始終認為在俄羅斯變成聯邦後，在一個併入聯邦的外高加索之中，自己還是可以有政治前途的。十一月底，外高加索特別委員會便已經改為外高加索委員部，就是等待一個「受所有人認可的中央政府」[16]的暫時過渡之舉。而一個以俄羅斯立憲議會的議員們為基礎的地區議會「瑟伊姆」（*Seïm*），則成為臨時立法機關。

然而，所有行政與軍方當局都在加速脫序崩解中。證據就是，來自原先帝國諸歐洲省分的士兵們想要返回家鄉而大量脫逃。[17]負責前線的弗拉基米爾・列凡多夫斯基將軍於是提議「以民族為基礎重整軍隊」，設立了一些以南高加索各民族為單位的軍團。[18] 然而，如此建置造成嚴重後果，因為這種以民族為單位的軍團導致前線分化：納札爾別科夫將軍帶領的亞美尼亞軍團，去駐守被認為是亞美尼亞人地盤的巴伊布爾特省與波斯之間的戰線，而加巴奇維利將軍帶領的喬治亞軍團，則負責駐守黑海沿岸。

可是卻沒有設立任何一個穆斯林軍團，這被那些韃靼菁英們公開譴責為一種歧視。就在斯拉夫人和亞美尼亞人軍隊行經穆斯林地區爆發了一些騷動之時，鄂圖曼人逐漸將他們的目光移轉過來，這個失序的外高加索，成為令人垂涎的獵物。恩維爾帕夏再三做出相關宣告，會保護前帝俄高加索的穆斯林人民。奧匈帝國駐伊斯坦堡大使帕拉威奇尼於一九一八年二月時強調：「那些被假設是亞美尼亞人幫派在之前俄國占領的土耳其領土上幹的壞事，遭土耳其政府拿來當作藉口，以利一步一步收復土地。」[19] 一九一八年二月十三日，土耳其軍隊越過停戰線，並且發動一場快攻，引爆這個地區潛在的所有緊張情勢。

儘管外高加索從未宣告獨立，立法議會瑟伊姆於三月一日投票贊成直接與鄂圖曼人進行協商。[20] 但是，這個決議太遲了：兩天後，布爾什維克黨人接受了《布列斯特－立陶夫斯克條約》（traité de Brest-Litovsk）的苛刻條件，將卡爾斯省、阿爾達漢省與巴統省這些地區，還有第一次世界大戰期間占領的所有土地，全都歸還鄂圖曼帝國。[21] 鄂圖曼人一手好牌，強硬要求始終拒絕宣告獨立的外高加索接受俄國簽署的條約，而且僅同意針對地方情況進行對談，做一些邊緣性的調整。[22]

所以，三月十二日在鄂圖曼轄下的港口特拉布宗所展開的協商，對外高加索人來說是非常不利

恩維爾帕夏與威穀帕夏抵達巴統，一九一八年春。（私人收藏）

的；他們不僅必須面對內部矛盾，還遭到鄂圖曼代表團主席勞夫・奧爾貝的操弄，這位代表團主席深知與他對談的這些高加索人內部分歧。外高加索代表團極為龐大，土耳其報紙戲謔說：「以一支遠征軍來講，太小；以一個議和代表團來講，太大。」[23]喬治亞孟什維克黨人、亞美尼亞人革命聯盟達什納克黨、亞塞拜然人的平等黨三大民族派系都有代表參與其中，彼此互相猜忌，讓高加索內部亂源不斷。

外高加索內亂，注定了這個不穩定結構的失敗。三月二十九日到三月三十日，在巴庫爆發了穆斯林與仰賴亞美尼亞人支持的布爾什維克黨人之間的衝突。不承認外高加索當局的布爾什維克黨人斯捷潘・紹武勉，在巴庫成立了一個政府，並且投靠俄國蘇維埃政府。[24]四月三日，韓・霍伊斯基*威脅外高加索委員部，如果再不採取任何行動結束布爾什維克黨人對於巴庫市的統治，所有穆斯林部會首長將集體辭職。[25]高加索的領導階級不論在西方或是東方皆是進退維谷，決定宣告獨立，於一九一八年四月十日（西曆二十三日）成立外高加索聯邦共和國。他們已被逼到牆角退無可退，道出當下局勢他們被迫面對的殘酷兩難抉擇：「束手等死，或是自我了斷親手摧毀自己人民的生活與生命。」[26]他們就是在此艱困無比的外交與軍事情勢背景下，於三月十一日在巴統進行新的和平協商。巴統市還有卡爾斯地區都已在上個月回到鄂圖曼人手上，但鄂圖曼方的協商代表哈利貝伊得寸進尺地打算藉由這第二次會議來要求割讓更多的土地。

民族國家或者新的帝國邊緣？

處於困境的南高加索，非但沒有在巴統的協商中展現團結，地方政治勢力間的緊張情勢反倒是因此愈演愈烈，加速了外高加索聯邦共和國的滅亡，這個國家只勉強存在不超過一個月。打從戰爭爆發以來，德國就鼓動喬治亞民族主義，而且德意志帝國駐當地的代表馮羅索將軍自五月十五日起便與孟什維克黨人領袖阿卡其・岑凱利討論該用什麼形式把喬治亞併入德意志帝國。[27]一九一八年五月二

＊譯注：韓・霍伊斯基（Khan Khoiski／由於拉丁化方式不同亦寫作 Xan Xoyski，一八七五至一九二〇）是名律師，曾獲選俄國杜馬議會議員，並在一九〇七年的杜馬議會中發表演說批評俄國對亞塞拜然和高加索地區的殖民政策。一九一七年十二月當選為高加索新成立的瑟伊姆議會議員。外高加索聯邦共和國宣告獨立後曾任司法部長。

十六日，喬治亞宣告獨立，終結了外高加索一體的命運，也催生了亞美尼亞和亞塞拜然兩共和國的獨立。當時這三個相繼成立的國家的境遇，既是可比較的，又有著明顯反差：可比較的是，三國疆域都不大，內部都有多元的民族文化，且官方組織都很薄弱；[28]而在看似一致的表面背後，則有明顯反差，因為三國當時與那些戰勝國所維繫的關係不同。一九一八年六月四日，三國各自與鄂圖曼帝國簽署了一份和平條約。

若說德意志帝國派遣一支部隊前往支持喬治亞共和國，那麼亞塞拜然對於鄂圖曼軍隊的依賴則更明顯；「伊斯蘭軍」是一支主要是鄂圖曼人的軍團，在恩維爾帕夏的弟弟努里帕夏的指揮下，九月初攻克這個新成立的亞塞拜然共和國領土，並推翻巴庫的布爾什維克政權。[29]而德意志帝國對於喬治亞的監管，由於鞭長莫及，僅局限於一些經濟上的讓利計畫和一些象徵性的動作，主要是透過在建置新政府架構時提供一些專家和顧問。[30]對亞塞拜然而言，除了場面話說的民族情誼和穆斯林的團結以外，那份對外國的依賴可就沉重許多。這個國家的國旗幾乎是一模一樣地照抄鄂圖曼旗幟的樣子，而努里帕夏則讓這個新國家的前景保持模糊不明。一九一八年七月卡拉巴赫地區的一個村莊接到一則驚人的命令：「接受土耳其政權，並服從亞塞拜然政府。」[31]高加索人出身的艾哈邁德·阿奧格魯身為努里帕夏的政治顧問，在背後推動一個將亞塞拜然併入鄂圖曼帝國的計畫，可是這個計畫並未受到該地所有穆斯林菁英的歡迎。由於這些歧見，一九一八年六月十七日由韓·霍伊斯基成立的臨時政府＊，就只局限為協助鄂圖曼政權的功能罷了。[32]

新成立的亞美尼亞政府，從許多方面看來，都是與同盟國勢力最沒有牽扯的。亞美尼亞人的國族記憶中，所記得的其實是絕望地抵抗鄂圖曼軍隊的推進，最終於一九一八年五月底在喀拉奇里薩與撒達拉帕兩場戰役贏得出乎意料的勝利。[33]然而這些鄂圖曼的敗績卻無法改變整個勢力強弱關係，如同六月十七日到七月十三日在邊境城市亞歷山卓堡（今稱久姆里，位於亞美尼亞境內）進行的協商所呈現的，亞美尼亞只能成立一個最低限度的政府，臣服於鄂圖曼的頤指氣使。[34]

亞美尼亞境內滿是難民，但由於有鐵路通過，對鄂圖曼攻打波斯北部具戰略價值，亞美尼亞必須屈從於鄂圖曼那些往往過於苛刻的要求。迫於時勢，鄂圖曼語變成協商時的語言，鄂圖曼的代表克拉貝基爾將軍還不時地威脅要重啟戰事。此時亞美尼亞尚無真正的國都，而且亞美尼亞國家委員會的領袖們哈提先與帕帕札良人都還在提比里斯，協商的關鍵就是保有最低限度的存在條件，並在讓鄂圖曼人滿意的同時，想辦法於數月後在伊斯坦堡舉辦的一場區域會議中，爭取拓展亞美尼亞共和國領土的可能性。

諷刺的是，由於鄂圖曼帝國在一次大戰其他戰線的潰敗崩解，並沒有能力在獨立的這頭幾個月建立起這個藩屬地區的秩序。突然間，這三個共和國必須應付以英國為主要代表的協約國勢力到來，還有以零落的方式到來的法國與義大利勢力。這些戰勝國對於喬治亞與亞塞拜然抱持著懷疑不信任，而亞美尼亞則希望在這個突如其來的逆轉情勢中得到好處。

＊譯注：一九一八年五月，外高加索共和國被解散，亞塞拜然民主共和國獨立，韓．霍伊斯基籌組內閣，擔任首相。

一場不可能的領域化

這個轉手給新來強權監管的過渡時期，由於正逢這個後帝俄空間愈演愈烈的內戰，並無助於地區的穩定。英國勢力在高加索的布局仍是相當有限的，且主要聚焦於對某些特定地點的控制。雖說已進入英國內閣的前任印度副王寇松勳爵支持對高加索地區採行積極的政策，但倫敦方面多數人對於這種白費力氣的事皺眉搖頭。[35]於是一九一九年至一九二九年這個時期政治秩序並未真的得到鞏固，而領土方面問題也未真的得到簡化。

從卡爾斯到巴庫，高加索的民族分布始終是多元異質的，戰爭造成的難民移動使得情況更加複雜，並且使得許多百姓的生活境況更為脆弱。鄂圖曼與德國撤軍，使得這些新獨立的共和國之間的領土糾紛加速爆發，並開啟各方嘗試以武裝行動之道解決數月來彼此表達的訴求。[36]在黑海沿岸的阿布哈茲地區，從一九一八年二月便開始與提比里斯的代表們展開討論，尋求成立一個自治區的可能性，他們也同樣冀望於北高加索和新獨立的喬治亞。[37]

首場衝突爆發於亞美尼亞與喬治亞之間，圍繞著連通兩國的鐵路所通過的博察利地區。法國人與英國人不得不介入調解，讓雙方雖然短暫（一九一八年十二月十四日至二十五日）但高強度的戰鬥得以停歇，並劃定一塊中立地帶；這個中立帶一直存續到亞美尼亞與喬治亞兩國失去獨立被併入蘇聯前。[38]可是，相較於亞美尼亞和亞塞拜然邊境燎原的戰事而言，這場衝突實在沒什麼；亞美尼亞和亞塞拜然兩國存在的大部分時間都在對打，聚焦於爭奪卡拉巴赫、章格祖爾和納希契凡這些地區，這些地區橫跨了過去的伊莉莎白波爾和葉里溫兩省。

在卡拉巴赫，亞美尼亞人與穆斯林之間的相處有著根深柢固的衝突，前者主要居住於高地上，而後者則聚居於平原上且大多數使用突厥語族方言。[39]隨著鄂圖曼撤軍，展開的是一段衝突對峙的時期。一九一九年初，亞美尼亞人持械對抗那位得到英國人認可的亞塞拜然總督霍斯羅夫．貝伊．蘇坦諾。在章格祖爾和納希契凡這些地區，也同時發生了一些衝突，於一九一九年五月落入亞美尼亞人掌控。[40]面對整個地區嚴重的血腥暴力衝突，協約國決定組織召開一些協商會議，不過效果都很短暫。[41]

這些新成立的政府亟欲伸張國家領土主權，並在民族與宗教主權上樹立自己的權力；然而由於高加索地區各民族基本上混居的特色，這些伸張主權的動作導致衝突與日俱增。亞塞拜然外交部長札法羅夫在一九一九年四月寫給英國司令部的信中提到：「高加索的穆斯林人民儘管散居，但自認是同一民族（*narodnost'*）。」[42]在其他國家的少數民族群體也都透過請願以及與當地主管機關的接觸，參與發展這類「非領土」（non territoriales）關係。

例如，在新成立的亞美尼亞共和國境內卡爾斯地區的穆斯林，就在一九一九年秋天向葉里溫方面以及向亞塞拜然政府同時提出訴求，抱怨他們遭到亞美尼亞行政體系在稅務上與政治上的不平等待遇，並且還受到暴力對待。[43]在這些各個都想成為民族國家的國家組織過程中，相關的衝突在那些背後沒有名義上的強權或保護者撐腰的族群裡也能夠鮮明地看到。存在高加索鄉間的許多東正教信仰小支派（俗稱舊禮儀派），就驟失保護，且他們拒絕承認當地主管機關，有些時候便與其他的弱勢族群相互結盟。在整個高加索地區，情況模糊不明，連帶當時使用的詞彙也是模糊的：若說俄國方面樂於使用「共和國」（république）來稱卡爾斯省穆斯林爭取自治的嘗試，土耳其方面則稱之為一個「政府」（gouvernement / *hükûmet*），讓尋求自決的確切性質懸而未定。[44]

活在諸國夾縫間

後帝國時代的失序混亂，只不過是對權力組織延續性的一個挑戰而已，因為，在一個通訊、商業和生產都遭遇重大窒礙考驗的地區，高加索地區所有人民面對的，是生存的挑戰。在提比里斯的亞美尼亞代表阿沙・札馬良於一九一八年十二月災難性地總結慘況：「外高加索地區通聯困難已經登峰造極，前往巴庫宛如登天，要去到占賈也得冒生命危險。我們已經一年多沒有來自卡拉巴赫的任何消息了，往返一趟提弗里斯至少得查驗證件五、六次。」[45]每一個新成立的國家都在那些山坳河曲中切割各自的領土，高加索從前是一體的，他們在劃分時才想到原來與鄰國是彼此相連的。亞美尼亞被包圍在內地，並且仰賴經由喬治亞轉運，情況特別嚴峻，這也促使他們想侵入鄂圖曼帝國往黑海方向擴張領土，而喬治亞與亞塞拜然則發展出比較友好的關係。[46]

每個國家都努力對其邊界有更好的掌控，並且為此建置了一些司法和行政機制，而努力未逮之處則顯現在整個高加索地區出現了愈來愈多灰色地帶及破口。早在一九一九年二月，波斯駐提比里斯總領事茂澤杜雷強調許多地區的狀態都不明確，成為一些矛盾訴求之標的。[47]這些地方出現了一些夾雜著地方意識和政治操作，自己宣稱獨立的政治實體。在阿哈爾齊赫與卡爾斯地區，一九一八年底鄂圖曼撤軍時，穆斯林便在鄂圖曼人的默許下組建了一些地方政府機構。[48]一九一八年十一月三十日，為了反對亞美尼亞人和喬治亞人的計畫，在卡爾斯舉辦了穆斯林大會，一個月後成立了一個西南高加索臨時政府。[49]往東南三百公里的地方，納希契凡的穆斯林宣告成立「阿拉斯河共和國」，與亞塞拜然當局有所連結。[50]這些自己宣告獨立的政治實體有時候甚至是帝國的殘存勢力，例如穆甘平原上先前帝俄時代的邊境衛隊，就主動採取地方自治。[51]

導致局勢曖昧不明的第二個原因，是某些由英國人支持的中立地帶製造了一些司法例外（juridictions d'exception）和外飛地（enclaves extraterritoriales）。遠征軍鄧斯特部隊從一九一八年秋天起就駐守伊朗北部，在印度殖民部隊的整頓下，將安札利港改造得如同「大英帝國的縮影」*。[52]當地的亞美尼亞人和來自俄屬高加索的難民，是英國人在此地主要倚重的中間人。[53]一九二〇年代初行經此地的伊朗旅行者描述：「安札利已幾乎不見伊朗政府的痕跡，這個港口完完全全地是在英國人與亞美尼亞人手中。」[54]不過，這種中立地帶最為持久的例子，則是在高加索陸峽的另外一端——巴統市，這座城市從一九一八年十二月一直到一九二〇年七月都在英國人占領下。

巴統具戰略重要性，自一九一九年夏末起成為大英帝國在南高加索唯一的直接占領區；[55]雖然喬

*譯注：鄧斯特部隊，以其指揮官 Lionel Dunsterville（一八六五至一九四六）為名，是一九一七年十二月組成的一支不到三百五十人的大英國協聯軍部隊，旨在接手帝俄撤離後的伊朗北部和南高加索地區。安札利港，鄰裏海，建於十六世紀，是波斯帝國薩非王朝時代重要的絲綢貿易港。

治亞人主張阿札爾地區*是他們的，但劃為中立地帶後，就讓英國人得以掌控這個南高加索通往歐洲方向的唯一港口。這些英國統治者面對的是一群對於未來究竟是要選擇喬治亞、土耳其或是要自己獨立，想法分歧的人民。巴統，就如大英帝國在南亞與東亞的某些商站一般，成為那些沒有領土基礎的族群的避難所；俄羅斯人始終透過一個地區議會與巴統市政府合作，而且許多過去帝俄時代的公職人員都在地方行政體系中服務，直到庫克－寇里斯將軍在一九一九年四月解散該議會。[56]

黑海的希臘人也替國家大計找了一個後援基地，也就是位在黑海南岸的安那托利亞沿海地帶的本都地區。†他們在此發行報紙《自由的黑海之地》，同時該市議會的希臘人議員則成為傳聲筒，傳達希臘社群的訴求。[57]對某些族群而言，這個「政治的」避風港，也是個文化的避風港：作為俄國國家傳聲筒的巴統報紙《我們的土地》採用一種全面性支持白軍‡的政治論述，但也開放版面刊登俄國前衛文學，有一部分的前衛作家，自俄國內戰一開打，便逃進此地區避難，再一路往伊斯坦堡和歐洲流亡。[58]

由於有英國的保護，確保了一些貿易交流的恢復，巴統最終也成為一個交通往來之地。貿易體制上的司法不確定性，使得邊地的合法商業與非法走私之間界線模糊。原本就是港都貨棧之城，現在變成附近海岸地區和來自內陸的商品交易地和炒作地，像該市的屠宰場千辛萬苦從卡爾斯地區一路弄來的牲口。[59]然而英國當局所有為了規範商貿的嘗試，都不足以阻止通貨膨脹、囤積炒作、走私貿易和仿作假貨。

不過自一九一九年底之後，布爾什維克勢力在俄國南部推進，以及高加索地區經濟的全面惡化，都還是削弱了巴統的經濟角色。一九二〇年二月，巴統城內爆發動亂後，英國政府決定撤出；英方與喬治亞人之間為了鐵路的掌控，發生了一些事端，然後，三月六日，喬治亞軍隊開始闖越邊界。英國駐提弗里斯的首席專員奧利佛．沃爾卓，本身對喬治亞頗有認識，與喬治亞友好，在處理這些緊張情勢時扮演了一個重要角色，並規劃了大英帝國軍隊的撤離，最終在當年夏天完成將巴統地區轉讓給喬治亞人。[60]

＊＊＊

一九一八年至一九二〇年短暫的獨立期間，是奠定現今高加索地圖的時刻；當前南高加索三個國家的輪廓事實上在此時成形，雖然在接下來的幾個月內就被併入蘇維埃聯邦，但這三個蘇維埃共和國

＊譯注：阿札爾地區西濱黑海，南臨土耳其，首府為巴統。

†譯注：興起於十九世紀並持續到二十世紀的希臘國家意識與民族主義，稱為大希臘主義或「偉大理想」（*Megáli Idéa*），意欲統合所有的希臘人地區建立／恢復一個以君士坦丁堡為首都的民族國家。此種思想主導了當時的希臘外交政策並影響了內政，當時希臘國內因贊成與反對此種理想而政治分裂。執意稱君士坦丁堡而不使用自十五世紀以來鄂圖曼帝國已將該城改稱之伊斯坦堡，便是意識形態上的對抗。

‡譯注：一九一七年十月革命後與共產黨的紅軍對抗的俄羅斯軍隊，稱白軍。紅軍與白軍對抗的俄羅斯內戰，直到一九二〇年代初。

的地理疆界幾乎是一模一樣的。這段短暫的獨立期，也埋下日後不論是在高加索內部，或是與土耳其和伊朗邊境地區之間，許多領土紛爭的禍端；今日圍繞著卡拉巴赫、阿布哈茲和南奧塞提亞的衝突，就是起源於這段動盪的年代。更廣義地說，這是一個極具象徵意義的時期，被認為是掙脫帝國統治，爭取各自政治前途的一個新生期（或說重生期）。因此，在一九九一年重獲獨立後，各國都將這個極短但意義深重的時刻當作國家歷史的里程碑，並將那段蘇維埃化的時期當作一個負面的沉重過往，也沒什麼好驚訝的。

第四章

革命分子、商人與外交官

一九二〇年代初，對整個高加索邊區而言，是個極具象徵意義的時期，很多強而有力但彼此矛盾的政治神話都誕生於此時。這是凱末爾主義者在土耳其奠定共和國的時刻，透過那場「民族解放戰爭」土耳其民族主義者與協約國在安那托利亞對戰；也是軍官睿札汗邁向伊朗政權的十年，他在一九二一年二月二十一日上台，於一九二五年十二月自封為國王（chah）*。在此同時，布爾什維克黨人以武力攻克奪下南高加索的亞塞拜然（一九二〇年四月）、亞美尼亞（一九二〇年十二月）和喬治亞（一九二一年二月至三月）；就如一九二〇年九月於巴庫舉辦的第一屆東方人民大會所展現的，這場征服必使高加索成為將革命往中東地區輸出的平台。[1]

現今南高加索的歷史論述，普遍都將加入蘇維埃體制的過程（蘇維埃化）呈現成一場國族悲劇，形同再次臣服於俄羅斯，並且也是接連不斷的暴力之同義詞，造成一九一六年至一九二六年間高加索人口從七百五十萬驟減至五百八十萬。[2]像是二〇〇六年在提比里斯開幕的蘇聯占領博物館這類場所，光明正大地強調蘇維埃體制在一九二〇至三〇年代所犯下的暴行，尤其是舉例布爾什維克黨人殘暴鎮壓一九二四年八月底在喬治亞的一場起義反抗，那是由已流亡國外的反共人士所支持、組織的反抗行動。可是，指揮這場鎮壓的，難道不是那些高加索布爾什維克菁英，那些曾經在一九二〇年至二一年推動要奪回對自己故鄉控制之人？為首的喬治亞人領袖謝爾戈·奧爾忠尼啟澤，是史達林的親信，在內戰期間擔任紅軍南方戰線司令；還有一些亞美尼亞人、亞塞拜然人或斯拉夫人的布爾什維克黨人，例如有名的謝爾蓋·基洛夫將成為亞塞拜然蘇維埃共和國最早期的那批領導人之一。[3]

這些革命分子是蘇維埃化的關鍵人物，不過他們倒是心繫於在一九二二年至二四年間逐漸生成的蘇聯中，為高加索地區爭取一種政治自主性。列寧自一九二〇年三月便委任奧爾忠尼啟澤設立一個蘇聯共產黨高加索局，[4]這位「謝爾戈同志」[†]在高加索擁有的極大自主權，導致一年後駐巴庫的伊朗總領事並非全無諷刺地稱他為「副王的準繼承人」。[5]他是喬治亞人，本來是獸醫，他不受管束的反叛性格，從阿布哈茲到伊朗北部，始終如一，以鐵腕統治南高加索直到一九二六年中。他甚至落實了一種特殊做法，使得高加索的布爾什維克黨人在境內行政以及在與伊朗和土耳其發展邊境外交方面，皆享有很大程度的政治自由，這不免引發與莫斯科當局的一些摩擦。

這種自主大大地有助於形塑一種新的邊境秩序；這個新秩序同時考量了一段很難走出的戰爭期，以及該地區各個政權體制的新本質。事實上，當時這些新政權首要的共同敵人，是某些歐洲國家在高加索地區的滲透影響，布爾什維克黨人與凱末爾派分子因應情勢而聯手，便是此種同仇敵愾的情緒格外直接的表現。[6]但是布爾什維克意圖透過高加索地區出口某種形式的革命，共產國際的大人物們趕赴巴庫那場有兩千名代表的東方人民大會，正是體現此種企圖，這讓諸鄰國不能不擔憂。在這首波世界革命熱潮退燒之後，邊境秩序還將牽涉經濟、文化與技術合作的種種形式，在幾個依舊有顯著差異的政權間搭建起各種橋樑。高加索自此成為一種邊境外交空間，與專責的跨政府外交平行運作。

＊譯注：睿札汗建立了巴勒維王朝取代卡札爾王朝。

†譯注：謝爾戈同志，是奧爾忠尼啟澤在地下革命運動時期的化名，本名原是 Grigory Konstantinovitch Ordjonikidzé（一八八六至一九三七）。

亞塞拜然的賭注與高加索的進展

高加索的蘇維埃化過程展現了初生的布爾什維克主義全套的攻伐戰略招數。事實上，我們在此見到一種結合運用國族元素的能耐，並且還在辭令上將對方貶為帝國主義的走狗，不承認那些現存國家的獨立。列寧自一九一三年夏天起就常提及民族自決原則，目的便是在這個帝俄邊境之地爭取盟友。[7]當一九一八年一月美國總統伍德羅·威爾遜也在他著名的《十四點和平原則》鼓勵民族自決之際，一支以國族主義思想結合的革命同盟，顯然成為列寧勢力擴張的最佳保證，如同在俄國內戰期間被用來對抗白軍勢力那樣。[8]

一九一九年年底白軍在北高加索敗陣，為布爾什維克打開了前進外高加索之路。奧爾忠尼啟澤頂著帶領紅軍第十一軍的勝利光環，強力要求莫斯科授權掃除殲滅高加索那三個共和國。在攻略方面，蘇聯共產黨高加索局搬出地方「人民」起義的戲碼，好讓其軍事介入名正言順。這招首次是用於對付亞塞拜然；亞塞拜然自一九二〇年二月就有共產黨在地下運作。一場由巴庫的布爾什維克黨人引爆的起義，給予紅軍出兵的藉口，但是對於形式處理之謹慎，則令人驚訝：透過一場大張旗鼓的政權移交儀式，由當地政府將權力移交給一個由亞塞拜然資深布爾什維克黨人納里曼·納里曼諾夫領導的革命委員會。[9]

之後，亞塞拜然便成了往高加索其他地區擴張的跳板。奧爾忠尼啟澤和他身邊的人步步進逼，而莫斯科方面，則基於中歐情勢以及與英國關係等策略性因素，放慢了節奏。那些高加索領袖們既然不能占領喬治亞和亞美尼亞，於是將目光轉向伊朗濱臨裏海的沿岸地區：一九二〇年五月十八日，布爾什維克軍的船艦以追逐躲入安札利港的白軍領袖鄧尼金將軍艦隊為由，入侵該港。[10]伊朗外交部長菲魯茲親王理直氣壯地向剛成立不久的國際聯盟抗議這種入侵行為，而莫斯科則反擊說那是一個獨立的亞塞拜然社會主義共和國的作為，俄國不會介入他國事務。[11]

六月四日，波斯北部一個蘇維埃共和國*，在以庫查汗為首的地方立憲革命運動分子（Djangalis）支持下宣告獨立，重演亞塞拜然的戲碼，不過這回帶著一種瓜分伊朗的色彩。接下來幾個月，莫斯科、巴庫、德黑蘭和這個波斯北部的政府之間建立的關係，都在一種被刻意維持的曖昧不明中進行。後來，有一位證人提到那個象徵性的把戲，吉蘭的布爾什維克黨人宣稱波斯紅軍是他們所建立的：在安札利港的艦隊上懸掛一幅「類似許多『穆斯林世界』國家如土耳其、亞塞拜然國旗的，紅色的弦月抱星旗幟」。[12]事實上，庫查汗身邊很快地就遭到蘇維埃顧問滲透；納里曼諾夫授意於巴庫設立的一個伊朗辦事處監督著這些顧問；當時圍繞在納里曼諾夫身邊的，是高加索布爾什維克黨人中竄起的新秀，如喬治亞人布杜．姆迪瓦尼和亞美尼亞人阿納斯塔斯．米高揚。一九二〇年六月二十二日，成立了一個伊朗共產黨——阿達拉特黨，目的是類似的：意識形態控制。[13]

亞塞拜然蘇維埃共和國領導伊朗革命的這種卓然地位，使其成為高加索地區必然的中間人，不過，這並非全無引起莫斯科方面疑心。對於奧爾忠尼啟澤自一九二〇年五月二十三日時便認為可以

*譯注：波斯社會主義蘇維埃共和國，或稱吉蘭蘇維埃共和國。

「不費太大力氣地顛覆整個伊朗的亞塞拜然省」[14]的龐然野心，列寧與托洛茨基則完全冷處理，托洛茨基簡短地提醒說：「即便在亞塞拜然，有石油工業以及一種與俄國的古老連結，蘇維埃體制也只是勉強維持」，這使得儘快將波斯蘇維埃化的希望變得渺茫。[15]伊朗政府儘管國力衰弱，還是組織了反抗行動對抗這個蘇維埃共和國，並且善加利用聽命於布爾什維克的阿達拉特黨與庫查汗支持者之間的緊張關係；最終導致一九二〇年七月三十一日爆發共產黨政變，庫查汗突然遭布爾什維克黨人爆料，說他是個投機分子、貪汙且是聯英派，這場政變消滅了庫查汗勢力。[16]隨著這場政變而來的，是高加索局於八月提出的一個瘋狂計畫：派遣一千名紅軍士兵攻打德黑蘭，並且趁著伊朗內閣危機動搖政權之際得利。[17]

重新掌握邊區

這場主要從巴庫方面遙控的伊朗軍事行動，點出勢力擴張可以透過疆域接壤傳遞，植入當地的革命動力中。但是，這場征服的多頭馬車性質，也產生了究竟要追隨哪條路線來應付鄰國的種種矛盾：布爾什維克黨人為了接下來要採取何路線收拾喬治亞與亞美尼亞而分裂；俄國一直都在安那托利亞支持土耳其民族主義勢力的戰鬥，而這兩國的獨立妨礙了此間的陸路連結。[18]雖說蘇維埃分子提供的一部分援助是經由黑海送達，那麼一九二〇年九月底土耳其與亞美尼亞之間開戰，可就給予蘇維埃分子介入的理由：以拯救者的姿態介入一個被夾在「布爾什維克鐵鎚與凱末爾主義砧板」[19]之間的亞美尼亞共和國，對他們來說，這是再方便不過了。

就在達什納克黨組成的政府不得不接受那虎狼般的《亞歷山卓堡條約》再次將亞美尼亞降格成一個殘存政府（territoire croupion）之際*，有部分的達什納克黨人，在一位魅力領袖——卓的領導下，於十二月二日同意亞美尼亞加入蘇聯。[20]蘇聯軍隊就此便可長驅直入，將入侵表現得如同天兵降臨，拯救亞美尼亞免再受到土耳其的奴役。在某些地方，例如在邊境城市亞歷山卓堡，紅軍毫不保留地展現戰力，迫使土耳其人退兵。可是，布爾什維克黨人治理的頭幾個月所實施的那些激烈政策，又與這最初的表現大相逕庭，導致一九二一年年初發生了好幾樁抗爭，反對「獨斷獨行與經濟掠奪」，並且反抗那些開始拿與前政府合作之人開刀的政治迫害。[21]

這些反抗中最重要的一場，爆發於布爾什維克黨人對高加索最後一個獨立國喬治亞發動攻勢之時；儘管他們又是以前來支援提比里斯一場無產階級起義為藉口，但卻明顯是一次侵略行動（一九二一年二月至三月）。那些布爾什維克黨人不顧一九二〇年五月七日與喬治亞簽署的和平協議，透過設於喬治亞首都的代表處勾連串謀，從未停止對各種暴動計畫的支持，並且頻繁地在喬治亞邊境進行種

---

*譯注：俄國布爾什維克黨人在一九一八年三月與鄂圖曼簽署的《布列斯特—立陶夫斯克條約》失去了卡爾斯省、阿爾達漢省與巴統省這些地區（詳第三章）。亞美尼亞於一九一九年一月占領卡爾斯。一九二〇年九月至十二月間亞美尼亞與土耳其的戰爭，最終簽訂了《亞歷山卓堡條約》，明定亞美尼亞必須放棄第一次世界大戰後巴黎和會的框架下塞佛爾條約中同意給予亞美尼亞的土地，並將戰前疆域六成割讓給土耳其，其中包含卡爾斯。

種惘嚇操作。[22]蘇維埃紅軍攻勢迅捷，自東向西，迫使那些孟什維克領袖倉皇撤至巴統港，登船逃往歐洲。

然而這場攻伐之迅捷，也讓凱末爾分子猝不及防，對他們來說，與蘇聯接壤變得有些沉重，更何況土耳其人對於紅軍就此染指的那些土地，也並非毫無野心。為了減少這種領土毗鄰引發的負面效應，克里姆林宮主動向土耳其政府提議在莫斯科展開協商，以規範那些高加索共產黨人的動作。[23]事實上，凱末爾分子宣稱占領了巴統、阿哈爾卡拉基和阿哈爾齊赫地區，與布爾什維克軍隊進入一種緊張對峙局面。[24]史達林那整套嚴厲的務實主義很是必要，以便與大使阿里．福瓦．契貝索和談判代表慈札．努爾這兩位進行協商：以割讓阿札爾地區為條件，來交換卡爾斯和阿爾達漢地區就此徹底歸還土耳其。[25]

可是，一九二一年三月十六日所簽署的《莫斯科條約》卻只擬定了邊境規範的整體大方向，細節則推遲至當年十月將於卡爾斯舉行的一場區域性協商會議中討論。這種兩階段做法，挑起那些對於邊界以及莫斯科條約某些內容還想有所修正之人的覬覦。九月二十一日，俄國駐巴統的領事接到一封亞美尼亞阿爾特文省共產黨團的信，請求重新協商邊界。[26]雖然說以黨紀回絕了如此請求，但在卡爾斯舊總督府召開的那場席間有克拉貝基爾將軍*的會議，則發生了緊張激烈的討論。喬治亞代表夏爾瓦．葉利阿瓦掀起阿札爾問題，指出之前協商的《莫斯科條約》內容中，在文字與地圖之間有些矛盾，而且還在背地裡運作去實際上占領某些有爭議的地點（使占領成為既成事實）。[27]至於比較不在火線上的亞美尼亞布爾什維克黨人，則堅持索回在邊界的阿尼城廢墟；十九世紀末發現的那些廢墟，對於亞美尼亞自古典時代晚期綿延不輟的悠久歷史，具有指標性象徵意義。[28]

副王宮又出現副王

在卡爾斯協商會議期間，土耳其代表團曾多次質疑與其交涉的外高加索代表團之代表性問題。其實，一九二一年秋天，蘇維埃轄下的外高加索陷入一個區域權力中央集權化的過程，在提比里斯又再次設立一個政治核心。一九二二年三月十二日，喬治亞、亞美尼亞和亞塞拜然三國協議成立「外高加索社會主義聯邦蘇維埃共和國」（ZSFSR）；這個蘇維埃共和國首先是建立在一些技術層面如鐵路、電報和對外商貿的統合上，同時也設立了一個共產黨區域委員會（*Zakkraikom*），取代南高加索的高加索局。[29]從前的副王宮被象徵性地改成新的布爾什維克政權的總部所在，並且成為這個新共和國所發行之紙幣上的圖樣。[30]

邁向合併的這一步，是奧爾忠尼啟澤所逼就，那些高加索領袖們並非全無異議。一九二二年一月九日，納里曼諾夫向列寧坦承其憂懼，儘管「合併是必要的，可是當下的節奏實在過快」。[31]在外高加索合併條約簽署後數日，共黨大老菲利浦．瑪赫拉澤提醒，過去這些年國族主義已然在喬治亞人心中扎根，而且人民「已經習慣了喬治亞獨立和自治自主的想法」。[32]在所有不贊成合併的意見表達

＊編注：鄂圖曼將軍。在一九一八年曾代表與亞美尼亞的新政府協商，依據本書第三章他還不時威脅要重啟戰爭。

高加索布爾什維克黨人領袖。自右至左：瑪米亞·奧拉赫拉什維利、謝爾戈·奧爾忠尼啟澤、謝爾蓋·基洛夫和菲利浦·瑪赫拉澤。（來源：喬治亞內政部檔案）

中，最戲劇化的，便是一九二二年十月二十二日喬治亞中央委員會集體辭職：這個委員會十一位委員中，九位辭職，抗議將喬治亞併入外高加索社會主義聯邦，間接加入蘇聯（URSS）；對他們來說，併入外高加索聯邦，將使喬治亞淪為次等實體。列寧派出一個委員團前往提比里斯評估局勢，該委員團由權力很大的政治警察——「契卡」＊頭子菲力克斯·捷爾任斯基指揮。雖然奧爾忠尼啟澤不當施政與濫權的證據確鑿，但喬治亞人被認定是黨內異議分子，且是民族主義分子，居於弱勢無力回天。[33] 一九二二年十二月十三日，第一屆外高加索的蘇維埃大會於巴庫召開，宣告成立外高加索聯邦，並通過第一部憲法。

這個區域型的政權一直存續到一九三六年實施史達林憲法†為止，代表著高加索政治的一項主要元素。在內政層面上，這個政權的目標在於均衡各個不同民族群體的利益以及布爾什維克政權內部諸競爭派系間的利益。[34]於是共產黨區域委員會與外高加索聯邦有關單位，便對三個共和國之間始終紛紜的領土爭端進行仲裁，時而導致一些激烈暴力衝突。[35]這個外高加索地區政權的角色可不是用來惹莫斯科討厭的，莫斯科藉此省了許多棘手的麻煩：一九二五年十月，當自治的阿札爾共和國領導人塔赫辛・希姆什維利指控喬治亞人推行一套國族主義政策並且殖民阿札爾時，史達林拒絕處理問題，並且丟給外高加索聯邦當局去解決。[36]

喬治亞事件所揭穿奧爾忠尼啟澤的那些手段，就是一個「中央任命在地方可獨斷獨行的首長，藐視地方上專責人士意見」[37]的手段。這人在一九二六年七月時描述自己「極度衝動、粗魯、沒受什麼教育、寫不了兩行字」，實際上卻是個具有政治敏感度、關注高加索局勢的人。[38]他耐心地建構了一個「地方派系」，這些人瓜分布爾什維克黨與蘇維埃政府雙邊高層的主要領導職。[39]在亞塞拜然，他的軍中同僚謝爾蓋・基洛夫領導共產黨直到一九二五年。法國女性旅行家安德蕾・維奧里斯記錄了這個以奧爾忠尼啟澤為中心構建的強勢網絡，以及那看似凝聚了所有喬治亞領袖的團結力，這些領袖

＊編注：契卡（tchéka）全稱為「全俄肅清反革命及怠工非常委員會」，是蘇俄一九一七年成立的祕密警察組織，後雖經改組，但在蘇聯時期，「契卡」一詞都是用來指祕密警察。

†譯注：一部重新定義成立於一九二二年年底的俄羅斯蘇維埃社會主義共和國聯邦（蘇聯）的憲法，一九三六年頒布，常被稱為史達林憲法。

「都同時兼具統治者的精力與完美的雄辯口才」，而且都對他們的「小祖國」（petite patrie）有很強烈的依戀。[40]在此同時，外高加索政權透過一系列教育與學術機構，如外高加索大學或外高加索研究院等，致力於創造一種既蘇聯又高加索的認同基礎。[41]

除了私人情誼以外，這個區域團體相對於莫斯科的自主性，當然是以他們對史達林的忠誠買來的，尤其是在一九二三年至二四年間史達林與托洛茨基對決奪權時效忠史達林。而他們所獲得的回報，就是擁有很大的自主權；這種自主權大到有時甚至惹毛克里姆林宮那位新主子，因為奧爾忠尼啟澤對於某些事情的發展向莫斯科知會得太少。一九二四年八月二十八日喬治亞西部爆發的一場反抗就是個例子：奧爾忠尼啟澤指揮一場極其殘暴的鎮壓，造成將近五千人死亡，而且不顧中央的指示，逕自處決某些關鍵犯人。[42]可是由於他是當時政治遊戲中的一個關鍵盟友，因此他因為這件事所受到的訓斥自然不會太重。

高加索邊區的商貿與文化

除了透過一連串的政治承諾來鞏固這個領導團體，還有經濟承諾；這些都有助於重新整合高加索地區。高加索的布爾什維克黨人在開疆闢土的行動上既然受到阻撓，於是開始思索往中東與中亞的方向拓展影響力。在拓展影響力的種種工具中，重拾與伊朗和土耳其的經貿關係便是其一，外高加索必能獲益。蘇聯與伊朗一九二一年二月二十六日簽署的條約就是準備進行商貿協商，不過卻與布爾什維克黨人自一九一八年起就做出的壟斷對外貿易的宣告相牴觸。[43]於是，在重拾各種關係時，高加索的有力人士便扮演重要角色，例如一九二二年五月由巴庫的工農兵委員會創設的商展，就是為了替列寧前一年頒布的新經濟政策（NEP）營造有利局勢。[44]

不過這個新設的商展卻必須面對俄國下諾夫哥羅德古老集市*之競爭，後者也打算吸引波斯商人；因此巴庫的商展便需要來自高加索最高當局的保護。接掌外高加索政府的納里曼諾夫，與外高加索外貿人民委員瑪瑪哈桑．哈金斯基研究如何反制俄羅斯的組織架構；哈金斯基是個轉投布爾什維克主義的分子，親近亞塞拜然國族主義共產黨人的理論。新創的巴庫商展標榜高加索邊區的一種復振，而且哈金斯基堅持商展要享有莫斯科四月二十三日新採行的「亞洲關稅稅率」：包含多項減稅與免驗等，其政治目的很明確，因為他必須展現蘇聯新形態的商貿，反制資本主義者對「東方」的剝削開發。[45]

往後幾年巴庫商展都成為蘇聯對南方鄰國展示其開放政策的樣板之一，經濟成果斐然鼓舞人心。[46]每一屆的商展為了定義各種免稅和特許，都進行數不清的協商，這些免稅和特許正是商展成功的保證；同時還要將物流方面的種種困難，以及多少有些混亂的溝通所造成的衝擊降到最低。[47]從一九二五年起，便有逾百家伊朗企業參展，交易總額從一九二三年的四百八十萬盧布，在一九二七年超

＊譯注：下諾夫哥羅德集市自中世紀便頗具規模，吸引來自歐洲、印度、波斯、中亞各地的商販，甚至也有中國茶的販售。十九世紀法國知名小說家大仲馬（Alexandre Dumas）和凡爾納（Jules Verne）的作品中，都曾大篇幅描寫下諾夫哥羅德集市。

過三千一百二十萬盧布。巴庫商展成交金額，在蘇聯與伊朗貿易總額之占比，起初不到百分之十，一九二七年時達到將近百分之二十七。這扇「朝東方開啟的窗」就是蘇聯當局的一個政治秀場：一九二五年亞塞拜然最早的紀錄影片之一，就是拍攝這個巴庫商展，將這個商展呈現得像個轉運地，將現代商貿方式往中東傳播。[48]

象徵性地，這種拉近關係的努力和影響力於一九二六年年初達到巔峰，一座專門作為巴庫商展的全新建築於四月竣工，風格雄偉，「結合波斯與拜占庭風格」，彰顯這個商展追求的文化交融思想。[49]不過巴庫也想成為知識交流地，在幾個禮拜之前舉辦了一場大型突厥學大會，專門探討蘇聯中幾個突厥語字母改革的問題；蘇聯菁英們從一九二〇年代初開始便對這個字母改革爭論不休：亞塞拜然菁英與韃靼菁英之間的對立衝突尤為嚴重，前者主張字母拉丁化，後者則支持將當時所使用修改自阿拉伯文的字母再進行一次改革。[50]這場在巴庫舉辦的突厥學大會，有許多外國學者參加，尤其是土耳其學者，使亞塞拜然人得以強化他們在國內與國際的能見度，並且得到蘇聯當局認可為推動字母改革的主要核心。[51]

朝向援助發展的策略

若說字母改革的意識形態意味濃厚，卻也與蘇聯在強調其現代性的同時，想給人一個更為有教養（policée）的形象之意圖相結合；這與凱末爾和睿札汗各自在土耳其與波斯的宣傳口號是異曲同工，但也更大程度地與菁英們的想法相契合。[52]邊境地區從此可以變成一個合作空間，用來施展一些現代化計畫，將布爾什維克計畫那些惱人讓人不舒服的面向擱置一旁，改以行動展現共產主義的優點，例如蘇聯當局致力於農業領域推廣他們的現代化模式，就是一個例子。正當現代「發展援助」的誕生普遍都與戰間期的殖民政策相關聯之時，蘇聯在亞洲內陸的策略則產生另一種發展援助政策。[53]

高加索地區，不論在邊界的哪一側，事實上都週期性地遭遇一連串的環境災害，其中為患最大的便是蝗蟲的侵害。蝗蟲對農作物，尤其是對棉花種植，造成毀滅性的傷害，鄂圖曼當局與俄國當局自十九世紀末便將其認定為一種重大威脅。高加索的穆甘平原和納希契凡地區緊鄰伊朗，在帝俄時代就已被列為蝗災特別高風險的兩個地區。蘇聯全力投入重建農業並振興棉花產業，很快地便將治蝗當作鞏固蘇維埃體制的首要之務。

對抗蝗蟲的作業，藉由重啟戰時共產黨集體勞動與動員的形式，來團結人民齊力完成由蘇聯體制所制定的明確且轟轟烈烈的目標。每一年，大規模的防治作業瞄準於找出過境蝗蟲的產卵地點，以從源頭消滅牠們。然而，此種作業，在蘇聯境內是可行的，但由於生態系統彼此相連，一九二〇年代初從伊朗襲來好幾波非常具毀滅性的蝗蟲，一切努力便都化為烏有。自此之後，發展合作關係以敦促伊朗人在伊朗境內也實行同樣的治蝗政策就變得不可或缺。[54]

此類政策的優勢是建立在一種共產黨政權講求科學與技術的形象上，提供伊朗應用知識和專家技術指導，並藉此減少對於布爾什維克政治宣傳的戒心。外高加索當局監督亞塞拜然與亞美尼亞進行這些防治作業，直接涉入每年與伊朗的協商，目標在於派遣一些考察團前往伊朗邊境地區進行追蹤、灑藥以及人員的教育培訓。這些地方層級的協商，為一個更廣的蘇聯外交奠定了基礎，有助於在農業、動物醫學和植物病蟲害防治方面，與南境所有鄰國發展合作關係，此方法也呼應了一九二六年通過的《國際衛生公約》。55

由於土耳其和伊朗與蘇聯相鄰的地區都是兩國最窮鄉僻壤之地，蘇聯這種專業形象的推廣，扮演了一個重要角色：在一種發展援助的區域政治誘餌中，於是可以提出邊境的互動作為經濟推手。在土蘇邊境，從一九二五年起，一個在阿爾帕柴河*上共同興築水壩的計畫，匯集了所有合作可能性，不僅得以開發一個電力來源，同時也使邊境兩頭均得以灌溉，開墾新的耕地。儘管大部分的花費都是由蘇聯負責，在提比里斯進行種種協商後，最終簽署了一個雙邊共同管理水壩的協定。於是，只要計畫前景結合了鄰國利益以及他們的轉型計畫，邊地空間本身也能夠成為一個技術合作場域。

走出戰爭的漫長道路

不過，各國政權在邊區進行的計畫，並不該掩蓋經常造成人民對立的反抗行動，不論這種對抗是有意為之，或是結構性所致。在與鄰國之間和氣融融的宣傳口號背後，這些水資源的協商反映出一九二〇年代邊境外交比較難以啟齒的一面，這與必須拿捏一個漫長且有時痛苦不堪的走出戰爭的過程是緊密關聯的。在蘇聯那一側要灌溉的土地，其實正受到地方上與國際上熱議，因為那些土地被計畫要用來安置流離於中東各地的亞美尼亞難民。這個計畫主要由國際聯盟難民事務高級專員弗里喬夫・南森†負責，隨後一連串的協商在這位知名的極地探險家、國際聯盟和蘇聯政府之間展開。[56]不過在土耳其邊境安置這些對土耳其不懷好意的人民，讓凱末爾當局相當不滿。

因為，為了要建立布爾什維克黨人所宣稱與鄰國的那種新交情，必須放下那不久前的恩怨，並試著解決那些尷尬的面向。這些做法，都在戰後贊成互換人口的脈絡下進行；互換人口的目的是：「和諧」（harmoniser）幾個新國家的領土劃分和民族組成。於是我們見到一些處理土耳其和蘇聯之間人口互換的協商：一九二一年二月至十月間，將屬於俄羅斯幾個特殊宗教支派的摩洛坎人與杜霍波爾人‡，從之前移交給土耳其的卡爾斯地區接回俄國。而直到一九二〇年代中為止，另一個讓各國領

---

*譯注：這同一條河流在亞美尼亞境內那頭稱阿胡良河（Akhourian），進入土耳其後稱為阿爾帕柴河（fleuve Arpaçay）。

†譯注：弗里喬夫・南森（Fridtjof Nansen，一八六一至一九三〇），挪威人，著名的極地探險家，對於極地裝備與禦寒衣物的發展卓有貢獻。他在一九〇六年至一九〇八年擔任駐英國代表期間，致力於促進祖國挪威的獨立。於一九二一年受國際聯盟委任難民事務，由於他對第一次世界大戰流離失所的難民的貢獻，於一九二二年獲頒諾貝爾和平獎。

‡譯注：摩洛坎人（Molokanes 也寫作 Moloques）是十六世紀中宗教改革時出現的一支運動，這個稱呼從 molok 一詞（俄語牛奶的意思）衍生而來，因為他們在齋戒日時喝牛奶。他們的信仰主張回歸聖經，拒絕承認沙皇的神權統治，不贊成東正教會的聖像崇拜與富麗裝飾，也不行施洗禮，不承認三位一體的教義，並且拒絕服兵役。杜霍波爾人（Doukhobors）則出現於十八世紀下半葉，意思是精神奮鬥者，他們排拒任何由人成立的政府，不承認教會組織、不崇拜聖像，也不接受任何禮拜儀式，他們認為每個人身上都有一部分靈性，能直接與神溝通，不需要透過神職人員。

事、外交人員和邊區當局建立重要外交關係的議題，則是戰俘歸國。在亞美尼亞的例子中，安置來自希臘和中東一萬三千多名劫後餘生的亞美尼亞人，終究是一個重大挑戰；透過弗里喬夫·南森（無國籍人士「南森護照」之創始人）多方協商，提出計畫讓難民於亞美尼亞進行農業墾殖；該計畫於一九二八年至二九年遭擱置。亞美尼亞人的安置也涉及與一些慈善組織的關係，如美國的近東援助會和亞美尼亞人慈善總會等，這些組織都在財務上資助安置計畫。[57]

然而，重建邊境交流還是不免受到高加索人民突如其來的怒火的衝擊，例如，一九二四年初混合各方代表的邊界勘定委員會行經此地時，便誕生了最為瘋狂荒誕的謠言；共產黨區域委員會和外交事務人民委員會*嘗試盡可能地好好掌控協商，[58]但是邊區人民群情激動，再三請願，極力要求修正邊界。大部分的請願都來自一些因現行邊界劃分導致土地遭到切割的村莊，最極端的例子便是奧爾赫奇奧格里這個小鎮，變成只有十幾公頃在蘇聯境內，其餘一千三百公頃都被劃在土耳其境內。[59]

勘界原本純粹是個技術性問題，卻就此被捲入政治場域。德國駐提比里斯領事威森東克於一九二五年二月二十三日在報告書中描述，提比里斯市的新聞界議論紛紛，說土耳其可能會利用這些協商再次覬覦喬治亞邊境住有穆斯林人口的那些地區。[60]一九二五年一月十五日，一份由土耳其那側邊區十八個亞美尼亞人村莊代表聯名向蘇聯政府提出的請願書，就展現了人民對於勘界所懷抱的希望。[61]這十八個村莊位於一個由一九二一年的條約所設立的八公里半的中立區內，就如村民們在請願書中所述，土耳其當局同意不在這個中立區裡駐軍，「只有地方警察」；雖然已藉此降低存在感，村民們還是抱怨遭到來自土耳其地方當局的暴力對待。居民們以為即將前來的邊界勘定委員會有權力決定他們的未來，並且有權將他們劃入蘇聯。然而中立區主要是因應一些軍事考量而設立，卻被人民詮釋成還可以再做一次選擇的證明。

喬治亞和亞美尼亞邊境地區的穆斯林人民，雖未遭難於類似的政策，但由於民族政策優先，喬治亞阿哈爾齊赫地區和阿哈爾卡拉基地區的某些族群，提出希望併入土耳其；這就惹得蘇聯領袖們不滿了，他們命人「在地方報刊中諭示，該委員會的任務並非變更蘇聯與土耳其之間現行的邊界，某部分人民基於錯誤的消息或是來自敵人的惡意企圖而有此錯誤認知」。[62]蘇聯外交人民委員奇切林於一九二五年三月四日在提比里斯的一場講話中公開提及這個問題。最終，僅僅在山勢綿延的阿札爾地區通融了一些微不足道的調整。[63]可是，這個似乎早在一九二一年就已解決的問題，再度引起人民注意，也見證了高加索邊區接受新邊境秩序之緩慢。

提比里斯，邊區外交首府

邊區外交的這種種面向，一再點出一些區域網絡的存在；各省當局透過這些區域網絡聯繫，而且有時在諸首邑間進行著一些平行的互動。特拉布宗、巴統、大不里士或巴庫等城市，都是各國領事駐

＊譯注：即蘇聯外交部。在一九四六年以前，為了符合工農兵蘇維埃精神，稱為外交事務「人民委員會」，主事者稱「人民委員」。一九四六年三月開始改稱外交部與部長。

在地，通常負責處理商貿事務、交通往來以及各國中央領導人期待的政治情報。不過，這個地區無庸置疑的外交中心是提比里斯，外高加索聯邦當局倚仗一位外交事務人民委員會派出的特命全權代表，在此地處理所有國際層級的問題，這使得提比里斯再度成為外高加索權力核心。副王宮四周，各國領事館林立：[64]法國與英國當然不在其中，因為這兩國和蘇聯關係不佳，不過義大利與德國沒缺席。儘管由於畢蘇斯基將軍於華沙掌權，導致波蘭與蘇聯雙邊關係惡化，不過波蘭領事館還是在一九二六年加入行列。[65]在這些歐洲國家的領事館旁，最主要的外國機關就是土耳其和波斯的領事館了，這兩國因為有大量人民旅居高加索形成龐大社群而利害攸關。

這些外國領事都熱衷於與高加索領袖們建立直接的往來關係。義大利外交人員彼得．夸隆尼在回憶錄中寫道：「一九二六年時，在提弗里斯還是有可能與政府當局維繫私人情誼的。」[66]夸隆尼曾前後任職駐提比里斯總領事與駐莫斯科大使，能夠輕鬆自如地比較高加索首府的南方氛圍與莫斯科的拘謹約束：前者在一九二六年時居民不過二十九萬四千人，而後者則是有兩百萬居民的大都會；除了氣候不同，還有形塑城市特色的國際都會氣息和繁榮富庶，都讓來往旅人們印象深刻。高加索人好交遊的性格，提供了許多在官方場合以外的接觸和交流機會：例如一九二七年五月在提比里斯市舉辦的喬治亞與外高加索大會，波蘭領事莫斯托夫斯基就混入代表團中，私下與許多地方政府官員交換意見。[67]

舉例來說，喬治亞菁英們素喜籌辦的各種宴會，就方便各國領事和地方領導階層進行交流。[68]在美酒佳餚的幫襯下，舌頭鬆動，嘴不那麼緊，餐桌上的話題就從客套閒談轉聊到政治。德國領事奧托・君特・馮・威森東克，是外交家，更是犀利的高加索觀察家且是博學的東方文明研究者，職責所在地蒐集這些餐會中得到的消息，他在回報時不忘提醒到，這些高加索領導階級說話誇張甚至有幻謊癖（mythomanie）傾向：「外高加索，對那些不受控制的謠言，是一方沃土，讓這些天性神經緊張的人民時時屏息。」[69]餐桌上的交際也並非全無風險：這位威森東克領事在一年前的報告中提到，外高加索〔人民委員會〕主席瑪米亞・奧拉赫拉什維利所舉辦的新年晚宴中發生的一件小插曲：設宴的主人針對英國、土耳其和波斯說了一些不太得體的話，土耳其領事呂黎貝伊揚言離席，還好有人隨機應變開了個玩笑挽救了場面。[70]

對那些高加索領袖來說，這些外國領事出席的場合也同樣是打探各國政治消息不可多得的機會。因為如果說這些領事們都不手軟地派出間諜，高加索政治警察契卡也是必然監視著他們，並提出許多報告。[71]這樣一個領事圈在提比里斯的存在，提升了城市地位，給高加索菁英們帶來尊榮和象徵性的謝酬。一九二五年四月，當波斯總領事稱讚該城是「高加索的中心，且是蘇聯政府對東方國家的政治中心」，他藉由這句分析更維繫了喬治亞首都的這個卓越地位。[72]這種儀式般的色彩對於那些高加索領袖而言尤其重要，他們都是「老布爾什維克分子」，大多都曾流亡，有地下運動經驗，還參與過內戰，並經歷過一九二〇年代初期複調多聲的外交局勢。

他們對於國際問題持之以恆的關切，反映在他們的政府行動中，也表現在他們較為私人的作為中。外高加索無線電報局評論中東國家情勢的通訊刊物就見證了他們對於區域周遭的關注。[73]瑪米亞・奧拉赫拉什維利，那個親近奧爾忠尼啟澤的政治人物，甚至還在一九二五年初投身提比里斯大學，教授國際關係，藉此主導莫斯科外交事務人民委員會資料建檔的工作。[74]所以，將高加索維繫在一個國際層面上，既是政治運作成果亦是知識分子運作的成果，努力將區域性的運籌帷幄寫在蘇聯對外關係的整體脈絡下。

＊　＊　＊

一九二〇年代標誌了一種在三邊關係中重生的高加索邊區互動，同時彰顯出一個地緣政治利益共同體（在土蘇關係中尤其清晰），和一個長期遭到戰爭重創的地區重建時，所有實務面的挑戰。除了蘇維埃化的暴力和對於某些零星出現的反抗之鎮壓以外，布爾什維克政權努力改變自己的形象。蘇聯推行的新經濟政策格外需要實施於高加索，在此地有助於跨境商貿關係，並且緩和共產主義的經濟影響可能造成的衝擊。不過，恢復關係還是造成了許多矛盾，掩蓋了某些中長期的發展，使得此地難以真正重見第一次世界大戰前的榮景。

第五章——一九二六年的危機：邊境交流的形式與局限

高加索邊境自從一九二〇年代初重啟交流，便掩蓋了某些意識形態與政治上的不合（在蘇聯方面尤其尖銳）。就在蘇聯外交官們愈來愈堅持要跟一九二五年十二月推翻卡札爾王朝自立為王的睿札國王政權合作時，許多高加索的老布爾什維克黨人，對於跟一個在他們看來過度保守且是軍閥的政權綁在一起這事感到嗤之以鼻。而且，一九二六年四月底，當伊朗駐巴庫領事舉辦一場慶賀新王登基的宴會時，好幾位亞塞拜然貴賓，竟無視於莫斯科方面的鄭重叮囑，在宴會中口出惡言。[1]

儘管伊朗提出抗議，這件事其實就是在一個邊境緊張情勢即將爆發的脈絡下的小插曲。蘇聯新經濟政策的重重困難考驗了高加索邊區經濟所享有的手工業與商貿的自由。在此同時，布爾什維克黨人反覆宣傳西方國家隨時會攻打蘇聯，滋長一種真正的「恐戰心理」。一九二六年中歐發生的那些政變，尤其是波蘭政變，更是加添這種恐懼，在一九二七年一月第十五屆莫斯科共產黨會議*時升到最高點。[2]如此整體局勢促使蘇聯史學家們將一九二六年至二七年視為一個衝擊了他們共產祖國與外在世界關係的安全上的轉折點。[3]

高加索邊區的事態發展，某程度地符合上述分析，但也提醒了那些區域因素在危機生成上的重要性。是結合了高加索地區內部動力與大環境發展的種種趨勢，才使得這個很短的時期變成引爆伊朗北部集體動員的一場嚴重危機。還有商貿危機與移民危機錯綜其中，危及自一九二〇年代初以來採取的種種敦睦鄰國拉近關係的措施。然而就在莫斯科表態支持一條和解路線時，外高加索的好幾個組織卻添柴加火，助長危機。

脆弱的新經濟政策

新經濟政策在莫斯科與在各蘇維埃共和國都一樣，是私人利益、國營企業和合作社之間不穩定的妥協結果。商展經濟，對於與伊朗和土耳其重建關係極為重要，卻飽受攻擊；攻擊既來自主張商業國家化一派的人士，也來自將此視為一種變相的市場干預那一派。[4]早自一九二五年，新經濟政策便已顯露出在對外貿易平衡上的脆弱，當時存倉餘糧減少，影響穀麥出口，耗盡國家銀行外匯存底，並促使蘇聯共產黨中央政治局（Politburo）考慮進行一次蘇聯對外貿易的激烈改革。[5]

蘇聯領導階層對於要採取何種具體辦法解決危機，意見是分歧的，為了重建貿易平衡，他們在一九二五年十月至十一月決定驟然減少進口。[6]由於不能損及工業發展或是國防方面的進口，因此調整的重擔便落在消費產品的進口額上；但這是與近東國家貿易的主要品項。蘇聯對伊朗一直是逆差，當然有為了國內紡織業進口的皮革和棉花，但也有水果乾、肉品和牲畜，這些品項的貿易額都遠遠高於蘇聯出口的糖、麵粉和一些製品。

水果乾，是高加索料理和俄羅斯南方料理的關鍵材料，從此就變成進口奢侈品的象徵，蘇聯政府必須停止進口，好將外匯全都貢獻於工業化。與那些「東方」國家的外貿總額，從一九一四年帝俄末年時的百分之六，一九二五年成長至百分之十五，做一個調整看來也是恰當的：[7]因此，毫無意外的，蘇聯國家銀行於一九二六年一月鎖定波斯為平衡蘇聯外貿赤字的首要目標。

＊編注：此處原文為第十六屆莫斯科共產黨會議，經與作者確認原書誤植，應係第十五屆。

就在這波商貿危機出現之際，邊地人民往來遷徙問題又點燃了另一爐緊張情勢。自一九二五年夏天起，蘇聯的安全部門就再三批評居住在外高加索的非本國公民數量（主要為伊朗人和土耳其人）。除了外國人以外，讓有關當局更憂心的，是那些身分不明的人：例如，亞美尼亞共和國就見到有愈來愈多亞美尼亞族提出所謂的波斯公民身分，以免除在蘇聯軍隊中服兵役的義務，或是規避繳納私人財產稅。[8]蘇聯高加索境內的所有伊朗領事當然都被懷疑隨意販售伊朗護照給那些提出申請的人。外高加索政府機關於是贊成採取強硬措施，對付這些威脅到他們司法行政權伺機圖利的販子。

有幾樁案件更是落實了蘇聯當局這種憂慮。某個名叫米爾·塔吉耶夫的人，因為與棉花種植相關之事賄賂舞弊，於一九二五年在納希契凡的亞塞拜然人地區被判死刑，突然間宣稱自己有波斯公民身分，這使得執刑暫停，並且展開外交交涉。亞塞拜然共產黨第一書記魯胡拉·阿洪多夫認為這事件揭露的是更大的問題，並且見到「當地有一部分的亞塞拜然知識分子，一旦犯了什麼錯，就拿波斯公民身分當掩護」。[9]一九二六年蘇聯人口普查的準備工作，有助於釐清高加索地區這種公民身分模糊的情況。

所以經濟危機與「公民身分」危機，在一九二五年秋天，時序並進地發展。就在加緊構思解決商貿危機辦法的同時，高加索當局將他們的抱怨升高至外交層級，獲准成立一個結合蘇聯和波斯雙方代表的委員會，處理那些有爭議的公民身分和一些領事問題。[10]可是這兩種危機的邏輯截然不同，因為高加索的要角們幾乎無法影響改變商貿政策，他們應該算是商貿政策的受害者；事實上新經濟政策的危機可能將迫使蘇聯商貿管理中央集權化，高加索方面將因此失去之前想方設法才得到的運作空間。一九二五年十一月，設立了一個商貿人民委員會，統合外貿與國內商務，似乎就證實了這種危險。

一場莫斯科—高加索對話

如果說莫斯科方面已經準備好面對商貿問題的衝突，高加索的領導高層則是準備好要為移工往返遷徙問題起衝突。這兩個危機的處理，交織糾葛，產生了一九二六年至二七年的邊境危機，但兩個危機並不相混淆。外高加索的政治警察契卡於一九二五年十二月作主驅逐了那些非法入境蘇聯的伊朗人民，還有那些國籍不明，或是因不法犯行已被定罪之人。這個決定，得到外高加索共產黨區域委員會核可，但是顯然沒有得到莫斯科方面點頭。在喬治亞，這些驅逐措施還擴及某些具類似前述條件的土耳其公民。在外高加索的大城市裡，下獄、搜查、強制遣送的行動愈來愈多，導致一九二六年一月土耳其大使與伊朗大使都對此提出抗議。

外交事務人民委員奇切林，馬上嗅出此種政策可能會釀成「巨大政治醜聞」，嘗試說服高加索當局必須對這類行動有所收斂，僅驅逐那些黑名單上的人。土耳其大使最早在一九二六年一月六日就提出抗議，戳穿那些對土耳其公民「從事間諜活動、反革命行動和走私」的指控，以及對土耳其駐高加索領事館人員任何雞毛蒜皮的事都找碴的騷擾。[11]蘇聯內部的通聯紀錄顯示這類騷擾確有其事，而普遍目的都是為了剷除那些被認為與凱末爾的情報單位走得近的領事人員：在邊境城市列寧納坎*，土

---

*譯注：即前文數次提及的亞歷山卓堡。該城原名久姆里，於一八三七年改名亞歷山卓堡，一九二四年列寧死後，為紀念列寧，改稱列寧納坎。一九九一年亞美尼亞獨立後，重稱舊名久姆里，是亞美尼亞繼首都葉里溫之後的第二大城。

耳其領事哈基貝伊就被牽連進一樁走私案中，使得蘇聯外交人員有理由要求將他遣返。[12]

所以，在移民危機方面，蘇聯外交扮演的是一個和事佬的角色，取得外高加索當局某些讓步。一月十九日，外高加索共產黨區域委員會暫停對波斯公民的集體驅逐，但同時也給契卡留了一個相對而言頗充裕的行動空間。不久後，外交事務人民委員會出面扮演維護高加索區域特殊性的捍衛者，提醒說：「外高加索的特殊局勢（土、德、英三國占領）以及土耳其與喬治亞之間的跨境通行協議，這些在過去與現在都造成有大量人士違反入境蘇聯的一般規定，非法進入我國境內。」[13]

在此同時，中央也展開邊境商貿危機的處理。一月三十一日，蘇聯政府與蘇聯駐波斯大使宣布，為了平衡貿易赤字，除了棉花和羊毛以外，全面關閉邊境不許進口。宣告中強調，此項禁令將持續到兩國簽署新的商貿協定為止。[14]土耳其及阿富汗也都被納入這些禁令的實施對象；然而禁令範圍究竟多大，在一九二六年初幾個星期所發布的幾份聲明內卻彼此矛盾。[15]不過，對於土耳其所採取的措施，與土國政府和一些經濟要角饒富決心的陣線衝突，很快地就因為牽涉歐洲情勢的外交因素而放棄了：一九二六年三月，一份臨時協議中止了對土耳其貿易的那些不平等措施。[16]

商貿危機與伊朗的動員

相對於此，蘇伊危機則持續發展，而且在伊朗北方那些省分發生了戲劇性的轉折；這些省分都是全然仰賴與蘇聯的商貿並仰賴透過蘇聯轄下高加索的轉手貿易。就在出口產品始終銷不出去，價格崩盤之際，糧食價格卻因一九二五年歉收而攀升。一擔*小麥的價格，在一九二五年夏天與一九二六年二月間，從七至八塊伊朗土曼（tomans）漲到十六土曼，而米也從十一至十三土曼飆漲到超過三十土曼。[17]經由一場媒體戰指控那個北方鄰居未履行一九二五年十月簽署的合約提供穀糧之後，對蘇聯的敵意更是倍增。

某些外高加索的大商賈意圖趁機牟利，找人頭來購買那些蘇聯官方明令禁止進口的物品。提比里斯與巴庫只得到數量有限的執照來核發給那些想前來參加巴庫商展的商人們，而條件是這些獲准前來的商販必須承諾購買與其所售商品等值的蘇聯商品。[18]不過，蘇聯駐伊朗大使尤雷涅夫之前就曾擔心貿易禁令會點燃伊朗商人的敵意，而這場危機恰好證實了他的預測。[19]

伊朗人民在高加索遭遇惡劣對待，嚴重到在波斯北部也點燃了不滿情緒。[20]一些商人因為走私或從事黑市換匯，收到鉅額罰單，某些人更被判刑強迫勞動，這些都造成恐怖迫害的印象，後來外高加索契卡就不再公告這些懲罰了。儘管官方明令禁止黑市換匯，但是根據蘇聯經濟學家尤里·拉林的看法，黑市每日換匯的總額超過十萬盧布。[21]伊朗報章大肆報導那些前往巴庫商展的商人們的抱怨，他們不得不「賠售自己的商品，並以蘇聯國家專賣制定的不公道價格購買俄國商品」。[22]

*譯注：一擔（quintal）並非國際計量單位，各國各民族對此重量單位定義不一。以字源學來論，十二世紀時中古拉丁文 quintale 引用自阿拉伯文 qinṭār，而阿拉伯文這字本身又是源自中古希臘文，並可再追溯至上古晚期之拉丁文centenarium；意思為原單位的一百倍，因此可以是一百磅、一百斤，或一百公斤。若是換算公制則可能從四十多公斤到一百公斤。今衍生義為「大量」。

經濟停滯，輿論升溫，使伊朗政府壓力很大。一九二六年伊朗宮廷大臣帖木塔克主導的幾次協商，由於與伊朗國會和商人們欠缺共識，都失敗了。[23]睿札國王與伊朗國會內反對黨（於一九二七年春被消滅）的政爭，是一種內部的障礙，阻撓了對外交涉的進展。[24]伊朗境內為數眾多的英國人更是緊盯著伊朗的種種協商，不讓蘇聯享有比他們更多的利益。就是這種外交死胡同，導致在伊朗北部形成了一股人民抗爭運動，而當地各方勢力則旋即致力於操控這個運動。

最具代表性的，是一九二七年一月底於臨裏海城市拉什特*成立的經濟振興協會，成員主要是伊朗西北部的商人，他們提議針對那些還能夠交易的商品發起抵制，不與蘇聯貿易。他們的口號和他們激進張揚的態度，讓所有外國觀察家起初對於這個協會都報以懷疑，認為他們「嗓門大，但行動多是虛張聲勢，而非實際決心」。[25]不過這個運動與一種城市商人階級抗爭的傳統相結合，得到傳統市集（bazars）的支持，翻版演出一八九一年至九二年那場大規模的「菸草抗爭」†；當年那場抗爭運動曾經成功地使一個將經濟特許授權給某位特定英國公民的計畫胎死腹中。[26]伊朗傳統市集混合了社群管理的形式以及服從上級的原則，構成一個強而有力的集體行動組織。

這場波斯商人的運動迅速拓展延燒，破除了那些觀察家當初的懷疑論。這個協會還與伊朗國會、政府，甚至和睿札國王本人密集電報聯繫。二月二十二日，協會的五位代表抵達德黑蘭，晉見首相莫斯托菲．奧爾－瑪瑪列克，極力要求首相立即簽署一份商貿協議，或是採取反制措施。[27]這些代表還在德黑蘭舉行一場大型集會，首都的商人們都在會中承諾加入抗爭運動。[28]對波斯政府而言，這種動員既是一種支持，同時也是一種妨礙。是支持，因為它表達出對於蘇聯手段的一種強烈敵意，這民氣可用，在協商時候能用來爭取蘇方的退讓。一九二七年三月十九日，伊朗外交部長阿里・寇里汗・安薩禮率領一個新的代表團出發前往莫斯科，目的在於以強勢地位進行協商。在此同時，商貿部長則試著排解商界的不滿情緒，在德黑蘭設立一個貿易聯盟，負責與政府之間傳遞並整合訊息。[29]但這場運動也是妨礙，因為它無法預測，而且有變得更激烈的危險。

一九二七年初的選舉就見到這種激烈化發展，分化了伊朗北部社會。三月時，在協會的撐腰下，抗議蘇聯經濟政策的集會愈來愈多。伊朗國會似乎在很大程度上得到這場運動的支持，因為國會被認為是人民利益的捍衛者，地方上商人向各地主管機關訴求時，經常都能上達國會。[30]正當在莫斯科的協商陷入僵局之際，俄國的商貿機構則不再猶豫，利用幾個月來的禁運導致伊朗居於劣勢，繞過地方商人，趁人之危直接公開地與伊朗的製造商和農民簽訂購買合同。英國觀察家們在這種蘇聯的策略中，看見一種剝削手段，剝削「那些對於危機一無所知，且對商人的困境少有同情的農民」。[31]

這場邊境危機就此成為反映伊朗國內社會緊張關係的一個壓力顯示計：被剝奪感和遭貶低感，促

---

*譯注：拉什特是伊朗吉蘭省的首府，距離伊朗鄰裏海最重要的港口安札利港約四十一公里，是高加索、俄國和伊朗之間的貿易重鎮。

†譯注：由於卡札爾王朝的國王納賽爾丁（Nassereddine Shah，一八三一至一八九六）將菸草市場貿易權讓渡給英國人，德黑蘭的商人們發起抵制，伊朗知識分子與宗教界也響應。一八九一年年底，伊斯蘭什葉派領袖下達教令，禁止人民種植、運送或吸食菸草，更使抗爭運動達到巔峰，伊朗人民團結抗爭（傳聞連宮廷裡的僕役也不替國王準備菸袋），國王迫於民意，不得不撤回貿易特許。

使這些動員起來的商人們就在蘇聯勢力逼人的那些邊境交易地直接採取行動。三月底，那個經濟振興協會威脅要攻擊安札利港的海關和吉蘭省的所有邊境哨站，進行一場反禁運行動。伊朗內政部長接獲指示要不計任何代價避免此一行動發生，在這個他嘗試以可信賴的姿態面對蘇聯的時刻，這種行動將有損「國家尊嚴」。[32]五月三日至四日，拉什特的商人們走上安札利街頭，在城內引起騷動，並且包圍安札利港海關，這讓那些受困當地的蘇聯商貿代表們陷入恐慌。後來該省總督與軍隊介入，才使這些代表免遭暴力攻擊。[33]這個經濟振興協會的種種行動終究是同時賭上了這些地方的一種象徵性，以及國家權力想要重新將邊境地區收回來的一種嘗試。

跨境論戰

這場伊朗商人的運動成為蘇聯報章大篇幅密集報導的題材，被呈現得像是一場英國帝國主義的操作。[34]伊朗北部的富商們尤其遭到挖苦，我們都記得這些伊朗富商是蘇聯商貿機構最喜歡的對手，要揶揄他們不缺材料。前述伊朗北部種種事件的時間軸，與「恐戰心理」的發展環環相扣，因為這個經濟振興協會的密集活動，恰好是與英國人關係最僵的時候。自從中國警察在蘇聯駐中國大使館搜出機密文件後，英國外交大臣奧斯丁·張伯倫有了一手好牌，繼續大力抨擊第三國際；一九二七年五月十二日，倫敦所有的蘇聯商貿協會全俄羅斯合作社（ARCOS）的辦事處都遭到搜查，使蘇聯駐伊朗人士也擔心會有類似搜查。[35]

蘇聯當局在一九二七年五月和六月間精心策畫了一場反帝國主義的人民抗爭運動，就是某種依樣畫葫蘆的意思。蘇維埃高加索的報紙紛紛表達立場，反對睿札國王政權，同時也較小程度地反穆斯塔法・凱末爾。[36]之前，高加索報章針對波斯過渡至共和國體制之可能性進行過長期辯論，曾極力批評廢除卡札爾王朝的過程。這些出版品在伊朗北部流傳，直接提供了波斯國內辯論素材，並且引發波斯領事們的抱怨。亞塞拜然的報紙刊登了一些諷刺漫畫和文章，被認為是冒犯伊朗王朝，同時也於一九二六年秋惹得蘇聯外交人民委員會很不高興，當時擔心伊朗亞塞拜然省的分裂主義會再度浮出檯面。[37]高加索報章中所表達的那些立場，通常可以被視為是在鼓動造反，並且戳弄波斯政府的自尊，促其證明國家獨立不受英國影響。這些立場同時也傳達出蘇聯菁英們對於究竟要採取何種態度來應對波斯的新政權，內部意見不合；他們有人將新政權視為進步派，有人則認為是反動派。

這種遠距對話藉由兩部影片的發行，在新形態的傳播場域中接力進行；在邊境危機的時事脈絡下，這兩部片立即變得意味深長。第一部片名為《穿貂皮的絲綢搬運工》，是導演貝克－納札里安的作品，主題是一八九一年至一八九二年的菸草抗爭，在亞美尼亞國家攝影棚內拍攝。*這場抗爭在片中被詮釋得如同一場無產階級革命的先聲，仇視英國人、仇視神職人員和所有各類型的剝削者。在一

*譯注：貝克－納札里安（一八九二至一九六五），是演員也是導演。亞美尼亞曾於二〇一七年發行郵票紀念這位亞美尼亞電影業的先鋒。編注：《穿貂皮的絲綢搬運工》（*Khas Pouch: les porteurs de soie*，一九二七）一片描述的是波斯社會的最底層；主標題Khas Pouch（穿貂皮大衣的）其實帶有反諷意味。

段恰如其分的歷史回顧中，突顯波斯人民反抗西方帝國主義的傳統。在此同時，亞塞拜然推出的影片《吉蘭之女》則挑起對一九二〇至一九二一年吉蘭革命運動的回憶，呈現得宛如一場對抗反動派和英國帝國主義者的運動。[38]這些電影在高加索熱烈放映，也透過工農兵蘇維埃的網絡在伊朗北部放映，被認為是對邊境運動具某種政治影響力的工具。這種將論辯予以區域化的操作，也可見於一些已被遺忘的議題的再炒作，例如謀殺傑瑪爾帕夏*的事件，土耳其報章開始將之歸咎為高加索契卡幹的。[39]

朝向一個新的經濟秩序

事實上，邊境危機由於本質多元，解決單一問題是無法落幕的，而要透過一連串的協議重新建構邊區交流的基礎共識。在商貿層面上，主要是一九二七年十月的蘇伊協議設定了一個進出口限額，目的在確保雙邊貿易平衡。儘管有種種實施上的困難，但這套新制的確大幅減少了蘇聯的貿易赤字，代價則是貿易額的全面性縮減：[40]在強制要求商人們每筆交易出口多少就必須進口多少的同時，新制更有利於那些大型機構（大公司大企業）。[41]而在削弱小規模商販角色之同時，也降低了如巴庫商展這類交易場所的存在價值；巴庫商展被歸咎與早前的貿易不平衡有關。繼高加索報章中幾篇文章挑起論辯後，一九二八年的巴庫商展，由於不再符合現行經濟形態，決定停辦。

這種與一九二〇年代經濟政策的切割，和一連串的協議脈絡一致，都標誌著蘇聯決心以同樣手法斬斷邊境往來；邊境往來被認為是危險的。自一九二六年春天起，就有人提議成立一些結合蘇聯和伊朗代表的委員會，來審視那些國籍衝突案件以及查證那些無身分文件者，並在更廣義的框架中思索必要措施，以適用於解決居住在中亞和西伯利亞的中國人、韓國人或阿富汗人的類似問題。[42]這些提議都從中歐幾個帝國崩解後所出現的那些衝突中汲取經驗，並且也從特別是一九二七年在日內瓦舉行的世界人口大會所闡述對於移民待遇之思考中汲取經驗。[43]前述委員會的設置，伊朗宮廷大臣帖木塔克原則上是同意的，卻在如何定義那些人該提出的公民權證明上遭遇困難。而且由於不斷出現指控說蘇聯以追緝「假公民」[44]為由在亞塞拜然和亞美尼亞強迫歸化國籍，這也使得那些委員會的設置變得複雜。伊朗國會努力採取反制措施，通過一道法律禁止伊朗人民未經許可便擁有他國公民權。

由於缺乏共識，蘇聯方面在一九二六年秋展開一場外籍人士重新登記作業，北高加索和中亞的外籍人士必須前往當地的警察機關再次註冊。在外高加索，這項作業首要瞄準的便是波斯人，但黑海沿岸的土耳其人和希臘人不久後也都成為目標。各地方報紙都大篇幅刊登作業流程，以廣而告知所有外籍人士。[45]這個重登記作業有時候也使得各移工族群的輪廓以及一些爭議案例的細節更為明確：在達吉斯坦，藉由此作業便將有問題的案件數目，由四千件減少至一千三百件。[46]不過，外高加索的許多外來人口並無意配合作業，他們覺得這是驅逐出境的前奏。在兩萬名沒有身分證明文件的伊朗人中，

---

*譯注：傑瑪爾帕夏與第三章提到的塔拉特帕夏和恩維爾帕夏，是青年土耳其黨人一九一三年政變到第一次世界大戰後鄂圖曼帝國遭瓜分之前，土耳其實際掌政的三巨頭。一九二〇年傑瑪爾帕夏為了訓練阿富汗現代化軍隊前往中亞。一九二二年，他代表阿富汗政府與蘇聯交涉，而前往喬治亞提比里斯，於該城遭暗殺。

僅有極少部分向亞塞拜然當局報到登記，這也導致當局在巴庫郊區展開一連串的掃蕩搜捕。在黑海沿岸，根據蘇聯新的政治警察格別烏（GPU）的說法，有三千名希臘人並未應要求前往登記，在阿札爾也有一千五百名土耳其人匿跡無蹤。[47]外高加索的格別烏不得不頻頻回報這項作業失敗，直到一九二七年四月一日停辦。這種種延遲始終都是未完成的貿易協商中有用的制衡砝碼；波斯政府對於這些延遲顯然沒有不滿，並且還多次運作拖沓延宕。

不過波斯這種態度比較是一種協商的策略，並非存心作對，抵制問題的解決；因此，波斯也採取了其他措施來縮減一九二〇年代初設想出來的那些司法和外交機制的運作範疇，以俾地方人民接受這些新劃定的邊界。一九二六年五月三十一日，蘇聯和土耳其簽署了一份議定書，預設了最終日期並提出一些限制比較嚴格的模式，讓邊區人民自己選擇國籍（此舉符合一九二一年的條約）。[48]隔年，土耳其內政部高官阿里夫貝伊率領一支任務隊伍前往外高加索，以便擬定可能還需要進行互換的人口總數。[49]這項協議是回應庫德族多次提出的遷出要求；自從謝赫薩伊德*在一九二五年二月至四月間起兵，動搖了整個東安那托利亞，幾個庫德部族就騷動不已，而且他們也受到蘇聯在亞美尼亞所推行有利於庫德族之政策的鼓動。[50]這些庫德部族人源自一九二一年所交換的那些土地，使得各國政府必須面對當初那些條約的種種矛盾及不良後果，因為移出顯然是︹東安那托利亞的庫德族︺脫離凱末爾政府脅迫力量的一個辦法。[51]蘇聯在這個事件中的尷尬，與伊朗曾經面對的狀況類似：當時是自十九世紀起便定居於亞美尼亞的東正教會一教派摩洛坎人，想方設法要往波斯移民，以逃離蘇聯統治。[52]除了各國政府可能在此類操作中期待獲得的單邊利益外，我們觀察到：將過去那些非正式的予以規範化，並且杜絕邊區人民某些行動的可能性，是有好處的。

這種發展並非僅著重對於邊界安全的展望，因為它也同樣反映出所有動用其中的經濟籌碼。〔蘇聯〕一九二七年五月與土耳其，以及一九二八年五月與伊朗的這兩份協議，目的都在規範邊境的交通往來。宗旨之一，就是為喬治亞的移工出入境維繫一扇窗口，同時顧及蘇聯關於匯兌的新限制。蘇聯海關毫不手軟的沒收出境移工們在行李裡夾帶的錢，並且堅持所有的匯款都必須透過蘇聯國家銀行與其在東安那托利亞或伊朗北部的對口作為中間行；匯出限額為薪資的四分之一，如果離境不再入境者則最高額度三百盧布。[53]這些規定的目的不是要打壓移工，畢竟移工對於高加索幾個共和國的農業和工業仍然是不可或缺的，而是要控制由於移工往來所造成的金流。對於某些特殊專業移工，為了更具吸引力，例如對某些土耳其漁民，可能還會調整招募的財務條件。同樣的，當一九二八年初官方的工會沒有將阿拉維爾迪的波斯礦工委託的存款匯出時，亞美尼亞中央委員會對這些工會的負責人便施以

＊譯注：謝赫薩伊德（Sheikh Said，一八六五至一九二五）為庫德族宗教領袖與庫德民族主義者。一九二二年九月凱末爾建立了土耳其共和國後，土耳其民族主義與政教分離政策，廢止庫德族學校並且嚴禁使用庫德語。謝赫薩伊德在好幾位遜尼伊斯蘭的庫德部族首領支持下，準備推翻凱末爾政府，並號召所有穆斯林響應。庫德族人於一九二五年二月中旬揭竿而起，三月中已占領凡湖以西所有地區，三月底時掌控土耳其東南部十四個省分。土耳其政府派出大軍血腥鎮壓，同時透過三月三日頒布的戒嚴法和所謂獨立法庭處決或關押所有「危害國家內部安全」的庫德族人。薩伊德於四月二十七日被俘，六月二十九日與其他五十二名同夥被處吊刑。如今，謝赫薩伊德在庫德人民心中仍具有某種崇高地位。

嚴厲的懲罰，並且確保所有款項匯至伊朗。54

＊　＊　＊

所以，一九二六年至一九二七年的危機，應該歸結於多重起因，此即為何其發展複雜，要解決也複雜。蘇聯方面中央與地方利益分歧，有時甚至是矛盾的，解釋了政策搖擺的原因；而伊朗剛成立不久的巴勒維王朝則必須面對國家北部極具影響力的商人階層的抗議行動。這場危機勾勒出邊境交流對邊區人民的重要性，面對新的商貿發展方向或出入境政策，他們會隨時起身積極捍衛自己的利益。然而伊朗商人的動員所爭取到的成果相當微薄，因為一九二七年十月的新規定，展開對商貿的規範化，與一九二〇年代初有很大彈性的政策截然不同。在這種新的平衡中，如果說對人民的控制很重要，卻肯定沒有比一些非常具體的優先考量更加重要，首先便是對商貿往來的貨幣限制。下章將進入的第二場危機，使得安全理由勝過一切，並且最終導致高加索邊境封閉。

第六章——

高加索迭起的叛亂

一九三〇年底圍繞著提比里斯總督府的騷動，讓人不禁想起第一次俄國革命時那同樣包圍總督府的騷動。一位通訊記者報導：「總督府像個作戰指揮總部。」[1]一九二九年底蘇聯頒布農業集體化政策，農民反抗不服，在高加索的鄉間與山區各處都揭竿而起，還有些無處棲身的城市遊民有時也加入行列，與之對抗的是國家政治保衛局——格別烏（契卡的新名稱）的特種部隊、紅軍徵召來的兵士和共產黨青年義勇隊。叛亂最烈之時幾乎完全切斷外高加索與莫斯科之間的聯繫。

然而，蘇聯鄉間一九三〇年的這場叛亂其實是在一個更廣大的歷史脈絡下，從安那托利亞東部到伊朗的裏海岸，整個鄉間世界全都揭竿而起，反抗諸政權執著於令遊牧民定居以及農業改革所採行的一系列經濟和政治方面的措施。因此，距離庫德族邊界僅數公里的葉里溫居民，他們聽到的就不僅是來自蘇聯內陸暴力的傳聞了，天氣晴朗的時候，他們還會見到凱末爾分子的飛機，盤旋於武裝的庫德族避難據以為壘的亞拉拉特山周圍。

在這個一九三〇年代初，高加索地區還見到兩股相反的發展趨勢，一方面是各國都加強對自己領土的掌控，代價就是邊區在意識形態上和經濟上漸行漸遠；經過數年來蘇聯與其南境鄰國標榜的友好關係後，這種疏遠不免造成某些緊張情勢。一九三〇至一九三一年的危機，引發許多牽涉三國當局的事件，在新聞時事中被大篇幅報導。[2]另一方面，關閉邊境這事本身，卻也成為一次跨政府合作以及一種體制模仿的機會。一切的發生就彷彿鎮壓是第一優先，凌駕了歧見不合：在當時，高加索邊界逐漸關閉，既是諸國針鋒相對的結果，同時也是各方綏靖（若有必要，就以武力弭平）桀驁不馴的邊區，目標一致的結果。

重返激進主義

為了了解一九二九年至一九三一年間動搖了蘇維埃轄下高加索的那些動亂，我們需要回顧一下一九二九年時，蘇聯政權想要推動各種改革而在此地所採行的激烈手段。這種激進性質，部分原因是自從謝爾戈·奧爾忠尼啟澤在一九二六年夏天前往莫斯科後，高加索地區便政權不穩。[3]一九二六年八月初，奧爾忠尼啟澤的親信在一封寫給史達林的信中，試著想挽回這個人事調動，強調「謝爾戈同志」在打擊「我們四處都遭遇到的」跨民族衝突中所扮演的角色，並且指出自從他離開後外高加索這些共和國再度成為「障礙賽場地」。[4]亞塞拜然的強人謝爾蓋·基洛夫，也在同一時間離開前往列寧格勒一帶，造成權力真空，導致一連串的內部鬥爭。[5]外高加索政權與各個共和國間的衝突日增，揭露這種在聯邦裏的聯邦之局限。當各項調查展開卻提出相互矛盾的結論時，諸共和國似乎愈來愈想繞過外高加索聯邦的機制，直接到莫斯科去解決他們的恩怨。[6]

這些衝突，若是涉及共產黨組織和安全機構，那可是特別地敏感。例如，不得不在提比里斯共用辦公室的外高加索格別烏和喬治亞的格別烏，相互廝殺，一字不假。[7]一九二八年春，外高加索格別烏密情局的新首領札爾曼·阿爾戈夫寫信給莫斯科，回報說喬治亞格別烏在他的業務中使絆子，而帶頭的就是喬治亞格別烏首領拉夫連季·貝利亞，還說他實施一種民族主義政策、反俄羅斯，並且藐視上級指示。共產黨外高加索委員會的組織強勢介入協調，影響有限，卻也彰顯出一個權威危機，而且好幾樁事件也揭露某些地方組織擁有極大自主權，例如一九二七年至二九年亞塞拜然的格別烏頭子諸夫羅烏茲·里札耶夫的重大醜聞，他遭控利用邊境走私利潤豢養一個龐大的門客網絡。

就是在如此時事背景下，使得轉向中央控制的經濟、工業化和農業集體化的這種做法，看來給外高加索領導階層遞了一把重新掌握這個地區的工具。一九二九年八月二十一日，史達林在一封寫給當時蘇聯政府領導人莫洛托夫的信中譴責道：共產黨外高加索委員會「並不控管中央委員會」，並且強迫高加索於當年秋天再次轉向中央集權，成為「經濟上自給自足的地區」。[8]在此同時，莫斯科中央委員會宣傳部長亞歷山大·克里尼茨基則取代奧爾忠尼啟澤，擔任中央委員會主席，目的很明顯，同樣是為了將決策重新集中至提比里斯。[9]隨著此項任命來到外高加索的領導權班子，全都贊成透過史達林自一九二九年夏天起的一場經濟、鄉間和意識形態上的出擊，進行一次大轉彎（Grand Tournant）。*儘管某些共和國的領導階層持保留態度，十一月時，還是成立了一個外高加索農業人民委員部，統合指揮農業政策和集體化政策。

對莫斯科方面來說，外高加索並非主要穀糧生產地，並未列在當下農業集體化的優先名單中，因此前述這個政策的扭轉勁勢就更驚人了。當時俄羅斯和烏克蘭地區接到的使命目標，大多是在一年之內完成全面集體化；而對於外高加索，則是預期在一九三三年秋天達到八成。[10]是共產黨那些地方單位在一九二九年十二月間決定調高這些目標，例如，葉里溫的黨委會，早在十二月十一日便決定「強推」集體化的節奏，將葉里溫完全劃分納入四個區之下。[11]十二月十五日，共產黨外高加索區域委員會採行一項決議，確認最大化路線，並且呼籲在改造外高加索鄉間時，要「斷然決絕」。三個共和國的當局，唯恐在這個過程中被邊緣化，非常政治性地紛紛加碼投入。

高加索大反叛

可是，應該要謹慎些，更何況高加索的鄉間在一九二九這整年裡的抗議浪潮看來是如此洶湧。早自一九二八年底，土耳其駐巴統領事館就注意到到當局反宗教政策的種種潛在危險，因為那與一九二〇年代相對寬容的態度截然不同。[12]正當一場必要的「文化革命」議題廣為流傳之時，解放女性則成為運動人士力推的主調，共產黨找到女性解放運動作為一個「無產階級的替代品」。[13]當時凱末爾主義在土耳其以其特有手段施展各種反宗教措施，高加索共黨在一九二八年底確立了女性解放運動作為基調後，有時候甚至還以不要「落後於土耳其」當作理由，解釋卸下穆斯林婦女的紗罩、關閉某些清真寺與可蘭經學校等這些行動的必要性。[14]一九二九年三月阿札爾鄉間爆發的一場反抗，就是對上述措施的反擊，同時夾雜著捍衛宗教與對共產政權的排斥。這個反抗運動得到一些走私者和已流亡定居

＊譯注：布爾什維克黨人自一九一七年革命掌權後，歷經推行新經濟政策的那些年發現，共產黨的勢力與意識形態幾乎只在都市地區，鄉間地區對於共產黨而言幾乎可說是未知之境。馬克思主義清楚劃分的階級，在俄國的鄉間並不真實存在；隨著四季轉換，農民在冬天時也是季節移工或是手工藝匠，或者也是揹著貨去各村叫賣的售貨郎。一直到一九二〇年代末，農業集體化的效果不彰，唯有少數反正沒什麼好損失的農民加入集體農場。蘇聯中央強制工業化的政策需要農業集體化來支持，一九二九年底史達林批評富農是最殘暴野蠻的剝削者，呼籲要打擊村莊中這些資本主義分子，蘇聯共產黨中央政治局於一九三〇年初決定，所有主要農業地區於當年秋天或最晚隔年秋天以前全數完成集體化。

鄰國土耳其之人的幫助，使得當局還必須請求支援才能鎮壓叛亂。[15]

一九二九年初的這些反抗行動，成為日後高加索隨著農業集體化陷入巨大風暴的序曲。自從羅伯特・康奎斯特*的先驅研究問世以來，對於這些叛亂的理解，尤其是針對這些政策在高加索與中亞邊陲地區的效應，已有長足進展。[16]由於某些措施是階段性進行，所以集體化的時間很長，一直持續到一九三〇年代中。康奎斯特的研究也強調了區域性角色在此中的作用，這些角色經常在過程中推動出一種激進主義，然而中央指導方針對於邊區並無如此要求。[17]這些研究最終還強調了邊界在其中扮演的重要角色，邊界是逃亡的可能性，但同時也是國家權力的定著地（lieu de fixation）。

如果說隨著史達林於一九二九年夏－秋引進「烏拉－西伯利亞方法」（méthode ouralo-sibérienne）逼迫農民將農穫上繳給國家，這個朝向農業集體化的大轉彎已成形，拓及整個蘇聯的尺度，南高加索則並非首要目標。是高加索共產黨區域委員會十二月十五日的決議，表示要使新政策「涵蓋外高加索農業的所有區塊：穀麥和專業化耕種、蔬菜種植、釀酒用葡萄園，以及各類畜牧養殖業」。[18]各共和國的所有政黨也都支持提高這些目標：當時以剛從烏克蘭到任的黨第一書記拉夫連提・卡爾特維利什維利為中心的喬治亞當局，以及亞美尼亞當局立刻就跟隨新路線，之後莫斯科的蘇聯共產黨中央政治局才在一九三〇年一月五日對集體化提出更高的要求。[19]

農業集體化與其相隨的暴力†立即在蘇聯所有鄉間地區掀起反抗動亂。自一九三〇年一、二月，喬治亞就已通報了十二場鄉間反抗，超過兩千人涉入，反對集體化。[20]要分析這些反抗通常必須先關注各地對於集體化程序的反彈。[21]以一九三〇年高加索的例子而言，反叛主要集中在那些社會經濟明顯嚴重落後的地區，以及相對於各共和國的主流族群，屬於異民族、異宗教的那些地區。差異性強化了對立——那個因為黨內鷹派分子自一九三〇年初實施手段之粗暴所造成的對立。[22]在亞美尼亞，以穆斯林人口為主的維迪巴薩爾地區，於一九三〇年二月爆發一場反抗當局的動亂，而鄰近的納希契凡地區，始終不太融入且不太受蘇聯掌控，也在不久後爆發動亂。更往東邊去，章格祖爾山區和卡拉巴赫地區則是第三大主要反抗陣營。

對於集體化的抗拒，也從許多村民往山區和森林裡逃亡反映出來：他們在山林中組成一些游擊隊，以武力與當局對壘。這場危機由於高加索北部爆發的那些反叛而升溫，並且切斷了外高加索與蘇聯其他地方的聯繫。[23]一九三〇年夏天，格別烏的特勤單位、紅軍徵召的士兵和共產黨鷹派分子組織了一系列的討伐行動，攻打那些叛亂地區。剛加入高加索紅軍情報處的年輕軍官伊斯梅爾·阿赫梅多夫，心驚脊涼地讀著那些鎮壓反抗的密報：「我手中經管那些由討伐部隊每日送進我們部門的行動報告，我記得非常清楚其中一份寫著：『一個又一個的村子進行著絕望的反抗，我們的單位必須放火燒掉那些村子，開槍射殺男人，甚至婦女和孩子。當村裡的男人因為與我們的軍隊戰鬥而死時，他們的婦女並不投降，而是執意往我們士兵的刺刀尖衝上來。』」[24]這類留存在高加索政黨檔案與紅軍檔案

＊譯注：一九一七至二〇一五，研究蘇聯時代的著名英國史學家。

†譯注：蘇聯共產黨中央政治局派出格別烏強制抄沒農村一切土地、房舍與生產工具，包含為了牲畜過冬預儲的乾草、為下一生產季播種預留的種子，以及所有牲畜，一切均收歸國有。凡有不從、反抗者，便送進勞改營或就地處決。被列級為富農者和小有資產者均全家發配大北方、西伯利亞和哈撒克等地區拓荒墾殖。

館中的報告副本，證實了這些鎮壓行動的殘暴，而這也在那些通常是鄉村子弟出身的士兵之間造成緊張。[25]

這些集體化的不良後遺症，同時還在高加索統治機制內滋長了敵意的競爭。從一九二九年起，喬治亞格別烏竄起的新星拉夫連季．貝利亞，就是在狠批喬治亞和外高加索領導階層的政策時，得到史達林的注意。[26]一九三〇年三月十日，在史達林那篇〈勝利沖昏頭腦〉假意糾正實施集體化的某些手段過激的文章發表後不久，貝利亞與外高加索格別烏頭子聯手寫了第二份報告，批評外高加索共產黨區域委員會，揭穿他們自一開始就擬定了不切實際的目標。[27]四月二日，在莫斯科中央委員會的一項決議中，一種批評路線過度左傾的論述成為主調；不久後，外高加索共產黨區域委員會也在一項決議中採用此說法。可是，這種被迫認錯，卻滋長了高加索高層與諸共和國的領導人之間的對立敵意，相互指責對方應該要對這些動盪紛擾負責。對亞美尼亞的領導階層而言，他們還被迫承認對那些生活在他們境內的少數民族採取了一種錯誤的政策，這種認錯格外地羞辱。[28]

儘管有這種策略性地退讓，鄉間的反叛於一九三〇年春天和夏天時仍持續延燒。種種笨拙舉措都證明當權者亂無章法，例如亞塞拜然中央執行委員會主席加贊法爾．穆薩別科夫參訪納希契凡省那件事。事實上，後來他遭人詬病的，是對當地的農民發表了一段災難性的講話。[29]「同志們！」他如此開場：「那些勞動工作者的敵人們，那些亞塞拜然的平等黨人，那些亞美尼亞達什納克黨人，那些土耳其聯合進步委員會的聯盟主義者，還有其他的反革命人士，都在納希契凡組織起來對抗蘇聯政權。」根據區域委員會成員的說法，透過他戲劇性的語調，如此點名很可能會鼓舞那些反叛者，並且刺激那些蘇聯政權的外部敵人，強化他們的反蘇聯行動。[30]除了集體化之外，當局在農業方面的優先項目也引發民怨。依據已出走他國的葛里戈里．烏拉塔澤*所言，當時勒令農民播種棉花，而非播種穀麥，一九三〇年夏天就在喬治亞與亞美尼亞邊界處的博爾察利地區引爆反抗動亂，因為人民深恐會餓肚子。[31]

一場抗爭行動的匯流？

不過，蘇聯鎮壓之暴力還必須放在區域局勢的脈絡中進行分析，在高加索，反對農業集體化，並非反抗政權的唯一抗爭。自一九二〇年代末，面對土耳其與伊朗採取的定居措施和政治上的管制，許多遊牧或半遊牧族群都起而叛亂。例如，自一九二六年起在土耳其、伊朗和蘇聯之間遊牧遷徙的布魯吉斯庫德族部落，便因此攪擾邊地。[32]同年，穆甘平原的沙塞芬遊牧民部落起而反抗睿札國王想要進行的繳械措施，令鄰近的蘇聯當局大為不安。[33]最後，一場真正的庫德族武裝叛亂，在一位魅力領袖伊桑．努里的帶領下，自一九二八年起撼動了亞拉拉特山周圍的土耳其厄德爾地區。[34]

*譯注：葛里戈里．烏拉塔澤（Grigory Uratadze，一八八〇至一九五九），喬治亞社會民主黨人，曾任喬治亞民主共和國國務卿，一九二〇年五月代表喬治亞與俄國簽訂兩國互不侵犯條約。一九二一年三月，紅軍入侵喬治亞，烏拉塔澤與其他政壇人物先流亡至君士坦丁堡，再前往法國。

所有要角在腦中出現的第一想法，就是一場區域混戰就此開打。土耳其政府自一九二九年底便派出重武器和飛機，要讓這些躲在亞拉拉特山裡的叛逆灰飛煙滅，蘇聯的民眾從葉里溫都能聽到亞拉拉特山上砲聲隆隆。[35]一九三〇年春天，伊朗北部邊地則生活在蘇聯揭竿而起的農民與蘇聯軍隊衝突的回聲中。[36]可是與戰爭的接觸，並不僅限於單純地在遠方聞到煙硝。在好幾處地方，尤其是在亞拉拉特山、亞美尼亞和納希契凡的交界地，還有在阿札爾的邊界以及穆甘草原，那些反抗運動相互靠攏。他們彼此結合，開始出現一些邊地的反抗區、一些曇花一現的「佐米亞之地」。[37]當局在邊境只把守著少數幾個據點，完全無法預測反叛之人會從何處大舉越境。[38]儘管有從蘇聯其他地區借調人力，但軍隊已經被抽調去重建國內秩序，使得格別烏無法常態維繫一支夠力的邊境衛隊。

某些起兵之人留下的回憶錄強調了這些運動彼此互助的重要性：伊桑・努里在亞拉拉特山反抗期間的親近夥伴赫岑・喜恰爾，在回憶錄中提到，亞美尼亞的庫德族人在他們反抗運動初期所提供的物資和武器援助，直到後來有一部分人為了逃避集體化決定乾脆出走他國。[39]對於那些揭竿而起的蘇聯人來說，伊朗境內提供了一個安全的折衝地，並且是一個取得武器補給的來源，特別是感謝那些已經移民的人的組織網絡前來幫忙，因為這些人在所有的反抗運動中都見到一個可以終結蘇聯在高加索統治的契機。[40]這些已移民者的網絡也幫忙往當地社會以及外國大使館遞送流通關於運動的所有消息。[41]伊朗北部那些大城市中心每日都會得到消息，知道這些反抗運動的進展：從一九三〇年春天起，英國駐德黑蘭大使的情資報告中，除了土伊邊境的庫德族動亂外，又加上蘇聯高加索諸叛亂這個主題項目。關於高加索這些事件，流傳的消息都很詳細：蘇聯四月沿著阿拉斯河派出多少部隊輾壓反抗勢力、五月往來提比里斯和朱勒法的火車發生多次攻擊、蘇聯的庫德族人和土耳其的庫德族人之間的聯繫，甚至還有蘇聯當局勸降反叛者放下武器的教戰守則。[42]信息流通，不僅透過人的傳遞，還透過攔截電報，使消息更完整；對土耳其當局而言，攔截電報是一項重要的消息來源。例如特拉布宗省的所有無線電報站便攔截〔高加索三國首都〕巴庫、提弗里斯*和葉里溫所發送對蘇聯人民的呼籲以及對於鎮壓叛逆的宣告。[43]

因此這種叛亂的氛圍是譜寫在整個區域層面中的，所有抗爭運動之間相互滋長。這都展現於一些議題和謠言的流傳中，就如尼可拉．沃斯所描述的，失敗主義（défaitisme）、千禧年主義（millénarisme）和「神啟文學」（apocalyptique）全摻混在這類流傳中。[44]在裏海的另外一頭，則出現蘇聯體制崩潰的預言：在土庫曼族的遊牧民之間，謠傳著「白沙皇將重登帝位，而朱奈德汗將在土庫曼重新掌權」。[45]在這些神啟文學和失敗主義的流言中，總是千篇一律地會出現外國人和跨境勞工的角色，就像「舞台機關送出來的神」（*dei ex machina*），只等著登場。一九三〇年四月在舍基爆發的反叛，就是一例。這座小城，在當時叫做努哈，位於亞塞拜然西北，鄰近達吉斯坦，且距離土耳其與伊朗邊境大約兩百公里。四月十一日夜裡，穆拉†穆斯塔法．切赫澤德在該城起事，反抗蘇聯地方

---

*譯注：喬治亞首都提比里斯，在喬治亞語中稱提比里斯（Tbilissi），在其他很多語言中則稱提弗里斯（Tiflis），一九三五年後，史達林將提比里斯的稱法普及化。本書作者在各章節段落中兩種稱法交替使用，中譯隨之。

†編注：穆拉為伊斯蘭教的尊稱，伊斯蘭教士與清真寺領導人也經常被稱為穆拉。

當局，以信仰自恃，認為邊境的土耳其士兵隨時會介入協助高加索的穆斯林起義。甚囂塵上的流言還說凱末爾將親自出馬領軍打一場勝仗。[46]亞塞拜然格別烏懷疑是一些地下幹員散播了假消息，說七千名土耳其義勇軍將前來協助他們的穆斯林弟兄。無論如何，這些種種流言都揭露了鄉間農民的一種千禧年主義，和地方記憶中留存的鄂圖曼或凱末爾英勇偉業。位於高加索極東處的連科蘭，在過波斯新年諾魯茲節的時候，又見一波類似的謠傳，說土耳其人將解放亞塞拜然。[47]

一九三〇至一九三一年蘇聯的殘暴鎮壓，使得這些揭竿者的唯一指望就是邊境和鄰近運動的支援。這些造反者在最好的情況下頂多就是期待大赦的承諾，但兌現與否則是變數。在不少叛亂的例子中，逃亡是必然的：一九三一年二月阿布哈茲地區揭竿而起的農民就嚷嚷威脅，如果不滿足他們的要求，就大舉離境前往土耳其。[48]當公開反對蘇聯政權顯然不成時，更是如此；對許多涉入叛亂的人而言，棄守是唯一的生還機會。[49]就此逐漸勾勒出的大規模逃亡運動，主要是蘇聯人民，除了一些起事敗逃的，出逃的蘇聯人口來路非常多元：從單純的百姓，受到新經濟政策尾聲的困境影響、遭到農業集體化重創，或是受到危及性命的政治氛圍影響之人，紛紛選擇逃離蘇聯，到土耳其與伊朗境內尋找避難棲身之所。直到如今，世人對於這場蘇聯百姓的逃亡，不論在數量上、逃亡的路線以及如何進行，都了解不多。這些經驗值得高度關注，因為這已成為蘇聯與其鄰國在邊境外交關係上的一個關鍵砝碼。

難民危機

一九三〇年至三一年時，高加索成為歐亞難民危機中的一個舞台，為了逃避農業集體化和蘇聯政權組織性的迫害，這些難民從波蘭逃出，一直逃到滿洲。流亡至國外的出版業和反蘇聯的報章，大篇幅地報導這場逃亡，企圖將問題政治化。事實上，蘇聯當局立刻意識到這場逃亡的關鍵利害之處，自一九三〇年二月起，蘇聯共產黨中央政治局便下令高加索和中亞幾個共和國要「採取積極措施，甚至對於企圖出走的家庭逕行抄沒牲畜與財產」。[50]政治警察愈發密集地回報邊境人民中那些有「出走傾向」之人。這些逃亡的農民，對蘇聯當局而言是反革命或叛亂分子；在外國人看來，則是受到獨裁政權迫害之人。一九三〇年四月六日，在數百位難民抵達阿爾達比勒地區後，英國駐德黑蘭大使在報告中寫道：「根據可信消息，這波大出逃的原因，是饑饉、宗教迫害，和土地與牲畜的國有化。」[51]

伊朗吉蘭省和亞塞拜然省的難民數量增加得尤其快，有人說從一九三〇年五月起就有數萬人。英國旅行家蘿絲塔·富比士於一九三〇年穿越阿富汗、伊朗和土耳其，正巧遇上這波難民危機，她一九三一年出版的遊記《衝突：從安哥拉到阿富汗》中，有三章完全都在描述這場危機，[52]文中轉述她在「改造成臨時難民營的」大不里士亞美尼亞人學校的花園中，與那些「逃亡時所能攜帶的家當全擠在一起，來自各階層與各職業的蘇聯人」的談話內容。[53]這些難民之中有為數眾多的高加索亞美尼亞人和穆斯林，但也有俄羅斯人、猶太人、烏克蘭人或亞述人。

這些訪談內容以一系列人物肖像般的方式呈現，每篇開頭都先解釋難民出逃的動機，描繪出一幅

伊朗北部的蘇聯難民婦女（蘿絲塔・富比士，《衝突：從安哥拉到阿富汗》，一九三一年）。

蘇聯暴力手段的極暗黑畫面。化名阿列克謝的二十三歲年輕人，本來是葉里溫農業研究院的學生，從鬢邊到下顎留著如項鍊一般的細髯，他談到亞美尼亞首都的嚴重饑饉。不過，更多的人則提到自從一九二〇年代末民營企業全數關閉。來自斯塔夫羅波爾的亞述人何瓦欽，敘述他所經營販售土耳其與波斯織品的布料店所遭遇的不幸。[54]其他難民則對於他們的出走提供一種更為政治性的分析，說他們被當作布爾喬亞階級而遭蘇聯政權盯上，或說他們觀察到蘇聯政權運作失能；某個名為阿爾圖舍的人說，自己本是亞美尼亞最高法院的法務人員，發現在共產黨不斷干涉法庭作業的情況下，根本不可能執業，他曾經嘗試反抗，代價就是被免職並失去自由。[55]

蘇聯的資料和難民的證詞一致地描繪

了這波逃亡的繁複版圖。在俄羅斯南部和高加索的城市裡，有各種地下網絡建立起來，一些專業的人蛇提供服務，組織越境行動。在這類群體中，尤其以出身邊區的穆斯林、蘇聯公民或波斯公民為最多。那位來自葉里溫的學生阿列克謝，敘述自己如何利用積蓄買通一位知道「許多出逃者越境祕法」[56]的波斯人幫忙。許多難民在等待覓得人蛇的期間，都利用巴庫這個多元且勤於勞動的城市隱匿。

那些偷渡人蛇，不論是在高加索或是在中亞，都有許多同謀混跡在武裝叛亂者中，不惜動用武力送人出境。[57]但是也常有蘇聯的公職人員參與這些偷渡作業，一如來自克拉斯諾達爾那位女教師艾瑪麗雅所述，穿越穆甘平原然後沿著亞塞拜然－伊朗邊境的那些火車查票員，都被人蛇收買，對於那些沒有車票又沒有身分證件的乘客，都睜隻眼閉隻眼；而在進入那些出逃者必須下車的車站前放慢車速，就是給他們跳車的時機，並且可以逃避當地警察查驗證件。[58]

很多人都是多次嘗試後才成功離開蘇聯：大家口耳相傳哪些區段較少受監控的訊息，那是會隨著時期變化的。例如一九三〇年春天，許多部隊被派往葉奇米阿津地區打擊叛亂，就打消了許多出逃者冀望從這個地區越境的念頭。那些有能力的人會穿越整個外高加索，嘗試從監控得沒那麼好的穆甘草原越過邊境。不過那些最絕望之人或是已筋疲力盡之人，就算有邊境守衛在，還是經常會嘗試硬闖。

危機的餘震殘響

這些段落，由於其中伴隨濃重情緒，成為整本遊記張力最強的部分：例如阿列克謝描述他抱著人蛇給他的幾個充氣皮囊，在邊境守衛的火力射擊下，深夜渡過阿拉斯河時差點溺死。難民冒著生命危險渡溪過河或是穿越大片森林，更成為每一篇的經典畫面。土耳其邊境波索夫省的副省長，回報了蘇聯發動的一場槍戰，射殺了一個家族群體的漢姆興人（亞美尼亞邊境的穆斯林），而這些漢姆興人為了保命不得不放棄牲畜。[59]對那些難民而言，這類事件的結局通常是致命的，就像一九三〇年三月企圖渡過阿拉斯河前往伊朗的這一百五十名難民，「在俄軍射程內被發現，僅有十二人成功進入波斯，其餘皆死在槍下或溺斃了」。[60]

如果說這種暴力對於那些難民而言是可能喪命的，一旦越過邊境，這種暴力卻也擔保了他們逃亡的正當性，使其能夠獲得承認。其實，在這波大逃亡的第一時間裡，國際上風向對他們並不利，許多難民都被土耳其和伊朗當局遣送回蘇聯境內，因為兩國都不想與蘇聯起爭端，而且他們對於某些難民是有疑慮的。[61]這些難民於是積極動員各種能夠鞏固他們立場的力量，經常搬出宗教團體和民族社群的籌碼，但同時也描述他們所遭受到數不清的迫害。[62]而借道從高加索逃出蘇聯的德國人和波蘭人，也致力於聯絡兩國在該地區的領事，以求儘快地繼續他們的返鄉旅程。[63]在蘇聯的壓力下，伊朗和土耳其同意自一九三〇年秋天起不再收容蘇聯的「俄羅斯人」（russes）公民，並且引渡日後那些入境者。[64]

在地方層面出現對難民的同情，應該拿來與對那些在蘇聯的土耳其人和伊朗人處境的關懷相比較。那些外國商人在高加索遭遇的惡劣對待，使得蘇聯難民描述的內容有了可信度。[65]對伊朗政府而言，媒體對於此事件鋪天蓋地的報導，剛好可以用來回擊高加索報章對巴勒維王朝政權的不友善言論。一九三〇年四月，伊朗宮廷大臣帖木塔克在回應英國大使詢問某篇文章猛烈批評蘇聯對難民事務的處理時，解釋到「《伊朗報》刊登這篇文章已徵得他同意」，而且，這篇文章只不過是對《巴庫工人報》中一篇關於伊朗經濟危機的文章加以回應而已。[66]對於蘇聯的危機，法文報紙《德黑蘭信差》訕笑道：「為何貴國所有的富人都變窮了，卻沒有一個窮人致富？」[67]

波斯自國際聯盟創設起就是會員國，而土耳其也於一九三二年加入，於是兩國也都在國際上重提人道論述。帖木塔克在與外國使節的談話中，強調在道德上不可能遣返那些難民，他們肯定會遭蘇聯處決。[68]一九三〇年五月，伊朗亞塞拜然省的總督向波蘭駐大不里士領事詢問波蘭對於逃入該國境內的蘇聯難民所採取的措施。[69]許多反蘇聯的流亡人士的組織，呼籲國際聯盟要保護這些受布爾什維克主義迫害之人，他們在此事件中再次尋得一個新契機，這使得發展一套一致的說法更加必要且更形重要。[70]這位波斯宮廷大臣對於那些關於遣返蘇聯的指控提出抗議，強調「我國政府從來不曾遣返政治難民與戰爭難民」。[71]

然而，在蘇聯的強大壓力下，波斯當局不得不一再妥協，請求某些「被被列在黑名單上的」難民離開波斯前往第三國。事實上，自一九三〇年五月起，伊朗亞塞拜然省統計的那四千難民，在各地方機關眼中就是個經濟負擔，同時也是政治負擔。早在一九三〇年四月九日，波斯政府已經發出一道全國通諭，詳述接待外國人的程序，必須包含當地警察主管機關的查核。[72]所以這項官方訊息是基於疑心，這與波斯公職人員私下伸出援手提供協助形成強烈對比——許多波斯公職人員與邊境那頭的蘇聯人民都還保持著私人情誼或是家族聯繫。[73]為了削減外交緊張，伊朗當局自一九三〇年春天就投入行動，將那些被認定積極參與高加索叛亂的難民，強制驅離邊境地區。[74]

邊境控管的相互較勁與合作

蘇聯當局對邊境管制的重視，表現在他們一九三〇年六月二日至三日於胡達非林周邊地區搞的那一齣；胡達非林是蘇聯轄下亞塞拜然和波斯之間最主要的跨境橋梁所在地。見到難民們紮營於波斯邊境地區，蘇聯的契卡幹員們非常火大，策畫了一個入侵行動，要趁夜越境去抓捕難民的主要領袖。在最後時刻，一場洪水阻撓了兩棲車輛進行夜間行動，迫使蘇聯方面必須在大白天經由胡達非林橋過去。[75]蘇聯本來是打算以回擊逆賊對蘇聯領土的攻掠來解釋其入侵行動之正當性，然而這個天公不作美的意外，使得蘇聯的官方版本無法自圓其說。

若說政治警察黑名單上的已出逃者有超過四百多人被捕，這場行動卻尤其引爆了輿論對於蘇聯行徑的不齒。蘇聯曾於一九二四年在波蘭、一九二九年八月至九月在滿洲都幹過類似的懲戒行動，這種事並非沒人知道；[76]可是這類毀壞莊稼、縱火燒村落、還綁架波斯公務人員的行徑，在波斯和國際的報章中都激起一片猛烈抨擊。[77]蘇聯共產黨中央政治局不顧一切，硬是決定維持正當防衛的官方說法：雖說中央政治局承認了某些疏失，但他們給伊朗大使福魯吉的回答則語帶威脅，強調「若是那些匪幫繼續從波斯攻擊，蘇聯政府無法保證此類事件不會再發生」。[78]

蘇聯這樣的回答，意味著懷疑並察覺那些已移居國外的反蘇聯人士勾結波斯邊境行政單位。一九三〇年一月，外高加索格別烏的一份報告提醒，許多移民已轉而效力伊朗軍隊和邊境衛隊。據格別烏的說法，納希契凡汗的後代喀巴禮・納希契凡斯基在一九二〇年＊之後逃亡到波斯，統領伊蘇邊境的守衛隊，並且配合那些外移者的計畫行事。一九三〇年一月的一份報告中寫道：「他麾下集結了邊境一些四散的匪幫，提供庇護和物資援助這些人，保護他們免受當局追緝，簡言之，他盡其所能地讓那些人得以進行不利於我們的行動。」[79]六月二日至三日的那場行動，就是為了打擊這些地方網絡，才會抓捕一些波斯公務人員。

這個事件隨即在邊境諸國間的角力上，有了意義。其實，自從那些反叛行動一開始，土耳其和蘇聯就協議口徑一致指責伊朗當局在重建秩序上毫無作為。[80]一九三〇年春天和夏天時候，土耳其報章點燃一場激烈的反波斯宣傳，指責睿札國王的政府面對庫德族叛亂毫無作為。[81]儘管土蘇的合作極為隱密低調，卻是千真萬確。土耳其的軍警隊長祖圖・古文在回憶錄中提到，自己與蘇聯方面的軍警對口定期地交換關於庫德族的消息，以及一些具體的支援提議。[82]蘇聯的領土多次提供土耳其部隊作為投入攻打亞拉拉特山麓之調度和轉運空間，甚至還有謠傳說蘇聯人使用了窒息性氣體（gaz asphyxiants）。[83]

這場土蘇合作，由於兩國於一九二七年就已展開協同作業而變得更容易，當時聯手是在亞美尼亞革命聯盟達什納克黨人和庫德族國族主義運動（*Hoybûn*）†結盟的框架下；[84]如今更是將亞美尼亞人

---

*譯注：這年紅軍併吞了亞美尼亞。

†譯注：庫德族曾經於一九二七年成立亞拉拉特共和國。庫德國家聯盟的名稱由於拉丁化方式不同而有多種寫法，Hoybûn / Khoybûn / Xoybûn / Hoyboun，在庫德族語中的意思是「做自己」。

和庫德族人已外移者之間的結盟，明確地提出來合理化這場土蘇合作。[85]在蘇聯方面，建立於亞塞拜然境內的庫德斯坦自治區在一九二九年至一九三〇年被撤銷；於此同時，土耳其方面也在政策上對那些外移的反蘇聯高加索人士的社團組織採取強硬態度，查封了許多他們辦的報紙。[86]一九三一年由國族主義團體在安卡拉出版發行的文宣小冊《土耳其人之家》，揭露亞美尼亞人和庫德族人聯手顛覆新建國的土耳其的詭計，[87]此事即顯示出〔土、蘇當局〕堅持亞美尼亞人和庫德族人已結成聯盟，形成同一陣線了。

朝向邊境政策的一種和諧化發展

領土主權遭侵犯，從此如刺股之錐使波斯進行改革，並且加強中央對於地方行政之控管。[88]這種侵犯的目的在於迫使伊朗就範，與蘇聯同調，並在較小的程度亦要求與土耳其的做法同調，嚴格管控自己國家的邊境。自此，危機就像是一個協調邊境管制政策的機會。在這場邊境危機發生的短暫激烈爭執和槍戰中，蘇聯得到好處，繼續堅持落實關於邊境事件處理的雙邊協約：一九二七年八月十四日雙方換文，已經劃出蘇聯和伊朗之邊境區域，委由伊朗和蘇聯共同組成的專家委員會解決地方案件。一九三〇年至三一年的危機，對這份協議彷彿是「火的考驗」，儘管蘇聯疾聲批評，但他們還是滿意伊朗對於這份協議落實得愈來愈好。[89]在此同時，蘇聯與土耳其也進行一份一九二八年八月六日關於領土爭端協議的續約，在續約過程中，順帶也針對處理此類爭端的最適切層級進行了思考。[90]

與這些外交手段並行的，是對於彼此所實施政策的仿效，這表現在禁止某些特定族群進入那些轉化成為特別行政區的邊區空間：針對劃定的邊境區域進行軍事、政治、社會管制措施，形成「寬帶邊界」（frontière épaisse），蘇聯是這種策略的翹楚。然而，這種已經實施於歐陸邊境的政策，在高加索或是在中亞看來都是不切實際的；[91]但當局還是致力於嚴格執行一道一九二七年六月十五日的法令所擬定的措施，設立一道縱深七公里半的邊界地帶，禁止非居民進入，只有那些持有特殊許可的人才能通行。[92]在此同時，為了有效監控，所有位於邊界上的建築物和植被都遭邊境守衛隊摧毀。

前述措施還於一九三一年至三二年雙管齊下的強制流徙那些被認定為與當局敵對者。[93]土耳其也在同一時間投入一場大規模的迫遷作業，流放那些與亞拉拉特山叛亂有牽扯（不論關係多遠）的庫德族人民；一九三一年秋天，英國駐特拉布宗領事就見到綿延的庫德族人流放隊伍，在重兵戒備押送下，經由海路，押往土耳其西部省分。[94]這種雙管齊下的做法特別明確用於打擊邊境那些遊牧族群，庫德族人、沙塞芬人、土庫曼人，整個一九三〇年代逐步強化的各種計畫都是瞄準他們。[95]

在該地區的義大利外交人員，便因此注意到土耳其不論與蘇聯合作或是與伊朗合作，在發展防範庫德族人的合作過程中的積極態度。[96]與蘇聯一樣，土耳其積極投入強化邊境合作，防制那些與政府當局作對的抗爭運動。[97]一九三二年一月，經過好幾個月的協商後，土蘇邊界做了一次修正，小亞拉拉特山原來被界線切開，現在整個納入土耳其疆域內，這讓凱末爾分子的軍隊得以更進一步控制該地區的叛亂運動。[98]與這個領土協議相隨的，則是協商更直接的跨政府合作管道和簽署新協議的管道，特別是關於引渡事宜。[99]

＊　＊　＊

一九三〇年代初的危機，由於鄉閭揭竿反抗、大規模百姓逃亡，以及區域當局政治危機的總合效應，呈現出高加索邊境地區一種多元形式的崩解。從莫斯科的角度來看，這場危機可能只不過是農業集體化過程中的一種地方變異（出現不良效應的那一種），加速了蘇聯關閉邊界，並且撤除某些政治框架，例如一九三一年至三二年拉夫連季・貝利亞快速竄升為喬治亞共產黨第一書記，然後又躍升為外高加索共產黨區域委員會第一書記。[100]然而，在邊境發展動力中加以比較的話，這場危機令人震驚的主要是危機在那三個鄰接高加索的國家間所產生的錯綜平衡。如果說這場危機彰顯了各國政策的分歧，就像在面對施加於蘇聯百姓的巨大暴力時，土耳其和波斯邊境地方當局肯定感受到的沮喪無力，這場危機也見證了三國共同的利益和同樣的想法，那就是在製造國族同質性（homogénéité nationale）的過程中，整頓那些始終被認為桀驁不馴的邊疆地區。值得為難民掀起一場外交危機嗎？答案很明白：不值得。

第七章——

戰爭連連的高加索

「戰間期」的概念，與歐洲經驗緊密關聯，只部分適用於高加索歷史。由於一些內戰餘波，第一次世界大戰在這裡比較晚結束，而且第二次世界大戰在此地的感受也不同。自從德國一九四一年六月二十二日入侵蘇聯後，高加索這片土地當然也被捲入衝突對峙，因為一九四一至一九四二年德意志國防軍（Wehrmacht）*迅速推進，對北高加索是一沉重的巨大威脅；儘管高加索未被占領，但南高加索的三個共和國變成某種戰事後援基地，而且在一九四二年夏天蘇聯的局勢特別戲劇化時，這裡更成為蘇聯南境一重真正的堡壘。三國的軍民死亡人數各有二十萬至三十萬，與蘇聯其他共和國的傷亡率相當，不過在數字上還是遠低於烏克蘭、白羅斯†和俄羅斯這些付出慘重人命代價的「烈士」共和國。[1]

以高加索地區的觀點來看，第二次世界大戰也是一場「奇怪的戰爭」，因為土耳其在整個戰爭期間都抱持曖昧的立場，隨著納粹與蘇聯之間的戰情發展而搖擺，一下同情這方，一下同情那方，並且以一種投機主義者的觀望態度在面對。[2]至於伊朗，第二次世界大戰還某程度地再次上演了第一次世界大戰的種種事件。該國自一九四一年八月就遭英軍和紅軍聯合占領；英、蘇此舉目的在預先破解伊朗倒向軸心國陣營的威脅。[3]在一個愈來愈緊張，軸心國還操弄那些高加索籌碼的國際局勢中，這些對峙都是一九三〇年代末以來關係惡化的結果。[4]那些蘇聯叛逃者，如一九三〇年亞美尼亞契卡高階軍官喬治·阿加別科夫變節投誠後所揭露的事情，讓人對於蘇聯在土耳其和伊朗的間諜網規模更加不安。[5]高加索邊境由於接連收緊管制，最終就關閉了，就此改變了這個地區的風貌，也改變了此地居民的可能出路。

早在一九三〇年代初，那些最具洞見的觀察家們便已預測到這種趨勢。瑞士旅行家葉拉・梅拉爾特剛於巴統港登岸時，本來期待會找到一個「擔得起一千零一夜之名的雜貨市集」，[6]卻驚見一九三〇年當地經濟嚴重停滯。四年後，義大利駐提比里斯總領事冷眼觀察巴庫，已再無「國際商品輸往波斯與中亞之轉運大港」[7]角色的模樣。如此沒落衰頹的背後，不僅是一九二九年那場危機確實重創土耳其和伊朗的結果，更由於農產品價格一落千丈導致鄉間貧窮。如果高加索地峽兩端像巴統與巴庫這樣的港口都失去了光芒，其主因便是那些構成邊境空間的人流和商業往來全都離散了。

邊地的沒落

高加索外籍社群人口的衰頹，夾雜著政治因素與經濟因素。蘇聯國有化經濟轉型的過程，幾乎未給私人商貿和手工藝業留絲毫餘地。一九三〇年二月六日，巴庫商展宣告從此停辦，就反映出此種斷然做法。巴庫港市沿岸店家的波斯商人，遭亞塞拜然當局將他們從店鋪強制逐出。[8]警察種種手段、

＊譯注：德國在第一次世界大戰戰敗後，一九一九年的《凡爾賽條約》對於德國軍隊人數與軍武設備有嚴格限制。希特勒在一九三五年建置的這支德意志國防軍，雖然名義上是國防軍，但實際上已違反《凡爾賽條約》。這支軍隊於一九四六年被解散。在本書中，僅本章出現三次，為行文簡便，以下譯為德軍。

†譯注：白羅斯自一九九一年蘇聯解體獨立之後，積極去俄羅斯化，並希望國際正名白羅斯，不再稱白俄羅斯。

騷擾和抄家式的重稅，漸漸地迫使大多數的外國公民如土耳其人、波斯人或希臘人等紛紛離開。[9]倉皇匆促的離開，造成巨大損失，使得土耳其和希臘等國均成立專責委員會評估這些財損，以期日後或可與蘇聯談判索賠。[10]

土耳其公民和波斯公民的出走潮差不多在一九三二至一九三三年達到最高峰，當時有將近兩萬波斯公民離開蘇聯轄下的高加索；波斯駐提比里斯總領事米爾范德爾斯基算算該城只剩不過六千名波斯同胞。[11]高加索地區過去在工業場址和農業計畫中援引移工的典型做法也愈來愈罕見，而且每次都嚴格要求必須取得最高層級的批准。不過，邊區習慣前往南高加索找工作的人民受到這種緊縮限制的強力衝擊，可不能說與土耳其和伊朗各自在其國內實行的那些政策毫無關聯。

其實，高加索周邊地區貿易和交流往來的衰退，反映出各國日趨朝向一種自給自足的封閉經濟。在經濟危機的時局下，迫使各國政府都極為注重貿易平衡，所有的交易都必須透過國家專賣。一九三〇年初，在莫斯科設立了一個專門與東方貿易的公司，展開一場組織更迭，大幅限縮了外高加索人士在與土耳其和伊朗關係中游刃操作的空間。[12]一些地方交易情勢的分析便反映出這種發展：在卡爾斯省和亞美尼亞之間的邊境，安排了特殊的邊境倉庫，戒備森嚴，所有的牲畜和各種糧食的交易都集中在此辦理；土耳其商人對此做法感到不滿，這種新形態的交易經常讓他們覺得很受傷。蘇聯人和土耳其人間的互動被降到最低，刻意避開民間的接觸，反觀兩國的合作則從此都展現於一些雄偉的計畫中，例如邊境阿爾帕柴河／阿胡良河*上共築共管的水壩之啟用儀式，便由土耳其首相伊斯麥特·伊諾努親蒞。

此後，當蘇聯政權在一九三一年夏天宣布打算關閉高加索的伊朗人學校時，抗議行動大都流於形式了。[13]從一九二〇年代中起，這些學校就一直是交涉標的，波斯人社群衰微，使得這些學校已不合時宜。[14]除了波斯人社群逐漸消失的因素以外，波斯當局明顯無關痛癢的表現，還必須從他們縮減自己國內的外國人學校（包含蘇聯學校）名額的政策來理解。[15]於是，社會上那些構成高加索密集交流的機構組織都遭到解散，取而代之的，是一些受到非常嚴密規範的行動。雖然一九三二至一九三三年伊朗商人們還企圖以一場類似一九二六年的抵制運動來抗議蘇聯的措施，可是一九三五年春，貿易國家化體現在一支伊朗商貿代表團訪問蘇聯一事上，並反映出商人們的角色已被削弱。[16]

於是，合作都轉移到一些大型場合及官方會面，例如先有伊斯麥特・伊諾努參加莫斯科一九三二年五月一日†的多項慶典，後有一支蘇聯代表團，在伏羅希洛夫元帥帶領下，出席一九三三年十月土耳其共和國建國十周年的慶典[17]。這場於框架內中規中矩的交流，其高潮在一九三四年伊朗政府為慶祝波斯中世紀文學巨擘之一《列王紀》的作者詩人菲爾多西千歲誕辰所舉辦的慶祝活動；這場千歲紀念於一九三四年十月在德黑蘭舉辦了一場學術大會，有許多蘇聯學者前來參加。[18]對莫斯科而言，參與這些儀式慶典，是藉著官方的管道來確立與伊朗間友誼的機會，並且還成立了一個委員會專責監督所有該採行的措施。高加索三國的首都巴庫、葉里溫和提比里斯（與莫斯科和列寧格勒同時）都成

＊詳見第四章「朝向援助發展的策略」一節。

†譯注：自一九二〇年代起，勞動節便是蘇聯非常重要、極具象徵意義的國家慶典。

為各種展現蘇伊友好的展覽和會議的地點。[19]然而像對於菲爾多西這樣一位古典作家各方有共識的形象，卻被局限於演繹當時所尋求的新互動模式：官方架構下的、被控管的。

蘇聯轄下高加索的暴力與國有化

蘇聯這種對伊朗傳統文化的頌揚，透露了一種更為廣義的文化政策發展，蘇聯在一九三〇年代中疏遠前衛文化（culture d'avant-garde），轉而推廣國內少數民族文化。高加索那些少數民族群體，尤其是亞述人、庫德族人、拉茲人、阿布哈茲人，都在這個時期於組織上和財務上得到支持，成立報紙、期刊、劇場、學校和各種協會；然而，這些少數民族文化在一九三〇年代邊境關係的緊張情勢中地位尷尬。一九三四年七月，亞美尼亞在葉里溫舉辦一場庫德學大會，並在阿爾馬維爾舉辦一場以亞述語的發展為主題的研討會，吸引了土耳其外交方面的關注，並敦促蘇聯當局謹慎行事。[20]幾個月後，一九三五年初，蘇聯當局決定關閉亞美尼亞好幾個庫德文化機構，又將一部分的文化機構遷往比較中立的提比里斯，並且取消本來將於巴庫舉辦的第二屆庫德學大會。[21]

外交理由與政治路線在此交集，雙雙趨向一種文化同質化。以整個蘇聯的尺度而言，「俄羅斯」元素在官方論述中逐漸地再度抬頭，與當初布爾什維克譴責為大俄羅斯沙文主義背道而馳。[22]然而，在各個共和國內，主流民族族群的優先地位也同時地得到強化：於是喬治亞人、亞美尼亞人和亞塞拜然人在各自的共和國內，都愈來愈被當成是優先考量對象，在此同時外高加索聯邦由於一九三六年新的史達林憲法而消失，裁撤了一個必然傾向於維繫各族群間某種平衡的層級，導致原來聯邦行政體系中大量的斯拉夫人和亞美尼亞人公職人員失去了他們的工作。[23]如同蘇聯一樣，高加索相當接近一個理想的「族群同居公寓」，但凡所有的民族都生活在「分開的房間」[24]裡，就能好好地共存。

提比里斯的國際都會氛圍，在這些年開始逐漸褪去其風華：那些非喬治亞人，特別是亞美尼亞人，在一九二六年時還曾經占此地總人口數的百分之五十九。當法國文人尚－李察．布洛克與妻瑪格麗特於一九三四年夏天途經此地時，見到的是「一個維持得很糟糕的城市，那些骯髒破爛的傾頹屋舍都還沒著手拆除」。[25]儘管提比里斯有幾個指標型計畫，像是由建築師阿列克謝．休謝夫設計新建的馬克思－列寧主義研究院之類，但相較於施展了宏偉野心都市計畫的巴庫和葉里溫而言，提比里斯仍是個更為停滯不前的城市。

一九三二年秋天，作家亞瑟．庫斯勒途經葉里溫，將之比擬為「某種特拉維夫」，擠滿了難民，卻一躍「而成一座現代的首都」。[26]亞歷山大．塔瑪尼揚為葉里溫規劃的通盤計畫，從建築史以及當時的考古發現中汲取建築語彙，特別體現了賦予各個共和國一種獨有建築的想法，賦予這座城市今日樣貌。[27]

一九三七至一九三八年間在蘇聯轄下高加索執行的史達林恐怖，反映出整肅行動對於各個共和國這個國有化過程的助長。[28]這波清算確實衝擊到全國的菁英，尤其是政治界與知識界菁英，遭指控為托洛茨基主義、叛國或從事破壞等，對領導階層的迫害於一九三七年夏天達到高峰。[29]貝利亞在一九三八年被任命為蘇聯內政人民委員之前，整肅行動都是由他監督，他毫不留情地透過速審速決打擊那些該死的「托派」（*troïkas*）：根據最新的統計，光是在喬治亞，就有將近兩萬五千名受害者，其中一萬零九百人遭處決，一萬三千三百人被送進勞改營。[30]至於亞塞拜然政界和知識界菁英，則與中亞諸共和國的菁英一樣，都被指控為泛突厥民族主義，而遭大舉消滅。[31]在這個大恐怖時期，伴隨而來的還有強制遷徙許多生活於邊境的少數民族，官方說法是基於安全考量，在蘇聯的歐洲邊境和亞洲邊境都可以觀察到這一連串的「國家行動」。[32]在喬治亞，則特別透過大型審判，瞄準阿布哈茲和阿札爾自治區的菁英們進行打壓迫害。[33]在阿札爾的例子中，這些審判還加上將該地區使用突厥語系的穆斯林強遷至中亞。

這個同質化過程的進行，還同時在外高加索大規模地搜捕和驅逐外籍人士和無國籍者。自一九三七年夏天起，蘇聯亞塞拜然的伊朗人就遭到警察騷擾、被解僱或被逮捕；[34]在起訴書裡開始見到層出不窮的間諜活動指控，對其中許多人不利。一九三八年一月，內政人民委員會針對這些伊朗人發動了一場大規模行動，逮捕了將近四萬人，其中有伊朗公民，但也有來自伊朗的亞美尼亞人，這些人被迫選擇保留伊朗公民權（然後驅逐出蘇聯）或是成為蘇聯公民（然後被流放去中亞）。[35]自一九三八年春起，在朱勒法與阿斯塔拉兩地就見到轉運數千名被流放的人：亞塞拜然內政人民委員會針對這波伊朗人行動的總結報告，估計一九三七年驅逐了兩千五百三十二位伊朗公民，一九三八年則有兩萬九千七百七十人遭到驅逐。[36]若包含那些從俄羅斯南部和中亞被流放的人，伊朗方面的資料則指出有將近五萬兩千人遭驅逐出境。[37]而在蘇聯境內的土耳其公民，雖然沒有成為一場針對性的「國家行動」標的，但也是從一九三八年夏天起遭到集體逮捕，數百人被關在巴統和蘇呼米等待驅逐出境。[38]

面對這些極嚴厲的措施，土耳其和伊朗起初是以一種溫和態度應對，並打算大事化小，這讓其他國家的外交單位十分震驚。德黑蘭政府先是表示那些伊朗人是自願從蘇聯返國的，後來才同意在《消息》報上刊登了幾篇批評蘇聯政策的文章。一位英國外交官寫道：「伊朗政府對於這些人民遭驅逐的默許，應該是比刊登這篇反蘇聯文章更值得注意」，他懷疑伊朗正準備採取類似的措施對待其境內的某些外國族群。[39]伊朗和土耳其很顯然地克制了他們對於這些驅逐和隨後搜刮財物做法的抗議。一九三八年三月關閉外國領事館（以土耳其而言，唯有駐巴統領事館還開著），減少了監督這些驅逐程序的可能性。[40]土、伊兩國政府對於終結一個可能與散播共產主義有所關聯的社群，也是樂見其成。因此，論辯的焦點便落在要提供什麼經濟和物資援助給這些被驅逐的人。睿札國王在伊朗啟動了一些援助委員會和一筆國家互助基金，他個人親自投入貢獻。[41]儘管遭遣返的土耳其公民數量較少，不過紅新月組織*和各省的行政部門仍不得不呼籲額外募資來安置這些人。[42]

蘇聯轄下的高加索：在戰爭中既是前線也是後方

蘇聯轄下的高加索大規模驅逐土耳其和波斯公民的行動，是發生在蘇聯與南境兩鄰國政治關係日益惡化的時事脈絡中。正如一九三七年亞塞拜然共產黨第一書記巴吉羅夫的演說所示，泛突厥主義被

---

*譯注：在穆斯林世界中，對等於紅十字會的組織。

當作重大威脅，譴責泛突厥主義又重返蘇聯官方的論述中。當然，關係惡化也可能是源自高加索地區以外其他事件的發展：例如，以巴爾幹半島或黑海海峽*問題為核心的外交，就是蘇聯與土耳其兩國關係的關鍵。黑海海峽問題成為一九三六年七月蒙特勒國際會議的討論標的，而蘇聯則強力介入這些討論。一年後，土耳其加入伊朗、伊拉克和阿富汗的行列，簽署《薩阿達巴德協議》†，參與共同安保結盟；而蘇聯則說這些國家是因為感受到英國勢力再起即將破門而入的威脅所以才結盟的。[43]除了蘇聯的迫害行動以外，與這種不確定的局勢相應的，還有高加索邊區日益嚴重的政治暴力。像是一九三七至一九三八年時土耳其在迪爾西姆地區對庫德族人進行一場滅絕式的迫害，同時在安那托利亞東北也採行類似蘇聯於邊地進行的強制驅逐措施。[44]

然而，將大部分的高加索地區逐漸捲入戰爭的，是中歐積累的種種威脅。一九三九年八月，《德蘇互不侵犯協定》帶來的晴天霹靂，隨後兩國聯手入侵波蘭，高加索進入了一段「奇怪的戰爭」時期，在一種世界地緣政治（géopolitique mondiale）的框架中，準備好幾種戰爭計畫。一九三九年底，揮之不去的流言說蘇聯打算把他們對待波蘭的那一套在伊朗北部重施故技。[45]另一方面，英國與法國則籌謀著要動搖蘇聯，從各自於近東的基地出擊，攻打比較容易進入且防禦也較差的蘇聯南境。[46]外高加索軍區，相較於中歐與遠東戰局而言，本就屬次要，再加上在史達林大整肅時遭到重創，從一九三七年六月到一九三八年二月間，流水般地換了四位指揮官，並有將近四分之一的高級軍官被撤職或遭逮捕。[47]

一九四〇年二月二十二日，法軍總司令部推演三種攻打蘇聯的可能性：首先，是在黑海進行一場潛水艇戰，將可截斷蘇聯的經濟港口；其次，是利用高加索的民族－宗教多元分歧，與那些已移徙國外的組織聯繫，在高加索支援一場穆斯林革命；第三個選項，轟炸巴庫的石油基礎設施。一九四〇年時巴庫的石油產量超過兩千三百萬噸，占蘇聯總石油產量的百分之七十一。前述這些行動的目標都是要使那些支援芬蘭的措施更為完備（芬蘭自一九三九年十一月至一九四〇年三月間，投入一場激烈戰爭，保衛國土，抵抗俄國‡），並且從後方箝制蘇聯。[48]轟炸巴庫的選項受到極認真審慎的評估，因為巴庫油田看來是蘇聯的戰略優勢中最脆弱的一環，只要伊朗和土耳其能心照不宣地加入行動。一九四〇年七月，與這些計畫相關的法國外交文件被德國人揭露，使得土耳其領導階層陷入尷尬處境，並導致土蘇邊境進入警戒狀態。[49]

如果說一九四一年六月二十二日德國入侵蘇聯，改變了外來威脅的意義，巴庫則始終是攻擊目標之一。史達林七月四日在克里姆林宮接見高加索諸共和國的領導人，提醒他們高加索在表面上看來離

---

*譯注：從黑海通往地中海的唯一航道，自北至南包含博斯普魯斯海峽、馬爾馬拉海和達達尼爾海峽。合稱為黑海海峽，或也有稱為土耳其海峽。

†譯注：《薩阿達巴德協議》是伊朗、土耳其、伊拉克、阿富汗四國簽署的互不侵犯條約，一九三七年七月八日於德黑蘭的皇宮薩阿達巴德宮簽署，故名。

‡譯注：這場芬蘭力抗蘇聯的戰爭也稱為冬季戰爭。相較於已開始工業化的蘇聯，當時芬蘭還是個較鄉村的國家。在這場戰爭中，國力懸殊的芬蘭，以寡敵眾，捍衛自己的國家主權，贏得國際認同。抗戰期間鼓舞奮戰所宣傳之Sisu精神（源出芬蘭語，為勇氣、堅毅、堅忍、決心等內在力量之意），於戰後成為芬蘭國家精神代表之一。

前線很遠，但實際上處境充滿不確定性。[50]自一九四一年秋天起，高加索變成一個迴旋折衝之地，收容來自蘇聯西部的難民們，並用來轉運那些倉皇拆卸的工業與農業設備，這些設備都經由高加索鐵路運往中亞。一九四一至四二年短短幾個月間，巴庫港就轉運了一百萬人和將近一萬四千車廂的設備前往位於今土庫曼斯坦境內的克拉斯諾沃茨克港。[51]對於組織北高加索的抗戰而言，外高加索也成為後援基地。[52]不過一九四一年夏天時史達林也提醒了與土耳其立場有關的種種不確定性，不得不維持土蘇邊界沿線重兵戒備，並於黑海沿岸以及內陸都著手加強防禦工事。

伊朗方面，威脅在於德國對伊朗政權的影響愈來愈大，以及伊朗境內人數眾多的德國人社群被懷疑從事間諜工作，因此同盟國於一九四一年夏天要求立刻驅逐這些人。[53]伊朗拒絕照辦，旋即被當作同年八月二十五日蘇聯和英國聯手占領伊朗的藉口。同盟國軍隊迅速往首都開進，伊朗軍隊從八月底便棄守不做任何抵抗，盟軍於九月十七日占領德黑蘭。而蘇聯這邊，行動是由外高加索第四十四軍與第四十七軍以及中亞第五十三軍執行，三支部隊於德黑蘭附近會合。[54]這場占領行動完成後，僅剩一小塊中立區還在伊朗掌控下。

對蘇聯而言，首要目標在於穿過伊朗開啟一條暢通的物資補給管道，以便支援在開戰最初幾個月損失慘重的歐洲戰線的戰備。對英國人而言，目的則在於建立一條安全防線，或許可以拖慢德軍往中東的挺進；以一九四一年夏天的情勢來說，德軍很可能往中東迅速進軍。[55]伊朗被占領後，睿札國王流亡國外（一九四四年七月死於南非），由他的兒子繼位。美國於一九四二年加入世界大戰後，也加入占領伊朗的軍隊行列。就高加索一地來看，第二次世界大戰在其南北兩側進行：北邊暴露在德軍挺進的威脅下，而南邊則除了伊朗被占領之外，還有土耳其可能懷有野心的觀望態度。

高加索的戰備支援

由於蘇聯東方戰線的軍事行動陷於非常不利的情勢，使得高加索這種南北雙向面臨戰爭的困境，於一九四二年間尤為明顯：就在蘇聯軍隊在俄羅斯南部敗退之際，北高加索顯然即將成為戰場，而大高加索山脈戰線的防禦將是一個主要戰略關鍵。德軍一九四二年在未抵達莫斯科之前就遭阻卻，於是著手進行兩大野心行動：首先，「藍色行動」（*Blau*），目標是奪取史達林格勒的軍需補給中心以及工業中心；第二個「小白花行動」（*Edelweiss*）則是瞄準高加索。雖然小白花行動主要是從東西兩邊夾擊包抄高加索，但還包含一支特種兵團翻山越嶺進行攻擊。[56]面對這波主要攻勢，外高加索軍區在前幾年遭到大整肅削弱的司令部只能七拼八湊地應付，最精良的部隊已經被徵調走了，主要都是新入伍倉促培訓的年輕人，還有幾個一九四一年底才成立的「民族師」。[57]

當年夏天，高加索幾乎是完全孤立無援，而且，與土耳其相鄰的邊境看來特別受威脅；於此同時，德國駐安卡拉大使馮．帕彭更是卯足全力喚醒土耳其往高加索侵略擴張的主張。[58]高加索地區僅剩透過裏海風險愈來愈大的航運與蘇聯其他地區連結，納粹空軍開始轟炸裏海那些從巴庫運油出來或是運載其他補給的船隊。工廠的拆遷和重新組裝以及人員的轉移，還有改造現存的基本設備以投入軍需生產，這些都嚴重影響高加索地區的產能。[59]一九四二年亞塞拜然的石油開採量便潰降至一千五百

《捍衛高加索！》，伊拉克里·托茲，一九四二年。

七十萬公噸，而西伯利亞西部的產量則勉強補足缺口。[60]就在紅軍一敗塗地撤退之際，外高加索前線的指揮看來並沒有能力在群山間規劃有效的防禦。當年八月蘇聯轄下的高加索驚惶失措的氛圍也蔓延到波斯北部，在那邊完全能感受到蘇聯軍官們的神經緊張。美國駐大不里士總領事思索著繼續往該地區運補是否恰當，當時甚至有人揣測蘇聯〔軍隊〕可能會撤退到裏海東岸。[61]

史達林就是為了反制這種驚惶失措，而於八月初派出貝利亞，以國家國防人民委員會專委的身分，全權重新組織戰備作業。為了加強所有山口的防衛，也為了在德國戰線後方加速組織一個反抗運動以拖慢他們的進展，採行了一些緊急措施。九月九日，高加索地區宣告戒嚴，隨後百姓也都被動員去建造防禦工事。[62]同年九月二十三日，史達林格勒上空彈如雨落，而提比里斯則組織了一場大型的反法西斯集會，目標明確，要展現外高加索人民團結，打破那些撕裂團結以及政治失民心的流言。三個共和國的知名人士共襄盛舉，如亞塞拜然詩人薩邁德．伍爾貢、喬治亞作家康士坦丁．甘薩洪迪亞，以及喬治亞出生的亞美尼亞人，也是偉大的東方學者約瑟夫．奧爾別利（前任冬宮博物館館長現任亞美尼亞科學院院長）等。[63]

這些人物的出席，更多反映的是一種文化的與國家的共同資產，而非共產主義的象徵，一再提醒，重新活化那些國家象徵元素在呼籲抗敵行動中所扮演的角色地位。事實上，蘇聯必須防範納粹將高加索移民予以工具化；這些已經離開高加索的移民自一九三三年起便更加親近柏林。一九三九年一月，海達．邦馬特帶領的「高加索」小組離開巴黎前往柏林，進入一種與納粹德國的外交與情報單位愈發緊密的合作關係。[64]隨著德軍南進且俘擄了出身自高加索的戰俘，這種合作持續強化，他們為這些高加索戰俘構思出民族軍團計畫，在占領地支援正規軍。對蘇聯有深入認識的納粹軍官迪奧多．歐伯蘭德集結了一支由高加索戰俘組成的特殊軍團（*Bergmann*），並且直到一九四三年年底為止策劃了多項滲透蘇聯戰線的計畫，都是為了在喬治亞掀起叛亂。[65]許多已經移出高加索的右派人士，例如喬治亞人米哈伊爾．克迪亞或是亞美尼亞大老「卓」，他們都在前線或是後方的一些軍事行動、策反或是宣傳行動中與納粹當局合作。[66]

這類宣傳指責蘇聯多元民族模式的局限，還有其社會經濟方面的失敗，激起了迴響，迫使蘇聯不得不回擊，在公開論述中翻出過往各時期抵禦外侮的歷史（當然，所有反抗俄羅斯征服的都被排除了）。共產黨的史學家與意識形態理論者，都在第一次世界大戰的歷史中汲取德國和土耳其擴張主義的例子，不過他們也回溯更久遠的歷史去找例子。位於巴庫的亞塞拜然共和國歷史博物館舉辦了一系列巡迴展覽，從第九世紀初高加索邊境戰爭領袖巴貝克抵抗阿拔斯王朝或是蒙古人入侵汲取題材，甚至還提到一八一二年抵禦拿破崙的「衛國戰爭」。[67]以此意義而言，戰爭深化了政權正當性、蘇聯愛國主義與地方民族主義之間的連結。不過，蘇聯當局還更進一步恢復了那些基督信仰的教堂，並且為伊斯蘭（納粹也企圖利用）建立了一些區域性的精神生活管理處，其中一處於一九四四年初便坐落於巴庫。[68]

伊朗的第二次冒險

一直到一九四三年一月德軍開始往斯塔夫羅波爾地區撤退之前為止，[69]對於退無可退的外高加索司令部而言，占領伊朗北部提供了一個對戰備作業頗具貢獻的戰略深度。伊朗北部從一開始就被當作後援基地，蘇聯在此有組織地進行一系列抄沒充公的作業，尤其是那些德國人的財產，查抄後一車車運往巴庫。[70]自一九四二年一月起，大不里士的二十萬居民就飽受饑饉之苦，並諷刺說「反法西斯就是新款麵包」。[71]然而，感受到納粹意識形態在伊朗的威脅，並發覺伊朗輿論強烈分歧，這些也都促使蘇聯在當地展開一種政治影響的工作。自一九四一年九月起，蘇聯軍方與伊朗政治人物之間的接觸，尤其是與國王過去的內閣成員蘇萊曼．米爾札．艾斯康達利的聯繫，促成伊朗人民黨——圖德黨創立；這個黨被當作一道人民陣線，受到廣大人民的支持。[72]該黨運作初期大幅仰賴那些流亡至蘇聯的前共產黨員的參與，也仰賴當地蘇聯軍隊的協助。[73]

蘇聯在對伊朗人民大規模進行輿論影響策略的同時，更特別針對伊朗北部的某些族群帶風向。如果說蘇聯再度搬出他的「少數族群外交」大方針，今後倚仗的卻是一種全新的布局。許多少數族群，尤其是庫德族人和亞塞拜然人，都遭到睿札國王推行的文化和語言同化政策直接衝擊，更在一九三〇年代末遭到嚴重的政治迫害，這些都造成不滿。而戰爭之初，蘇聯就承諾這些族群文化自主、政治自主，更是助長了這些不滿情緒。於是一九四二年八月，我們便見到在瑪哈巴德地區都會階層以及知識分子之間成立了一個庫德振興協會。[74]亞塞拜然蘇維埃共和國的領導人巴吉羅夫，在對於伊朗亞塞拜然省一場政治運動的支持中，找到一把影響利器，促使他於一九四一年派出一支由他的親信阿茲．阿立耶夫帶領的亞塞拜然公職人員組成的任務隊伍。然而，戰爭的限制與這種積極運作造成與英國關係緊張，連帶導致在一九四三年減少了蘇聯對這些自治分子的支持。

直到戰爭勝利在望，才又於一九四四年春初重新對伊朗亞塞拜然省的自治運動予以支持。三月六日，蘇聯當局通過一項決議，對於南亞塞拜然進行經濟與文化援助措施。許多亞塞拜然裔的外交人員都被派往該地區的蘇聯領事館，還安插了數百名不同領域的專家。[75]在大不里士以及其他幾個城市，一些使用亞塞拜然語的文化機構開始運營，令地方上年輕的一代和知識分子們留下了很深刻的印象。[76]蘇聯的介入，使得無法實際管理紅軍占領區的伊朗當局，陷於很大的壓力之下。而讓德黑蘭特別憂心的，是蘇聯和某些地方領袖間建立的軍事關係，例如繼之前庫德族代表團前往巴庫後，這個亞塞拜然共和國首都的軍事機構又接待了一波來自伊朗的亞塞拜然和庫德族年輕人，這讓試圖盯緊自家國民的伊朗總領事館非常不高興。[77]

冷戰的高加索起源

隨著第二次世界大戰接近尾聲，高加索突然因為發生了兩樁重大危機，而在國際舞台上能見度驟然增加，史學家後來將這些視為全球冷戰之肇因。其實，一九四五年，是蘇聯、土耳其和伊朗關係大幅惡化的一年；而關係惡化的原因（在兩樁危機中）都反映出蘇聯一種更具野心的政策成形，決意利用對軸心國的勝利，從黑海到中亞都撈些好處。正如蘇聯自一九四四年夏天起就在爭取伊朗北部石油的讓渡授權，其外交行動表現出夾雜著領土野心與經濟野心，而考量到蘇聯石油工業持續遭遇的困難，他們對伊朗北部的覬覦別具戰略意義。[78]由於各方勢力在高加索地區的布局，冷戰在高加索的起源以兩種不同的形式呈現：在伊朗，關鍵在於戰爭結束後如何維持蘇聯軍隊常駐；在土耳其，危機則圍繞著蘇聯當局得寸進尺地要求清償戰爭債務。

事實上，一九四五年初，土耳其的立場如坐針氈。雖然安卡拉在一九四五年二月二十三日相當正式地向德國和日本宣戰，但蘇聯的領導階層已經鐵了心要讓土耳其為之前戰爭期間曖昧的中立態度付出代價。也是二月，史達林在雅爾達會議中強勢要求重新協商已於一九三六年蒙特勒公約中議定的土耳其海峽管理制度，轉為一種更有利於蘇聯的方向，尤其是為了讓蘇聯軍艦得以更方便地穿過那些海峽進入地中海，但同時又維持限制外國船隊進入黑海的資格。[79]接下來的幾個月，蘇聯的要求愈來愈多，這回要求的是重新劃分疆界，以及整個中歐的人口互換。[80]已經成為外交部長的維亞切斯拉夫·莫洛托夫，於六月通知土耳其大使瑟林·薩佩煦，告知將一九二五年十二月簽署的土蘇友好條約提前作廢，隨後大出安卡拉意料之外的，又宣告必須對東安那托利亞的邊界進行調整，理由是一九二一年的條約對幾個蘇維埃共和國強加了過分嚴苛的條件。各地方的民族主義運動在此時全都為這種侵略式外交效力，喬治亞的《共產黨人報》於十二月十三日刊登了一封來自兩位傑出史學家——西蒙·賈納奇亞*與尼可·柏贊尼什維利的公開信，以喬治亞人民「歷史性權利」之名，要求歸還黑海沿岸土地。[81]

對克里姆林宮而言，相對於黑海海峽問題所代表的真正核心議題，這些高加索的訴求極可能只是一個討價還價的籌碼。不過，這些訴求還是造成邊境地區政治情勢緊張，因為土耳其憂懼可能的武力干預，更何況蘇聯的軍隊就在西境邊上——在保加利亞虎視眈眈地等著。一九四五年五月三十日，土耳其方面一場應該是採礦作業發生的爆炸意外，炸毀瑪卡拉邊境橋梁，造成這個土耳其－亞美尼亞邊境幹道上的主要通關據點關閉。[82]幾個星期後，土耳其軍方射擊一架飛入邊區上空的蘇聯飛機，惹

*譯注：西蒙·賈納奇亞（Simon Djanachia，一九〇〇至一九四七），喬治亞史學家，是喬治亞學術研究院（Académie géorgienne de sciences）創建人之一。由於拉丁化方式不同，其姓氏亦有 Janašia / Džanašia 等寫法。

來強烈抗議。土耳其政權由於在國際上遭到孤立，不得不做出好些讓步。最敏感的，便是在八月把將近一百六十名在戰爭期間逃躲到土耳其的蘇聯逃兵送回高加索：這些逃兵，大部分都是說土耳其語的亞塞拜然人，才一被交給附近的紅軍，隨即遭到處決。[83]儘管這樁「波拉爾坦橋慘案」直到一九五〇年都是機密，但這個事件發生在土耳其日益強化反共意識的時局脈絡中，並且當年（一九四五年）在土耳其境內引發好幾個城市的暴力事件。[84]

土蘇對峙必然地反映在伊朗棋局上的角力。一九四五年九月，隨著亞塞拜然民主黨的創立，愈發強化了伊朗亞塞拜然省自治的夙願；該黨的創黨人賈法．皮舍瓦利是一九二〇年代的伊朗共產黨員，曾經前往高加索，亦曾是睿札國王時代的政治犯。[85]該黨在肯定並尊重伊朗領土完整性的同時，在一個看來是蘇聯建構了長遠影響的區域內，強烈要求擁有政治、經濟和文化的自治權。在紅軍的默許下，亞塞拜然民主黨在接下來的幾個星期內掌握了地方權力的槓桿，而在此同時，一場庫德族自治運動也在馬哈巴德周遭地區如火如荼地發展。伊朗當局於是轉向美、英以及剛成立的聯合國求援，試圖讓蘇聯政策受譴責，這也成為戰後最早發生的重大危機之一。

不過，不論史達林或莫洛托夫，都沒打算要為了支持伊朗的亞塞拜然人或庫德族人而危及自己的地緣政治利益。從一九四四年秋天起，蘇聯就與德黑蘭方面協商一份伊朗北部石油開採授權的協議。[86]一九四六年春，以這些授權要求為中心的一份雙邊協議宣告簽約完成，當年五月生效，交換條件是蘇聯必須撤軍。這份協議的條款是蘇聯大使與伊朗首相「權力的力量」＊直接協商，直到簽字前幾天，亞塞拜然共產黨第一書記巴吉羅夫才在一場邊界的臨時會晤中告知皮舍瓦利。[87]皮舍瓦利震驚且大受打擊，拚命與史達林書信往來，而史達林則高高在上地要他重新檢視「所有革命分子都懂得的」基本操作：善用政治情勢。[88]

儘管皮舍瓦利以一擋百地努力保全該省的自治，但他的政權†還是被放棄了，伊朗首相「權力的力量」於十月發動攻勢，迫於伊朗軍隊的威逼，自治勢力在十二月十二日解散。最後那幾個禮拜向蘇聯呼救求援，都由巴吉羅夫確確實實地轉達了，但始終杳無回音。雖然歸順的條款中預設了通融該省某程度的自治，但這些條款在接下來的幾個月內卻僅有極少部分被遵守，而且還對該地區進行了一場凶狠的鎮壓，皮舍瓦利和數千名擁護者都逃離伊朗。緊接著，在馬哈巴德地區成立的那個庫德共和國也瓦解，整個領導階層都在一九四七年三月遭到處決。

* * *

從一九三〇年代末到冷戰剛開始的這十年間，正逢各國內部發展與國際情勢發展交集。從史達林

---

*譯注：作者在此處與下段，都稱這位伊朗首相為Qavam os-Saltané，波斯語意為「權力的力量」，是波斯人對這位首相的稱呼，其本名為Ahmad Qavam（艾哈邁德．蓋瓦姆，生年有疑義，一八七六至一九五五）。

†譯注：皮舍瓦利在蘇聯的支持下於一九四五年十一月在伊朗亞塞拜然省成立的亞塞拜然人民政府，以大不里士為首都，僅短暫地存在一年。這個人民政府的成立與結束都在蘇伊危機的框架中。

恐怖統治到為了備戰的努力，可以觀察到蘇聯內部與日俱增的全國動員，同時重新形塑一種政治效忠，並且參與了區域外交策略。高加索地區由於成為新的國際緊張情勢核心，能見度愈來愈高，使得第二次世界大戰所引發的邊境緊張關係，在戰後仍持續了好幾個月。若說蘇聯政權試圖將高加索當作一個展現力量的櫥窗，結果卻是相當地負面，非但沒能在軍事上、領土上或是經濟上獲得讓利，最終發生一九四五年至四六年的危機更加速導致土耳其和伊朗往美國靠攏。一九四七年三月十二日美國總統杜魯門發表的國情咨文演說中支持希臘政府，他們正面對龐大共黨分子游擊戰，此舉奠定了全球防堵共產主義蔓延的「杜魯門主義」，表達美國立即接續對中東這兩個戰略新盟友的支持。從此之後，高加索成為冷戰誕生地之一，直到一九六〇年代初，此種核心重要性都將成為高加索的烙印。

第八章——

邊境的凝滯與解封

瑞士旅人尼可拉・布維耶在一九五三年春天到一九五四年年底間，展開一場從日內瓦往阿富汗的旅程；此時，距離上一次有旅行者毫無滯礙地渡過阿拉斯河，似乎已經相當久遠了。當他從土耳其抵達大不里士*時，所描寫的高加索邊境景象，完全反映了當時蘇聯與南境鄰國間日益惡化的關係：「每週一次，一列四節火車會從大不里士發車，開往朱勒法，然後開到蘇聯亞美尼亞首府葉里溫。這班火車總是沒幾個人搭乘。從阿拉拉特山的支脈到裏海的荒涼海灘，國界上是一道連續不斷的鐵絲網，以及沿著鐵絲網鋪出的細沙帶，逃亡者在那上面留下的足跡立刻就會被發現。」[1]布維耶還提到那些蘇聯當局任其往來國界兩邊從事間諜或顛覆行動的「小角色」，更是增添冷戰初年典型小說的色彩。

事實上，一九五〇年代初，正是邊界加強軍事化的時期，借助愈來愈先進的科技，可以整區整段地架設電網。國界兩邊對於所有通行往來的監視都變得極為嚴密。如果說在此之前對邊境管制最嚴格的是蘇聯，現在土耳其國家情報局也一再升高警戒，尤其緊盯黑海沿岸的船隻偷渡，這類查緝行動在冷戰初年通常都立即處決。[2]監視之嚴密，以至於當詩人納欣・希克美在被土耳其囚禁多年後，於一九五一年六月決定逃離伊斯坦堡時，寧願嘗試冒險往保加利亞潛逃，也不願從安那托利亞東部跨越土蘇邊境；然而他先前在一九二〇年代末其實就是從那裡偷渡回土耳其的。[3]一九七〇年代初，當《特拉比松之東》的作者，旅人麥可・裴瑞拉觀察這片邊地時，只見到帶刺的鐵絲網、地雷，以及為了防範任何非法越境行為刻意去除所有植被的光禿丘陵。[4]

除了這些實體的邊境管制措施，還有政治宣傳以及防範敵方放送無線廣播信號的雙重運作。[5]這種針對外來者的焦慮警戒，絕對不讓人民置身事外，產生了不少關於「有外國飛機降落」或「有間諜跳傘潛入境內」之類的極荒誕謠傳。[6]整個一九五〇年代，高加索歷史的許多方面都反映出這種位於兩個敵對陣營邊界的形象：土耳其和伊朗似乎是自此堅定地扎根於西方陣營，而布維耶對這些國家邊境的描繪，也符合各種媒體廣為傳播的景象。一九五八年，一部美國製作的紀錄片《不可思議的土耳其人》，開場便是土耳其騎兵在東安那托利亞與蘇聯交界處巡視警戒的畫面。美國哥倫比亞廣播公司（CBS）的名主播華特·克朗凱，毫不猶疑地將這些忠心傳承凱末爾主義的騎兵視為充滿男子氣概的現代「牛仔」。[7]相反地，蘇聯報章則呈現南境兩鄰國遭到由西方帝國主義撐腰的獨裁政權血腥迫害；而大量土耳其士兵加入美方投入韓戰（一九五〇年至一九五三年）更是強化了這種形象。[8]

不過，高加索邊境這種非常晦暗的形象，主要是史達林死前（一九五三年三月五日）的情勢寫照。其實，無論在邊境哪一側，都見到政治上風聲鶴唳草木皆兵，以及追緝外國間諜造成的種種效應。在蘇聯治下的高加索地區，這種緊張氛圍展現於一連串新事件的揭露；這些事件的揭露，似乎都傳達出日暮西山的史達林，意圖消滅自一九三〇年代中起受到拉夫連季·貝利亞保護而重建的割據勢力和政治網絡。然而自一九五三年春天起，蘇聯體制逐漸轉型，不論在國內或國際上都有所演變，也改變了高加索邊地樣貌。當敵意擴散至意識形態與文化範疇之際，卻也勾勒出一些政治與外交上拉近關係的計畫，打開了新的交流管道。

*譯注：伊朗東亞塞拜然省的首府。

走出戰後，道阻且長

史達林執政末年的迫害氛圍絕對不僅局限於高加索地區。一九四〇年代末爆發的各種事件，都是新一波的政治迫害；這波政治迫害在這位獨裁者死前達到最高點，其中「白袍事件」＊指控一群醫生（大多是猶太人）密謀叛亂，更是登峰造極。南高加索這個時期的特色，便與這波迫害以及第二次世界大戰後該地區那些懸而未決的問題關聯密切。那些承諾或想像的承諾，那些打算罔顧伊朗和土耳其利益，逕自擴張亞塞拜然和蘇聯治下亞美尼亞領土的承諾，都沒有兌現。一九四六年底，驟然棄置這些承諾，不僅讓高加索治理高層心裡很不是滋味，而且也讓那些飽受戰火摧殘與遭受戰爭物質短缺重創的人民，對於認同問題有所醒悟。[9]

讓流離國外的亞美尼亞人返鄉的那個龐大計畫（*nerkaght*），起初大張旗鼓地宣揚，但後來的進行卻不如預期：那些返國的亞美尼亞人，大部分出身於往昔的鄂圖曼帝國，他們與一九四〇、五〇年代蘇維埃社會的語言和文化差距極大，遠超過亞美尼亞共和國當局原先所預期。首都葉里溫居民數從一九四〇年的二十萬四千人，在一九五〇年增加到三十五萬人，住宅奇缺。[10]那九萬歸國僑民，大多從事自由業、手工藝業或經商，很難融入社會主義經濟，而且，他們經常被控告拓展「地下」經濟行為。很快地，某些返鄉者就提出重返僑居地的希望，這讓蘇聯官方非常尷尬沒面子，而決定將其中一部分人逐出亞美尼亞。[11]領土擴張與僑民返鄉的問題，原本應該是一九四八年九月召開的亞美尼亞議會討論的主題之一，但為了避免緊張情勢升溫，竟被改排至次要議題。[12]如此一來，這種「使消失」

一九四六年，從埃及亞歷山卓港運載亞美尼亞人返鄉的船隻（巴黎，亞美尼亞慈善總會努巴爾圖書館 *Bibliothèque Nubar de l'UGAB*）。

的做法反倒提醒了一件事：亞美尼亞僑民歸國，在該地區還是出現了一些副作用。

在戰後的紛亂中，亞美尼亞和亞塞拜然當局其實已協議好將進行人口互換。正如兩國領導階層於一九四七年十二月寫給史達林的一封信中所表達的，雙方各得所需：亞美尼亞方面需要騰出土地來安置返鄉的僑民，而亞塞拜然方面則想密集開發靠近伊朗邊界的棉花種植區。[13]總共有將近十三萬亞塞拜然人，必須被遷往亞塞拜然共和國。遣送作業於一九四八年四月初展開，但是海量的抱怨隨即湧入高加索當局和莫斯科，那些投訴信中提到：亞塞拜然人居住在這些土地上與亞美尼亞人為鄰，已有久遠歷史，還提到第二次世界大戰期間共同付出的犧牲，並且援

*譯注：白袍事件（complot des blouses blanches），也有譯為「醫生案件」。

引蘇聯憲法所保障的權利。[14]流言甚囂塵上，謠傳著種種迫遷的理由：許多都預測即將與土耳其發生戰爭，才是迫遷一支可疑族群人口的真正理由。[15]

如果這些流言有人信，那是因為遷移亞美尼亞境內的亞塞拜然人，令人不禁想起第二次世界大戰尾聲時對於黑海周邊各民族的迫遷行動；當時流徙的理由有些是基於某些族群與納粹合作，尤其是克里米亞韃靼人以及某些北高加索人民，但其他就只是搪塞一些非常模糊的指控，或者說是未來可能戰爭，故針對少數民族採取一些原則性的防範。自一九四四年五月起，喬治亞共產黨第一書記康迪・查克維亞尼就提出強制遷移邊境地區數萬突厥語族人民的必要性，莫斯科在七月三十一日批准此決議，並擴展實施至其他少數民族，如庫德族人。這項行動於十一月十五日至十八日進行，將九萬一千多人驅逐往中亞。一九四九年六月，名為「沃納」（*Volna*＊）的第二波行動，瞄準喬治亞境內的少數族群如希臘人、土耳其人和亞美尼亞人等。這波以外籍人士和已歸化入籍者為目標的針對性行動，是在冷戰初年局勢特別緊張的脈絡中，當時任何牽涉土耳其、伊朗或亞美尼亞僑民之間真實的或推測的關聯，都會成為逮捕的理由。

這些迫遷行動也顯示，在史達林主義晚期的框架下，高加索諸共和國加速走向民族單一化、同質化，正如提比里斯城有某些人公開地歡慶「城市終於沒有亞美尼亞人了」這類的反應。[16]在文化政策與教育政策中，也強烈地留有這種痕跡，標誌著各個共和國愈來愈明白主張「主權民族」優先。這引發了少數族群的抱怨，他們刻意直接向蘇聯中央申訴，例如我們見到達吉斯坦（位於相鄰的北高加索）的亞塞拜然人，就抱怨他們沒有像亞塞拜然境內卡希地區的印吉洛喬治亞人同樣的專屬機構。[17]

不過，這兩個群體尚且還能仰賴他們的母國，支持他們提出的某些訴求，其他的少數民族可就沒有了。阿布哈茲地區和南奧塞提亞特別猛烈地抱怨喬治亞化的政策，例如他們舉報說學校自一九四五年起全部改用喬治亞語教學了。[18]

不過，這些共和國的領導階層在實施這些政策時的自由度，還是受到晚期史達林主義的政治遊戲牽制，莫斯科方面的敵意通常會順便指控這些蘇聯的邊緣地區太過自主，甚至指控他們展現了民族主義和意識形態偏差，而於此同時，物資缺乏的困境則正滋養著人民的不滿。[19]在高加索，關鍵在於史達林再度質疑拉夫連季・貝利亞自一九三〇年代末起在該地區的獨尊統治，就如各類寫給他請他出面的眾多信件所示，貝利亞始終是高加索的「老大」。[20]雖說貝利亞看來已在他主導的蘇聯核子發展計畫中再次證明他對國家的用處，但這種跟他出身地，尤其是與喬治亞的緊密連結，則顯然讓史達林如鯁在喉。[21]

這位克里姆林宮的主子，以一樁牽涉喬治亞共產黨第二書記米凱伊・巴拉米亞的貪汙案為藉口，於一九五一年十一月九日命蘇聯共產黨中央政治局通過一項決議，譴責喬治亞的蘇維埃政權運作失靈。這項決議，揭露黨內部這些「外省公國」的危險性，勉強用來遮掩打擊地方派系的行動，然而打擊的卻不只是高加索地區。自一九五二年初，一支「明格列爾人民族主義群體」遭到調查——貝利亞本身就是明格列爾人。雖然在這個案子中，貝利亞最終沒有被指名道姓地針對，但這也是給他的

＊譯注：俄語，意為「波」。

葉里溫高聳矗立的史達林紀念像，一九五〇年。（照片來源：私人收藏）

警告，而且，一九五二年四月，史達林更是諷刺到無以復加地派他去主持那場必須批准在提比里斯進行整肅的黨內會議。[22]史達林掌權的最後那幾個月標誌著一種觀望主義，從最高階層到所有的共和國內，人人自危，憂懼權力組織內將再度發生大規模清算。

區域性解封的種種形式

因此，一九五三年三月初史達林之死，看來是在國內層面以及國際層面上都給高加索地區提供了復甦的機會。共產黨領導高層的內鬥讓貝利亞短暫出線，在幾個星期間搖身成了為這些共和國重拾自由的史詩英雄，他撤銷了史達林前幾個月核批的一系列措施*，但他不久後就遭解職，並於一九五三年夏天被處決。[23]就在貝利亞被剷除，並改由一個日後尼基塔・赫魯雪夫逐漸取得首席地位的集團來領導之際，鄰國伊朗也陷入重大政治動盪中。在首相穆罕默德・穆沙迪克的帶領下，伊朗政府於一九五一年五月宣布石油國有化，伊英關係陷入危機。正在向外尋求盟友的穆沙迪克政府，對蘇聯採取一種較為溫和的語調，開始針對二戰後擱置的多項歧見展開協商。[24]不過，蘇聯領導階層並未將這種政策詮釋為一種經濟上去殖民化的奮鬥，而將之視為以美國這個新的影響力取代英國霸權的結果，所以並不怎麼積極支持穆沙迪克。這位伊朗首相在面對保守的建制派（*establishment*）反對勢力與日俱增的同時，又拒絕與共產黨人聯手，加速他垮台；一九五三年八月二十日就在由札赫迪將軍指揮且有英美兩國共謀的政變中被推翻。[25]

儘管這個事件被認為是西方陣營在該地區再度積極介入的展現，但蘇聯新的領導階層還是透露出愈來愈多開放的跡象。在土耳其派代表團出席了那位最高統帥的葬禮後，莫洛托夫於五月三十日宣告：蘇聯對於黑海海峽以及對東安那托利亞的野心都是過去式了。往後數年，隨著蘇聯官方對於貝利亞的批判以及不久後對史達林的批判愈演愈烈，人們往往刻意指控這些「高加索人」滋長了往兩鄰國擴張的那些個人野心。赫魯雪夫多次對土耳其代表重申這種論調，例如一九五五年十一月在一場官方晚宴與土耳其大使塞福拉・艾辛的私下會談。[26]然而，第二次世界大戰後這種對於蘇聯政策的批評，

＊譯注：例如為前述白袍事件昭雪平反，公告先前逮捕那九位醫生是毫無憑據的違法行為，而那些所謂招認內容也是以非法且法律所嚴禁的手段取得；此外也為明格列爾民族主義群體案以及其他受迫害少數民族的案件平反。

其實是克里姆林宮內部權力遊戲的一部分，而且並不意味立即改變對土耳其和對伊朗的路線方針。

一九五五年二月，土、伊兩國加入《巴格達公約》，與伊拉克、巴基斯坦和英國同一陣線，強化各自在反蘇聯盟中的角色，蘇聯啟動宣傳戰痛批他們。這種意識形態的對立，透過三不五時的廣播喊話，在整個一九五〇年代斷斷續續地進行著，每當某些廣播內容過激時，就經常引發一些外交上的抗議。[27]蘇伊士運河危機後，中東地區緊張情勢頻仍，一旦衝突爆發，高加索將成為第一線，此種威脅特別顯見於一九五七年，當土耳其和備受西方國家批評的敘利亞爆發危機之時。赫魯雪夫尋找接近敘利亞的機會，於十月極具象徵意義地決定任命二戰英雄羅科索夫斯基元帥擔任外高加索軍區司令；赫魯雪夫於當年秋天的數場公開會議中，多次強調羅科索夫斯基是二戰英雄的事實。[28]之後那些年，譴責《巴格達公約》（一九五九年更名為中部公約組織）就成了蘇聯政策對該地區的例行項目了。

然而，只要我們稍微改變對於邊境分析的尺度，就會發現在高加索與鄰國關係的實際運作中，有愈來愈多彼此拉近關係的跡象。土耳其駐蘇聯大使於一九五七年四月非常具有象徵意義地提議，重修之前於一九四五年五月在土蘇關係最緊張之際發生爆炸的瑪卡拉橋。蘇聯則在給一九六〇年十月負責協商重建的代表團的指示中，強調必須將此計畫放在全方位修復雙方關係的框架中，以鞏固土耳其所追求的一種更加自主的外交。[29]所有的討論變成在回顧過往，回顧那還不算太久遠的之前，雙方曾於邊界維繫著密切的商貿關係。

區域性關係緩和的內部張力

一九五〇年代末的矛盾，在於這個地區漸漸可以觀察到的外交關係緩和，伴隨的是管制相對寬鬆後才見得到的社會和政治發酵效應，因此得以出現一種向當局表達訴求和抗爭的新方法。與期待大相逕庭的是，政策鬆綁的過程本身竟成為某些地區不滿的原因。例如，蘇聯領導機構中的去史達林化，展現在陸續翦滅共產黨中央政治局以及一些中央決策部門中的高加索政要；當時，相對於高加索人口比例和經濟重要性而言（尤其喬治亞在全國工業產量上占比不到百分之一），過去高加索政要在這些決策機構中的人數非常多。史達林時代的人物被翦除到僅剩阿納斯塔斯．米高揚，他成為赫魯雪夫的一個親信，一路晉升，直到一九六四年夏天擔任蘇聯最高蘇維埃主席團主席。

與這種政治疏遠同步並行的，是揭發貝利亞，然後赫魯雪夫的演說又指控以史達林為中心打造的個人崇拜；這些種種，在喬治亞所感受到的，都是對這兩位人物所出身的共和國的一種攻擊，也是對喬治亞人的攻擊。一九五四年和一九五五年史達林的忌日時，喬治亞人民還是繼續表達出對他的懷念，光耀已逝領袖的紀念碑聳立在城裡，在他死後一年「仍布滿鮮花」，作家吉龍地．齊可哲對此分析為「宣洩長期抑制的愛國情緒」。[30] 一九五六年二月，共產黨第二十屆代表大會上，赫魯雪夫和米高揚發表的演說內容廣為人知後，立刻引發一股明顯敵意：對史達林的批判，不但沒有被視為共產體制中那些最迫害打壓面向的一種軟化跡象，反而顯得像是粗暴地貶低喬治亞人對蘇聯歷史的貢獻，反映出喬治亞共和國的邊緣化。

這種四處瀰漫的不滿情緒無法隱藏，於一九五六年三月四日至六日在提比里斯街頭爆發了激烈的示威行動。當時這些示威者利用藉由一位中華人民共和國貴賓朱德元帥造訪喬治亞首都的機會，增加他們訴求的能見度；[31] 一群激動的年輕大學生高舉史達林肖像和紅旗，包圍喬治亞共產黨中央委員會那棟建築。三月九日，一場集會更要求赫魯雪夫辭職，並呼籲為貝利亞平反。中央最終決定動用軍隊，蘇聯國家安全委員會（KGB）出動逮捕了多位運動領袖*。不過當局知道，這些事件都是人民自發的。這些事件顯示出一個政權轉移過程，在一個多民族國家的邊區竟然可能被賦予極不同的意義。接下來的幾個月，事件接二連三：例如十月漫天飛舞的傳單號召從俄羅斯人的手中解放喬治亞，而此時外高加索軍區的內部報告則強調，可以觀察到那些喬治亞軍官的民族主義思想。[32]

往後數年間，蘇聯轄下的高加索，將多次遊走於後史達林時代蘇聯政治上可接受的底線邊緣。就在各個共和國享有相較於以往尺度較大的權益時，時不時出現的危機則揭示那些不可逾越的底線。我們於是觀察到一些有的企圖，嘗試加強民族語言的比重，例如：亞塞拜然共和國通過一道法令，確立亞塞拜然語的官方語言地位，這在擁有非常多元文化人口的巴庫，還有上卡拉巴赫自治區內，都引發了一些騷動。[33]

緩和時期的高加索域內流亡者與邊地族群

一九五〇年代末緊張關係緩和，大幅改變了作為國際和國內關係介面的高加索地區域內眾多族群的處境。一九四六年十二月後，蘇聯曾於一片極度的混亂中收容了大批來自伊朗的難民：[34]除了將近六千人來自被解散的亞塞拜然民主共和國和瑪哈巴德共和國，又加上直到一九五四年以前冒著性命安危闖越邊境的近三千名其他難民；這些難民是隨著一波波社會經濟困境，以及對伊朗圖德黨這個共產黨的打壓而逃離（該黨由於與謀刺國王有牽連而在一九四九年被禁）。新的政治局勢，降低了這群人的戰略利用價值；一九五三年九月五日，也就是穆沙迪克遭政變推翻後沒幾天，莫斯科中央委員會決定將這所有的越境者都送交伊朗當局。[35]

許多難民都必須放棄在伊朗迅速取得政治勝利的期望，他們只能認清官方減少了對他們理念的支持。一九五三年夏天，由亞塞拜然民主黨從巴庫製播的廣播節目，在伊朗政府的要求下被停播了，而且儘管這些移民經常提出請求，卻不再復播了。[36]由蘇聯官方透過紅新月組織照料的許多自伊朗逃出者，因不安穩的處境而更加不滿。有些人疾聲埋怨，例如一九四五年從伊朗來到巴庫學醫的穆塔利・伊拉尼，就痛述自己的日子有一餐沒一餐，並且強調「雖然自己秉持社會主義的那些進步主義信念」，但若找不到任何安置家人和自己同住的解決之道，他不排除返回伊朗「投入資本主義陣營」。[37]

更令人憂心的，是某些已逃離者計畫返回伊朗，與某些歸鄉的亞美尼亞人的不滿情緒相互呼應；後者自一九五〇年代起就試圖重返先前流寓客居的歐洲或中東國家。蘇聯國家安全委員會早在

＊譯注：即三九屠殺慘案。一九五六年針對赫魯雪夫的去史達林化政策，喬治亞發起大規模抗議活動。三月九日，蘇聯軍隊開進了提比里斯，造成市民傷亡。

一九五五年十二月的一份報告中就強調，透過難民們寄給駐莫斯科大使、伊朗國會或是寄給他們還留在伊朗國內親人的信件就可以看出，該現象的規模愈來愈大。流亡中的亞塞拜然民主黨對此發展也相當不安，這種發展甚至威脅到該黨的存續。[38]伊朗大使方面，則處理那些要求返回母國的申請，這些申請者若不是難民、便是他們的家人還留在伊朗；自從巴勒維王朝一九五七年設立政治警察（SAVAK，情報與國家安全組織）之後，伊朗大使便與其密切合作。[39]那些經過縝密篩選獲准返鄉的人，都成為媒體宣傳的素材，在一系列慷慨激昂的文章中，揭露蘇聯美好表面背後的不堪；這些文章都是寫來分化一個在很大程度上迷失方向的政治移民運動。[40]

緊張關係緩和後的這種特殊情勢，為一些少數族群創造了新的生存條件，他們通常享有更多的集體自由，但在與邊境宣傳戰相關行動中所獲得的政治支持也較少了。對庫德族人而言情況便是如此，他們自辦的文化機構於一九三〇年代末便遭禁，一九五四年九月獲准重新開辦一份庫德文報紙《新途》，以及幾個廣播節目，和一個培訓庫德族教師的框架。[41]雖然起初規模微不足道（每週三個十五分鐘的時段），但葉里溫廣播電台中的庫德語節目，成為聚攏一群民族主義運動者和知識分子的聯繫點，他們尤其圍繞著薩利樂．謝利爾這位人物；他的家族積極投入文化與知識活動，蒐集彙整庫德族民俗藝術、傳統和音樂。[42]

當局將此視為一種地方性的自主做法，事實上這個廣播電台很快地就擁有廣大聽眾，遠至東安那托利亞，甚至包含伊拉克北部以及敘利亞的哲吉爾地區。土耳其社會學家伊斯麥．貝希契在土耳其的庫德族人中進行調查，發現這些音樂廣播節目於一九六〇年代受歡迎的程度，已經成為保存庫德族認同的形式之一。[43]其實，當時並不是高加索諸國的少數民族進行政治運動和文化運動的有利時機：長期流亡蘇聯的伊拉克庫德族領袖穆斯塔法・巴爾札尼於一九五八年返回伊拉克，更使得任何庫德族的訴求都顯得疑雲重重。對於庫德族積極分子的監視和迫害，與打擊共產主義一樣，成為巴格達公約的主要綱目之一。[44]因此，高加索的庫德族人通常是透過與在歐洲的庫德族積極分子聯繫，持續更新他們對中東各種情勢發展的了解，並嘗試支援一九六〇年代的那些揭竿行動。[45]

各個共和國的新展望

在這個時期，除了這些邊區族群的再度立足，也見到蘇聯為高加索諸國更廣義地尋求國際能見度，以反制西方世界指控蘇聯在境內實施某種形式的殖民主義。[46]蘇聯特別以第三世界為目標，尋求一種新的文化影響力；而賦予高加索和中亞幾個共和國的角色，就是在一種名符其實的「文化攻勢」[47]中推廣蘇維埃模式。這些共和國長久以來都被視蘇聯內部的一種「東方」，從此看來都是一個個的櫥窗，透過一種精心安排的權力下放但隸屬中央的公共外交體系，向東方集團國家（pays du bloc de l'Est）*、中東和亞洲展示蘇聯體制的實踐成果。[48]烏茲別克尤其得益於這個中介傳播者的角色，於一九五八年十月便舉辦了第一屆亞非國家作家會議，該會議宗旨便是落實蘇聯的反殖民承諾。[49]

*譯注：指冷戰時期相對於西方陣營的中歐與東歐共產主義國家。

塔喜拉·塔希若娃，亞塞拜然共和國外交部長，攝於巴庫一場接待外國代表團的宴會中（一九六〇年代）。（亞塞拜然共和國國家檔案局）

雖然高加索諸國不再享有如三十年前致力在「東方」宣傳共產主義時，那種無人能出其右的優勢地位，但仍憑藉一些略微不同的參考標準，保有一個重要角色，有別於以伊斯蘭和第三世界之雙重角度所呈現的中亞。高加索當然有能力演繹如此形象，因為，歸功於外高加索穆斯林精神生活管理處，亞塞拜然也同樣具有一種穆斯林正當性。[50]不過高加索三國（以喬治亞為首）也都被納入社會主義空間的建構計畫中，因為透過黑海的連結，得以聯繫蘇聯在巴爾幹半島諸盟國。早自一九四九年起，蘇聯就建議當時正在尋求發展模式的阿爾巴尼亞參考高加索的例子。[51]同一時間，保加利亞也向亞塞拜然尋求協助，培訓該國人數眾多的突厥語族社群菁英。[52]

雖然來自社會主義國家的第一批代表團

於一九五〇年代初便在受規範的交流框架中陸續到訪，外國訪客的數量則是從一九五五年至五六年起才顯著地增加。政治、經濟與社會方面的代表團，在精心安排呈現的行程中，絡繹前往高加索和中亞參觀蘇聯的建設。一九五八年四月，這個文化政策的負責人尤里・朱科夫明確呼籲所有的共和國都必須對蘇聯的對外文化關係有所貢獻。[53]這種國際開放政策是透過與蘇聯政府和共產黨或多或少有明顯關聯的多樣角色來進行。在亞美尼亞，宗教元素以及與國外僑民的關係都淪為這個政策的工具：法國的亞美尼亞青年團於一九五七年組織首趟赴亞美尼亞的旅行，為日益成長的外國人觀光旅遊奠下基礎（於一九七八年達到六萬人）；亞美尼亞共和國特別致力於透過這種旅行，以「保存亞美尼亞魂」（*hayapahpanum*）的名義，鞏固與僑界的連結。[54]

充分發揮一九五〇至一九六〇年代的議題，此時情勢極有利於新人物的誕生。在亞塞拜然，自一九五九年起擔任外交部長的是一位女性——塔喜拉・塔希若娃，她原是石油工程師，曾任工會和婦女協會幹部。她擔任外交部長的時間很長，直到一九八三年。正如塔希若娃與正在進行去殖民化的馬格里布地區*多位積極分子的往來信件中所展現的，她著意交織一條反殖民路線以及一種女性主義的角度，[55]因此得以在一個男性為主的圈子中占有一席之地，同時也讓人在她身上看見蘇聯在女性解放運

*譯注：馬格里布地區，地理範圍大致涵蓋介於地中海、大西洋、撒哈拉沙漠與埃及之間的整個西北非地區。文化上，融合了原生柏柏爾人文化、自中世紀以來直到鄂圖曼帝國時期歷經了幾個伊斯蘭帝國的統治、地中海劫掠船經濟以及十九世紀西方殖民之影響，而饒富特色。也用以統稱阿爾及利亞、摩洛哥、突尼西亞三個北非國家。

動方面的成就。

於是，一九六〇年代初，高加索諸國的首都全都轉型成為迎賓地，以接待更為多元的人口。由巴庫率先開始，這個亞塞拜然首都在石油方面的專業化，對來自中東和那些社會主義國家的大學生們同樣都特別具有吸引力。當時亞塞拜然在碳氫化合物方面的產量重要性減少，但在生產開發設備以及培訓那些通常會被派往中東合作的科技幹部的領域中，尋得一個新定位。[56]到一九七〇年代初，巴庫住有將近一千三百五十名外國留學生，其中五百餘人在雅塞貝科夫石油研究院，四百人在基洛夫海軍學院。[57]這些外國留學生數量之多，由於某個事件而無意間受到矚目：一九六五年三月，一名迦納學生喬治．達可在一場與一位伊拉克庫德族學生阿布杜．迦尼的毆鬥事件中身亡，引發當地所有非洲學生罷課，他們還嘗試前往莫斯科抗議。[58]

這個案子不容輕忽，因為蘇聯一直致力於拉攏非洲國家，而迦納在夸梅．恩克魯瑪的帶領下自一九五〇年代末起就是反帝國主義的核心之一。於是蘇聯文化外交廣增多元觸角，也有某些隨之而來的風險，因為一九六〇年代的大學生圈子，尤其特別容易衝動鬧事。當局先是害怕毛澤東思想對那些外國留學生的影響，後來又擔心阿拉伯國家之間關係惡化對這個圈子帶來的影響。[59]伊拉克在巴庫開設總領事館後，於一九七〇年代對阿拉伯國家學生展開反敘利亞宣傳（儘管敘利亞也是蘇聯盟友），成為日後亞塞拜然當局重大隱憂之一。[60]隨著伊朗和敘利亞兩國鬥爭愈來愈激烈，這種隱患日益擴大，高加索成為兩個對立政權棋盤上的一小格。[61]

* * *

相較於史達林統治末期，一九五〇、六〇年代是個相對而言弛禁、鬆綁的時期，高加索地區又重新開啟與世界其他地方的交流，特別是在文化層面與經濟層面的交流。這個時期不同既往的新改變在於，這些交流是在一個更大的地理空間中進行的，原因有二，一是經由黑海朝向中東歐共產國家開放，二是要尋求對中東和亞洲的影響力。蘇聯與土耳其和伊朗兩鄰國的關係，儘管逐漸地有所改善，但仍深受冷戰初年武力對峙後果的烙印，而緊張關係緩和，仍不免持續存在著一股強烈的懷疑不信任；令人震驚的間諜案，每隔一段時間就會出現，還有那不停出現指控政敵通敵的迫害，這些都是明證。除了特定的開放（且通常是非常象徵性的），交流始終還是在框架內受到規範的，而且這種莫斯科精心規劃的強權策略脈絡中的外交重啟，與百姓們幾無關聯。

第九章——睦鄰友好關係以及其局限性

歷經幾十年的動盪之後，一九六〇、一九七〇年代對高加索而言，乍看是段平靜的時期。一種強調敦睦鄰國、超越意識形態差異的外交政策，接替了冷戰初年那些好戰的言論。而由於土耳其和伊朗對他們的西方盟友仍有些意見相左之處，這種妥協外交施展起來更加容易。伊朗國王為了尋求新的區域平衡，親近蘇聯，一九六二年九月向赫魯雪夫承諾不會提供外國在伊朗境內設置任何飛彈基地。[1]做此承諾，伊朗毫無損失，因為美國本來就沒有這樣的計畫，但這是伊朗逐步尋求國家獨立的一個動作；此一動作與戴高樂將軍的追求相呼應*——戴高樂一九六三年九月出訪伊朗之行非常受矚目。[2]

至於土耳其，儘管接納了美國在其境內裝置飛彈，但對於美國一九六二年秋天處理古巴危機時，將土耳其當作一枚籌碼，感到心寒，然後美國又為了賽普勒斯問題，在北大西洋公約組織中孤立土耳其；蘇聯自一九六〇年代中就拿這件事大做文章，進行政治收割。[3]政治上彼此拉近關係的種種可能性，還有密集交流的加乘，從黑海地區的商貿發展，到共同的基礎建設計畫等，尤其是該地區飛騰發展的石油和天然氣產業的基礎建設。蘇聯藉此機會重拾某些戰間期的政策，一些邊境水壩計畫被再度賦予光環；在一九五〇年代至一九七〇年代的經濟現代化中，水壩修築計畫是不可或缺的象徵指標之一。[4]蘇聯還在財務上投入支持兩國一系列重大工業計畫，諸如伊朗伊斯法罕的冶金業或是土耳其塞伊迪謝希爾的製鋁工廠。[5]

從那時起，蘇聯停手不再支持各國的反對派勢力，改與執政當局建立官方關係，建立一種類近於一九二〇、三〇年代權宜之計（*modus vivendi*）的互動模式。蘇聯對於各國執政當局正當性的接受程度，尤其是面對愈來愈殷勤有禮的伊朗政權，甚至超越了第二次世界大戰前的種種妥協。與一九二六年老布爾什維克黨人在睿札國王登基典禮上的酸諷無禮大相逕庭，亞塞拜然蘇維埃共和國當局欣然接受伊朗駐巴庫總領事館邀請，參加一九七一年秋天伊朗王朝創立兩千五百年備受爭議的紀念典禮。[6]

這種睦鄰關係的發展，卻沒有伴隨著更進一步的深度開放，因為不信任感依然強烈。那幾條便利鄰國商貿的措施，並沒有終結封閉狀態，這使得從黑海到裏海地區的老人家對於往昔萌生出一種懷念。[7]不過，高加索地區在外交上普遍轉變論調，有助於打出振興經濟與文化的牌，因為這些方面被認為無攻擊性：藝術家和科學家重新獲得一個備受推崇的地位，有時甚至極受媒體關注，例如亞塞拜然蘇維埃共和國的歌手拉希德·貝布多夫一九六二年十二月至一九六三年二月間在伊朗的巡迴演出。[8]在如此時事脈絡中，某些牽涉這個地區近期或久遠歷史的問題，就在輿論壓力下重新浮上檯面，並讓各國當局想要上演的和樂融融場面蒙上一層陰影。例如，在文學作品或是報章中，二十世紀初與第一次世界大戰期間種種暴力的歷史傷痛，透過去史達林化的過程被喚醒，對俄國而言就既是一種內部威脅，又是一九六〇、七〇年代與鄰國土耳其重建外交關係時的一種障礙。[9]

共和的穩定和外高加索的賭注

一九六〇年代初，是重拾國際關係的時期，蘇聯當時在一位極度傾向大翻轉、大變革的共產黨第

---

*譯註：法國自第二次世界大戰後，在戴高樂總統領導下追求法國自主、外交獨立、不成為任何國際集團的附庸國的思想，後來被稱為戴高樂主義。

一書記的帶領下，經濟、農業和國土政策方面也都隨之動盪；一九五七年八月，赫魯雪夫發起一項經濟方面的去中心化政策，特色在於明顯加重各個共和國的份量，隨後幾年，他又著手進行一些改革，但由於太過倉促，對於這些改革的實際施行，應持審慎保留態度。赫魯雪夫面對計畫經濟體制要進行去中心化的種種內源性矛盾，和令人失望的成效，於一九六二年投入對共產黨的改組，他尤其責怪黨的機制對國家農業發展的管理跟指導不夠到位。[10]

就在共產黨再度確立自己作為經濟成長推動者與掌控者角色的同時，也規劃推動一種層級介於諸共和國和莫斯科之間的大型計畫區。於是，在中亞和南高加索，都再度出現了整合機構的主張，以監督這些地區的經濟計畫。在共產黨中亞辦公室設立之後幾個禮拜，一九六二年十二月，針對高加索也出現類似主張，於是翌年二月七日設立了外高加索辦公室，由資深的共產黨公職人員博奇卡廖夫帶領，他曾於莫斯科任職並監管過重工業。[11]

這個新的架構，比一九二〇、三〇年代的共產黨高加索局精簡許多（詳第四章），總共不過三十來位職員，而且宗旨（刻意點出）不在於介入各共和國機構和莫斯科之間。然而，透過這項沒有撐到赫魯雪夫一九六四年十月倒台就先夭折的措施，我們見到蘇聯中央對於高加索發展的兩大重要考量：一方面，面對某些共和國自給自足的封閉經濟發展趨勢，想要確保外高加索諸共和國持續進行一種整合性的區域發展[12]；另一方面，憂心如何在一個意識形態分歧且時不時爆發種族間緊張情勢的地區，更有效地進行意識形態的掌控。這是外高加索辦公室在它短暫存在期間，透過許多督察作業和實地調查所致力的兩條戰線。

在這塊仍以農業專業化和開採礦藏資源的初級工業為主的土地，工業多樣化成為一九六〇年代初的優先要務。而且，由於高加索地區已然失去核心重要性，使得此一缺口更加成為問題關鍵：例如，我們知道亞塞拜然在一九三〇年代的石油產量，曾占整個蘇聯油產量的將近四分之三，但自一九五〇年代起，由於西伯利亞油田開發突飛猛進，亞塞拜然的產量只占比不過四分之一。而一九六〇年代起裏海的天然氣開發，更讓巴庫贏不回原先在此領域的核心地位，助長了一種被國內菁英階層放棄的感覺。[13]雖然解凍了大筆資金並將其投入興建大型金屬冶煉廠、水泥廠和紡織廠，可是建設效果始終不如預期。[14]諸共和國之間儘管有鐵路相連，但各國間的交通仍有很大的不足，種種物流障礙拖慢了所有計畫。而與蘇聯其他地方的交通，也僅限於兩條穿越高加索山脈的鐵路、幾條公路以及與裏海和黑海的航運往來。

儘管有上述限制，一九六〇年代還是見到地區工業的發展，尤其是在赫魯雪夫優先進行現代化的化學工業方面，而代價則是日益嚴重的空氣汙染和土壤汙染。[15]諸共和國的首都和幾個工業城的周邊，都極快速地都市化：例如，葉里溫在一九六〇年代初就匯聚了將近三分之一的亞美尼亞人口；在建築師塔瑪尼揚一九三〇年代設計打造的市中心（詳第七章），又出現一連串的新興區，使該市於一九七九年達到一百萬居民人口。喬治亞的魯斯塔維市，以其冶金廠為中心，還有水泥、肥料和工業設備的生產，城市快速成長，居民達到七萬五千人。[16]當時蘇聯還沒有技術可以預鑄工法來滿足住宅荒，隨後才大力發展。不過，高加索的城市由於重拾某些官方建築樣式，並且在許多建築工程中維繫某種「民族風格」，而仍保有一種獨特性。[17]

在此同時，高加索西岸則被納入一種真正的蘇聯式休閒旅遊業發展的大計畫中。一九六二年五月十六日，赫魯雪夫在一場於保加利亞發表的著名演說中，稱讚休閒旅遊業帶來的榮景，與北大西洋公約組織的黷武主義在黑海所帶來的景象形成對比。[18]尤甚是在阿札爾和阿布哈茲這兩個氣候格外和煦的地區。那些來自〔蘇聯的〕歐陸部分幾個共和國的遊客，在夏天湧進這個充滿各式休閒娛樂、感官上富含異國風情，甚至還有買春行的地方。[19]在這波蓬勃發展中，高加索西部山麓的民意都非常支持。〔然而〕在巴庫四周阿普歇倫半島發展海水浴主題旅遊的努力，卻遭遇欠缺基礎設施的窘境，使得遊客們不得不搭乘公車長途跋涉往返於他們下榻的旅館和遊憩地之間。[20]與蘇聯裏海地區這種微不足道的旅遊發展形成對比的，是同一時間伊朗裏海岸的蓬勃發展；後者成為德黑蘭菁英階層趨之若鶩的旅遊勝地，而代價則是森林*遭到加速砍伐。[21]

為了因應蘇聯和中東歐共產陣營國家湧入的旅客潮，這些地區不論在住宿方面（該地區占全國旅宿容留量百分之十五）或是食材供應方面，都需要以重大投資進行土地整頓開發。大部分遊客都極不樂意配合那些官方機構的規定，並且熱衷於自己闖出一種「野生的」[22]旅遊。而且，以阿札爾地區為例，這種旅遊開發也意味著要放棄部分對這塊位於土耳其邊境之地的安全管制。與這十餘個面海小鎮相鄰的喬治亞鄉間，也都被迫轉型，販售一些農產品，並為這個全力發展中的服務業提供季節性人手。[23]喬治亞跟另一個社會主義旅遊勝地保加利亞一樣，在展示蘇維埃體制成功為群眾服務的同時，也默默監視防範任何顛覆秩序的企圖，或任何想利用鄰近的邊界逃亡至西方世界的企圖。

地下經濟與蘇聯的整合

不過，規範高加索經濟發展的意圖，卻遭遇一連串的嚴重限制。其實，外高加索諸共和國盛名卓著的，便是地下經濟之規模可觀，主要體現於仍持續存在的手工藝業和商業活動；以喬治亞共和國為例，這類地下經濟蓬勃於非常多層面，估計占商業活動總量的四分之一。一九七三年三月法國大使記述道：「對於不論是俄國或西方世界的觀察家而言，喬治亞蘇維埃社會主義共和國都是個令人驚奇不斷的觀察對象。在生意手腕格外狡黠而靈巧的人民適應之後，共產主義在此地其實經常變成一種只要大原則確保了，其餘的就『投機取巧』並『各顯神通』的體制。」[24]在最為地方的層面，參訪者驚訝於一些小商家的存在，而且黑市還當街明目張膽，化解國有商業經濟的配給不足。儘管私人商業是被禁止的，但這些交易活動頑強存在，而且遇到警察的查緝通常都是用塞現金解決。[25]

高加索人並不自限於地區市場，他們在一九六〇、七〇年代就大舉往俄羅斯和烏克蘭的大城市遷徙，有短期客居的也有永久移居的。[26]喬治亞料理餐廳阿拉格維早在一九四〇年便進駐莫斯科，引領一股「民族風」餐廳潮流，透過與美食文化、節慶和音樂盛宴的結合，使喬治亞身分在蘇聯社會中成

＊譯註：位於伊朗北部濱臨裏海岸的這大片森林帶，占地遼闊，涵蓋五個省分，是溫帶闊葉混合林，植被種類豐富，是鳥類季候遷徙往返俄羅斯與非洲之間時的重要中途站。於二〇一九年由聯合國教科文組織列為人類共同資產。

為一種既熟悉又具異族情調的象徵。[27]不過，絕大多數的高加索移民是規避國內移民的管制，在建築工地和各種企業中找到工作。[28]高加索人利用低廉的運輸成本和人民對於生鮮產品的喜好，不斷湧入莫斯科和其他大城市販售水果、蔬菜和花卉，大多數時候都是偷偷地販售；不過這種行為規模日增，觸怒了那些負責採買民生物資的國營企業，高加索當局也從一九六〇年代初就已接到指示要加以約束。這道不可違逆的命令導致了一九七〇年代在蘇聯的歐陸部分許多城市進行一連串掃蕩行動。[29]

雖說各共和國當局都接到指令要好好約束地下經濟的發展，但其實各國不少菁英都從中獲得私人利益，這很快就是大家心知肚明的事。布里茲涅夫*時期的重要標誌，就是領導階層的人事穩定；相對於那些繼續由斯拉夫人把持控管機構的共和國，高加索諸共和國與眾不同的特色，就是管理幹部中有非常高比例的民族成員。[30]一九五三年至一九七二年間喬治亞共產黨第一書記瓦希．姆札瓦納澤，貪汙事證確鑿，惡名昭彰，他的妻子維多利亞就是這個時期種種踰矩鋪張的化身，她珠光寶氣，過著奢華日子，故人民戲謔地稱這些年為「維多利亞時代」。部分菁英將這個「意識形態可接受的」遊戲玩得太過頭，以至於他們都在一九六〇年代末新的蘇聯國家安全委員會頭子尤里．安德洛波夫推動的一連串反腐肅貪行動中被剷除。[31]

亞塞拜然領袖瓦利．阿洪多夫於一九六九年七月倒台，取而代之的是該國國家安全委員會的年輕首領海達．阿立耶夫；隨後一九七二年秋天輪到〔喬治亞總統〕姆札瓦納澤也被搞下台。儘管姆札瓦納澤正式地「得到同意行使他退休的權利」，但他的繼任者愛德華．謝瓦納澤發起批評對他窮追猛打，讓他在一片羞辱聲中下台。原是內政部長的謝瓦納澤，疾聲抨擊那位眼裡只有錢的總統，並痛斥共產黨內公職人員竟容忍「那些人過著不是他們該過的日子，購置豪宅和鄉間別墅，買車，過著一種無意義的生活」。[32]地方異議人士寫的那些地下刊物說有兩萬五千人遭整肅，其中七千人是喬治亞共產黨員。[33]至於亞美尼亞那位一九六六年就任第一書記的安東．科奇良，在眾多針對他個人行為的抱怨上達天聽後，在一九七四年十一月「被退休」。[34]不過，我們注意到在這三個例子中，主要都是由各共和國內原有的領導班子來接任，除了第二書記是俄羅斯人以外（第二書記的任命本來就是為了好好監督諸共和國共產黨的運作），沒有太多外來空降的領導人。[35]如此用意在於展現地方上有解決問題的能力，不過仍然擋不住一種國族意識的解讀，以「俄羅斯化」來解讀這些肅貪行動，也無法避免一些激烈的反應，尤其是在喬治亞，於一九七〇年代初發生了多起縱火和惡意破壞事件。[36]

重拾邊境關係

這十年間，高加索諸共和國在建構一個區域交流空間方面的角色不斷地被強化。與伊朗關係的轉折，自一九六〇年代末起特別明晰。一些工業和能源方面的共同利益，促使伊朗和蘇聯兩國於一九六〇年代中開始考慮在碳氫化合物領域合作。一九六六年一月十三日，一項伊蘇協議正式開啟兩國間的合

＊譯註：布里茲涅夫（Brejnev，一九〇六至一九八二），是繼赫魯雪夫之後的蘇聯共產黨第一書記（一九六四至一九六六），並自一九六六年至一九八二年擔任蘇聯共產黨總書記。

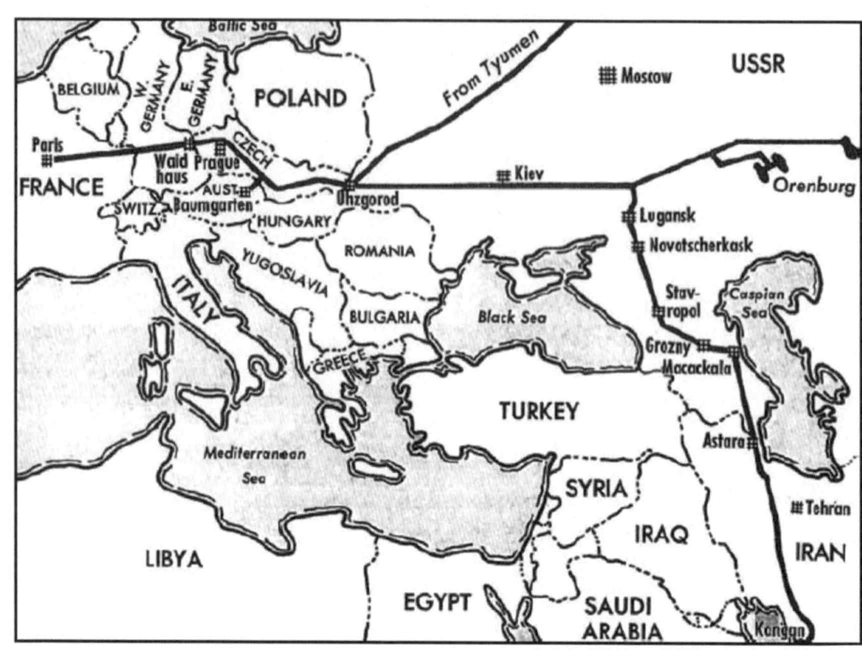

伊朗天然氣管經由高加索與蘇聯的天然氣網絡相連接，一九七六年八月十六日《石油與天然氣週報》。

作：蘇聯承諾協助建造一條穿越伊朗的天然氣管（這也讓蘇聯人自一九七○年代初開始便得以進口天然氣），對於維繫外高加索大城市的民生消費需求和工業將是不可或缺的。[37]對於一個飽受多項物資缺乏所苦的地區而言，這項天然氣的進口真是繫命所需。一九七三年底，某位外交人員曾說：「提比里斯最大的飯店，一棟現代建築，十二月氣溫已經低到零下了，竟還沒有供應暖氣。」[38]

能源方面合作的好處是彰顯出邊區某些具象徵意義的地方角色。例如，一九七○年十二月，伊蘇天然氣管在阿斯塔拉城開通，大受媒體報導；又如，一九七○年兩國界河阿拉斯河上的水壩啟用，伊朗皇后法拉·

帝巴隨即於該年十二月造訪巴庫。[39]地方上，更積極動員起來準備重啟邊區商貿，設立了一個蘇聯國家商業公司的亞塞拜然分支——東方貿易公司（*Vostokintorg*），專門負責處理土庫曼以及另兩個南高加索共和國的商貿事務。有一位亞塞拜然人在莫斯科的總公司指揮，使得這個裏海首邑有後援好辦事。一些商貿代表團被派往伊朗評估商品出口的所有可能性：某種程度上重拾了一九二〇年代的外交模式，蘇聯的公務人員在伊朗被當作「商人」般介紹，以博取伊朗對談者的好感；[40]這種操作的目的，是轉移蘇聯特殊的對外貿易結構在伊朗和土耳其私人企業引發的不滿，因為蘇聯國營壟斷企業始終還是最主要的商貿對口。於是，一九六〇年代末土耳其卡爾斯地區牲口再度輸往蘇聯，數量明顯增加，於一九七〇年代超過三萬三千頭，使蘇聯成為土耳其畜牧業出口的主要目的地。不過，地方上畜牧業者抱怨蘇聯壟斷採購，利用該地區始終是窮鄉僻壤而大占便宜，對他們施壓以降低價格。[41]

與土耳其拉近關係，本身也還有一些政治和經濟的基礎在。賽普勒斯危機於一九七〇年代初日益緊張，土耳其甚至在一九七四年七月占領了一部分的賽普勒斯島，緊接而來的便是與盟邦美國之間的關係前所未有地惡化，美國甚至中斷對土耳其的武器供應。蘇聯趁此機會加強與土耳其政府的關係，土耳其政府則樂於擁有另一個槓桿，制衡與美國的關係。一九七三年底，土、蘇兩國簽署一項新的邊境劃界協定，看起來宛如一個不可動搖的保證。土耳其決議報復美國武器禁運所採取的某些措施，蘇聯也從中得益，諸如土耳其停用境內的美國監視設備，尤其是架設在安那托利亞東南部、朝向蘇聯轄下的高加索和中亞方向偵測的皮林斯克利克雷達。[42]

拉近政治關係的動作，以及一些經濟上的契機，頻頻於一九七〇年代末交匯。由於在黑海進行碳氫化合物開採的願景，以及透過鐵路、公路和航運方面的合作，因而得以加強邊境地區的基礎建設比重。電信通訊也對拉近毗鄰黑海和裏海諸國的關係頗有貢獻，雖然國家安全委員會發現邊區人民樂於收聽一九七六年土耳其東安那托利亞的廣播電視台播送的節目時，還引起某種騷動。[43]縱使邊區始終極度缺乏人流，但商業和娛樂活動已開始穿透高加索地區的鐵幕。[44]

這種相互依賴感，直接來自於同樣環繞著黑海與裏海，共享沿海條件的地理因素。當酸雨和空氣汙染成為東西歐合作的一項重要議題時，黑海與裏海生態環境惡化的情況也激起愈來愈多的關注。來自各科學計畫和政府行動都著手解決水汙染、漁業資源萎縮和海岸侵蝕的問題。光是喬治亞的波季市*就有兩百六十公頃的海岸地陷落海中，而建築業大量挖採岸邊海沙，又使得地層更加脆弱。[45]

環境問題，成為彰顯共同利益並進行技術合作的良機：一九六九年九月，保加利亞肩負重責，去打探土耳其當局是否有意願參加一場防制黑海汙染的會議；土耳其若加入將使得黑海成為東西歐的一個合作空間，如同那些社會主義國家致力於波羅的海相關事項一般。[46]伊朗方面看來也是很活躍，正如該國主要環境領域專家之一葉斯坎達爾・菲魯茲在其回憶錄中所呈現的，他也在同一時間促請伊朗政府關注裏海漁場汙染的問題。[47]一九七〇年代末，這個問題在伊朗國會中被公開提出，迫使蘇聯同意減少在裏海岸和注入這個封閉內陸海的主要河流窩瓦河排放那些最重度汙染的物質。[48]蘇聯專家們由於了解到伊朗在海洋觀測方面的設備先進許多，使得這項合作特別有用，而且這些區域性協商即便只是為了環境保護政策的實用理由，也都在國際層面上增加能見度。[49]

伏地下的國族主義暗流

然而，一九六〇年代中期，就在這種區域緊張關係緩和且社會看似穩定的背景下，再度冒出一個國族問題，而蘇聯則（總之是公開地）自吹自擂說已解決這個問題。實務上，當局十分明白在南高加索的日常生活中依然存在許多摩擦，包含那始終令人不滿的生活條件。[50]在史達林時代遭強遷流徙的某些族群，請願要求返回他們的故土；這些請願提醒了一件事：從赫魯雪夫時代以來講的那些好聽的話語，並未讓所有人滿意。[51]而特別複雜的，則是那些史達林時代受迫害者「恢復名譽」的程序，這個用詞的模糊，事實上僅僅更正了某些錯誤，「而沒有進行司法上的實質裁量，也沒有著重於為這些遭到不公義迫害者恢復名譽的方式」。[52]雖然一九三七年至三八年或一九四四年被迫遷到中亞的某些族群有得到正式地平反，但卻沒有後續配套措施允許他們返回家鄉。

特別心不甘情不願的，就是喬治亞當局，我們在前章見到這個共和國在一九四四年時候集中火力地迫遷了好幾個少數民族。自一九六〇年代中起，突厥語族的梅斯赫特人有部分自請改歸類為「亞塞拜然人」，得到允許可以定居於亞塞拜然。如果說某些人滿足於就此返回高加索，其他人則嘗試更進一步地追尋返回喬治亞之路，他們經常藉著茶園、菸草田或是柑橘園需求人力時，前往從事季節性工作。[53]由於勞動力短缺，經濟方面的主管單位對於這種遮遮掩掩的返鄉都睜隻眼閉隻眼，但喬治亞的

*譯註：波季港是黑海具戰略地位的重要港市之一，現今為喬治亞海軍總部所在。

領導階層則毫不通融地堅決反對，他們在一九六九年六月下令內政部驅逐數百名梅斯赫特人，他們是從亞塞拜然和哈薩克攜家帶眷地於春初抵達喬治亞阿布哈茲地區投入採茶工作。儘管國家安全委員會本身是贊成通融的，但姆札瓦納澤卻卯足全勁反對到底，最終遣返了那些梅斯赫特人；這些人接下來幾年轉而向土耳其大使求援，也都不成功。[54]

對蘇聯當局來說，一九六〇年代更加令人不安的，是上卡拉巴赫地區*的問題日益政治化且國際化；上卡拉巴赫地區的地位問題，似乎是早在一九二〇年代就已解決，是亞塞拜然蘇維埃共和國境內的一個自治區。一九六三年出現了主張將該地區轉移給亞美尼亞蘇維埃共和國的聲浪。該年年底，一份由亞美尼亞文化界、藝術界和科學界的知名人士共同連署的請願書，極力要求赫魯雪夫同意上卡拉巴赫地區的移轉；請願書中提及亞美尼亞人的「重大犧牲和苦難」，並強調如此移轉將可一勞永逸地解決該地區的民族緊張情勢。[55]這些訴求，跟當時許多地下出版品一樣，巧妙地混合一種民族論述和一些馬列主義與無產階級國際主義官式論調的元素。[56]這些緊張情勢導致一九六七年上卡拉巴赫地區首府斯捷潘納克特發生一些暴力事件，並且也導致亞美尼亞和亞塞拜然邊境爭端再起，直到莫斯科直接出手介入才解決。[57]已移居國外的亞美尼亞社群都積極地支持這些訴求，而巴庫方面（亞塞拜然）則堅決反對，讓蘇聯當局處理起來非常尷尬。

這項國土移轉的議題更直接地與一個記憶層面相結合，一九六五年四月二十四日，鄂圖曼帝國滅絕亞美尼亞人五十周年之際，亞美尼亞首都的大型示威活動喚醒了這個記憶層面：該城的大學生們在一場官方儀式的周遭，組織了示威活動，數萬群眾聚集於列寧廣場上，人群隨後還延伸至國家劇院前。[†]多位亞美尼亞文化界大老，如詩人席娃・卡普季基揚，都對群眾鄭重地發表演說，並且要求蘇聯當局正式承認種族屠殺的事實。[58]若說這場群眾動員在規模上出乎當局意料之外，但其實當局早自前一年便有所警覺，當時就已收到許多來自知識界及來自共產黨公職人員的請願書，並且也已容許發表一些提到種族屠殺的文章。[59]許多親近執政當局的機構，也都以各種形式紀念了一九一五年事件五十周年，首先便是艾契米亞津主教區。[‡]必須說的是亞美尼亞教會以及喬治亞東正教自主教會獲准擁有日益放寬的自主空間，使他們得以施展各自的紀念政策，尤其展現於對許多史蹟紀念物的修復。[60]

一九六五年的種種事件，標誌了一場動員的開端；這場動員結合了官方表述和地下活動的暗流，例如成立於一九六六年的民族團結黨是亞美尼亞第一個反對勢力的雛形，該黨成員於一九六七年至一九七五年間成為十八場閉門審判的被告，首當其衝的便是年輕黨魁帕魯伊爾・艾伊利津[§]。[61]接下來數

＊譯註：蘇聯時代以俄羅斯語 Nagorno-Karabakh 稱呼上卡拉巴赫地區，Nagorno 在俄語中為高地、多山的意思。有些中譯為納卡，便是以俄語簡稱。現在，當地不論是亞美尼亞方面或是亞塞拜然方面，都已經不再使用俄語的稱法。

†譯註：這兩個廣場相距約一公里餘，是葉爾溫市的兩大中心。列寧廣場於一九九一年亞美尼亞獨立後，改稱共和廣場，如今是葉里溫市民新年、國慶等重大節慶時的集會中心；國家劇院前的廣場由於成為公民表意集會象徵民主之地，也稱自由廣場。

‡譯註：此即亞美尼亞使徒教會主教座堂所在教區。

§譯註：這位反對黨領袖因持續進行地下活動，於一九八八年遭逐出蘇聯，並且被撤銷國籍。

年，對蘇聯而言，處理這個種族屠殺議題特別地棘手。為了回應人民的要求，葉里溫近郊的亞美尼亞種族屠殺博物館*於一九六七年揭幕，隨後一九六八年還恢復了對撒達拉帕戰役的紀念（詳第三章）。同年，烏拉爾圖王國時代的葉爾布尼城壘兩千七百五十周年的紀念活動，更成為盛大彰顯亞美尼亞人悠久歷史的機會。[62]所以蘇聯當局是在與土耳其拉近關係以及對亞美尼亞民意讓步之間尋求平衡；亞美尼亞輿論訴求自己的歷史，而且看來（尤其是那些年輕世代）隨時會不惜訴諸暴力行動，如一九七七年一月的莫斯科地鐵攻擊行動，以及一種轉而對抗土耳其的亞美尼亞國際恐怖主義的發展。[63]

於是直到一九八〇年代末為止，對於四月二十四日的紀念活動漸漸發展成一種非正式的通融，年復一年地聚集數萬人民，而蘇聯則未曾有任何明確承認。為了降低這些示威活動的能見度，還採取了一些特殊措施來阻止觀光客、外交人員及外國記者在四月二十四日前後入境。[64]就在亞美尼亞成為外國旅客人數最多的蘇維埃共和國時，這不受控制滿溢氾濫的國族記憶便造成問題。

事實上，透過這些事件，考驗的是一個經過沉澱的邊界撐不撐得住；數十年來，國家秩序的建構，也並未在這裡成功抹去境內和邊區各種關鍵議題的糾葛。亞美尼亞人的那些紀念活動就是鐵證。一方面，這些紀念活動威脅到與土耳其之間的和諧關係，更何況蘇聯政權在企圖影響國外的亞美尼亞社群時，同樣因此騎虎難下。中東地區的亞美尼亞達什納克黨人的報紙，便在一九六六年六月發表了一篇說是〔女詩人〕卡普季基揚的演講，內容據說是她對亞美尼亞共產黨人發表的演說，文中批評蘇聯對土耳其的態度，以及種族屠殺的問題。[65]往後那些年，中東的亞美尼亞社群頻頻要求莫斯科外交介入，支持在土耳其的最後一些亞美尼亞人，但都遭到婉拒。

這種國族主義的地下運動有時也觸及政府組織核心。喬治亞和亞美尼亞兩國就為此聯手，跟在一九二〇年代時候一樣，於一九六七年至一九七三年間重新進行勘界†，最終並於一九七三年十二月在安卡拉舉行一個會期的討論。亞美尼亞代表古爾・納爾班江是蘇聯邊境衛隊的退役軍人，卻在會期中與大使帕維爾・艾爾莫欽率領的代表團其他成員衝突愈來愈大。原因是土耳其代表團團長穆斯塔法・肯納諾魯想要在重劃邊界的協議中加上一條政治宣言，明訂邊界不再異動。納爾班江試著在一些夜間討論中說服艾爾莫欽不要簽署這份文件，他在其中看出土耳其的操作，目的是確保「土耳其人所占領的亞美尼亞人土地」得到徹底承認。這場內部的拚搏一直都是機密，十二月二十九日簽約時，納爾班江最終拒絕出席，並給亞美尼亞當局呈遞了一份報告。[66]

一九七八年：秩序的勝利與反抗的激昂

一九七〇年代末體現了這種掛在嘴上的和諧與地方上暗潮醞釀兩者間表面穩定的種種矛盾。理論上，以各種觀點來說，局勢對所有執政當局都異常有利。土耳其看來幾乎是整個區域最不穩定的國家，因為在國家機器核心最深處，極左派和右派國族主義者激烈對立。相較於土耳其的國內動盪，伊

＊譯註：亞美尼亞種族屠殺博物館的亞美尼亞文 Tsitsernakaberd 意為燕子的堡壘。

†譯註：指喬治亞和亞美尼亞聯手跟土耳其談判。

朗和蘇聯的高加索情勢就顯得特別穩定；曾於一九六三年前後短暫領導抗爭的伊瑪目何梅尼已長年流亡國外，唯有一些觀察入微的專家能夠預示日後一支伊斯蘭政治勢力在伊朗竄起。[67]雖然直到一九七八年才出現挑戰伊朗政權的最初跡象，但蘇聯當局始終小心翼翼地應對，蘇聯時常擔憂這種反政權的騷動會被那些效仿毛澤東思想的左派團體利用。

然而，一九七八年確實是蘇聯轄下的高加索的一個動盪時刻，一連串的紛擾震撼著喬治亞，但這些紛擾反映出的，是更大範圍區域內所有問題的集結。顯然相當官方的說法是，因為在採行一九七七年蘇聯新憲法的過程中，各個共和國又依此新憲法於一九七八年各有調整。[68]與布里茲涅夫年代「停滯」的形象大不相同，這兩年透露出這些潛伏的熱血分子其凝聚力是如何地大。一九七七年六月至八月間，在地方上尤其是在各地共產黨分部，舉辦了多場會議介紹憲法法案。跟一九三六年討論史達林憲法時一樣，人民主要關切的議題都向上傳達到這些地方會議中；[69]許多都是關於經濟和社會方面的權利，甚至是關於某些方面的政治參與，而不久前的赫爾辛基協議更在喬治亞和亞美尼亞助長了一股捍衛人權的異議運動。[70]不過，對新憲法的討論，同樣也喚醒了某些關於高加索地區國土劃分的緊張情勢，且並不只局限於上卡拉巴赫地區。

例如，在濱臨黑海的阿布哈茲自治共和國內，這個新憲法的討論過程中也湧現一股愈來愈強烈的批評浪潮，批判喬治亞共產黨與其地方代表在政策上與蘇聯中央如出一轍*。這種批評並不新鮮，早在貝利亞倒台後就已出現過這類訴求，並且自一九六七年後曾引發幾樁事件。但是對這些自治的共和國而言，新憲法也是契機，爭取一個「脫離」的權利，同時也是阿布哈茲要求〔脫離喬治亞〕移轉給俄羅斯共和國的機會。考古學、史學和人類學，都成為那些想要奠定國族正當性的知識分子奮鬥的場域，他們意圖在無產階級國際社會主義的巧言令詞勉強掩飾下，奠定國族正當性。[71]當蘇聯憲法最終通過頒行時，喬治亞的憲法討論案仍在僵持中。一九七七年十二月，阿布哈茲一百三十位公眾人物向莫斯科中央委員會呈遞一封聯名信，控訴阿布哈茲境內的「喬治亞化」，不久後一九七八年春天就爆發了一些事件。[72]

不過這種在共和國內的抗爭，不能被當作單一個案來考量，因為我們在同一時間觀察到，面對新憲法將撤銷喬治亞語作為喬治亞共和國官方語言的威脅，喬治亞境內也有一股很強的動員。在憲法條目中保障民族語言，是高加索諸共和國的一項特色，在一九三七年後的喬治亞及亞美尼亞憲法，以及一九五六年後的亞塞拜然憲法都是如此。[73]不過，中央並不樂見此種局勢，認為那是少數民族優越感的一種不得體的宣示，同時也可能給其他共和國做出不良示範。[74]蘇聯中央指示各個共和國領導階層要刪掉這條目，在喬治亞引發大規模反彈，抗議信大量湧入，然後一九七八年四月十四日還在提比里斯爆發了動亂，迫使第一書記謝瓦納澤不得不暫緩執行這項中央的指示。如果說可以用擔心再次上演一九五六年的暴力衝突（詳前章）來解釋這位喬治亞領導人態度的轉變，但其實更全面性地來看，三

＊譯註：貝利亞擔任喬治亞共產黨書記時，曾鼓勵喬治亞人和俄羅斯人往阿布哈茲地區移民，阿布哈茲人曾多次示威抗議這種「喬治亞化」，不過參與抗議者大多遭逮捕並流放；如此做法與莫斯科中央將轄下所有蘇維埃共和國「俄羅斯化」如出一轍。

個共和國當局都做了退讓，反映出三國當局某種默契贊同這些抗爭行動中所表述的國族主義。[75]

我們於是見到諸共和國對國族存續的憂慮迭起，使得不同層面表述的種種相互牴觸的訴求都必須加以考量。[76]這種情況也見證了高加索的反抗能力，更何況高加索社會很明顯地已經是整個蘇聯帝國中最不俄羅斯化的地區之一了。高加索人的俄語程度，就算是當作第二語言，也仍是相當有限的，怪不得蘇聯中央經常批評當地中小學校的做法。自一九五九年起，俄羅斯人在高加索的人口占比就持續下降。即使是像提比里斯這個城市，也開始見到絕對數的減少：一九五九年該城有十二萬五千七百名俄羅斯人，一九七〇年時則為十二萬四千三百人。人口減少伴隨的就是社會地位下滑，這是因為當地民族的菁英得到重視，地位提升。[77]在某些城市如巴統、蘇呼米、提比里斯和巴庫，講俄語的圈子的存在主要是見證多元族群共存，而俄語則變成「國際主義者」的交流媒介，並且還撐持著某一種向外發展的文化生活和知識生活。俄語看來像是知識分子對一九七〇年代巴庫留存的一個理想化後的記憶元素，與「爵士樂、電影、節慶」一起，都是某種生活的甜美。[78]

＊＊＊

一九六〇年代至七〇年代的穩定，也就同時揭露了這個時期的某些具體特色，以及某種日後對此時期的再建構。一九七九年從伊朗到阿富汗的一連串事件，都打破了那種鄰國關係已趨平和的印象，並在一九八〇年代再度開啟一段地緣政治對峙衝突的時期。不過，一九七〇年代也已展現邊區拉近關係實是多有限制；與鄰和睦宗旨並不在於重啟一九三〇年代以前那種密切的邊區互動往來，而是透過相當正式的官方場合和措施進行交流。邊區種種問題竄出，例如那些土耳其亞美尼亞人冤魂，對各國中央領導階層而言，通常更像是種威脅，而不是可用來發表睦鄰演說的素材。這同時也昭顯出國內議題與邊區議題摻和在一起的方式，不論是對蘇聯南高加索內部或是對國際新標榜的和諧，都會生出脆弱的破綻。

第十章——從冷戰到高加索分崩離析

一九七九年，是充滿政治分裂和意識形態分裂的一年，從此成為當代歷史的重要分野之一；對很多人來說，一連串戰火爆發，看似是包圍了蘇聯南境。這年一開始，先是伊朗國王由於不敵那場已然無法控制的革命運動，於一月十六日出逃；年底則是莫斯科蘇聯共產黨中央政治局決定出兵阿富汗，扶持一支危弱的親共勢力。[1]這些愈燒愈烈的鄰國戰火都離蘇聯南境不遠，再加上一九八〇年九月十二日土耳其發生軍人政變，以及數日後開打的兩伊戰爭：那個新成立不久的伊朗伊斯蘭共和國，與一九六八年薩達姆·海珊於伊拉克巴格達建立的巴斯黨政權，進入長達八年的對戰。

一反高加索邊區前幾年的穩定局勢，如今愈來愈顯得像某種世仇和政治失合，情況混沌不明。一方面，蘇聯政權處於所謂的「停滯」狀態，布里茲涅夫政治上恩庇門閥、社會上妥協攏絡人民，兩者結合並用，一直掌權到他一九八二年十一月十日離世。[2]另一方面，沸沸揚揚的是宗教意味愈來愈濃厚的伊朗革命，以及土耳其對於左派反對勢力的大規模鎮壓。如果說一九八〇年代初，對於那些革命分子而言，馬克思主義始終是參考指南，蘇聯經驗卻顯然不再吸引人，而且當下還正經歷比其所下令執行的更為嚴峻的轉型。

為了理解這些區域性的翻轉變化對高加索邊區造成的衝擊，我們便需觀察一九七九年之後那些年。那些動盪賦予邊區新的意識形態，同時自然地賦予宗教議題一個特殊的重要性。觀察家們往往炒作區域角力關係中「伊斯蘭元素」的重要性。難道是像有些人所說，蘇聯方面操縱伊斯蘭來對抗西方，以免中亞和高加索的蘇維埃共和國暴露在一種失控的宗教狂熱再起，可能遭到敵人利用？[3]雖然這種不穩定的局勢營造出一種觀望氛圍，高加索的重大動盪則直到一九八〇年代末才發生，還有蘇聯共產黨新任總書記米哈伊爾·戈巴契夫自一九八五年三月起推動的「經濟改革」（*perestroïka*，俄語意為重建），也是在八〇年代末才顯現出成效。

新的國際關係方針使得與土耳其和伊朗交流時，關係有了顯著改善，而政治上鬆綁在國內帶來的衝擊，則在外高加索內部造成一些前所未見的裂隙。民族問題，從「經濟改革」的第一時間就再度浮現，自一九八八年起導致外高加索內部情勢愈來愈緊張，在該地區三個共和國內引發了種種真正的政治衝突，且有時甚至是武裝衝突。於是一九八〇年末高加索呈現國際邊界的矛盾景象：在冷戰結束的效應下，國界開放了，而原來的蘇聯領土卻從四面八方疵裂。以此意義而言，接下來被顛覆的，就將是邊境的社會、經濟和人類學經驗了。

政治緊張與新的冷戰

一九七九年一月十六日，伊朗國王從德黑蘭出逃；巴勒維王朝對於過去幾個月的動盪，除了政治懦弱，並夾雜不分青紅皂白的鎮壓以外，毫無對策。理論上，蘇聯或許可以慶幸這個始終是美國最親近的盟友之一倒台了（不論這個盟友想不想掙脫美國）。美國人裝置在伊朗北部監視中亞核武和彈道飛彈活動的兩個電子情報偵測站（TACKSMAN）關閉了，怎能不開心慶祝？這兩個站點關閉造成的缺口，使得美國設置在土耳其的那三個基地重要性大增，並且迫使華盛頓方面不得不與中共洽談，在中國境內架設類似的設備。[4]就在伊瑪目何梅尼一九七九年二月一日結束他的法國流亡歲月重返伊朗，旋即成為伊朗政界核心人物之際，莫斯科則不顧一切地押寶於圖德黨；該黨於革命期間再度活躍起來，走出地下活動，並嘗試動員背後的群眾。

到了一九七九年年底，由蘇聯國防部長狄米特里・烏斯季諾夫將軍鼓動出兵阿富汗的決議，很顯然比較不利於蘇聯在中東地區的影響力。[5]阿富汗一九七八年建立的共產黨政權，由於實施改革的手段粗暴且不得要領，失信於民，其國內局勢的發展，讓該政權數月以來相當艱辛。蘇聯對於阿富汗的占領一直持續到一九八九年二月，這隨即使得蘇聯與許多穆斯林國家的關係都岌岌可危；這些國家於一九八〇年一月的伊斯蘭合作組織會議中，就已對此提出抨擊。[6]廣泛地來說，儘管某些蘇聯的盟友嘗試出面辯護，但第三世界國家都批評蘇聯的行徑違反了互不干預原則，且是一種帝國主義的表現。

第三個發展，在高加索西麓，起於一九八〇年九月十二日的土耳其軍事政變。帶頭者凱南・埃夫倫將軍，以必須約束國內極左派與極右派勢力一連串對立造成國家失序混亂為由，將這場自一九七一年以來首次的軍事政變予以正當化。事實上，在一九七五年至一九八〇年間，這一連串對立衝突已造成將近六千人喪命，而政府機關也如同土耳其社會內部分歧之翻版，因意識形態與政治分歧，而千瘡百孔遭到癱瘓。[7]然而，這場政變，不但遠不符合官方版本「軍方出手仲裁政治亂局」的說法，還帶來了一場特別暴力的鎮壓，而且主要遭到打壓的是左派勢力，這造成了一波逃往歐洲的大規模流亡潮。

所以，整個地區都在動盪中，可是前述這些發展的方向卻都不一致。阿富汗戰爭對於南高加索諸共和國的衝擊比較沒有那麼直接；直接受到衝擊的，是成為軍事行動後援基地的諸中亞共和國，或是蘇聯那些在歐陸部分的共和國，被動員提供主要軍隊兵力。不過，亞塞拜然最特別的，是提供一團義務役的波斯語譯者給蘇聯軍隊。更廣義地說，高加索諸共和國跟蘇聯其他地區以及中東歐共產陣營國家一樣，都接到指示，要透過合作關係、姊妹市和交流活動等去支援阿富汗政權。

伊朗和土耳其政治變天，對這兩國來說，有各種意義上的詮釋。一九八〇年九月土耳其政變，加快了原本與華盛頓方面的修和計畫，而隆納・雷根*更試圖動員美國諸盟友來制裁蘇聯。以凱南・埃夫倫將軍為中心的軍人政變，遭控訴為鎮壓迫害且有美國人撐腰，這些控訴都顯得相當正式，然而新的局勢似乎並不必然會顛覆地方上的交流。〔蘇聯駐土耳其〕大使羅迪奧諾夫於是在一九八一年五月進行一份針對黑海陸棚協議之修正換文，這份協議原是一九七八年六月所簽署，開啟了海底資源開發的途徑，同時也增加了能源領域的交流，奠定土耳其日益仰賴蘇聯供應電力和碳氫化合物的基礎。[8]

這次換文反映出黑海這個空間作為土蘇交流區域的新角色。〔土耳其〕政變之後沒幾天，蘇聯喬治亞某位叫做山卓的人寫信給布里茲涅夫，建議發展土耳其和蘇聯之間的郵輪計畫，以促進兩國間的彼此認識，便展現出對於這片海域的深切期待。不過山卓還建議，為了更加方便行事，如此協議最好是「由喬治亞蘇維埃社會主義共和國（經中央政府同意後，以中央的名義）直接與鄰國——土耳其共和國」[9]簽署。在這位投書人看來，剛發生的政變非但不是一個妨礙，反而創造了一個有利於合作的機會，而且他覺得愛德華・謝瓦納澤這號人物最適合主導這些前景看好的協商。在這些斡旋的努力中，亞塞拜然的領袖人物海達・阿立耶夫也嶄露頭角，他早自一九八一年一月便建議莫斯科要利用亞

*譯註：一九八一年就任美國總統。

塞拜然共和國的〔國際〕能見度來維繫與土耳其的良好關係。[10]

蘇聯高加索應對伊朗問題

相較於〔土、蘇兩國〕這種妥協出來的權宜之計，蘇聯與伊朗的關係則是在一九八〇年代初明顯地緊張起來。事實上，那個自一九七八年以來動搖伊朗的革命，本來沒有引起莫斯科什麼熱情關注；莫斯科方面眼見從一九六〇年代起與國王一起拉近兩國關係的那些努力都化為烏有。除了外交考量，革命造成的失序混亂在一九七八年至七九年冬天還導致瓦斯供應中斷，造成外高加索地區停電並且失去暖氣供應。直到一九七九年開年好幾個星期後，蘇聯才透過伊朗國家之聲廣播電台向革命運動示好。[11]不過蘇聯當局明白他們對於伊朗革命的影響有限，因為面對極左派的活躍，伊朗共產黨圖德黨已經被邊緣化；極左派的激進運動千變萬化，其中更不乏莫斯科極不樂見的對毛澤東之種種效法。在國王倒台前兩天，一月十四日，圖德黨更換黨魁，由過去幾個月以來一直捍衛著一條清晰革命路線的努爾丁・齊亞努里擔任，他是曾經流亡至中東歐共產陣營國家的資深抗爭人士。[12]

一九七九年十月二十四日〔伊朗〕通過伊斯蘭憲法，加上蘇聯占領阿富汗之後，局勢愈發緊張。伊朗是最早批評這個占領行為的國家之一，此立場使伊朗得以確立其反帝國主義立場，並且拒絕任何結盟行為。何梅尼的主張，是為那些被壓迫和「被剝奪財產」的人民代言，完全在一種「不要東方、不要西方」的論述中。[13]在蘇聯境內，這種論述由新任伊朗大使穆罕默德・默克里為代言人，這位長期流亡國外的學者，遵奉宗教典範，並且亟於和蘇聯境內的穆斯林建立直接連結。一九七九年五月，一群伊朗僑民聚集於巴庫的總領事館附近，在大庭廣眾下，焚燒退位的國王和王后法拉．帝巴的肖像。接下來好幾天伊朗媒體轉載了很多張示威者正在焚毀肖像的黑白照片，而某報更頌揚「蘇聯的穆斯林熱情歡迎伊朗伊斯蘭共和國大使」。[14]這位大使激昂地呼籲伊斯蘭團結，還有他在莫斯科、列寧格勒和巴庫的清真寺所發表的宣教演說，都是麻煩的根源，更何況伊朗還在同一時間決定不參加一九八〇年九月蘇聯在烏茲別克首都塔什干召開的穆斯林大會。

在此同時，區域局勢中又出現第二個緊張情勢的源頭，由薩達姆．海珊掌權的伊拉克，決定對伊朗發動一場血腥戰爭，這場仗持續打到一九八八年。莫斯科蘇聯共產黨中央政治局起初對於要採取何種路線意見分歧：如果說外交部長葛羅米柯和日後的第一書記尤里．安德洛波夫希望與伊朗伊斯蘭共和國拉近關係，軍方卻不這麼想，軍方提醒軍售伊拉克以及與伊拉克合作的重要性。最後決定要維持一千兩百名蘇聯軍事顧問，但是暫停軍售給巴格達。[15]這個決定，並未阻止其他社會主義國家提供軍武設備給海珊；在德黑蘭方面看來，這就像是對伊拉克侵略行為的默許，導致兩國外交關係日益緊張。而當戰事有利於伊朗時，蘇聯又陸續地〔給伊拉克〕輸送武器，罔顧伊朗人性命。

蘇聯和伊朗關係惡化，高加索首當其衝。直到一九七九年十一月為止，問題都還在於如何促進亞塞拜然蘇維埃共和國的伊斯蘭代表與伊朗革命菁英間直接接觸。[16]然而，伊朗局勢快速惡化，使得巴庫變成這些合作者的家眷與蘇聯外交人員的轉運地；前述人員在〔蘇聯〕駐德黑蘭大使館首度遭人試圖恫嚇後，於一九八〇年一月二日奉令撤離，[17]裏海艦隊的多艘船隻都被緊急派往進行這場撤離，而當年春天沿著邊界又發生了數起軍事恫嚇行動。接下來的幾個月，設於伊朗北部的那些蘇聯代表處，由於遭到指控支持反政府人士，一直都處於兩國間緊張局勢的風暴核心。

一九八〇年八月，伊朗外交部長薩戴・闊札德一封寫給蘇聯人的信，就揭露在伊朗庫德族地區內發現「大量的蘇聯製武器」，並指控蘇聯的態度「與惡魔般的美國並無二致」。[18]在同一時間，裏海濱拉什特城的蘇聯領事館，則遭伊朗指控是竊聽和蒐集情報的平台，為蘇聯國家安全委員會提供情資。[19]往後幾個月，暴露於雙邊關係紛擾中的高加索邊區，主要都糾結在伊朗公共領域中被揭發的那些蘇聯間諜案。一九八二年夏天，負責所有滲透進伊朗的「偷渡客」的蘇聯情報人員弗拉基米爾・庫奇金變節投誠，此事更是加劇雙邊關係的危機。[20]庫奇金透露給西方國家情治單位的資訊，被小心翼翼地轉給伊朗，引發一九八三年二月時一波逮捕圖德黨激進人士的行動，甚至往上牽連到齊亞努里，迫使他數次在電視上羞辱地認罪，最終該黨於同年五月正式遭禁。[21]

面對伊朗既混亂又欠協調的宣傳戰，蘇聯當局自一九八〇年春天起，就在莫斯科東方學研究所的一個龐大共同計畫中，密切投入研究當代伊斯蘭政治潮流的發展；負責協調該計畫的研究所所長葉夫根尼・普里馬科夫，是蘇聯與中東進行平行外交的知名人物。[22]一九八〇年七月八日，一份加強對伊朗進行反宣傳的計畫通過實施，所有媒體和所有從中亞和高加索播送的廣播電台都直接被納入參與計畫。[23]我們也見到外高加索穆斯林精神生活管理處被賦予了一個特殊角色；在此之前，相較於塔什干的精神生活管理處，外高加索的管理處重要性不高。而領導人謝赫伊斯蘭*帕查札德，由於他這個行政部門的結構特殊性，得以同時監管什葉和順尼的穆斯林（蘇聯獨有的情況），因此他的地位愈來愈受彰顯。

帕查札德頻繁出國參訪，並且接見許多代表團，向這些代表團宣講什葉和遜尼在高加索共存的善德。他還多次邀請伊朗神學士來訪，以加強與亞塞拜然蘇維埃共和國的關係，而在與伊朗宗教人士保持如此高度頻繁接觸的同時，他也致力於與伊拉克官方建立各種往來。由於伊朗與伊拉克兩國都在巴庫設有總領事館，使得這個亞塞拜然的首都成為一個互別苗頭的擂台，經常有各種儀式和活動的舉辦，兩伊的外交人員都會在這些場合中全力爭取蘇聯發表支持他們的聲明。[24]與此同時，還可以在許多國際展覽會的場館中見到帕查札德的合作夥伴們介紹著「蘇聯的穆斯林」：先是一九八〇年九月德黑蘭商展有這麼個有點無法分類的奇怪攤位，之後一九八二年八月至九月的〔土耳其〕伊茲米爾商展也出現了一個類似的場館。[25]

高加索式的「經濟改革」

參觀者向這些攤位的合作者洽詢的那些問題，如果說通常都是有關信仰，不過卻也揭露出這些邊境關係其他意在言外的表述。其實，許多洽詢者都是對亞塞拜然蘇維埃共和國有興趣的看展觀眾，其

＊譯註：謝赫伊斯蘭，由於拉丁化方式不同，也寫成 Cheikh al-Islam / Şeyhülislam 等，是伊斯蘭社會中的尊銜，在精神生活上、話語權上具高階權威。

中，很多是伊朗的亞塞拜然人，他們將造訪此攤位當作批評那個伊斯蘭共和國政治日益中央集權的一種方法。在革命最初的那幾個月，強調的是共同的伊斯蘭認同，對於亞塞拜然人區域性的訴求，還看到一種相對的容忍；然而三年後，再也不是那麼一回事。在伊朗亞塞拜然省格外有人氣的阿亞圖拉*沙里亞特馬達里，可以說是外地反何梅尼勢力（包含教義層面的對立）的代表。一九七九年十二月，伊朗亞塞拜然省進入分裂脫離的狀態，反抗中央權力；這兩位阿亞圖拉的衝突在一九八二年四月達到高峰，何梅尼違背了所有伊朗神學士傳統，以陰謀顛覆其政權為由，逼退沙里亞特馬達里。[26]

在官方的反宣傳框架中，巴庫菁英圈內再度浮現了一種頌揚亞塞拜然國族主義的論調，但遭到蘇聯中央制裁。於是，我們見到蘇聯一九四〇年代的那套攻略，在伊朗亞塞拜然省的公眾論述中還魂，而且，那個長久以來的禁忌詞彙「南亞塞拜然」，克服萬難地重新出現在報章與各種出版品中。掀起這波浪潮的，是文壇大老亞塞拜然作家聯盟的主席米爾札．易布拉喜莫夫，他發表的文章〈南方復興〉描述了伊朗亞塞拜然人的處境。[27]一九八一年，巴庫的東方學研究所開闢了一個討論會期，專門討論這個「南亞塞拜然」，與此同時，那些國營出版社則大量出版伊朗亞塞拜然人的小說、詩作和回憶錄等。[28]在文學層面，此時是「懷舊」文學的全盛期，思索一九四五年至四六年亞塞拜然共和國的失敗，也思索那條將亞塞拜然人劃分成兩邊的阿拉斯河的象徵意義，與當時代那些流亡者曾短暫出版的文學重繫紐結。[29]

在跨境發展的過程中得到正當化的那種愈來愈強有力的國族論述，並不局限於亞塞拜然；亞美尼亞當局也竭誠捍衛那些在伊朗因為身為基督徒而遭到言語暴力，並受到兩伊戰爭衝擊的亞美尼亞人；

喬治亞的亞美尼亞人也繼續進行一九六〇年代協助菲瑞丹地區†的喬治亞人返鄉的政策。[30]自從一九七五年黎巴嫩內戰開始後，甚至連葉里溫也投入援助黎巴嫩的亞美尼亞人，更在一波夾雜民族訴求、蘇聯愛國主義和基督徒精誠團結面對伊斯蘭威脅的宣傳中，自一九八二年至八三年起，將撤離伊朗的亞美尼亞人接返亞美尼亞，作為新的核心關懷。[31]因此，伊朗伊斯蘭政治的確立，也有助於鄰國亞美尼亞和喬治亞強化基督信仰在國族中的定義。一九八五年一支法國代表團途經葉里溫，歸結出蘇聯當局利用國家論述「完全地掌控這個共和國」，同時也注意到宗教復興的力度似乎逾越了官方的底線。[32]

儘管前述區域形勢助長了這些民族國家的發展，但在米哈伊爾．戈巴契夫上台，並逐步推行其新政之時，高加索則遠非蘇聯時事關注焦點。阿立耶夫於一九八二年成為莫斯科中央政治局的一員，並擔任蘇聯部長議會第一副主席，不過他仍對所出身的亞塞拜然共和國的政治保有某種間接掌控，降低了繼任者卡姆蘭．巴吉洛夫的存在感。而比較親近戈巴契夫的謝瓦納澤，於一九八五年夏天榮任蘇聯外交部長；他自一九七八年起就是中央政治局的候補委員，顯然就是得益於他在政治上活躍的形象。早在一九七〇年代末，他不就已經表明立場，贊成結合學院派的社會學理論以及共產黨的掌控工具，加強運用各種措施操控輿論。[33]在他的指揮下，由於一九七二年初的貪汙舞弊而「被釘在刑台上示

＊譯注：阿亞圖拉是伊斯蘭什葉派對於宗教學者的分級中，相當高的等級。

†譯注：位於伊朗伊斯法罕省。

眾」的喬治亞，似乎成為一個「理念實驗室」，透過一連串在市府層級、波季港、提比里斯和幾個農業區的經濟實驗，幾乎可說是提前進行了「經濟改革」。[34]

在新政治權力的頭幾年，南高加索除了幾個主題項目還有點能見度以外，幾乎感覺不到什麼改革的影響。對於社會和政治的批評逐漸深化，特別是表現在藝術和電影方面，例如一九八六年譚吉茲．阿布拉澤的電影《懺悔》，明白批評政治專橫，或者亞美尼亞－喬治亞人導演謝爾蓋．帕拉札諾夫拍的那些電影，都大獲成功。[35]戈巴契夫是研究農業問題出身的，對於高加索地區極度令人失望的農業狀態，毫不掩飾地表達不滿。在此同時，環境問題愈發引起注意，這個自一九七〇年代末以來就日益嚴重的問題，從許多民眾投書表達他們擔憂黑海和裏海沿岸的狀態就看得出來。向主管當局投書，是蘇聯社會長久以來的習慣做法，愈發密集的信件，通常得到一種相當善意的官僚回應。[36]早自一九八〇年，亞美尼亞蘇維埃共和國境內的梅薩莫爾核電廠擴建之時，亞美尼亞科學界和亞美尼亞當局就聯合動員，中止未來要貯存外高加索所有危險廢棄物的廢料場計畫。鄰國喬治亞，則是將一九八四年至八七年間的一個外高加索鐵道計畫，視為對喬治亞國家以及其景觀的威脅。[37]高加索地區由於化工業、石油業和冶金業快速發展，對於生態環境議題日益關切，而戈巴契夫的透明開放政策，以及車諾比核災意外的效應，都再度在時事上強化了生態環境議題：一九八七年六月二十四日，一位醫生兼環保運動人士佐里．巴萊陽在《文學報》中深表痛心地指出，葉里溫都要死在毒煙裡了。[38]

高加索火藥庫

在亞美尼亞，環境議題的出現與某種國族認同的觀念緊緊相扣。從一九八六年起，亞美尼亞諸多城市的工業汙染毒害，就時常遭到某些分離論人士以一九二〇年代用來指稱種族屠殺的那個詞——「極惡大罪」（*yeghern*）來作比擬。援引這樣的比喻，自有其政治背景，因為上卡拉巴赫地區的議題，於一九八七年夏天又再度受到關注。那年的八月，一份總計有七萬五千人連署的新的請願書寄達莫斯科，要求讓卡拉巴赫地區併入亞美尼亞；而阿立耶夫在十月以「健康理由」向中央政治局請辭，則看來像是高加索政局內鬥的結果。當初阿立耶夫高升時，甚至還曾被亞塞拜然人解釋為某種對亞塞拜然共和國的認可，現在他倒台了更滋生出種種流言，說是受到戈巴契夫身邊那個「亞美尼亞幫」的影響；這個「亞美尼亞幫」還經常牽連到學者阿貝．阿干貝吉安，或是牽連到戈巴契夫的親信顧問——來自巴庫的亞美尼亞人喬治．查赫納札羅夫。地方上，在亞塞拜然人和亞美尼亞人混居的地區，兩族人民的村莊之間的各種嫌隙事故到了秋天時愈來愈多，例如亞塞拜然西北部的恰達克里地區，還有亞美尼亞的梅格里地區和卡潘地區。[39]

一九八八年二月，在上卡拉巴赫地區的首府斯捷潘納克特發生大型示威活動要求併入亞美尼亞後，局勢就轉為政治上的對立衝突。儘管當地的共產黨當局效忠於巴庫，表明反對這項合併，但卡拉巴赫地區的最高蘇維埃議會，逕自於二月二十日通過一項決議，朝此方向〔併入亞美尼亞〕發展。雖然，莫斯科的蘇聯共產黨中央政治局立即於隔天譴責這項決議是極端分子的操作，但實際上究竟要採取何種應對措施則遲遲未決。[40]一九八八年這個地區人口十八萬，其中百分之七十五是亞美尼亞人，而四分之一是亞塞拜然人；該地區就此變成一個危機核心，禍及整個區域。

正當斯捷潘納克特和葉里溫示威活動日增之際，亞塞拜然國內的緊張情勢也升高，有一些挑事者煽動暴力行為，攻擊當地亞美尼亞人社群。一九八八年二月二十八日至二十九日，在集結著種種蘇聯模式之局限的工業城蘇姆蓋特，發生了令人髮指的暴行，迫害該城的亞美尼亞人；而對於人群糾眾集展開長達數小時的屠殺、強暴和劫奪搗毀，主管當局始終無所作為。[41]國際群情譁然，接下來數天都舉辦了多場集會悼念罹難者。[42]官方統計說死亡三十二人，然而所有的報章和電視台都被下了封口令；這些媒體收到眾多的信件，都是在揭露在那些不為人知的區域發生屠殺，有數百人罹難。[43]

與一九〇五年的族群間暴力直接比較，相同的是對於當局的不信任，以及當局相對而言的無所作為，雙雙滋長了暴力。有人懷疑一切全是蘇聯國家安全委員會指揮的，而某些亞塞拜然民族主義者則指控是亞美尼亞人自導自演。當局所採取的措施無法防堵這個全面的崩盤：兩個共和國的領導人（亞美尼亞共產黨第一書記）卡連・迪米爾強（亞塞拜然共產黨第一書記）卡姆蘭・巴吉洛夫，都在三月被免職，卻未起任何作用；而且，卡拉巴赫當局於一九八八年七月十二日宣告脫離，並改用亞美尼亞語的名字——阿爾察赫（*Artsakh*）。一場大規模的人民流離就此展開：亞塞拜然境內的三十五萬亞美尼亞人，和亞美尼亞境內的二十萬亞塞拜然人，展開一場方向相反的流離遷徙，也有人流落到喬治亞、北高加索或是到了俄羅斯，許多人都失去了他們的財產。絕大多數的移民都是在種種暴力事件發生後才進行，只有極少數的人口是經過安排，有秩序地進行交換；有時候是人民自己組織的，例如亞美尼亞的亞塞拜然人村莊克孜勒・恰法克和亞塞拜然的亞美尼亞人小鎮克爾肯吉，他們有預感危難將至，自行對調人口。[44]

開放後又封鎖的邊界

這個時期的矛盾在於：蘇聯轄下的高加索內部四分五裂，封閉已久的邊界卻在同一時間開放。土耳其與蘇聯在一九八八那年進行的種種協商，促使鐵公路交通往來自由化發展，其效應從一九八九年起就可明確地感受到。[45]在國境封閉數十年後，一九八八年六月二十日的土蘇協議，開放了黑海岸的薩爾皮為通關地；當年關閉薩爾皮檢查哨時曾是封鎖邊界的象徵。如果說一九八八年這個邊境哨站通行不到五百人，一九八九年則有將近一萬一千人，一九九〇年時更有超過十四萬人由此通關。當時往來的主要都是些帶著行李箱的商人，找尋便宜的土耳其產品來轉賣，這很快地就對黑海沿岸直到特拉布宗一帶有所衝擊，出現愈來愈多的旅館、購物中心和備受保守人士譴責撻伐的妓院。[46]如此驟然開放，顛覆了所有的意識形態和道德標準，而兩地分隔五十多年的家庭團圓所產生的失望也跟喜悅一樣多。[47]

蘇聯和伊朗之間的邊境關係則更為複雜，始終走不出早些年互不信任的那種氛圍。一九八九年一月，伊瑪目何梅尼死前幾個月又給戈巴契夫發了一封信，呼籲他張開雙臂擁抱伊斯蘭的精神價值，以填補那「衝擊國家的信仰空虛」。[48]不過他的死卻有助於〔伊朗〕在總統拉夫桑賈尼的帶領下，順勢走向一個比較務實的態度；拉夫桑賈尼在同年夏天出訪莫斯科。一九九〇年二月十五日，一份協議預告了邊境往來通行將進行簡化，而且德黑蘭也投入一種影響力外交，鼓勵文化與經濟，減少宗教因素。[49]

一九八八年年底，一樁突如其來的事件，考驗了這種邊境開放模式：那年十二月七日，地震撼動整個亞美尼亞，遠至提比里斯都可以感受到搖晃。[50]死亡人數之巨估計介於兩萬五千人至十萬人之間，同時還有龐大的財物損失。將近一萬九千名蘇聯軍人被火速派往災難現場，還有民間安全守望隊趕到，但是對於受災戶的援助，隨即就成為一個非常政治性的議題。[51]卡拉巴赫委員會＊也投入濟助災民，派遣一組組救難人員前往震災地區，並且將其政治目的與人道救援相結合。蘇聯當局由於不堪負荷且設備老舊，因此飽受批評。[52]災難剛發生那幾天，外國救難人士湧入亞美尼亞；很快地，在十二月十四日，蘇聯政府就要求他們撤離。

不過，那是蘇聯第一次接受國際援助，光是到一九八九年一月中旬，援助金額就已將近三億六千五百萬美元。所幸經過特別允許，超過四百架次的飛機（絕大多數都是外國的）載運輸送了人道救援物資，卻也在這場危機效應之下，驟然將亞美尼亞打開面對外在世界。[53]如此驟然開放，卻也揭露了高加索緊張情勢之規模，尤其是在亞美尼亞和亞塞拜然兩共和國間的邊境公路上，某些運送救援物資的卡車就遭遇攔路劫道的，陷入當地兩族人民的衝突中。[54]

諸方關係由於卡拉巴赫相關議題而惡化，事實上將在短短幾個月內前所未見地實質影響南高加索內部〔諸國間〕的邊界問題。亞塞拜然自一九八九年十月起，就對大幅仰賴亞塞拜然鐵路進行補給的亞美尼亞和卡拉巴赫進行經濟封鎖。亞美尼亞人則孤立亞塞拜然的外飛地納希契凡，作為反擊。於是，打開國際邊界就此成為既是經濟上求生存的要素，同時也是一個很強的認同元素。這對納希契凡而言，尤其清晰，亞塞拜然人民陣線的鷹派人士於一九八九年十二月組織了數場示威活動，強烈要求開放阿拉斯河上的幾個邊境檢查哨。[55]在一陣僵持對峙後，十二月三十一日爆發了一些暴力事件，數日後在巴庫的一場大型聲援示威中，強烈要求開放邊境的聲浪再起。若說隨後那幾個月亞塞拜然當局本身都積極主張盡可能地大開邊界，亞美尼亞人也不遑多讓，他們期待尋得解套方法，突破在蘇聯內部大受阻撓的商貿。[56]

直到一九八八年年底，喬治亞似乎都未被捲入這些暴力衝突中，然而對於蘇聯體制的批評，很快地就染上國族主義色彩；根據一九八九年的普查，喬治亞共和國內的非喬治亞人約占總人口數的將近百分之三十，其中在某些地區，例如南奧塞提亞或是使用亞美尼亞語的札瓦赫季地區等，非喬治亞人的比例特別高。若說喬治亞的國族主義者時常把他們的好客性情展現得如同一種典型的民族美德，可是任何人只要為少數族群（無論是信仰上或是語言上的少數）爭取太多權利，立刻就會被扣上「不稱職的東道主」的帽子。[57]戈巴契夫經濟改革重建的時局背景的確使得某些族群的訴求再度活躍起來，如梅斯赫特人（詳前章）。雖說某部分國族主義者贊成這支少數民族以歸屬於喬治亞國家之名返回喬治亞，但這就是將梅斯赫特人認同中的突厥語族元素和穆斯林元素予以最小化。以利亞．恰夫沙

* 卡拉巴赫委員會（Comité Karabakh）就是訴求將上卡拉巴赫納入亞美尼亞國土的委員會。

突厥語族的梅斯赫特人要求返回喬治亞的示威活動（一九八九年）。

瓦澤*學會極力要求這種返鄉必須漸進式辦理，好讓梅斯赫特人在語言上與文化上都能「再喬治亞化」。[58]而且，喬治亞當局並不願意承擔第二次世界大戰尾聲時那些流徙行動的責任，更不願意承擔在重新安置的框架下未來可能要進行賠償。[59]這種論述的矛盾，展現於國族主義領袖茲維亞德．甘薩洪迪亞（作家康斯坦丁．甘薩洪迪亞†之子）的說法中，他說有一個「精神使命」，應重申喬治亞的歷史悠久、訴求其歐洲認同、基督信仰與串連不同文化空間的角色。[60]而如同其他國家一樣，喬治亞在一九八〇年代暫時停歇的衝突，透過阿布哈茲的問題‡又重新回到檯面上。

高加索分崩離析

在歷經一連串具象徵意義的轉折後，高加

索地區繼續崩解。在喬治亞，一九八九年四月九日，許多示威者在提比里斯市中心的暴力鎮壓中殞命，令人想起一九五六年的那些暴力行動，執政當局就此失信於民。[61]羅迪奧諾夫將軍的軍隊使用了毒氣，造成數百位民眾終身癱瘓殘廢，事後看來宛如一場「喬治亞版的天安門事件」。[62]當時的共產黨第一書記俊博．帕季阿什維利被迫辭職，而抗爭的力道更將喬治亞與蘇聯政權相關的所有不滿全都攤出來，像是設立了一個委員會，專門來評估布爾什維克黨人所有違反一九二〇年五月七日簽署的蘇喬協議的事件。這個委員會的調查結果，帶來一九八九年十一月十八日喬治亞最高蘇維埃會議上一份嚴正決議，認定一九二一年初的併吞和占領行動是〔將喬治亞〕布爾什維克化的行動。與這些具象徵意味的決議相隨的，是對喬治亞布爾什維克黨人一場名符其實的「消跡滅載之刑」，並同時推崇彰顯國族歷史上的多位人物。

＊譯注：以利亞．恰夫沙瓦澤（一八三七至一九〇七），喬治亞新時代文學的重要代表人物，自一八六一年起帶領喬治亞民族主義解放運動，於一九〇七年遭到喬治亞布爾什維克黨人暗殺。一九八七年，喬治亞使徒自主正教會（l'Église orthodoxe autocéphale apostolique de Géorgie）封恰夫沙瓦澤為聖人，稱「正直的以利亞」（Ilia le Juste）。

†譯注：康斯坦丁．甘薩洪迪亞（一八九三至一九七五），二十世紀喬治亞知名作家之一，並曾任喬治亞民主共和國之外交官。

‡譯注：阿布哈茲地區欲脫離，不願隸轄屬於喬治亞，詳前章。

相較於亞美尼亞和喬治亞，雖然亞塞拜然國內還是組成了一支人民陣線，但顯得還算是個相當忠誠的共和國。亞塞拜然的國族主義運動，在歷經種種強烈矛盾後，一九九〇年一月初仍然無法避免地再度發生了群眾集體暴力攻擊少數民族亞美尼亞人，這場事件標誌了亞塞拜然國族主義運動徹底的衰落。[63] 一九九〇年一月十九日至二十日，巴庫為了終結這些動亂，宣告進入緊急狀態，但當局處理得很糟，而且隨後蘇聯軍隊對未曾見識其殘暴的百姓動用武力。這場造成數百人受傷的鎮壓行動，奠下了「黑色一月」的國殤烈士名單，成為亞塞拜然國族記憶中沉痛的創傷，如同一九八九年四月那些事件是喬治亞國族記憶的傷痛一般。昔日基洛夫政權在巴庫居高臨下的人像被卸除，以他的名字命名的公園也重新整頓，開闢成一條「烈士大道」，紀念鎮壓行動的罹難者。[64] 接下來那幾個月，亞塞拜然的領導階層，在一種想與亞美尼亞「分離主義」劃清界線，並且建立自己勢力的意圖中，夾雜著向蘇聯政權輸誠效忠；亞塞拜然建立自己勢力的意圖尤其表現在必須以自己國內軍隊協助重新掌控卡拉巴赫，並且彌補共和國軍力的不足。[65]

如同一九一七年八月科爾尼洛夫的政變胎死腹中，給企圖維繫俄羅斯後帝國時代一體性的臨時政府帶來致命的一擊，一九九一年八月保守派的政變也同樣是個重大的休止符。在〔共產蘇聯〕帝國的各個偏遠角落，這場政變摧枯拉朽地加速了政治結構的崩解，並且促使喬治亞和亞美尼亞早已根深柢固的獨立論述，進一步採取具體措施。一九九一年四月九日，在紀念一九八九年暴力事件的那一天，喬治亞通過一項法案，恢復獨立。[66] 八月三十日，亞塞拜然第一書記穆塔利波夫宣告〔該國〕獨立。至於亞美尼亞，則在九月二十一日的一場國內公投中，有百分之九十五的人表態贊成獨立，不久後，源自卡拉巴赫委員會的亞美尼亞國族運動（MNA）於十月推舉其候選人雷翁・特爾－彼得羅襄（參選總統）。就幾個月的光景，高加索地區內部的種種暴力和蘇聯中央權力的衰微，都使得高加索走上政治獨立之路，然而，如此實現成真，是直到一九八〇年代初以前都無法想像的事。

* * *

面對蘇聯政權在高加索地區的崩解，外國勢力的態度是謹慎的，與他們面對其他邊陲地區爭取獨立時的謹慎態度一樣。對美國和歐洲而言，相較於那些濱臨波羅的海的共和國、德國，以及中歐的變局，高加索顯然是塊次要之地。土耳其和伊朗當然想從高加索的開放中得利，畢竟這與他們的利益直接相關，但他們都還是優先與莫斯科協商。就在南高加索這些共和國在一九九一年圓滿成就他們的獨立夢時，我們卻見到德黑蘭和安卡拉繼續將開設新的總領事館的業務，規劃在他們的蘇聯外交和領務代表的體系之下。一九九一年時候，土耳其的大貨車司機們紛紛抱怨，每趟過邊境時稅率都無法預測，且遭到一些寡廉鮮恥的海關剝皮揩油，可是卻說不清究竟是蘇聯的海關？俄國的海關？還是喬治亞的海關？這也成為這個邊境所有現行規範有待重新整頓、重新定義的最佳比喻。[67]

結論

一八八三年儒勒．凡爾納的小說《環遊黑海歷險記》書中主角伊斯坦堡商人凱拉邦抗拒繳納新規定的博斯普魯斯海峽渡海稅，想方設法地從歐洲繞行整個黑海沿岸前往亞洲：他跟他的荷蘭夥伴凡．密坦一起展開這趟沿著黑海從西方到東方的漫長陸路旅程。[1]凡爾納在描述一位色彩鮮明的滑稽人物時，還加入沿途各地明媚景色，並兼有民俗采風、民族誌的、歷史和文學的觀察，結合了十九世紀末盛行的某些與高加索、安那托利亞以及「巴爾幹半島意象」相關的那些異國情調。[2]

在凡爾納的文學創作中，這部小說算是邊緣的作品，不過，卻在一九九〇年代初意外地重獲世人關注。小說主角的名字凱拉邦，其實是從土耳其語的「英雄」（Kahraman）一字變化而來。在烙印著經濟前景修正的「短暫的二十世紀」*之後，冷戰結束，開啟了重新探索黑海以及黑海沿岸諸國的可能性，作為交通往來和各種交流地。[3]土耳其在鄰國巨變的動盪局勢中，尋求聲望和影響力，投入發起黑海經濟合作組織，這個合作組織於一九九二年六月二十五日在伊斯坦堡召開的一場高峰會議中成立。一九八〇年代土耳其經濟的飛騰發展，依靠的是更為虔敬且保守的安那托利亞新興菁英；一九八九年底當選總統的圖爾古特．奧札爾，親自投入與前共產國家集團的外交，將土耳其此種經濟發展當作模式來介紹。[4]

一九九二年十二月，外交部長喜克梅特·契丁強調「共產主義結構從根本上往資本主義轉型之巨大挑戰」。[5]挑戰的確龐大，當時南高加索的經濟曲線開始下滑，幾年內工業就減產將近七成至八成，人民陷入窮困，即便調適配合市場經濟和私有財產的新結構，也無法彌補。[6]面對此種失去方向毫無頭緒的景況，土耳其於一九九〇年代初透過各種會議、研討會和合作計畫大打廣告，標榜自己是可模仿的自由經濟模式，同時提供經驗給高加索、巴爾幹半島和中亞諸國。以總體經濟的觀點而言，若說「後共產主義的過渡階段」主要是從諸新政權與西方主要勢力之間的關係，以及諸新政權與所有國際組織間的關係中進行考量，在這個過程中，高加索的邊緣地帶，還有黑海、中亞或遠東的區域歷史，其定義本身就意識形態色彩濃重。[7]一九九三年春天，土耳其外交部提議和其他黑海經合組織成員國共同製作一系列的「英雄」（Kahraman Agha）紀錄片，以促進黑海周邊人民彼此的認識，對於這個過渡階段，又有什麼比這系列紀錄片更好的比喻呢？[8]

＊譯注：「短暫的二十世紀」一詞由英國史學家霍布斯邦（Eric Hobsbawm）闡釋，始自一九一四年第一次世界大戰，終於一九九一年蘇聯瓦解。

高加索尋求自主

這個紀錄片拍攝計畫對走出冷戰的模式提出疑問：在前蘇聯與鄰國間的邊境開放之後，衝突、嫌隙、疆域封鎖層出不窮，尤其使得一個新時代的凱拉邦旅行的願望變數重重，儘管設立了一些替代的交易地，例如位於喬治亞、亞美尼亞和亞塞拜然邊界處的薩達赫洛的市場蓬勃興起。[9]然而，領土糾紛和軍事衝突，並非造成後蘇聯時代高加索地區瓦解的唯一肇因。驟然的經濟轉型以及與過去「殖民母國」政治連結的斷裂，兩者結合，猛然揭露了南高加索諸國的脆弱。儘管自從一九六〇年代以來就曾規劃一些開放之舉，但高加索三國已經被計畫經濟轉變成蘇聯的「無尾巷」；如今，三國都夢想著一躍成為歐洲和亞洲的「橋梁」，卻不具備必要的物質條件。就在甘薩洪迪亞談到喬治亞的「精神使命」時，來自敘利亞且是東方學研究者出身的亞美尼亞總統雷翁・特爾－彼得羅襄，鼓勵他要期許自己的國家以黎巴嫩為榜樣，成為「東方與西方之間政治、文化與經濟上一個活躍的國際十字路口」。[10]這些話都反映出那個世代的地下異議人士執掌政權後心中的期望，然而大部分的願望始終流於空想，對那些大商賈大財閥來說，若無利可圖，他們是不會經由這個地區來轉運的。

與一九一八年至一九二一年的獨立時期並列比較，是很有意義的。該時期雖然經常被當作政治象徵，卻絕不能太近距離檢視，更何況每個國家都建構各自的敘事脈絡。在亞美尼亞獨立後，達什納克黨重回國家舞台，可是該勢力長期流亡在外，相對於那些出身蘇聯體制的菁英們，或是國內的地下異議人士來說，該黨的勢力並不穩固，從特爾－彼得羅襄自一九九二年春天就開始猛烈抨擊達什納克黨關於卡拉巴赫衝突的論述就看得出來。[11]以喬治亞的角度而言，現下可是往自由經濟過渡的時刻，第一次獨立時期「孟什維克黨人的」社會主義變得礙手礙腳。至於尋求國家和民族根源的亞塞拜然，到頭來卻是最執著於亞塞拜然民主共和國遺產的，在該國新的歷史論述中，不厭其煩地反覆強調，這可是穆斯林世界的第一個共和國。[12]

面對走出〔共產〕帝國種種實務上的困難，當年的獨立看來並未提供一種真正的省思。外高加索聯邦共和國的短暫經驗，更不是這個從蘇聯解體中重獲個體性的地區會想要的模式。[13]不過一九一八年至一九二一年間曾觀察到的種種彼此依存形式也再度出現，首先便是蘇聯時代已規劃發展而出的區域性鐵路、公路和電力網絡。亞塞拜然從一九八九年秋天開始封鎖亞美尼亞，就慘痛地揭露此種依存關係；此外，索契－提比里斯這條火車路線因為阿布哈茲的衝突而被關閉，也讓喬治亞人苦不堪言。而新的基礎建設：輸油管和天然氣管由東向西貫穿整個地區，還有來自北高加索的管線，更增添這個區域地理的複雜性。在此同時，公路運輸日趨重要，使得生活物資的運補得仰賴某些主要幹道暢通與否，例如連結弗拉季高加索城*和提比里斯的喬治亞軍事道路，在一九九〇年代初就曾多次中斷。得等到一九九〇年代末才終於有一些認真的計畫破除封鎖，例如從巴庫到土耳其的輸油管線計畫（projet d'oléoduc BTC）†；儘管這個地區並不穩定，而且在多處地點都遭遇居民的敵意跟反對，但

*譯注：北奧塞提亞－阿蘭共和國的首府。

†譯注：BTC分別是巴庫、提比里斯、和土耳其鄰地中海的傑伊漢（Ceyhan）三個城市名的開頭字母。

計畫還是開始進行了。[14]

這種地域性脆弱的地理特性，與第一次世界大戰結束那時並非全無相似之處。北高加索車臣、印古什和達吉斯坦諸民族不斷挑戰莫斯科當局，紛擾頻傳，都導致這個地區分崩離析，並且一再提醒世人高加索山脈兩側山麓彼此獨立的強烈特色。[15]這些人民，基於機會主義，同時也基於一種歷史悠久的團結訴求，與阿布哈茲人和奧塞提亞人結盟；自一九九二年八月起，阿布哈茲人與奧塞提亞人便遭遇喬治亞方面企圖以武力解決那些自經濟改革重建以來就不斷發酵的政治紛爭。當愛德華・謝瓦納澤將甘薩洪迪亞趕下總統之位，於（該年）三月重掌政權時，他下令進攻，卻遭遇極大反抗，有些北高加索的鬥士前來支援阿布哈茲和奧塞提亞。若說當時俄羅斯的國家角色深陷危機，尚未直接介入，卻已有眾多俄羅斯團體力挺這些分離主義的浪潮。[16]一九九三年秋天，喬治亞當局幾乎是丟失了整個黑海沿岸：蘇呼米在阿布哈茲叛軍的掌控之中，具有戰略價值的波季港距離戰線並不遠，而自治的阿札爾則在一位有絕對權力的地方領袖阿斯朗・阿巴契澤的帶領下，進入一種近乎獨立的狀態。

與二十世紀初「第一次獨立」對比的最後一個方面，是外國強權（首要便是歐美國家）與鄰國勢力的政治不確定性。想要速速脫離俄羅斯而獨立的渴望，鼓舞著南高加索諸國新政府積極活躍地進行外交。然而，即使是像謝瓦納澤這樣曾任戈巴契夫時代外交部長，有豐富經驗的人，也很難得到外國友邦的認真承諾。若說土耳其和伊朗很樂於扮演區域老大哥的角色，但實際上這兩國能力有限，而且有時候光是應付（他們自己）國內持續的政治口水戰就已自顧無暇，這種情況在伊朗尤其顯而易見。[17]這個伊斯蘭共和國在態度上必須先卸下自身對這個地區的意識形態，才可能消除那些剛脫離蘇聯體制的高加索與中亞政權的戒心，同時伊朗的外交人員在此地區爆發的衝突中，尤其能為自己找一個調停的角色。[18]土耳其的援助，集中針對中亞那些突厥語族的共和國以及亞塞拜然，透過一項政策加強經濟、文化和宗教方面的合作，具體落實為一系列隆重的高峰會，並且有一些私人網絡基礎（如居倫兄弟會）做後援。[19]

不過，這地區的任何一個新國家都無法仰賴外界無條件的支持。即使是亞塞拜然，與土耳其有著那種標榜的兄弟情誼，還是必須隨著安卡拉方面起伏變化的政治隨機應變；安卡拉政府並不想將前途完全地與某人綁在一起。一九九二年六月七日，親土耳其的國族主義者阿布法茲·埃利奇別伊當選亞塞拜然總統，看來當然是個策略結盟的良機，但是，他漫無方向的政策，以及堅持繼續那災難性的卡拉巴赫戰爭，都促使土耳其不去切斷與亞美尼亞的關係。[20]土耳其夾雜著壓力與討好的心態，於該年九月提供葉里溫十萬噸穀糧，以實際行動破除亞塞拜然〔對亞美尼亞〕的封鎖，不久後又於十一月同意出售電力給亞美尼亞，以因應梅薩莫爾核電廠關閉所造成的嚴重能源荒＊。[21]這種種承諾與投入，都是用來制衡一九九二年五月受到媒體高度聚焦的土耳其與亞塞拜然屬納希契凡間「懷舊橋」開通的新聞。國際各方，尤其是歐盟，都與土耳其有著同樣的躊躇猶疑，這也解釋了為何國際上對於高加索起初是投入人道救援，後來才出現更有架構性的政策。[22]

＊譯注：梅薩莫爾核電廠歷經一九八八年的亞美尼亞大地震後，於一九八九年關閉。亞美尼亞獨立後邀請國際專家研商加強防震與核安，於一九九五年重新啟用。

一個嶄新的外高加索？

與俄羅斯立即斬斷關係的政策失敗，解釋了為何又逐漸重返妥協策略；這些妥協策略，使得南高加索在後蘇聯時代又有將近十年的時間依舊是某種形式的衛星國。總之，就是一直處於一種「外」高加索地區的觀點中。亞美尼亞由於其一九九〇年代初災難性的局勢，是第一個接受這種妥協之道的國家，早在一九九一年十二月二十一日就加入獨立國協，並成為與俄羅斯關係最緊密的高加索地區國家，甚至於二〇〇二年加入集體安全條約組織，隨後又於二〇一五年加入歐亞經濟聯盟。很快地，亞美尼亞就將守衛國境的工作委交滯留其境內的俄羅斯軍隊；這是因為蘇聯解體後，俄羅斯軍隊不但沒有全部消失，而且無視於一九九〇年在《歐洲常規武裝力量條約》的承諾，持續在該地區駐軍到二〇〇〇年代。外高加索軍區雖說於一九九三年一月解散，但往後十年間俄羅斯軍隊仍然在〈喬治亞首都〉提比里斯市中心保有一個懾人的作戰司令部，且儘管一九九九年後曾進行一次大規模裁軍，但仍在喬治亞駐軍直到二〇〇七年。

俄羅斯軍隊成為克里姆林宮與那些新獨立國家之間關係的一個重要角色。這是因為俄羅斯繼續在那些領土爭端中擔任調解人，同時由於缺乏與北高加索這個「近在身旁的陌生人」進行外交的傳統，且與北高加索的種種矛盾依舊存在，俄羅斯也持續扮演守護原蘇聯南境對外國界的角色。一九九〇年代中期，指控土耳其支持車臣叛亂的言論經常性地出現，提供了俄羅斯軍隊繼續駐守東安那托利亞邊界一個正當理由。[23]事實上，（俄國）外交部長帕維爾．格拉契夫，自一九九〇年代中，甚至早在他擔任外交部長之前，就儼然是莫斯科對高加索政策的中心人物。不過，透過軍事機構的角色，也還可以讀出那些承襲自蘇聯時代的團結與習慣，因為這些菁英的養成教育都是相同的；儘管已經和美國及其他外國軍隊發展了全新的關係，但是軍官們進入高加索這些新成立國家的軍隊和國安部門歷練的相同做法，仍持續了多年。

蘇聯網絡這種屹立不搖的存在，尤其是在謝瓦納澤重掌（喬治亞）權力時，以及鄰國亞塞拜然前共黨第一書記海達・阿立耶夫於一九九三年利用嚴重的政治危機趁勢回歸擔任共和國總統時，特別地顯著。至於一九八〇年代的亞美尼亞共黨第一書記卡連・迪米爾強，則在一九九八年企圖於葉里溫再度掌權時失敗。謝瓦納澤與阿立耶夫的回歸，都展現出高加索地區獨立最初那些年的跌宕坎坷；他們之所以能夠重新掌權，得歸功於他們遠離共和國權力核心的那幾年，始終維繫著在蘇聯時代所建立的派系門閥網絡。這兩位成為領導人後，都採取一種務實的政策，一方面與莫斯科和解，同時一方面也與外界建立連結。一九九三年十月，亞美尼亞和亞塞拜然都加入獨立國協，象徵著放棄迅速脫離俄羅斯衛星國的希望，隨後兩國於一九九四年五月簽署了一份停火協議，暫停卡拉巴赫的戰事，並將和平解決委託給（歐洲安全與合作會議）明斯克小組。原本承諾的「轉移」，展現得更像是調適，而非菁英輪替，並且在一九九〇年代後半重返政治威權主義。[24]

因此，很顯然地又回到我們前文說的一種從莫斯科的觀點看待高加索的方法，那種揮之不去的俄羅斯「外高加索」視野，這種視野在各國外交界始終不動如山。甚至將這個地區視為一個東西向廊道的看法，也使得俄羅斯藉由一九九四年至九五年簽署開採亞塞拜然石油取得對碳氫化合物壟斷的「世紀合約」有規避空間，更徹底強化了那個說這個地區是畫虎不成反類犬的整體分析。[25]不過，俄羅斯與南高加索之間的關係，若以那些串連整個區域的社會、文化與人民移徙習慣的角度來看，是處於極深的危機當中。那些新獨立國家的立法，大幅降低俄羅斯語的地位，俄文逐漸地從公共空間中消聲匿跡，在此同時，亞塞拜然當局決定重拾與突厥語言較接近的拉丁字母。說俄羅斯語的人民，地位不如從前，且遭邊緣化，紛紛離開高加索，造成這些新國家的民族和文化多元性加速流失：在亞塞拜然，俄羅斯人從一九八九年的三十九萬兩千人，到二〇〇二年僅剩十四萬一千七百人，而喬治亞的俄羅斯人口更是只剩五分之一。

同一時間，從一九三〇年代末就消失無蹤的一些身影，再度出現在整個高加索，像是來自伊朗北部的商人與學生，於一九九〇年代陸續在葉里溫落腳。[26]可是，此時卻沒有二十世紀初高加索社會曾經存在的那種多元文化世界；多元文化自此只縮小到一種文化資產的角色，用來賦予高加索幾個大都會中心某種異文化情調而已，可是一旦比如說以某種文學或藝術形式觸碰到新政權奉行的圭臬，就會立即遭禁。[27]公眾空間優先確立的是主流認同（不論是宗教認同或是國族認同），甚至直到各國的邊區地帶都可見教堂、隱修院和清真寺「彼此對立」，在建築上相互較勁。[28]對於多元文化的運用是政治性的，例如對於提比里斯少見的穆斯林歷史遺址的保存——作家米爾札．法塔立．阿恆札代（一八一二至一八七八）的故居博物館，就將這位作家呈現得如同一位純粹的亞塞拜然人，然而他的一生其實展現了十九世紀高加索在文化和語言方面的多樣性。這個博物館是喬治亞和亞塞拜然良好外交關係的成果，設置於一九九〇年代初被甘薩洪迪亞關閉的蘇聯民族友誼博物館＊。[29]

在伊朗和其高加索鄰國所建立的關係中，特別容易見到這種將高加索多元文化色彩的歷史記憶予以工具化的操作。葉里溫的藍色清真寺，是該城最後的穆斯林遺跡，就被妥妥地改成伊朗文化中心：面對遭亞塞拜然封鎖，絕大部分邊境都關閉的情況下，亞美尼亞就是在此與伊朗交易尋得一條活路；伊朗這個伊斯蘭共和國則透過與這個基督信仰國家的連結，取得一種受人尊敬的認證，並且鞏固了於一九九〇年代與俄羅斯所建立的策略性結盟，[30]伊朗還就此解套一九九〇年代中期國際制裁日益限縮其外交關係的處境，例如伊朗得以在如此情勢中於解體的核子領域串連起一些不見光的交易，就是明

＊譯注：阿恆札代二十二歲時開始於沙皇時代的行政體系中任職，是一位東方語言的譯員，一八三四年住進Gorgasali Street十七號這棟現在成為故居博物館的建築中，在此居住四十四年直到過世。這棟建築在蘇聯時期作為民族友誼博物館，有一小區關於作家阿恆札代的展覽。蘇聯解體後，甘薩洪迪亞上台，下令解散這個民族友誼博物館，並把所有與阿恆札代相關的文物都送入喬治亞國立博物館，同時將此建築改成樂器博物館。後來在藝文界人士奔走陳情下，在總統謝瓦納澤任內同意將作家阿恆札代的文物送回，民間募資且主要經費來自巴庫，才修復了故居博物館並成立亞塞拜然文化中心。

證。[31]

反過來說，窮困以及從俄羅斯獨立，這兩個因素相結合後，導致愈來愈多南高加索人移民到北方鄰國。從一九八九年起，莫斯科來自高加索的人口比成長了兩倍，於二〇〇〇年代達到百分之一點三。不過這些移民，從此要放入國際移民的框架中思考了，使得他們在一個愈來愈嚴苛的立法規範下，尤其是二〇〇七年以後，愈來愈朝不保夕。[32]俄羅斯在商貿方面或移民方面的立法，政治色彩極濃，從俄羅斯與喬治亞關係的例子可直接得到印證：三不五時就關閉邊界，成為一種特愛使用的施壓手段。對高加索諸國而言，與前蘇聯空間範圍的僑民之間的關係，不論是基於經濟上的理由，或者基於僑民所能扮演的政治角色，都有一種特殊的重要性。然而，為了面對經濟危機，那些移民們的期望和他們的組成也隨著時移事異有所變化。若說喬治亞的人口數從一九八九年的五百五十萬，減少到二〇一五年時僅剩三百七十萬人，其中從喬治亞移出的人口數量就高達一百萬人。而外移的，大部分是女性；面對男人們看來無法承擔起傳統責任的情況下，這些婦女往土耳其、希臘或義大利出走，是一個活下去的方法，但同時也造成社會、家庭和道德的撕裂。[33]這種種與僑界的關係，使得各地都成立專責部會或機關；二〇一〇年亞美尼亞收容逃出敘利亞內戰的亞美尼亞人，也見證了這些僑界聯繫在政治上的重要性。

南高加索透過這些新移民將前景投射在中東，且更主要的是寄望於二〇〇四年和二〇〇七年擴大的歐盟，當時高加索地區在政治上的風風雨雨，和巴爾幹半島及中亞經歷的政治動盪不相上下。二〇〇三年喬治亞發生「玫瑰革命」，推翻了謝瓦納澤日暮西山的政權，並由一批新的菁英執政；這批菁英新秀親西方，且非常自由開放，馬不停蹄地進行了一場國家改革，重拾一九九〇年代那些被迫中止的轉型計畫，同時也在文化上和政治上尋求歐洲歸屬感。[34]這些翻轉再度引起世人對高加索的注意，並且由於德國和波羅的海諸國自從蘇聯時代結束以來對於高加索的關注，也促使外界（美國，還有歐洲）顯著地提高了〔對此地區的〕援助。[35]

一九九〇年代歐洲外交最初對於高加索的提議，是集中在技術合作（「對獨立國協技術援助計劃」，programme TACIS）以及發展基礎建設（「歐洲－高加索－亞洲運輸走廊計畫」，programme TRACECA），從二〇〇〇年代初才開始發展一種較具雄心的東方鄰居政策。[36]不過，這種對於影響力的尋求卻遭遇實務上的局限，以諸外國強權的觀點來看，政治上對於高加索的關注，始終是很邊緣的。二〇〇八年夏天俄羅斯和喬治亞之間的戰爭，猛地提醒一個事實：戰爭開打就暴露出那些外國勢力除了藉由政治調解和一些維穩措施之外，並沒有介入能力；同時還彰顯了高加索議題與其他領土之間的相互依賴性，不顧俄羅斯的抗議，將主張分離獨立的阿布哈茲及南奧塞提亞，拿來和二〇〇八年初得到歐洲國家承認的科索沃的局勢相權衡。[37]這場戰爭更廣義地展現了俄羅斯在策略方面的演變，轉為對南高加索更為積極主動的政策，將那些可以用來對付歐盟和美國影響力的一切常規性和經濟上的影響工具悉數納入。[38]

與一九九一年時所預期的大不相同，高加索的特殊性既沒有因為融入一個新中東或是因為融入一個常規化的歐洲鄰國而消失；高加索始終受到其邊境、內部與外部的沉重現實所烙印。自二十世紀初以來的潮起潮落、新的文化和移民的地理、經濟網絡的改組，這些都反映出這個地區的命運，已然從眾帝國邊境的地位走出來，成為一個多方利益的緩衝地帶。俄羅斯、土耳其和伊朗延續將近三百年來的種種互動和交錯呈現，依舊扮演著舉足輕重的角色，形塑這個地區的架構，然而，從今往後這三個區域強權還必須考量外來勢力竄起，[39]尤其必須考量人民的意願；人民，甚至早在一九九〇年代帶來政治獨立之前，已然是中介者、是反對者、是倡議者，對於那些意圖強加於他們身上的策略總會有所行動。

關於檔案資料

高加索的歷史涉及一個多民族、多語言且涵蓋多國的地區，可依憑敘史的資料來源四散且片段。旅行札記、回憶錄和證詞，都構成一部分的重要史料，近幾十年來許多出版和重新編纂的工作，都使得這些資料的取得更為容易，儘管還是有語言上的隔閡。口述歷史提供的資訊，以及與人類學、社會學、民族學，或甚至是與音樂學對話之收穫，都同樣地不可或缺。這些訊息來源都可用來與官方檔案進行對照和評判，使我們得以從不同的角度來看官方檔案；官方檔案的來源，是那些曾於二十世紀縱橫高加索或其周邊的諸帝國和各國機構，還有來自某些涉入該地區發展的外國強權。

史料中最龐然可觀的，是沙皇時代和蘇聯時代的檔案，令人印象深刻的，不僅是這些檔案數量之巨、其地理分布之廣，還有其相對而言容易調閱。負責典藏沙皇時代檔案的俄羅斯歷史檔案局（RGIA）位於聖彼得堡，不過，一九二〇年代以前的軍事檔案（RGVIA）與外交檔案（AVPRI）則位於莫斯科。所有蘇聯時代的中央機構檔案，包含國家政府層級的（GARF）、經濟組織相關的（RGAE）、外交方面的（AVPRF），與掌權的共產黨相關的（RGASPI以及RGANI），也全都在莫斯科。

當今高加索諸國，由於蘇聯時代的結構遺緒尚存，所以各國檔案的組織方式雷同，只是規模較小。曾多次作為高加索地區首府的提比里斯，藏有沙皇時代（STsSSA）以及一九二〇年代至一九三〇年代（SShSA PA）非常豐富的資料，事實上足以提供研究整個高加索以及研究土耳其和伊朗邊境地區某些發展的史料。亞美尼亞檔案局（HAA）和亞塞拜然檔案局（ARDA 和 ARPİİSSA）儘管典藏數量較少，但也提供相當多材料；不過，到目前為止，相較於喬治亞和亞美尼亞兩國，亞塞拜然的檔案局還是很明顯地比較難以取得，對外國研究者而言尤甚。在前述這些國家中，還有各省的地方檔案局，可能提供從當地的尺度去理解邊區生活的資料，不過保存的狀態參差不齊。本書僅僅探索挖掘了位於巴統的阿札爾自治共和國檔案局（AARSA）。

來自上述這麼多不同檔案局的史料，本書在引用時，以類似的結構統一格式呈現，利用縮寫符號表示全宗（f.）、目錄清冊（inv.）、資料夾（d.）和頁數（p.）。本書選擇採用此種引用格式，而非某些專業書籍中仍常用的俄文縮寫；隨著各國檔案逐漸都改以各國語言管理，俄文縮寫日益不適用。

此外，土耳其和伊朗的檔案局也同樣非常豐富，只是通常在各省或地方行政層級的範圍不那麼大。目前，土耳其共和國的檔案分別位於伊斯坦堡和安卡拉兩地；伊斯坦堡有一分局專門負責鄂圖曼帝國時期（BOA），安卡拉則專責共和國時期（BCA）。大部分的檔案都已數位化，在兩地的檔案局皆可任意檢索點閱兩個資料庫。不過，共和國時期的檔案某些全宗保存得很糟，而且，外交檔案和軍事檔案均另地保存，大部分無法調閱。此外，還有其他與高加索地區相關的資料庫也很有意義，例如：位於安卡拉的土耳其紅新月組織的檔案。

至於伊朗的檔案，則主要分散於國家圖書館以及外交部的檔案中心。伊朗的檔案保存良好，但見證著伊朗政治局勢的動盪，可能使調閱程序較為複雜。不過，值得強調的是，由伊朗官方機構以及一些研究員和學者完成出版大量原始資料的浩大工程。這些彙整的史料，大部分都是波斯文，成為探究伊朗北部以及高加索邊地社會生活、經濟、和政治等各方面時，非常實用的入門資料。

最後，此番研究中所使用的另一大資料來源，是高加索地區以外的諸國外交部檔案：法國檔案局（AMAE）、英國檔案局（TNA外交辦公室檔案）、德國檔案局（PAAA）都是傳統上最常運用的，一方面因為這些國家涉入高加索利益之重大，同時也由於物質條件上容易取得，以及語言上的考量。直到一九一八年為止的奧匈帝國檔案（HHStA）也同樣很珍貴，這是因為奧匈帝國與鄂圖曼帝國的關係，以及奧匈帝國在帝俄時代的高加索設有一歷史悠久的領事館。至於義大利的檔案局（ASMAE）和波蘭的檔案局（AAN和CAW）則有時會提供一些出乎意料的資訊，特別是在理解兩次大戰的戰間期之時，因為當時兩國在高加索仍設有代表處。至於一九三〇年代以後，美國在該地區頻繁現蹤，使得美國的資料也具有很高的重要性。

隨著關注焦點和切入角度不同，其他許多檔案中心也都能提供寶貴的研究資料，例如伊斯坦堡的伊斯蘭研究中心（İSAM）、阿姆斯特丹的社會史學院（IISG）、許多傳教士的檔案，以及史丹佛大學的胡佛研究所，其中後者專門針對共產時期與後共產時期蒐集了私人的或機構的檔案。這些檔案的來源經常本身就是高加索地區動盪歷史的一個縮影，例如喬治亞孟什維克黨人流亡政府的檔案，從戰間期到如今，離散於巴黎、美國和喬治亞；位於法國楠泰爾（Nanterre）的當代歷史檔案圖書館與博物館（La Contemporaine）典藏有一份這些檔案的副本。更還有許多私人和家族收藏的檔案，這些資料的保存除了歷史的偶然，還有賴經手者的誠心對待。

致謝

本書是長年研究的一份成果，起初是在巴黎政治科學院歷史研究中心（CHSP）由 Sabine Dullin 和 Paul-André Rosental 指導的一份博士論文。我當然首先要向他們致謝，並特別向 Sabine Dullin 致意，早在多年前，我就已隨著她的指導踏上研究之路，同時感謝博士論文的口試委員們 Olivier Bouquet、Bruce Grant、Jeronim Perović 與 Claire Mouradian，願意提出他們的經驗和知識，使這篇論文有所增益：其中 Claire Mouradian 還對這份手稿做了最後的校閱。我也感謝自我投入博士論文以來這些年提供寶貴協助的所有人們：Gilles Authier、Silvia Serrano、Renaud Salins、Bayram Balci、Sophie Hohmann、Jean-François Pérouse、Vincent Lorenzini、Sophie Coeuré、Altay Göyüşov、Nicolas Delalande、Vincent Fertey、Mario Del Pero、Alain Blum、Taline Ter-Minassian、Gilles Pécout、Marc Lazar，還有母校和政治科學院博士學校的所有職員，特別是 Marie-Laure Dagieu 和 Danièle Le Galloudec。

特別要致謝的，是這些年來陸續造訪過的所有檔案局和圖書館提供協助的館員們，其中 Natalia Gladchenko、Omar Tushurashvili、Vano Jakhua、Sonia Mirzoyan、Emin Serdarov 與 Sima Babayeva，還

有 Tinatin、Hasmik 及 Seyara。他們的協助和他們的善意，都讓我的史學研究工作容易了許多，並使得每次再前往他們的機構都成為感動的重逢時刻。

我還要感謝我的同儕和朋友們，他們以各種方式貢獻推進了本書的思路發展，特別是 Masha Cerovic、Cemil Hasanlı、Tamara Svanidze、Ketevan Gurchiani、Musa Qasımlı、Serkan Yolaçan、Oliver Bast、Alisa Shablovskaïa、Nodar Mossaki、Thorniké Gordadzé、Emmanuel Szurek、Ana Cheishvili、David Delfolie、Yohann Morival、Isabelle Ohayon、Denis Hermann、Marc Aymes、Juliette Cadiot、Oliver Reisner、Adeline Braux、Vladislav Zubok、Arash Soleymani、Tamar Lortkipanidze、Thibaut Julian、Anouche Kunth、Jo Laycock、Boris Adjemian、Goudarz Rashtiani、David Priestland、Ariel Suhamy、Madjid Vahid、Aude-Cécile Monnot、Alexander Balistreri、Antoine Perrier、Stephen F. Jones、Timothy Blauvelt、Maroussia Ferry、Edith Ybert、Riccardo Cucciolla、Claire Kaiser、Sam Hirst、Marc Galochet 以及Thomas Raineau。謝謝他們在這個產出過程中各個階段的支持，謝謝 Fariz İsmailzade、Elnur İmanbeyli 和 Carlos Asfora。最後還要感謝政治科學院里爾分校、里爾大學（Université de Lille）以及位於里爾的歐洲社會與人文科學之家（MESHS），提供本書最終寫作階段時的環境。

巴黎政治科學院、里爾分校、里爾大學和瓦朗謝訥大學（Universités de Valenciennes）的男女學生們，都曾多次擔任試讀觀眾群，檢驗某些想法和寫法，在這裡特別要感謝的是 Maxime Chauffour、Jeanne Delpierre、Romain Lachambre、Adil Zekhnini、Alexis Rayon、Léa Darcy、Oğul Tuna、Nicolas Pulik、Ilayda Nur Dursun、Thibault Jeandet、Antoine Aucuit、Blanche Dallemagne、Paul Couque-

Castelnovo、Samson Perthuisot、Théo Bernini 和 Mustafa Emre。

最後，謝謝所有的家人，有他們長年不懈的支持，我才得以成就這個工程。除了特別感謝 Louis Forestier 以外，謹將此書獻上紀念我的祖母，她曾經伴隨了我早年的那些研究步伐，很遺憾她沒有見到計畫完成便離世了。

注釋

導論

1. André Gide 著，《訪蘇聯歸來》（*Retour de l'U.R.S.S.*），後附〈我對《訪蘇聯歸來》一書的修改〉（*Retouches à mon retour de l'U.R.S.S.*），巴黎：Gallimard，一九五〇年，頁三十。
2. 'Alî Dehbâshî（編），《*Khâterât-e prens-e Ârfa'*》，德黑蘭：Enteshârât Shahâb Thâqeb，伊斯蘭曆一三七八年（西元一九九九年），頁三一九至三二五。
3. Galina M. Yemelianova、Laurence Broers（編），《高加索筆記》（*Routledge Handbook of the Caucasus*），英國亞平敦：Routledge，二〇二〇年。Marie-Carin von Gumppenberg、Udo Steinbach（編），《高加索：歷史、文化、政治》（*Der Kaukasus. Geschichte–Kultur–Politik*），慕尼黑：Verlag C.H. Beck，二〇一八年。
4. Charles King 著，《自由之鬼》（*The Ghost of Freedom*），紐約：牛津大學出版，二〇〇八年，頁八至九。
5. Georges Dumézil 著，《拉茲人的傳說故事》（*Contes lazes*），巴黎：Institut d'ethnologie，一九三七年。Alexandre Toumarkine 撰，〈杜梅吉爾在土耳其：一九二六至一九四〇年〉（DumézilenTurquie (1926-1940)），收於 GüneşIşıksel、Emmanuel Szurek（編），《土耳其人與法國人：一部文化史（一八六〇年至一九六〇年）》（*Turcs et Français. Une histoire culturelle (1860-1960)*），法國雷恩：PUR，頁二七一至二八四。
6. Frédérique Longuet-Marx（編），《車臣，戰至最後一人？》（*Tchétchénie, la guerre jusqu'au dernier?*），巴黎：Mille et Une Nuits，二〇〇三年。
7. Jean Radvanyi、Nicolas Beroutchachvili 著，《高加索地緣政治地圖》（*Atlas géopolitique du Caucase*），巴黎：Autrement，二〇〇九年。

8. Silvia Serrano 著，《喬治亞，走出帝國》（*Géorgie. Sortie d'empire*），巴黎：法國國家科學研究中心出版（CNRS Éditions），二〇〇七年；Régis Genté 著，《普丁與高加索》（*Poutine et le Caucase*），巴黎：Buchet-Chastel，二〇一四年。

9. Thomas de Waal 著，《黑色花園：歷經戰爭與和平的亞美尼亞和亞塞拜然》（*Black Garden. Armenia and Azerbaijan Through Peace and War*），紐約－倫敦：紐約大學出版，二〇〇三年。（譯注：Karabakh，Kara（上卡拉巴赫地區）在土耳其語中意為黑色，bakh 在波斯語中意為花園，結合「卡拉巴赫」一詞的土耳其語和波斯語意譯之後，而有稱卡拉巴赫地區為黑色花園的說法。）

10. Éric Hoesli 著，《征服高加索：地緣政治史詩與影響力之戰》（*À la conquête du Caucase: épopée géopolitique et guerres d'influence*），巴黎：Éditions des Syrtes，二〇一八年；Maïrbek Vatchagaev，Aude Merlin 著，《鷹與狼：十九世紀高加索戰爭中的車臣》（*L'Aigle et le Loup: la Tchétchénie dans la guerre du Caucase au xixe siècle*），巴黎：Buchet-Chastel，二〇〇八年。

11. Kimitaka Matsuzato 撰，〈文化地緣政治與歐亞的新邊區〉（Cultural Geopolitics and the New Border Regions of Eurasia），《歐亞研究學報》（*Journal of Eurasian Studies*），一卷一期，二〇一〇年，頁四二至五三。

12. Orhan Pamuk，《雪》（*Neige*），巴黎：Gallimard，二〇〇五年（原土耳其文初版於二〇〇二年）。〔譯注：奧罕・帕慕克（OrhanPamuk，一九五二－），土耳其作家，二〇〇六年諾貝爾文學獎得主。《雪》中譯本，台北：麥田，二〇〇八年。〕

13. Françoise Companjen，László Marácz，Lia Versteegh 著，《探索二十一世紀的高加索：論變動的時局中的文化、歷史與政治》（*Exploring the Caucasus in the 21st Century. Essays on Culture, History and Politics in a Dynamic Context*），阿姆斯特丹：Pallas Publications，二〇一〇年，頁十三。

14. Heinz Fähnrich 著，《喬治亞史》（*Geschichte Georgiens*），荷蘭萊登－美國波士頓：Brill，二〇一〇年，頁七十九至八十。

15. Georges Charachidzé 著，《普羅米修斯或高加索：比較神話論》（*Prométhée ou le Caucase. Essai de mythologie contrastive*），巴黎：Flammarion，一九八六年，頁十三至十四。

16. Étienne Copeaux 撰，〈「普羅米修斯」運動〉（Le mouvement "prométhéen"），《東地中海與土耳其－伊朗世界研究期刊》（*Cahiers d'études sur la Méditerranée orientale et le monde turco-iranien*），第十六期，一九九三年，頁九至四十六。

17. Michael J. Arlen 著，《通往亞拉拉特山之徑》（*Passage to Ararat*），紐約：Ballantine Books，一九七五年。

18. Alexandre Dumas，《高加索，旅遊印象》（*Le Caucase. Impressions de voyage*），巴黎：A. Le Vasseur et Cie，一八五九年（一九〇七年），頁七至八。

19. Susan Layton 著，《俄國文學與帝國：從普希金到托爾斯泰的高加索征服》（*Russian Literature and Empire: Conquest of the Caucasus from Pushkin to Tolstoy*），劍橋：劍橋大學出版，一九九四年，頁一五七至一六〇；Dominik Gutmeyr 著，《邊境之地的東方主義，或蠻族如何失去他的貴族性——一八一七年至一八七八年間俄國對高加索的觀點》（*Borderlands Orientalism or How the Savage Lost His Nobility. The Russian Perception of the Caucasus between 1817 and 1878*），柏林：LIT Verlag，二〇一七年。
20. Laurent Bonnefoy 著，《戰爭下「幸福的阿拉伯」葉門》（*Le Yémen de l'Arabie heureuse à la guerre*），巴黎：Fayard-CERI，二〇一七年，頁十八至二十二。
21. James C. Scott 著，《佐米亞之地，或不受統治之術》（*Zomiaoul'art de ne pas êtregouverné*），巴黎：Le Seuil，二〇一三年。〔譯注：「佐米亞」（Zomia）源自藏緬語族中的 zomi 一詞，意為高地，是當代歷史學家與政治學者在研究東南亞高地的少數民族長期無政府狀態、反抗統治者的現象時創造的新詞彙。James C. Scott 此書初版於二〇〇九年，英文原書名為《不受統治之術：東南亞高地的無政府歷史》（*The Art of Not Being Governed: An Anarchist History of Upland Southeast Asia*），研究生活於東南亞高地之猛族、佤族、拉估族、克倫族⋯等少數民族的無政府歷史。〕
22. Moshe Gammer 著，《穆斯林反抗沙皇：沙米爾與車臣和達吉斯坦的征服》（*Muslim Resistance to the Tsar. Shamil and the Conquest of Chechnia and Daghestan*），英國亞平敦：Frank Cass，一九九四年。
23. Firouzeh Mostashari 著，《在宗教的疆界上：高加索地區的帝俄與伊斯蘭》（*On the Religious Frontier. Tsarist Russia and Islam in the Caucasus*），倫敦－紐約：I.B. Tauris，二〇〇六年，頁二與頁十二。
24. Thomas J. Barfield 撰，〈土耳其人、波斯人和阿拉伯人：伊朗及其邊境部落與國家關係的變化〉（Turk, Persian, and Arab: Changing Relationships Between Tribes and State in Iran and Along Its Frontiers），收於 Nikki R. Keddie、Rudi Matthee（編），《伊朗與其周邊世界——文化與文化政策的交互作用》（*Iran and the Surrounding World. Interactions in Culture and Cultural Politics*），西雅圖：華盛頓大學出版，二〇〇二年，頁七十四。
25. Xavier de Planhol 著，《伊斯蘭與海：清真寺與水手，七世紀至二十世紀》（*L'Islam et la mer. La mosquée et le matelot, viie-xxe siècle*），巴黎：Perrin，二〇〇〇年，頁三五八至三五九。
26. William Edward David Allen、Paul Muratoff 著，《高加索戰場，一八二八年至一九二一年》（*Caucasian Battlefields, 1828-1921*），劍橋：劍橋大學出版，一九五三年。
27. Omer Bartov、Eric D. Weitz（編），《帝國間的摩擦地帶：在日耳曼、哈布斯堡、俄羅斯與鄂圖曼邊境的共存與暴力》

（*Shatterzone of Empires. Coexistence and Violence in the German, Habsburg, Russia and Ottoman Borderlands*），布盧明頓－印第安納波利斯：印第安納大學出版，二〇一三年，頁一至二十二。

28. Chamché Megrelidzé 著，《一八七七至一八七八年俄土戰爭中的外高加索》（*Zakavkaz'e v russko-turetskoj vojne 1877-1878 gg.*），喬治亞提比里斯：Akademija Nauk Gruzinskoï SSR，一九七二年。

29. Dominic Lieven 著，《帝國：俄羅斯帝國與其競爭者》（*Empire. The Russian Empire and Its Rivals*），倫敦：John Murray，二〇〇〇年。

30. Andreas Kappeler 著，《多民族帝國俄羅斯：源起、歷史、衰亡》（*Russland als Vielvölkerreich. Entstehung, Geschichte, Zerfall*），慕尼黑：C.H. Beck，一九九二年（二〇〇八年），頁二四〇。

31. Juliette Cadiot 著，《帝國實驗場：俄羅斯－蘇聯，一八七〇年至一九四〇年》（*Le Laboratoire impérial: Russie-URSS, 1870-1940*），巴黎：法國國家科學研究中心出版（CNRS Éditions），二〇〇七年。

32. Eva-Maria Auch 著，《穆斯林公民認同：十八世紀末至二十世紀初南高加索東部省分穆斯林在社會轉型過程中的認同改變》（*Muslim-Untertan-Bürger. Identitätswandel in gesellschaftlichen Transformationsprozessen der muslimischen Ostprovinzen Südkaukasiens (Ende 18.-Anfang 20. Jh.)*），威斯巴登：Reichert Verlag，二〇〇四年，頁二一三至二一九。Andre K'arbelashvili 著，《*Transk'ontinent'uri telegrap'is khazi Sakartveloshi*》，提比里斯：Georgia，二〇〇〇年。

33. Hassan Hakimian 撰，〈薪資工與移民：一八八〇年至一九一四年俄羅斯南部的波斯工人〉（Wage Labor and Migration. Persian Workers in Southern Russia, 1880-1914），《中東研究國際學報》（*International Journal of Middle East Studies*），十七卷四期，一九八五年十一月，頁四四三至四六二。Christopher Clay 撰，〈十九世紀安那托利亞的勞工遷徙與經濟情況〉（Labour Migration and Economic Conditions in Nineteenth-Century Anatolia），《中東研究》（*Middle Eastern Studies*），三十四卷四期，一九九八年十月，頁一至三十二。

34. Auguste Bricteux 撰，〈獅子與太陽的國度——波斯（一九〇三至〇四年）〉（Au pays du Lion et du Soleil. En Perse (1903-1904)），《比利時殖民地研究學會會訊》（*Bulletin de la société belge d'études coloniales*），十四卷五期，一九〇七年五月，頁四一五至四一六。Garnik Asatrian、Hayrapet Margarian 撰，〈八世紀至十九世紀提弗里斯的穆斯林社群〉（The Muslim Community of Tiflis (8th-19th Centuries)），《伊朗與高加索》（*Iran & the Caucasus*），八卷一期，二〇〇四年，頁二十九至五十二。

35. Nezâm'alî Dahnavî 著，L'Iran est un bastion du Caucase.《*Irânián mohâdjir dar Qafqaz. Fa'âliyathâ-ye farhangî dar sâlhâ-ye 1900-*

1931》，德黑蘭：Markaz-e asnâd ve khidmât-e pazhuheshî，伊斯蘭曆一三八三年（西元二〇〇四年），頁十二至十三。

36. Sébastien Haule 撰，〈「我們在東方戰爭中採納的慣習與風俗」：俄國殖民經驗與遠征阿爾及利亞〉（“...Us et coutumes adoptées dans nos guerres d’Orient”. L’expérience coloniale russe et l’expédition d’Alger），《俄羅斯世界學刊》（*Cahiers du monde russe*），四十五卷一／二期，二〇〇四年，頁二九三至三二〇。Jacques Frémeaux 著，《打造帝國：十九世紀的殖民戰爭》（*De quoi fut fait l’Empire. Les guerres coloniales au xixe siècle*），巴黎：法國國家科學研究中心出版（CNRS Éditions），二〇一〇年，頁四〇四。

37. Moshe Gammer 撰，〈俄國征服車臣與達吉斯坦的策略，一八二五年至一八五九年〉（Russian Strategies in the Conquest of Chechnia and Daghestan, 1825-1859），收於 Abdurahman Avtorkhanov、Marie Bennigsen Broxup（編），《北高加索的屏障：俄國挺進伊斯蘭世界》（*The North Caucasus Barrier. The Russian Advance Towards the Muslim World*），倫敦：Hurst & Company，一九九二年（一九九六年），頁四十七至四十八。

38. Hratch Dasnabedian 著，《一八九〇年至一九二四年亞美尼亞革命聯盟達什納克黨歷史》（*Histoire de la Fédération révolutionnaire arménienne Dachnaktsoutioun 1890-1924*），米蘭：OEMME Edizioni，一九八八年。

39. Stephen Badalyan Riegg 著，《俄國的索命糾纏：帝俄與亞美尼亞人，一八〇一年至一九一四年》（*Russia’s Entangled Embrace. The Tsarist Empire and the Armenians, 1801-1914*），美國綺色佳－英國倫敦：康乃爾大學出版，二〇二〇年。

40. Suzanne Berger 著，《我們的第一波全球化》（*Notre première mondialisation*），巴黎：Seuil，二〇〇三年。

41. Hakan Özoğlu 著，《庫德貴族與鄂圖曼國家：變動的認同、相競的忠誠、與變遷的疆界》（*Kurdish Notables and the Ottoman State. Evolving Identities, Competing Loyalties, and Shifting Boundaries*），紐約：紐約州立大學出版，二〇〇四年。

42. Claire Mouradian 著，〈從沙皇時代到蘇維埃時代俄羅斯南部殖民觀點的源起：論高加索地區一些帝國措施〉（The Origins of a Colonial Vision of Southern Russia from the Tsars to the Soviets: About Some Imperial Practices in the Caucasus），收於 Sophie Hohmann、Claire Mouradian、Silvia Serrano、Julien Thorez（編），《中亞與高加索的發展：後蘇聯時代的移民、民主化與不平衡》（*Development in Central Asia and the Caucasus. Migration, Democratisation and Inequality in the Post-Soviet Era*），倫敦－紐約：I.B. Tauris，二〇一四年，頁十七至四十六。

43. Mehmet Emin Üner 著，《部落、幫派與國家》（*Aşiret, eşkıya ve devlet*），伊斯坦堡：Yalın Yayıncılık，二〇〇九年，頁一九六。Janet Klein 著，《帝國邊緣：在鄂圖曼部落地區的庫德軍隊》（*The Margins of Empire. Kurdish Militias in the Ottoman Tribal Zone*），史丹佛：史丹佛大學出版，二〇一一年，頁七十六至七十九。

44. James D. Clark 著，《伊朗亞塞拜然省的政治史，一八四八年至一九〇六年》（*Provincial Concerns. A Political History of the Iranian Province of Azerbaijan, 1848-1906*），加州科斯塔梅薩：Mazda，二〇〇六年。Ebrâhim Purhoseyn Khuniq 著，《亞塞拜然與王儲封地》（*Azarbaydjan-e vali'ahdnashîn*），大不里士：Shâyeste，伊斯蘭曆一三八五年（西元二〇〇七年）。

45. Charles Issawi 撰，〈一條商路的興衰：一八三〇年至一九〇〇年大不里士－特拉布宗貿易〉（The Tabriz-Trabzon Trade, 1830-1900: Rise and Decline of a Route），《中東研究國際學報》（*International Journal of Middle Eastern Studies*），一卷一期，一九七〇年一月，頁十八至二十七。

46. Anthony L.H. Rhinelander 著，《米凱伊・沃隆索夫親王，沙皇的副王》（*Prince Michael Vorontsov: Viceroy to the Tsar*），蒙特婁：McGill-Queen's University Press，一九九〇年。Ya.A. Gordin 著，《高加索與俄羅斯帝國：十九世紀初至二十世紀初的計畫、想法、幻象與現實》（*Kavkaz i Rossijskaja imperija: proekty, idei, illjuzii i real'nost'. Nachalo XIX-nachalo XX vv.*），聖彼得堡：Izdatel'stvo Zhurnala "Zvezda"，二〇〇五年，頁二二二。〔譯注：米凱伊・沃隆索夫親王（一七八二至一八五二），於拿破崙戰爭中嶄露頭角，一生戰功彪炳，一八四四年受命為高加索總指揮與副王，因軍功卓著，被擢封親王，並加銜稱「最尊貴的閣下」（le titre d'Altesse Sérénissime）。一八四八年掌控了三分之二的達吉斯坦，使俄國勢力穩固扎根於高加索。〕

47. Alexander Morrison 著，《俄羅斯在撒馬爾罕的統治，一八六八年至一九一〇年：與英屬印度的比較》（*Russian Rule in Samarkand, 1868-1910. A Comparison with British India*），牛津－紐約：牛津大學出版，二〇〇八年。

48. Denis V. Volkov 著，《俄羅斯轉向波斯：外交與知識界中的東方主義》（*Russia's Turn to Persia. Orientalism in Diplomacy and Intelligence*），劍橋：劍橋大學出版，二〇一八年。

49. Ussama Makdisi 撰，〈鄂圖曼東方主義〉（Ottoman Orientalism），《美國歷史評論》（*The American Historical Review*），一〇七卷三期，二〇〇二年六月，頁七六八至七九六。Özgür Türesay 撰，〈在後殖民研究視域下的鄂圖曼帝國：關於近期一個史學上的轉折〉（L'Empire ottoman sous le prisme des études post-coloniales. Àpropos d'un tournant historiographique récent），《近現代史期刊》（*RHMC*），六十卷二期，二〇一三年，頁一二七至一四五。

50. Olivier Bouquet 著，《蘇丹的帕夏：論鄂圖曼那些最高階的代理人，一八三九至一九〇九年》（*Les Pachas du sultan. Essai sur les agents supérieurs de l'État ottoman (1839-1909)*），巴黎－比利時魯汶－英國達德利：Peeters，二〇〇七年。Marc Aymes 撰，〈將帝國省級化：十九世紀的賽普勒斯島與鄂圖曼轄下的地中海〉（Provincialiser l'Empire. Chypre et la Méditerranée ottomane au xixe siècle），《歷史與社會科學年鑑》（*Annales HSS*），六十二卷六期，二〇〇七年，頁一三一

三至一三四四。

51. Firuz Kazemzadeh 著，《一份帝國主義研究：俄羅斯與英國在波斯，一八六四年至一九一四年》（*Russia and Britain in Persia, 1864-1914. A Study in Imperialism*），美國紐哈芬－英國倫敦：耶魯大學出版，一九六八年。

52. Vanessa Martin、Morteza Nouraei 撰，〈十九世紀中至一九二一年伊朗外交部駐各省官員在外交與社會上的角色。第一部：外交關係〉（The Role of the Karguzar in the Foreign Relations of State and Society in Iran from the mid-nineteenth century to 1921. Part 1-Diplomatic relations），《大不列顛與愛爾蘭皇家亞洲學會學報》（*Journal of the Royal Asiatic Society of Great Britain and Ireland*），十五卷三期，二〇〇五年十一月，頁二六一至二七七。

53. Étienne Forestier-Peyrat 撰，〈俄羅斯鄂圖曼關係的另一種歷史：一九〇〇年至一九一八年間高加索邊境的三個時刻〉（Une autre histoire des relations russo-ottomanes. Trois moments de la frontière caucasienne (1900-1918)），《歐洲土耳其研究學報》（*European Journal of Turkish Studies*），二十二期，二〇一六年。〔有線上電子版〕

54. Mathijs Pelkmans 著，《捍衛邊界：喬治亞共和國的認同、宗教和現代性》（*Defending the Border. Identity, Religion, and Modernity in the Republic of Georgia*），美國綺色佳－英國倫敦：康乃爾大學出版，二〇〇六年。

55. Wilhelm Tieke 著，《高加索與石油：一九四二年／四三年高加索德蘇戰爭》（*Der Kaukasus und das Öl. Der deutsch-sowjetische Krieg in Kaukasien 1942/43*），Osnabrück：Munin Verlag，一九七〇年。Jan K. Lagutt 著，《高加索戰爭》（*Krieg um den Kaukasus*），蘇黎世－紐約：Europa Verlag，一九四二年。

56. Aleksandr Orishev 著，《伊朗情結：認同崩解，一九三六年至一九四五年》（*Iranskij uzel. Skhvatka razvedok, 1936-1945 gg.*），莫斯科：Veche，二〇〇九年。

57. Hamit Bozarslan 撰，〈大洪水後的混亂：記一九七〇年代的土耳其危機〉（Le chaos après le déluge. Notes sur la crise turque des années 1970），《文化與衝突》（*Cultures & Conflits*），二十四／二十五期，一九九七年，頁七十九至九十八。

58. Jean-David Mizrahi 著，《監管國的誕生：一九二〇年代敘利亞和黎巴嫩的情報單位與武裝集團》（*Genèse de l'État mandataire. Service des renseignements et bandes armées en Syrie et au Liban dans les années 1920*），巴黎：索邦大學出版，二〇〇三年，頁一五三。Anouche Kunth 著，《亞美尼亞人的流亡：從高加索到巴黎，一九二〇年至一九四五年》（*Exils arméniens. Du Caucase à Paris, 1920-1945*），巴黎：Belin，二〇一六年。Anahide Ter Minassian 著，《交織的歷史：僑裔、亞美尼亞、高加索，一八八〇年至一九九〇年》（*Histoire croisées. Diaspora, Arménie, Transcaucasie, 1880-1990*），巴黎：Parenthèses，一九九七年。

第一章

1. Magdalena Golnazarian-Nichanian 著，《亞塞拜然的亞美尼亞人：一八二八年至一九一八年區域史與地區局勢》（*Les Arméniens d'Azerbaïdjan. Histoire locale et enjeux régionaux, 1828-1918*），巴黎：當代亞美尼亞歷史研究中心，二〇〇九年，頁六十四。A.S. Hambarjan 著，《*Azatagrakan sharzhumnerě arevmtjan Hajastanum (1898-1908 t't'.)*》，葉里溫：Gitut'jun，一九九九年，頁一五四。
2. Nader Sohrabi 著，《鄂圖曼帝國與伊朗境內的革命和立憲主義》（*Revolution and Constitutionalism in the Ottoman Empire and Iran*），劍橋：劍橋大學出版，二〇一一年，頁三至四。
3. Iago Gocheleishvili 撰，〈在伊朗立憲革命的史學研究中引入喬治亞文獻（一九〇五年至一九一一年）〉（Introducing Georgian Sources for the Historiography of the Iranian Constitutional Revolution (1905-1911)），收錄於 Houchang Chehabi、Vanessa Martin（編），《伊朗立憲革命：大眾政治、文化轉變與跨國連結》（*Iran's Constitutional Revolution. Popular Politics, Cultural Transformations and Transnational Connections*），倫敦－紐約：I.B. Tauris，二〇一〇年，頁四十五至六十八。
4. Houri Berberian 著，《愛自由，無國界：亞美尼亞人與一九〇五年至一九一一年的伊朗立憲革命》（*Armenians and the Iranian Constitutional Revolution of 1905-1911. "The Love for Freedom Has No Fatherland"*），科羅拉多洲博爾德：Westview Press，二〇〇一年。
5. 在一九〇六年時高加索六百萬的居民中，有百分之二十五是亞塞拜然人，百分之二十是喬治亞人和亞美尼亞人，俄羅斯人占百分之五。Houri Berberian 著，《巡迴的革命分子：亞美尼亞人與俄羅斯、伊朗及鄂圖曼世界中彼此關聯的革命》（*Roving Revolutionaries. Armenians and the Connected Revolutions in the Russian, Iranian and Ottoman Worlds*），美國奧克蘭：加州大學出版，二〇一九年，頁八十四至八十五。
6. Gilles Pécout 撰，〈以地中海觀點與跨國觀點解讀義大利統一運動〉（Pour une lecture méditerranéenne et transnationale du Risorgimento），《十九世紀史期刊》（*Revue d'histoire du xixe siècle*），四十四期，二〇一二年，頁三十八。
7. Moritz Deutschmann 撰，〈「所有的統治者都是兄弟」：十九世紀俄羅斯與伊朗王朝的關係〉（"All Rulers are Brothers": Russian Relations with the Iranian Monarchy in the Nineteenth Century），《伊朗研究》（*Iranian Studies*），四十六卷三期，二〇一三年，頁三八三至四一三。
8. Alfred J. Rieber 撰，〈史達林，邊境之人〉（Stalin, Man of the Borderlands），《美國歷史評論》（*The American Historical Review*），一〇六卷五期，二〇〇一年十二月，頁一六五一至一六九一。Oleg V. Khlevniuk 著，《史達林：獨裁者新傳》

（*Stalin. New Biography of a Dictator*），紐哈芬－倫敦：耶魯大學出版，二〇一五年，頁二十三。

9. 俄羅斯直到一九一八年都使用儒略曆（calendrier julien），當時與格里曆（calendrier grégorien）有十三天的差距。

10. Aleksandr Kuzminskij 著，《對巴庫市的完整稽核報告：一九〇五年庫茲明斯基參議員督導製作》（*Vsepoddanejshij otchet o proizvedennoj v 1905 godu po vysochajshemu poveleniju senatorom Kuzminskim revizii goroda Baku*），聖彼得堡：Senatskaja Tipografija，無日期，頁一至三。

11. Audrey L. Altstadt 著，《亞塞拜然的突厥語族群：俄羅斯治下的權力與認同》（*The Azerbaijani Turks-Power and Identity under Russian Rule*），史丹佛：胡佛研究院出版，一九九二年，頁二一至三三。Otar Gogolishvili 著，《*Sazogadoebriv-polit'ikuri vitareba Batumis olkshi 1900-1910 ts'ts'*》，提比里斯：Narit'on Akhvledianis sakhelobis Ach'aris muzeumi，二〇一一年，頁三至五。

12. 亞歷山大．諾維科夫寫給納卡契茲的公開信，無日期，檔案號：HAA, f. 1262, inv. 3, d. 66, p. 7-8。Frederick Arthur McKenzie 著，《從東京到提弗里斯：戰爭中未受審查的信件》（*From Tokyo to Tiflis. Uncensored Letters from the War*），倫敦：Hurst & Blacklett，一九〇五年，頁三〇九。

13. 一九〇五年儒略曆十月二十六日（西曆十一月八日）警察局長對高加索副王的報告書，檔案號：STsSSA, f. 83, inv. 1, d. 32, p. 159。Stephen F. Jones 著，《喬治亞色彩的社會主義：一八八三年至一九一七年歐洲走向社會民主之路》（*Socialism in Georgian Colors. The European Road to Social Democracy, 1883-1917*），劍橋－倫敦：哈佛大學出版，二〇〇五年，頁一五二至一五四。

14. V.A. Potto（編），《俄國在高加索建立統治：一八〇一年至一九〇一年，喬治亞併入俄羅斯百周年》（*Utverzhdenie russkogo vladychestva na Kavkaze: K stoletiju prisoedinenija Gruzii k Rossii, 1801-1901*），提比里斯：高加索軍區總部印刷廠（Tipografija Shtaba Kavkazskogo Voennogo Okruga），一九〇一年至一九〇八年。

15. 一九〇五年儒略曆三月三十日（西曆四月十二日）沃隆索夫－達什科夫發給瑪拉瑪將軍的電報，檔案號：STsSSA, f. 12, inv. 2, d. 540, p. 1。

16. Diljara Ismail-Zade 著，《高加索總督沃隆索夫－達什科夫》（*I.I. Vorontsov-Dashkov. Kavkazskij Namestnik*），莫斯科：Tsentrpoligraf，二〇〇五年，頁七十至七十一。

17. Stephen Badalyan Riegg 撰，〈以新傳統主義統治解救帝國？一九〇五年至一九一五年高加索危機中的副王沃隆索夫－達什科夫〉（Neotraditionalist Rule to the Rescue of the Empire? Viceroy I. Vorontsov-Dashkov amid Crises in the Caucasus, 1905-

1915），《帝國：後蘇聯之新帝國歷史與民族主義研究》（*Ab Imperio*），二〇一八年三月號，頁一三〇。

18. Cemil Aydın 著，《亞洲之反西方政策：在泛伊斯蘭與泛亞思想觀點中的世界秩序》（*The Politics of Anti-Westernism in Asia-Visions of World Order in Pan-Islamic and Pan-Asian Thought*），紐約：哥倫比亞大學出版，二〇〇七年，頁七十二。

19. 一九〇四年二月十八日英國領事史蒂芬致蘭斯唐侯爵報告書（Rapport du consul Stevens au marquis de Lansdowne），檔案號：TNA, FO, 65/1690, ff. 97-98。

20. 一九〇五年六月十六日奧匈帝國駐特拉布宗港總領事報告書，檔案號：HHStA, PA XXXVIII, 332-9。

21. Mahdî Âhmadî «Âsnâd az Îrânîân-e Shimâl-e Qafqâz dar ârshîv-e kitâbkhâne-ye madjlis-e shûrâvî-e Eslâmî»，（*Piyâm-e Bahârestân*）, 2-7, printemps 1389 (2010), p. 335-342 ; Mohammad Hoseyn Khosrowpenâh «Kârnâme ve rûzgâr-e Irânîân mohâdjir dar Qafqâz, 1900-1920», Negâh-e now, 43, hiver 1378 (2000), p. 39-40.

22. 諾貝爾石油公司巴庫分支向位於聖彼得堡的公司總部發的電報，檔案號：RGIA, f. 727, inv. 2, d. 87, p. 15。

23. 一九〇五年十月十七日德國駐德黑蘭公使的信件，檔案號：PA AA, Abteilung IA (Altes Amt), Russland, R 11038。

24. 一九〇五年十月十三日〈遺漏跡證之備忘錄……〉（Memorandum of evidence of omission...），檔案號：TNA, FO 65/1738, ff. 123-125。

25. Parvin Akhanchi 撰，〈二十世紀初種族衝突期間巴庫油田工人的民族、宗教族群關係〉（Interrelations among Ethno-Religious Groups of Industrial Workers in the Baku Oil Fields During Inter-Ethnical Conflicts in Early 20th Century），收於 Fikret Adanır、Bernd Bonwetsch（編），《鄂圖曼主義、民族主義與高加索：十九與二十世紀的穆斯林與基督徒、土耳其人與亞美尼亞人》（*Osmanismus, Nationalismus und der Kaukasus. Muslime und Christen, Türken und Armenier im 19. und 20. Jahrhundert*），威斯巴登：Reichert Verlag，二〇〇五年，頁九十五。

26. 一九〇五年十一月七日英國駐德黑蘭公使報告書，檔案號：TNA, FO 60/700。Gerrit W. Gong 著，《國際社會之文明標準》（*The Standard of Civilization in International Society*），牛津：Clarendon Press，一九八四年。

27. 伊斯蘭曆一三二四年一月三十日（西曆一九〇六年三月二十六日）Muhammed Hüseyin Hacı Mirza Halil 向蘇丹請願書。檔案號：BOA, Y.PRK.BŞK, 75/102。（編注：此條注釋原文寫的是伊斯蘭曆一三二二年三月十三日，應是伊斯蘭曆誤植。）

28. Salavat Iskhakov 著，《俄國革命與帝國境內的穆斯林》（*Pervaja russkaja revoljutsija i musul'mane Rossijskoj imperii*），莫斯科：Sotsial'no-politicheskaja mysl'，二〇〇七年。James H. Meyer 著，《跨越帝國的土耳其人：一八五六年至一九一四年俄羅斯鄂圖曼邊境販售的穆斯林認同》（*Turks Across Empires. Marketing Muslim Identity in the Russian-Ottoman Borderlands,*

1856-1914），牛津：牛津大學出版，二〇一四年，頁九四至一〇四。

29. 伊斯蘭曆一三二四年元月十七日（西曆一九〇六年三月十三日）Sadâret 致鄂圖曼外交部節略，檔案號：BOA, BEO, 2780/208455。Qiyas Şükürov 撰，〈鄂圖曼帝國處理高加索一九〇五至一九〇六年事件之措施〉（Osmanlı Devleti'nin 19051906 Tarihli Kafkasya Olaylarına Yaklaşımı ve Alınan Önlemler），收於 Ibrahim Erdal、Ahmet Karaçavuş（編），《鄂圖曼政治與社會生活中的亞美尼亞人》（*Osmanlı siyasal ve sosyal hayatında Ermeniler*），伊斯坦堡：IQ Sanat Yayıncılık，二〇〇九年，頁八十五。

30. 伊斯蘭曆一三二三年十二月三日（西曆一九〇六年一月二十九日）Abdurrahman Efendi 的電報，檔案號：BOA, DH.MKT, 1045/64。

31. Davide Rodogno 著，《反對大屠殺：一八一五年至一九一四年歐洲政治之人道介入行動》（*Contro il massacro. Gli interventi umanitari nella politica europea, 1815-1914*），義大利巴里（Bari）：Laterza，二〇一二年。

32. 一九〇五年二月二十日，鄂圖曼駐聖彼得堡大使節略，檔案號：BOA, Y.A.HUS, 485/75。

33. A.M. Valujskij 撰，〈以莫斯科檔案局之文獻看青年土耳其黨人革命前夕安那托利亞東部的動亂〉（Vosstanija v vostochnoj Anatolii nakanune mladoturetskoj revoljutsii (po materialam moskovskikh arkhivov)），A.M. Shamsutdinov、L.O. Al'kaeva、A.P. Bazijants（編），《土耳其彙編：歷史、經濟、文學、語言》（*Turetskij sbornik–Istorija, Ekonomika, Literatura, Jazyk*），莫斯科：東方文學出版社（Izdatel'stvo vostochnoj literatury），一九五八年，頁四九至五十。

34. Attila Aytekin 撰，〈鄂圖曼帝國改革重建時期（一八三九年至一八七六年）與青年土耳其黨人革命之前（一九〇四年至一九〇八年）的抗稅之亂〉（Tax Revolts During the Tanzimat Period (1839-1876) and Before the Young Turk Revolution (1904-1908)），劍橋大學出版《政策史學報》（*Journal of Policy History*），二十五卷三期，二〇一三年，頁三〇八至三三三。Muammer Demirel 著，《一九〇六年－〇七年艾斯倫人民運動》（*Ikinci Meşrûtiyet öncesi Erzurum'da Halk Hareketleri (19061907)*），安卡拉：Kültür Bakanlığı Yayınları，一九九〇年，頁九至十。

35. Ali Gheissari 撰，〈商人無國界：貿易、旅行和伊朗卡札爾王朝末年的革命〉（Merchants Without Borders: Trade, Travel and a Revolution in Late Qajar Iran (The Memoirs of Hajj Mohammad-Taqi Jourabchi, 1907-1911)），收於 Roxane Farmanfarmaian（編），《波斯卡札爾王朝的戰爭與和平》（*War and Peace in Qajar Persia. Implications Past and Present*），倫敦－紐約：Routledge，二〇〇八年，頁一九〇。

36. Nikki R. Keddie 著，《現代伊朗——革命的根源與結果》（*Modern Iran. Roots and Results of Revolution*），紐哈芬－倫敦：

耶魯大學出版，二〇〇六年，頁六七至六九。

37. Mehrdad Kia 撰，〈Talibov-i Tabrizi 著作中的民族主義、現代主義與伊斯蘭〉（Nationalism, Modernism and Islam in the Writings of Talibov-i Tabrizi），《中東研究》（*Middle Eastern Studies*），三十卷二期，一九八四年四月號，頁二〇一至二二三。〔譯注：Talibov-i Tabrizi（一八三四至一九一一），亞塞拜然裔的伊朗人，是伊朗社會運動的重要知識界推手。〕Anja Pistor-Hatam 著，《伊朗與鄂圖曼帝國改革運動：改革運動影響下的波斯政治人物、旅行者與反對派人士》（*Iran und die Reformbewegung im Osmanischen Reich. Persische Staatsmänner, Reisende und Oppositionelle unter dem Einfluss der Tanzimaten*），柏林：Klaus Schwarz Verlag，一九九二年。

38. Cosroe Chaqueri 著，《現代伊朗的社會民主：伊朗左派的俄屬高加索起源》（*The Russo-Caucasian Origins of the Iranian Left. Social Democracy in Modern Iran*），維吉尼亞州里奇蒙：Curzon，二〇〇一年，頁一一七至一二〇。

39. Nezâm ‘Alî Dahnavî 著，《伊朗是高加索的堡壘》（*Irânân mohâdjir dar Qafqaz. Fa‘âliyathâ-ye farhangî dar sâlhâ-ye 1900-1931*），德黑蘭：Markaz-e asnâd ve khidmât-e pazhuheshî，波斯曆一三八三年（西元二〇〇四年），頁三十七。（譯注：波斯曆，亦稱伊朗曆，是以太陽位置計算的陽曆，與以月相為準的伊斯蘭曆不同。此種曆法在伊斯蘭信仰出現之前即已使用於波斯，目前主要在伊朗與阿富汗使用。）

40. Raoul Motika 著，《立憲革命期間亞塞拜然報紙所見伊朗亞塞拜然省的民眾政治》（*Die politische Öffentlichkeit Iranisch-Aserbaidschans während der Konstitutionellen Revolution im Spiegel der Täbriser Zeitung Āzarbāyǧān*），法蘭克福：Peter Lang，二〇〇一年，頁四十四。

41. brâhîm Kalântarî Bâghmisheî 著，*Rûznâme-ye Khâterât-e Sharaf ed-Dovleh (1324-1327 h.q.)*，德黑蘭：Fekr-e Rûz, 1377 (1998-1999)，頁七二至七七。M.S. Ivanov 著，《伊朗革命，一九〇六年至一一年》（*Iranskaja revoljutsija 1905-1911 godov*），莫斯科：國際關係研究所出版（Izdatel’stvo Instituta Mezhdunarodnykh Otnoshenij），一九五七年，頁一四四。

42. Sohrâb Yazdânî 著，*Idjtimâ‘îyûn ‘âmîyûn*, Téhéran, Nashr-e Nay, 2012, p. 104.

43. Luigi Villari 著，《高加索的火光劍影》（*Fire and Sword in the Caucasus*），倫敦－紐約：T. Fisher Unwin-James Pott & Co.，一九〇六年，頁一九七。

44. David Shub 撰，〈卡莫：高加索老布爾什維克傳奇人物〉（Kamo-the Legendary Old Bolshevik of the Caucasus），《俄國評論》（*Russian Review*），十九卷三期，一九六〇年七月，頁二二七至二四七。Jeronim Perović 撰，〈帝國願景與高加索實況：帝俄末年的匪幫與現象〉（Imperiale Projektionen und kaukasische Wirklichkeiten: Banditenwesen und das Phänomen

Zelimchan im spätzaristichen Russland），《東歐歷史年鑑》（*Jahrbücher für Geschichte Osteuropas*），六十二卷一期，二〇一四年，頁三十至六十。

45. Peter Holquist 撰，〈暴力的俄羅斯、致命的馬克思主義？一九〇五年至一九二一年，暴力時代中的俄羅斯〉（Violent Russia, Deadly Marxism? Russia in the Epoch of Violence, 1905-1921），《評論：探索俄國與歐亞史》（*Kritika: Explorations in Russia and Eurasian History*），四卷三期，二〇〇三年夏，頁六二八至六三三。

46. S. Fuks 撰，〈《奮鬥報》與革命運動〉（Bor'ba s revoljutsionnym dvizheniem...），《紅色檔案》（*Krasnyj Arkhiv*），三卷三十四期，一九二九年，頁一八七與頁一九四至一九五。（譯注：《紅色檔案》是蘇聯中央檔案局一九二二年至一九四一年間於莫斯科發行的一份歷史期刊，旨在公開帝俄檔案中深藏的祕密外交檔案，並「教育無產階級」。）

47. 警察部門對一九〇八年四月儒略曆十一日（西曆二十四日）的信件建立的附錄，檔案號：STsSSA, f. 13, inv. 27, d. 5281, p. 32-40。

48. Onur Önol 著，《沙皇治下的亞美尼亞人：帝俄晚期的一支少數民族》（*The Tsar's Armenians. A Minority in Late Imperial Russia*），倫敦－紐約：I.B. Tauris，二〇一七年。

49. L.F. Tigranov 著，《波斯的政治／社會關係》（*Iz obshchestvenno-politicheskikh otnoshenij v Persii*），聖彼得堡：Jakor'，一九〇九年，頁一〇八。Richard Tapper 撰，〈襲擊、應對與敵意：立憲革命時期的沙塞芬遊牧部落〉（Raiding, Reaction, and Rivalry. The Shâhsevan Tribes in the Constitutional Period），倫敦大學出版《東方研究與非洲研究學報》（*Bulletin of the SOAS*），四十九卷三期，一九八六年，頁五〇八至五三一。

50. 一九〇八年儒略曆三月三十日（西曆四月十一日）貝拉蘇瓦邊境軍營指揮官報告書，檔案號：STsSSA, f. 15, inv. 1, d. 46, p. 33-35。

51. 一九〇八年四月儒略曆二日（西曆十五日）高加索副王致俄國外交部電報，檔案號：STsSSA, f. 15, inv. 1, d. 46, p. 8。

52. 一九〇八年儒略曆四月二十三日（西曆五月六日）俄國外交部致高加索副王電報，檔案號：STsSSA, f. 15, inv. 1, d. 46, l. 48。一九〇八年儒略曆四月二十八日（西曆五月十一日）俄國駐德黑蘭大使致高加索副王電報，檔案號：STsSSA, f. 15, inv. 1, d. 46, p. 52。

53. Richard Tapper 著，《伊朗的遊牧人邊地：沙塞芬人的政治史與社會史》（*Frontier Nomads of Iran. A Political and Social History of the Shahsevan*），劍橋：劍橋大學出版，一九九七年，頁二五二至二五三。

54. 一九〇八年五月儒略曆十五日（西曆二十八日）高加索副王致俄國外交部電報，檔案號：STsSSA, f. 15, inv. 1, d. 46, l. 91。

55. J.H. Driberg 撰，〈殖民統治中的人類學〉（Anthropology in Colonial Administration），倫敦政經學院《經濟學刊》（*Economica*），二十期，一九二七年六月，頁一五七。

56. Arno Mayer 著，《舊體制的頑強：大戰前的歐洲》（*The Persistence of the Old Regime. Europe to the Great War*），紐約：Pantheon Books，一九八一年。

57. Michel Foucault 著，《監視與懲罰》（*Surveiller et punir*），巴黎：Gallimard，一九七五年，頁十四至二十三。（譯注：王紹中譯，台北：時報，二〇二〇年。）

58. Bruce Grant 著，《俘虜和禮物——俄羅斯和高加索的主權文化史》（*The Captive and the Gift. Cultural Histories of Sovereignty in Russia and the Caucasus*），綺色佳–倫敦：康乃爾大學出版，二〇〇九年，頁五八至五九。

59. 一九〇八年儒略曆五月二十三日（西曆六月五日）俄國外交部致高加索副王電報，檔案號：STsSSA, f. 15, inv. 1, d. 46, p. 109。

60. 一九〇八年儒略曆五月二十五日（西曆六月七日）以及儒略曆六月二十七日（西曆七月十日）高加索副王致俄國外交部電報，檔案號：STsSSA, f. 15, inv. 1, d. 46, p. 114-115 et 143。

61. 一九〇八年十一月儒略曆十三日（西曆二十六日）葉里溫總督致 Mitskevich 信件，檔案號：STsSSA, f. 13, inv. 27, d. 862, p. 21。

62. Kerim Shukjurov 著，《十九世紀最後三十餘年至一九〇五年間從亞塞拜然南部到外高加索的季節移工》（*Otkhodnichestvo v Zakavkaz'e iz Juzhnogo Azerbajdzhana (vtoraja tret' XIX v.-1905)*），巴庫：一九八四年博士論文。

63. Alisa Shablovskaia 撰，〈伊朗境內的俄羅斯傲慢：一九〇七年至一九一二年的外交、恩庇侍從主義與介入〉（Russian Hubris in Iran: Diplomacy, Clientelism, and Intervention (1907-1912)），《帝國：後蘇聯之新帝國歷史與民族主義研究》（*Ab Imperio*），二〇一九年一月，頁七十九至一〇三。

64. Sabri Ateş 著，《鄂圖曼–伊朗邊境：一八四三年至一九一四年，一個邊境的形成》（*The Ottoman-Iranian Borderlands. Making a Boundary, 1843-1914*），紐約：CUP，二〇一三年，頁二一九至二八三。

65. Ahmad Kasravî *Târîkh-e hijdeh sâleh-e Âzerbâyjân*, Téhéran, Amîr Kabîr, 1340 (1961), p. 9-10。Ant'on Kelenjeridzé, *Gurjebi. Kartvelebi Iranis 1905-1911 ts'lebis revolutsiashi*, Sak.k'p' tsk'-is gamomtsemloba, 1975.

66. Moritz Deutschmann 撰，〈國家文化、革命文化：一九〇六年至一九一一年伊朗立憲運動中的高加索革命分子〉（Cultures of Statehood, Cultures of Revolution: Caucasian Revolutionaries in the Iranian Constitutional Movement, 1906-1911），《帝國：後

蘇聯之新帝國歷史與民族主義研究》（*Ab Imperio*），二〇一三年二月，頁一六五至一九〇。

67. Tria (Vlass Mgeladzé) 撰，〈高加索與波斯革命〉（Le Caucase et la révolution persane），《穆斯林世界期刊》（*Revue du monde musulman*），十三期，一九一一年，頁三二六。

68. Denis V. Volkov 著，前引《俄羅斯轉向波斯：外交與知識界中的東方主義》，二〇一八年，頁二三二。

69. Ahmad Kasravî 著，前引〔注72〕1340 (1961), p. 255-257.

70. James D. Clark 撰，〈立憲派與哥薩克人：一九七年至一九一一年大不里士的立憲運動與俄國介入〉（Constitutionalists and Cossacks: The Constitutional Movement and Russian Intervention in Tabriz, 1907-1911），《伊朗研究》（*Iranian Studies*），三十九卷二期，二〇〇六年，頁一九九至二二五。

71. Elena Andreeva、Morteza Nouraei 撰，〈二十世紀初俄國在伊朗的移墾：殖民的最初階段〉（Russian Settlements in Iran in the Early Twentieth Century: Initial Phase of Colonization），《伊朗研究》，四十六卷三期，二〇一三年，頁四一五至四四二。

第二章

1. 一九一四年七月儒略曆四日（西曆十七日）庫塔伊西城總督致巴統督軍信函，檔案號：AARSA, f. i-1, inv. 1, d. 698, p. 18。

2. Michael Reynolds 著，《碎裂中的帝國：一九〇八年至一九一八年鄂圖曼與俄羅斯兩帝國的火爆衝突與崩解》（*Shattering Empires. The Clash and Collapse of the Ottoman and Russian Empires, 1908-1918*），劍橋－紐約：劍橋大學出版，二〇一一年，頁六。

3. Maurus Reinkowski、Gregor Thum 編，《無助的帝國主義者：帝國的失敗、恐懼和激進化》（*Helpless Imperialists: Imperial Failure, Fear and Radicalization*），德國哥廷根：Vandenhoeck & Ruprecht，二〇一三年，頁七至九。

4. Mehmed Arif 著，《發生在我們身上的事》（*Başımıza gelenler*），伊斯坦堡：Babıali kültür yayıncılığı，一九〇三年初版（二〇一二年再版），頁七至十一。

5. Vasilij Potto 著，《一九一〇年卡爾斯城的慶祝活動與四場襲擊》（*Karsskie torzhestva v 1910 godu i chetyre shturma Karsa*），提比里斯：高加索軍區總部軍史部出版（Izdatel'stvo Voenno-istoricheskogo otdela Shtaba KVO），一九一一年。

6. Alex Marshall 著，《一八〇〇年至一九一七年俄國參謀總部與亞洲》（*The Russian General Staff and Asia, 1800-1917*），倫敦－紐約：Routledge，二〇〇六年，頁一一七。Sean McMeekin 著，《第一次世界大戰的俄國源頭》（*The Russian Origins of the First World War*），美國麻州劍橋－倫敦：The Belknap Press of Harvard University Press，二〇一一年，頁十六至十七。

7. Sabri Ateş 著，《鄂圖曼－伊朗邊境：一八四三年至一九一四年，一個邊境的形成》（*The Ottoman-Iranian Borderlands. Making a Boundary, 1843-1914*），紐約：CUP，二〇一三年，頁二七一至二七三，以及頁二八二至二八三。Denis V. Volkov 撰，〈弗拉基米爾・米諾爾斯基（一八七七至一九六六）與兩伊戰爭（一九八〇至一九八八）：「米諾斯基邊境」百周年〉（Vladimir Minorsky (1877-1966) and the Iran-Iraq War (1980-8): The Centenary of "Minorsky's Frontier"），Rudi Matthee、Elena Andreeva 編，《伊朗境內的俄羅斯人：卡札爾王朝與之後的外交與權力》（*Russians in Iran. Diplomacy and Power in the Qajar Era and Beyond*），倫敦－紐約：I.B. Tauris，二〇一八年，頁一八八至二一六。

8. Rahmatollah Mo'tamadî (Mo'tamad ol-Vezâre), Marzhâ-ye Irân va Turkiye. Sharh-e gozâreshât va vaqâ'i'-e yumiye-ye komisyûnhâ-ye tahdîd-e hodûd-e Irân va Turkiye dar sâlhâ-ye 1309 va 1312, Téhéran, Shirâze, 1390 (2011).

9. Tuncay Öğün 著，《第一次世界大戰高加索前線的軍需運補》（Kafkas cephesinin I. Dünya savaşındaki lojistik desteği），安卡拉：Atatürk Araştırma Merkezi，一九九九年。

10. William C. Fuller 著，《內敵：叛國幻想曲與帝俄末日》（*The Foe Within. Fantasies of Treason and the End of Imperial Russia*），綺色佳－倫敦：康乃爾大學出版，二〇〇六年，頁一二〇至一二二。

11. Polat Safi 撰，〈壕溝裡的歷史：鄂圖曼特別組織文獻〉（History in the Trench-The Ottoman Special Organization. Teşkilât-ı Mahsusa Literature），《中東研究》（*Middle Eastern Studies*），四十八卷一期，二〇一二年，頁八十九至九十三。

12. Arif Cemil 著，《第一次世界大戰期間的鄂圖曼特別組織》（*Birinci Dünya Savaşında Teşkilât-ı Mahsusa*），伊斯坦堡：Arma Yayınları，二〇〇六年，頁二十至二十一。Werner Zürrer 著，《一九一八年至二一年間的高加索：黑海與裏海間陸橋的列強爭奪戰》（*Kaukasien 1918-1921. Der Kampf der Grossmächte um die Landbrücke zwischen Schwarzem und Kaspischem Meer*），德國杜塞爾道夫：Drost Verlag，一九七八年，頁十三至十五。

13. Simon Vrats'jan 著，Hajastani hanrapetut'jun, Erevan, Hajastan, 1998, p. 8-9；伊斯蘭曆一三三二年六月三日（西曆一九一四年八月二十五日）塔辛貝伊（Tahsin Bey）發給內政部的電報，檔案號：BOA, DH.EUM 2.şb., 1/31。〔譯注：塔辛貝伊（一八七七至一九三九），鄂圖曼與土耳其的高層政治人物，曾歷任凡省、艾斯倫省、敘利亞、艾登省等地之總督，並曾任多省議會代表。〕

14. 一九一四年九月儒略曆二日（西曆十五日）沃隆索夫－達什科夫致大教長喬治五世信函，檔案號：HAA, f. 57, inv. 5, d. 86, p. 1-2。L. Sargizov 著，《二十世紀最初二十五年近東與中東的亞述人》（*Assirijtsy stran Blizhnego i Srednego Vostoka. Pervaja chetvert' XX veka*），葉里溫：Ajastan，一九七九年，頁三十四至四十三。

15. Manoug Joseph Somakian 著，《衝突中的帝國：亞美尼亞與諸列強》（*Empires in Conflict: Armenia and the Great Powers, 1895-1920*），倫敦－紐約：I.B. Tauris，一九九五年，頁七十三至七十五。Misak' T'orlak'jan 著，*Ôrerus het*，貝魯特：G. Hratarakut'jun, 2001, p. 219-222。

16. Justin McCarthy 與團隊合著，《凡省亞美尼亞人叛變》（*The Armenian Rebellion at Van*），鹽湖城：猶他大學出版，二〇〇六年，頁一八五至一八六。Ronald Grigor Suny 撰，〈大屠殺猶太人之前的大屠殺〉（The Holocaust Before the Holocaust...），Hans-Lukas Kieser、Dominik J. Schaller 編，《亞美尼亞人大屠殺與猶太人大屠殺》（*Der Völkermord an den Armeniern und die Shoah*），蘇黎世：Chronos，二〇〇二年，頁九十五。

17. Mehmet Beşikçi 著，《第一次世界大戰鄂圖曼的動員》（*The Ottoman Mobilization of Manpower in the First World War*），荷蘭萊登－美國波士頓：Brill，二〇一二年，頁一二九至一三〇。Wolfgang Gunst 編，《一九一五年－一六年亞美尼亞人大屠殺：德國外交部政治檔案局文獻》（*Der Völkermord an den Armeniern 1915-16. Dokumente aus dem Politischen Archiv des deutschen Auswärtigen Amts (DPA)*），德國施普林格：Zu Klampen Verlag，二〇〇五年，頁三七二。

18. 一九一四年十一月八日與十一日鄂圖曼司令給印刷總部的說明，檔案號：OBDH, 1, 2013, p. 84 et 88。

19. Artem Ohandjanian 編，《一八七二年至一九三六年奧地利－亞美尼亞關係：一九一四年至一九一五年外交檔案中副本》（*Österreich-Armenien, 1872-1936. Faksimilesammlung diplomatischer Aktenstücke, B. VI-1914-1915*），維也納：Ohandjanian Eigenverlag，一九九五年，頁四四〇五至四四〇六。儒略曆一九一四年十二月二十一日（西曆一九一五年一月三日）巴統警察局長報告書，檔案號：AARSA, f. i-1, inv. 1, d. 708, p. 56-58。

20. Hikmet Özdemir 著，《一九一四年至一八年鄂圖曼軍隊：戰場上的疾病與死亡》（*The Ottoman Army, 1914-1918. Disease and Death on the Battlefield*），鹽湖城：猶他大學出版，二〇〇八年，頁五十至五十二。

21. Altay Atlı 撰，〈雪的洗禮：第一次世界大戰期間鄂圖曼的雪地作戰經驗〉（Baptism by Snow: The Ottoman Experience of Winter Warfare During the First World War），收錄於 Joachim Bürgschwentner、Matthias Egger、Gunda Barth-Scalmani 編，《其他戰線，其他戰爭？百周年前夕的第一次世界大戰研究》（*Other Fronts, Other Wars? First World War Studies on the Eve of the Centennial*），萊頓－波士頓：Brill，二〇一四年，頁六十六至六十七，與頁八十四至八十五。

22. Erkan Karagöz 著，《一八七八年至一九二一年卡爾斯省及其周邊的啟蒙運動與左派傳統的歷史淵源》（*Kars ve çevresinde aydınlama hareketleri ve sol geleneğin tarihsel kökenleri, 18781921*），伊斯坦堡：Asyaşafak Yayınları，二〇〇五年，頁四十八。Sami Önal 編，《Sarıkamış (19151920) Ziya Yergök 將軍的回憶錄》（*Sarıkamış'tan Esarete (19151920) Tuğgeneral Ziya*

Yergök'ün Anıları），伊斯坦堡：Remzi Kitabevi，二〇〇五年，頁一二〇。

23. Michael Mann 著，《民主的黑暗面：解釋民族清洗》（*The Dark Side of Democracy. Explaining Ethnic Cleansing*），劍橋：劍橋大學出版，二〇〇五年，頁一四一。

24. Uğur Ümit Üngör 著，《打造現代土耳其：一九一三年至一九五〇年東安那托利亞的民族與國家》（*The Making of Modern Turkey. Nation and State in Eastern Anatolia, 1913-1950*），牛津－紐約：牛津大學出版，二〇一一年，頁五十八至五十九。

25. Ronald Grigor Suny 撰，〈書寫種族滅絕：鄂圖曼亞美尼亞人的命運〉（Writing Genocide: The Fate of Ottoman Armenians），收錄於 Ronald Grigor Suny、Fatma Müge Göçek、Norman M. Naimark 編，《種族滅絕問題：鄂圖曼帝國末年的亞美尼亞人與土耳其人》（*A Question of Genocide. Armenians and Turks at the End of the Ottoman Empire*），牛津－紐約：牛津大學出版，二〇一一年，頁十九。

26. Témoignage de Manuk Hakobjan, 4 août 1916, *Hajots' ts'eghaspanut'junĕ Osmanjan T'urkiajum. Verapratsneri vkajut'junner. P'ast'at'ght'eri zhoghovatsu, T. 1*, Erevan, Azgajin Arkhivneri, 2012, p. 183-184.

27. Donald Bloxham 著，《種族滅絕大博弈：帝國主義、民族主義，與鄂圖曼亞美尼亞人的滅絕》（*The Great Game of Genocide. Imperialism, Nationalism, and the Destruction of the Ottoman Armenians*），牛津－紐約：牛津大學出版，二〇〇五年，頁七十七至七十八。Grace H. Knapp 著，《比特利斯城的悲劇》（*The Tragedy of Bitlis*），紐約：Fleming H. Revell Company，一九一九年，頁十五至十六。

28. 一九一五年五月二十五日美國駐君士坦丁堡大使報告書，收錄於〈國家檔案〉（The State Department File），〔美國麻州出版學術期刊〕《亞美尼亞評論》（*The Armenian Review*），第三十七冊，一卷一四五期，一九八四年春季刊，頁六十六至六十八。

29. 一九一五年五月十一日德國駐伊斯坦堡大使報告書，檔案號：PA AA, Abteilung IA (Altes Amt), R 14085。

30. Vahakn Dadrian 著，《亞美尼亞人種族滅絕史：從巴爾幹半島到安那托利亞再到高加索的民族衝突》（*The History of the Armenian Genocide. Ethnic Conflict from the Balkans to Anatolia to the Caucasus*），牛津－紐約：Berghahn Books，二〇〇四年，頁二二一。

31. Thomas de Waal 著，《大災難：在種族滅絕陰影下的亞美尼亞人與土耳其人》（*Great Catastrophe. Armenians and Turks in the Shadow of the Genocide*），紐約：牛津大學出版，二〇一五年，頁二十一。亞美尼亞種族滅絕研究國際學術委員會（Conseil scientifique international pour l'étude du génocide des Arméniens），《亞美尼亞種族滅絕》（*Le Génocide des Arméniens*），巴

黎：Armand Colin，二〇一五年。

32. David Gaunt 著，《屠殺、反抗、保護者：第一次世界大戰期間東安那托利亞地區的穆斯林－基督徒關係》（*Massacres, Resistance, Protectors: Muslim-Christian Relations in Eastern Anatolia During World War I*），紐澤西州皮斯卡特維：Gorgias Press，二〇〇六年。

33. 一九一五年七月九日與二十八日舒納－海特報告書，檔案號：DPA, p. 197-198 et 219。Guenter Lewy 著，《鄂圖曼土耳其境內的亞美尼亞人屠殺：一個受爭議的種族滅絕》（*The Armenian Massacres in Ottoman Turkey. A Disputed Genocide*），鹽湖城：猶他大學出版，二〇〇五年，頁一六四至一六五與頁二三一。

34. Taner Akçam 著，《青年土耳其黨人所犯之危害人類罪：鄂圖曼帝國內之亞美尼亞人種族滅絕與種族清洗》（*The Young Turks' Crime Against Humanity. The Armenian Genocide and the Ethnic Cleansing in the Ottoman Empire*），普林斯頓－牛津：普林斯頓大學出版，二〇一二年，頁二十四至二十五。Hans-Walter Schuhl 撰，〈以比較研究角度看一九一五年至一七年的亞美尼亞人種族滅絕〉（Der Völkermord an den Armeniern 19151917 in vergleichender Perspektive），收錄於 Fikret Adanır、Bernd Bonwetsch 編，前引《鄂圖曼主義、民族主義與高加索：十九與二十世紀的穆斯林與基督徒、土耳其人與亞美尼亞人》，二〇〇五年，頁二七八至二七九。

35. Wardges Mikaeljan 編，《亞美尼亞問題與一九一三年至一九年的亞美尼亞人種族滅絕》（*Die Armenische Frage und der Genozid an den Armeniern in der Türkei (1913-1919)*），葉里溫：亞美尼亞科學院歷史研究所（Institut für Geschichte der Akademie der Wissenschaften Armeniens），二〇〇四年，頁一二八至一二九。

36. 一九一五年九月十六日英國駐巴統領事報告書，收錄於 Anita L.P. Burdett 編，《亞美尼亞：一八七八年至一九四八年間的政治與種族邊界》（*Armenia. Political and Ethnic Boundaries, 1878-1948*），倫敦：Archive Éditions，一九九八年，頁三四七。一九一五年儒略曆九月二十五日（西曆十月八日），波季港（Poti）海關致高加索海關總署信函，檔案號：STsSSA, f. 378, inv. 4, d. 504, p. 4。

37. G.A. Abraamjan、T.G. Sevan-Khachatrjan 編，《一九一五年至一九一六年鄂圖曼境內亞美尼亞種族滅絕的俄國史料》（*Russkie istochniki o genotside armjan v Osmanskoj imperii 1915-1916 gody*），葉里溫：Areresum-ANI，一九九五年，頁五十二與頁五十七。Benedetta Guerzoni 著，《消滅一個民族：亞美尼亞人種族滅絕的影像與文獻》（*Cancellare un popolo. Immagini e documenti del genocidio armeno*），米蘭：Mimesis Edizioni，二〇一三年，頁一九〇至一九八。

38. Gevork Iagut'ov 與團隊編，*Somekhta genotsidi kartul p'eriodik'ashi, 1914-1918*，(dir.), Tbilissi, Universali, 2011。Boris Adjemian，

Raymond Kévorkian 撰，〈倖存者證詞與對一九一五年－一六年種族滅絕的認識〉（Témoignages de rescapés et connaissance du génocide de 1915-1916），《當代亞美尼亞研究》（*Études arméniennes contemporaines*），五期，二〇一五年，頁七十九至一一一。

39. Daniel Marc Segesser 撰，〈解散或懲罰？法學者與記者針對鄂圖曼帝國種族滅絕亞美尼亞人之後續的國際辯論〉（Dissolve or Punish? The International Debate Among Jurists and Publicists on the Consequences of the Armenian Genocide for the Ottoman Empire, 1915-23），收錄於 Dominik J. Schaller、Jürgen Zimmerer 編，《鄂圖曼末年的種族滅絕：鄂圖曼帝國和青年土耳其黨人的解散與滅族政策》（*Late Ottoman Genocides. The Dissolution of the Ottoman Empire and Young Turkish Population and Extermination Policies*），倫敦－紐約：Routledge，二〇〇九年，頁八十九至九十三。Jo Laycock 著，《想像亞美尼亞：東方主義、矛盾與介入》（*Imagining Armenia. Orientalism, Ambiguity and Intervention*），曼徹斯特－紐約：曼徹斯特大學出版，二〇〇九年，頁十八至十九。Armen Marukjan 著，《亞美尼亞問題與俄國政策（一九一五年至一九一七年）》（*Armjanskij vopros i politika Rossii (1915-1917 gg.)*），葉里溫：MIG NAN RA，二〇〇三年，頁六十九與頁七十四。

40. 英國歷史學家湯恩比（Arnold J. Toynbee）自一九一五年起便編纂一份報告關於鄂圖曼的種族滅絕政策：Arnold J. Toynbee 著，《亞美尼亞人屠殺（Claire Mouradian 評注版）》（*Le Massacre des Arméniens (édition critique de Claire Mouradian)*），巴黎：Payot，二〇〇四年。〔譯注：為湯恩比這份報告寫評注的 Claire Mouradian（一九五一－）是亞美尼亞裔的史學家，專研高加索歷史與地緣政治，探討高加索地區的族群關係和少數民族立場。執教於法國高等社會科學院（EHESS），同時也是法國國家科學研究中心（CNRS）論文指導教授。〕

41. Edith Ybert-Chabrier 撰，〈阿札爾人與第一次世界大戰：叛賊或受害者?〉（Les Adjars et la Première Guerre mondiale: Traîtres ou victimes?），《俄羅斯世界學刊》（*Cahiers du monde russe*），五十九卷四期：二〇一八年，頁四四三至四七二。

42. Fahrettin Kırzıoğlu 著，《我們筆下的卡爾斯省》（*Edebiyatımızda Kars*），伊斯坦堡：Işıl Matbaası，一九五八年，頁九十八至九十九。Ülkü Önal 著，*Artvin Muhaciri Hatıraları*, Ankara, pas d'éditeur, 2010.

43. 一九一五年一月儒略曆四日（西曆十七日）巴統警察局長報告書，檔案號：AARSA, f. i-1, inv. 1, d. 708, p. 60。Âdil Özder, *Artvin ve Çevresi 18281921 savaşları*, Ankara, Ay Matbaası, 1971, p. 101103.

44. 一九一五年六月十九日奧匈帝國駐特拉布宗領事報告書，檔案號：HHStA, PA I 947。Tuncay Öğün, *Unutulmuş bir göç trajedisi. Vilayât-ı Şarkiye mültecileri (19151923)*, Ankara, Babil, 2004；Ayhan Yüksel, *Giresun Tarihi Yazıları*, Istanbul, Kitabevi, 2002, p. 115-119.

45. Eric Lohr 著，《俄羅斯帝國民族化：第一次世界大戰期間抵禦外敵之宣傳》（*Nationalizing the Russian Empire. The Campaign Against Enemy Aliens during World War I*），美國麻州劍橋－倫敦：哈佛大學出版，二〇〇三年，頁一五一。
46. 一九一五年一月儒略曆十七日（西曆三十日）副王民政副手 Peterson 致副王駐彼得格勒代表 Nikol'skij 信函，檔案號：HAA, f. 1262, inv. 3, d. 1557, p. 1-2。
47. Peter Holquist 撰，〈俄羅斯占領亞美尼亞一九政策與實行〉（The Politics and Practice of the Russian Occupation of Armenia...），收錄於 Ronald Grigor Suny、Fatma Müge Göçek、Norman M. Naimark 編，前引《種族滅絕問題：鄂圖曼帝國末年的亞美尼亞人與土耳其人》，二〇一一年，頁一六〇至一六三。Shota Basilaja 著，《第一次世界大戰期間的外高加索》（*Zakavkaz'e v gody pervoj mirovoj vojny*），阿布哈茲共和國首都蘇呼米（Soukhoumi）：Alashara，一九六八年，頁九十七至一〇〇。
48. 一九一五年三月儒略曆十四日（西曆二十七日）巴統總督信函，檔案號：AARSA, f. i-1, inv. 1, d. 708, p. 85。David Zavriev 著，《土耳其東北省分現代史》（*K novejshej istorii severo-vostochnykh vilajetov Turtsii*），提比里斯：Izdanie TGU im. Stalina，一九四七年，頁二十八。
49. Malkhaz Sioridzé, *Samkhet-dasavleti Sakartvelo 1914-1918 ts'lebshi (Sotsialur-ek'onomi'kuri da polit'ik'uri vitareba)*, Batoumi, Gamomtsemloba Ach'ara, 2002, p. 136-138。Robert W. Conrood 撰，〈帝國杜馬對於戰爭期間少數民族問題的態度〉（The Duma's Attitude Toward War-Time Problems of Minority Groups），《美國斯拉夫與東歐研究》（*American Slavic and East European Review*），十三卷一期，一九五四年二月，頁四十四。
50. Stéphane Yérasimos 著，《鄂圖曼境內的人與思想》（*Hommes et idées dans l'espace ottoman*），伊斯坦堡：Isis，一九九七年，頁四一六至四一七。
51. Mehmet Nusret、Murat Küçükuğurlu 著，《艾斯倫城歷史：一八六六年至一九三〇年，從鄂圖曼帝國到共和國》（*Erzurum belediyesi tarihi, I. Osmanlı'dan Cumhuriyet'e (18661930)*），伊斯坦堡：Dergâh Yayınları 二〇〇八年，頁二五六至二五七。
52. Nikolaj Korsun 著，《第一次世界大戰的高加索前線：行動與戰術模式》（*Pervaja mirovaja vojna na Kavkazskom fronte. Operativno-strategicheskij ocherk*），莫斯科：Voennoe Izdatel'stvo MVS SSSR，一九四六年，頁六十三至七十。
53. Arthur Beylerian 編，《一九一四年至一八年法國檔案中的列強、鄂圖曼帝國與亞美尼亞人》（*Les Grandes Puissances, l'Empire ottoman et les Arméniens dans les archives françaises (1914-1918)*），巴黎：Publications de la Sorbonne，一九八三年，頁二〇〇至二〇一。Aleksandra Bakhturina 著，《帝國邊境：第一次世界大戰期間的公共行政與國家政策（一九一四年至一

七年）》（*Okraina Rossijskoj imperii. Gosudarstvennoe upravlenie i natsional'naja politika v gody pervoj mirovoj vojny (1914-1917 gg.)*），莫斯科：ROSSPEN，二〇〇四年，頁二一九。Ronald P. Bobroff 撰，〈爭奪戰利品：帝俄晚期與法國在近東地區的競爭〉（Suqabbling over the Spoils: Late Imperial Russia's Rivalry with France in the Near East），收錄於 Lucien J. Frary、Mara Kozelsky 編，《俄鄂邊界：東方問題再思考》（*Russian-Ottoman Borderlands. The Eastern Question Reconsidered*），麥迪遜：威斯康辛大學出版，二〇一四年，頁二八一至三〇二。

54. 一九一六年六月儒略曆十四日（西曆二十七日）俄國外交部至高加索副王書函，檔案號：RGVIA, f. 2005, inv. 1, d. 17, p. 1-2。Ashot Arutjunjan 著，《一九一四年至一七年高加索前線》（*Kavkazskij front 1914-1917 gg.*），葉里溫：Ajastan，一九七一年，頁三四九。

55. 一九一六年儒略曆三月二十日（西曆四月二日）《亞美尼亞先驅報》（*Armjanskij Vestnik*），第八版。Esat Uras 著，《亞美尼亞歷史與亞美尼亞問題》（*Tarihte Ermeniler ve Ermeni Meselesi*），伊斯坦堡：Belge Yayınları，一九八七年，頁六二九。

56. 一九一五年八月儒略曆九日（西曆二十二日）Kalitin 將軍致高加索參謀總部電報，檔案號：RGVIA, f. 2100, inv. 1, d. 982, p. 33。Muammer Demirel 著，《第一次世界大戰期間艾斯倫及其周邊的亞美尼亞人運動》（*Birinci Dünya Harbinde Erzurum ve Çevresinde Ermeni Hareketleri (1914-1918)*），安卡拉：Genelkurmay Basımevi，一九九六年，頁七十二至七十三。

57. Richard G. Hovannisian 著，《一九一八年亞美尼亞獨立之路》（*Armenia on the Road to Independence 1918*），柏克萊－洛杉磯：加州大學出版，一九六七年，頁五十五至五十六。

58. Yektan Türkyılmaz 著，《重新思索種族滅絕：一九一三年至一九一五年東安那托利亞的暴力與受害者》（*Rethinking Genocide: Violence and Victimhood in Eastern Anatolia, 1913-1915*），二〇一一年杜克大學博士論文，頁二九〇至二九一。Halit Dündar Akarca 著，《被占領地之帝國塑造：第一次世界大戰期間俄國對鄂圖曼領土的占領》（*Imperial Formations in Occupied Lands. The Russian Occupation of Ottoman Territories during the First World War*），二〇一四年普林斯頓大學博士論文，頁三十五至三十六與頁三十九。

59. Anahide Ter Minassian 撰，〈凡省，一九一五年〉（Van 1915），收於 Richard G. Hovannisian 編，《亞美尼亞人的凡省》（*Armenian Van/Vaspurakan*），加州科斯塔梅薩：Mazda，二〇〇〇年，頁二〇九至二四四。Valerij Tunjan, «Rossija i organizatsija upravlenija Zapadnoj Armenii, 1915-1917», *Hajots' ts'eghaspanut'jan patmut'jan yev patmagrut'jan harts'er*, 4, 2001, p. 36-37; 一九一五年儒略曆六月二十一日（西曆七月四日）凡城階段指揮官（commandant d'étape de Van）致阿朗・瑪努健信函，檔案號：HAA, f. 242, inv. 1, d. 10, p. 59。

60. 一九一五年儒略曆六月二十二日（西曆七月五日）俄國軍方令，檔案號：HAA, f. 242, inv. 1, d. 5, p. 153。Armen Asrjan, «Vani nahangapetut'jan jev r'usakan Kovkasjan banaki hramanatarut'jan tesaketnerě nahangapetut'jan taratsk'um K'rderi virabnakets'man masin», *Banber Hajastani Arkhivneri*, 1/2, 2007, p. 35-36.

61. A. Jakhontov 撰，〈艱難的日子：一九一五年七月十六日至九月二日大臣議會的祕密會議〉（Tjazhelye dni (Sekretnye zasedanija Soveta Ministrov-16 ijulja-2 sentjabrja 1915 goda)），收錄於 I.V. Gessen 編，《俄國革命檔案，第十八冊》（*Arkhiv Russkoj Revoljutsii, T. XVIII*），一九二六年，頁三十。

62. Boris Kolonitskij 著，《色慾的悲劇：第一次世界大戰期間皇室形象》（*"Tragicheskaja erotika". Obrazy imperatorskoj sem'ji v gody Pervoj Mirovoj vojny*），莫斯科：NLO，二〇一〇年，頁四九七至四九八。A.G. Emel'janov 著，《一九一五年至一九一八年波斯戰線上的哥薩克人》（*Kazaki na persidskom fronte (1915-1918)*），莫斯科：Veche，二〇〇七年，頁三十九。

63. Mikhail Rodzjanko 撰，〈帝國的崩解〉（Krushenie imperii），收於《帝國的殞落》（*Gibel' imperii*），莫斯科：Fond Sergeja Dubova，二〇〇〇年，頁二〇一。Joshua A. Sanborn 著，《帝國末日：第一次世界大戰與俄羅斯帝國的滅亡》（*Imperial Apocalypse. The Great War and the Destruction of the Russian Empire*），牛津：牛津大學出版，二〇一四年，頁一八八。

64. Tamara Scheer 著，《在前線與家之間：第一次世界大戰期間奧匈帝國的軍方行政》（*Zwischen Front und Heimat. Österreich-Ungarns Militärverwaltungen im Ersten Weltkrieg*），法蘭克福：Peter Lang，二〇〇九年，頁十三至十五。Michaël Amara、Hubert Roland 編，《治理被占領的比利時：Oscar von der Lancken-Wakenitz 一九一五年至一九一八年行動報告》（*Gouverner en Belgique occupée. Oscar von der Lancken-Wakenitz. Rapports d'activité 1915-1918*），布魯塞爾：P.I.E.-Peter Lang，二〇〇四年。〔譯注：第一次世界大戰時，儘管比利時宣告中立，仍遭德軍占領。Oscar von der Lancken-Wakenitz（一八六七至一九三九），戰前一九〇七年至一九一三年曾為德國駐法國大使的顧問，一九一五年至一九一八年間擔任德據比利時的政治部部長。〕

65. Isabel V. Hull 著，《絕對毀滅、軍方文化和德帝國的戰時做法》（*Absolute Destruction, Military Culture, and the Practices of War in Imperial Germany*），綺色佳－倫敦：康乃爾大學出版，二〇〇五年，頁二二六至二二七。同作者，《一張破紙：第一次世界大戰期間國際法的打破與制定》（*A Scrap of Paper: Breaking and Making International Law during the Great War*），綺色佳－倫敦：康乃爾大學出版，二〇一四年。

66. 一九一六年六月儒略曆五日（西曆十八日）《依戰爭法占領的土耳其地區臨時治理章程》（*Vremennoe polozhenie ob*

upravlenii oblast'jami Turtsii, zanjatymi po pravu vojny），檔案號：RGVIA, f. 2005, inv. 1, d. 17, p. 3 et sq。

67. 一九一五年二月儒略曆四日（西曆十七日），Sourmali地區將領致葉里溫總督信函，檔案號：HAA, f. 94, inv. 1, d. 3368, p. 6。

68. Margaret Tatiana Rose著，《菲利．普萊斯與俄國革命》（*Philips Price and the Russian Revolution*），一九八八年英國赫爾大學博士論文，頁五十八。

69. Andrea Spyranti著，《一九一〇年至一九二二年回憶錄：銀行與僅存的蘇美拉修道院》（*Trapezous kai i moni Soumela tou Pontou. Anamniseis apo ta khronia 1910-1922*），希臘忒薩洛尼卡：Ekdotikos Oikos Adelfoi Kyriakidi，一九九一年，頁三十三至三十四。Halit Dündar Akarca撰，〈俄國占領期間對特拉布宗政策〉（İşgal döneminde Trabzon'da Rus Politikaları (19161918)），《黑海研究國際期刊》（*Uluslararası Karadeniz Incelemeleri Dergisi*），第七期，二〇〇九年秋，頁一四一至一五二。

70. Yakov Kefeli著，《一九一六年至一九一八年回憶錄》（*Anılar (19161918)*），安卡拉：Türk Tarih Kurumu Yayınları，二〇一三年，頁九十二。

71. Hacı Faruk Efendi Tellibeyzade著，《艾斯倫那些不見天的日子》（*Erzurum'un kara günleri*），伊斯坦堡：Dergâh，二〇一四年，頁三十三至三十七。Ayhan Yüksel著，*Göreleli Müftü Duduzâde Hüseyin Müştak Efendi ve Ailesi*, Istanbul, Serander, 2012, p. 96-97。

72. Hüseyin Albayrak著，《一四六一年至二〇〇七年特拉布宗歷任總督》（*Tarih içinde Trabzon valileri 1461-2007*），特拉布宗：特拉布宗省文化與旅遊出版局（Trabzon Valiliği İl Kültür ve Turizm Müdürlüğü Yayınları），二〇〇八年，頁二五九。Stepan Akpojan著，《帝俄規劃中的西亞美尼亞》（*Zapadnaja Armenija v planakh imperialisticheskikh derzhav*），葉里溫：蘇聯科學院（Izdatel'stvo Akademii Nauk SSR），一九六七年，頁一七八至一七九。Enver Uzun編，《一九一六年至一九一八年俄國報導裡的特拉布宗》（*Rus hesabatlarında Trabzon (1916-1918)*），特拉布宗：Mor Taka Kitaplığı，二〇〇九年，頁二十四至二十六。

73. Feridun Ababay著，《瘋狂的歷史》（*Çıldır tarihi*），安卡拉：出版社不詳，一九八七年，頁一四九。

74. Muzaffer Arıcı著，《里澤面面觀》（*Her yönüyle Rize*），安卡拉：出版社不詳，一九九三年，頁七十六至七十七。Sabri Özcan San著，《俄國對古穆沙奈的占領》（*Rusların Gümüşhane ilini işgali*），伊斯坦堡：Milli Eğitim Yayınları，一九九三年，頁六十八至六十九。

75. Jonathan E. Gumz著，《一九一四至一八年哈布斯堡王朝再度占領塞爾維亞與奧匈帝國的崩解》（*The Resurrection and*

Collapse of Empire in Habsburg Serbia, 1914-1918），劍橋－紐約：劍橋大學出版，二〇〇九年，頁十二至十三。

76. 一九一六年八月儒略曆七日（西曆二十日）土耳其占領區總督致巴統省總督信函，檔案號：AARSA, f. i-1, inv. 1, d. 760, p. 8。

77. 一九一六年儒略曆五月十九日（西曆六月一日）副王外交人員致副王總理事務署信函，檔案號：STsSSA, f. 13, inv. 21, d. 3050, p. 2-4。Parvin Darabadi 著，《二十世紀初亞塞拜然政治史的軍事問題》（*Voennye problemy politicheskoj istorii Azerbajdzhana nachala XX veka*），巴庫：Elm，一九九一年，頁八十三至八十四。Tania Rose 編，《來自革命的報導：俄羅斯，一九一六年至一八年》（*Dispatches from the Revolution. Russia, 1916-1918*），倫敦－芝加哥：Pluto Press，一九九七年，頁二十。

78. 一九一六年儒略曆七月二十三日（西曆八月五日）副王致軍隊司令官信函，檔案號：RGVIA, f. 2005, inv. 1, d. 17, p. 28。

79. Morgan Philips Price 著，《亞洲部分俄國的戰爭與革命》（*War and Revolution in Asiatic Russia*），倫敦：Allen & Unwin，一九一八年，頁一六七。

80. 一九一六年儒略曆七月三十一日（西曆八月十三日）奧爾洛夫親王致〔俄軍參謀總部將領〕亞努什科維奇（Yanouchkevitch）信函，檔案號：STsSSA, f. 13, inv. 21, d. 2885, p. 1。〔譯注：奧爾洛夫親王（prince Orlov，一八六九至一九二七），出身世家，父親尼古拉．奧爾洛夫（Nicolas Orloff，一八二七至一八八五）曾任俄國駐法大使。奧爾洛夫於一九〇五年第一次俄國革命時護衛沙皇尼古拉二世，救駕有功，深得信任。一九一五年沙皇決定親自擔任軍隊最高統帥時，以極高行政職位將奧爾洛夫派往高加索副王尼古拉耶維奇大公身旁。〕

81. 一九一六年六月儒略曆十六日（西曆二十九日）高加索邊境守備軍將領報告書，檔案號：RGVIA, f. 4895, inv. 1, d. 143, p. 1。G. Veshapeli 著，*Turetskaja Gruzija. Lazistan, Trapezund i Chorokhskij kraj*, Moscou, Tipografija Kilenovskij i K°　, 1916, p. 31-32.

82. 一九一五年儒略曆四月二十五日（西曆五月八日）高加索海關督察長致高加索前線信函，檔案號：STsSSA, f. 13, inv. 21, d. 2574, p. 70。

83. 一九一五年六月儒略曆六日（西曆十九日）尤登尼奇將軍發往高加索前線電報，檔案號：RGVIA, f. 2100, inv. 1, d. 563, l. 115。Makich' Arzumanjan 著，《哈亞斯坦，一九一四年至一九一七年》（*Hajastan 1914-1917*），葉里溫：Hajastan，一九六九年，頁二六五至二七二。A.A. Tatishchev 著，《土地與人民：一九〇六年至一九二一年大量遷移農民的安置運動》（*Zemli i ljudi. V gushche pereselencheskogo dvizhenija (1906-1921)*），莫斯科：Russkij Put'，二〇〇一年，頁二三九。〔譯注：亞美尼亞語中稱亞美尼亞人居住的地方為哈亞斯坦（Hajastan / Hayastan）。〕

84. Ruben Sahakjan 著，«Ashot At'anasjani gortsuneut'junĕ Arevmtjan Hajastani verach'inut'jan gortsum», *Banber Hajastani Arkhivneri*,

1/2, 2007, p. 40-41.

85. 一九一八年二月二十一日鄂圖曼將軍克拉貝基爾致鄂圖曼司令信函，《軍史檔案學報》（*Askeri Tarih Belgeleri Dergisi*），No. 85, Doc. 2030。

86. 一九一六年十一月儒略曆十五日（西曆二十八日）總督 L.V. Potoulov 致副王總理事務署電報，檔案號：STsSSA, f. 13, inv. 12, d. 517, p. 1。

87. 一九一五年四月六日伊朗駐彼得格勒大使報告書，Nezâm'alî Dahnavî 著，前引，repris dans, 1383 (2004), p. 24〔導論注42〕。一九一六年十二月十八日《新時代報》（*Novoe Vremja*）中文章，檔案號：PA AA, Länderabteilung IA (1871-1920), Russland, R 11041。

88. Bernt Brendemoen 著，《特拉布宗的土耳其方言，其發音與歷史發展，卷二：文本》（*The Turkish Dialects of Trabzon. Their Phonology and Historical Development, Vol. II-Texts*），威斯巴登：Harrassowitz Verlag，二〇〇二年，頁五十一。Celal Topaloğlu 著，《一九一六年至一九一八年里澤的解放》（*Rize'nin kurtuluşu, 1916-1918*），特拉布宗：無出版社，二〇〇七年，頁一一七至一二一。

89. Wolfgang Gust 編，《一九一五年至一九一六年亞美尼亞人種族滅絕：德國外交部典藏政治檔案》（*Der Völkermord an den Armeniern 1915-16. Dokumente aus dem Politischen Archiv des deutschen Auswärtigen Amts*），德國施普林格：Zu Klampen Verlag，二〇〇五年，頁五七四。

90. V.G. Bukhert 撰，〈一九一六年鮑里斯・費琴科在波斯與土耳其的科學探險隊計畫〉（O plane nauchnoj ekspeditsii B.A. Fedchenko v Persiju i Turtsiju. 1916 god），《東方檔案》（*Vostochnyj Arkhiv*），二卷二十八期，二〇一三年，頁二十八至三十一。Stepan Akopjan 著，《帝國強權規劃下的西亞美尼亞》（*Zapadnaja Armenija v planakh imperialisticheskikh derzhav*），葉里溫：Izdatel'stvo AN SSRA，一九六七年，頁一八六至一八七。

91. John Horne 撰，〈導論：為「全面戰爭」動員，一九一四年至一九一八年〉（Introduction: mobilizing for "total war", 1914-1918），收錄於 John Horne 編，《第一次世界大戰期間歐洲的國家、社會與動員》（*State, Society and Mobilization in Europe during the First World War*），劍橋：劍橋大學出版，一九九七年，頁一。

92. Peter Gatrell 著，《整個帝國都在行走：第一次世界大戰期間在俄國的難民》（*A Whole Empire Walking. Refugees in Russia During World War I*），Bloomington-Indianapolis：印第安納大學出版，一九九九年，頁三三致三九。Olga Pichon-Bobrinskoy 撰，〈第一次世界大戰期間的人道行動、公共行動〉（Action publique, action humanitaire pendant le premier conflit

mondial），《俄羅斯世界學刊》（*Cahiers du monde russe*），四十六卷四期，二〇〇五年，頁六七三至六九八。Shota Basilaja 撰，〈第一次世界大戰期間地方自治局聯盟與城市聯盟〉（Zemskij sojuz i sojuz gorodov Zakavkaz'ja v gody pervoj mirovoj vojny），《*Sakartvelos SSR Metsnierebata Ak'ademiis Moambe*》，第五期，一九六四年，頁二十一至四十。

93. Halit Dündar Akarca 著，前引《被占領地之帝國塑造：第一次世界大戰期間俄國對鄂圖曼領土的占領》，二〇一四年，頁一一三至一一八。

94. Betül Aslan 著，《第一次世界大戰期間亞塞拜然的土耳其人巴庫善行會向安那托利亞的土耳其人伸出援手》（*Birinci Dünya Savaşı esnasında "Azerbaycan Türkleri"nin "Anadolu Türkleri"ne Kardaş Kömeği ve Bakû Müslüman Cemiyet-i Hayriyesi*），安卡拉：Atatürk Kültür Merkezi，二〇〇〇年，頁八十八至八十九，和頁九十七至一〇三。

95. «Ach'arashi ts'amsvlel masts'avleblebs», *Sakhalkho Purtseli*, 25 février (9 mars) 1916, p. 3; «Samahmediano Sakartvelo (uk'vdavi sakme)», *Sakhalkho Purtseli*, 3 (16) juin 1916, p. 3; Enver Uzun (éd.), *Işgal yıllarında (19161917) Trabzon'da Rus Askeri Gazetesi Voennıy Listok (Makaleler Toplusu)*, Trabzon, pas d'éditeur, 2008, p. 85-89.

96. 一九一六年五月儒略曆七日（西曆二十日）庫塔伊西的總督致高加索海關稽查處信函，檔案號：STsSSA, f. 378, inv. 4, d. 504, p. 9。

97. 一九一六年七月儒略曆六日（西曆十九日）巴統臨時總督致副王總理事務署信函，檔案號：STsSSA, f. 13, inv. 27, d. 4521, p. 1-3。

98. Mevlüt Yüksel 撰，〈第一次世界大戰期間艾斯倫遭占領初期的日子〉（I. Dünya savaşı'nda Erzurum'un ilk işgal günleri），《土耳其研究院學報》（*A.Ü. Türkiyat Araştırmaları Enstitüsü Dergisi*），第三十七期，二〇〇八年，頁二七五。

99. Mesut Çapa、Rahmi Çiçek 著，《活在二十世紀初的特拉布宗》（*Yirminci Yüzyıl Başlarında Trabzon'da Yaşam*），特拉布宗：Serander，二〇〇四年，頁一〇一至一〇二。Sadi Selçuk 著，《記高加索第三十七師於特拉布宗抗敵與被俘的痛苦日子》（*Esaretin Acı Hatıraları ve 37. Kafkas Tümeni Trabzon Düşmandan Istirdadı*），土耳其科尼亞：Ülkü Matbaası，一九五五年。Mecit Haşimoğlu 撰，〈巴庫伊斯蘭善行會與奧爾圖國家委員會〉（Bakü İslam Cemiyet-i Hayriyesi ve Oltu Milli İslam Komitesi），《埃爾祖魯姆歷史之路雜誌》（*Tarih Yolunda Erzurum Dergisi*），一九五九年三月一日，頁十三至二十二。

第三章

1. 一九一七年四月十一日《曼徹斯特衛報》（*Manchester Guardian*）〈革命的背景〉（The Background of the Revolution），收

錄於摩根・菲利・普萊斯（Morgan Philips Price）著，《來自革命的報導：俄羅斯，一九一六年至一八年》（*Dispatches from the Revolution. Russia, 1916-1918*），倫敦－芝加哥：Pluto Press，一九九七年，頁三十三至三十四。

2. S.E. Sef 著，《一九一七年革命在外高加索（文獻、史料）》（*Revoljutsija 1917 goda v Zakavkaz'i (Dokumenty, materialy)*）提比里斯：Zakkniga，一九二七年，頁五十七至五十九。

3. Étienne Forestier-Peyrat 撰，〈一九一七年在高加索邊地搞革命：從不同的角度看自由〉（Faire la révolution dans les confins caucasiens en 1917: La liberté côté cour et côté jardin），《二十世紀歷史期刊》（*Vingtième Siècle. Revue d'histoire*），一三五卷三期，二〇一七年，頁五十六至七十二。

4. Aviel Roshwald 著，《族裔國族主義與帝國的殞落：中歐、俄羅斯與中東，一九一四年至一九二三年》（*Ethnic Nationalism and the Fall of Empires. Central Europe, Russia and the Middle East, 1914-1923*），倫敦－紐約：Routledge，二〇〇一年，頁一至三。

5. Michael Provence 著，《最後的鄂圖曼人世代與現代中東的打造》（*The Last Ottoman Generation and the Making of the Modern Middle East*），紐約：劍橋大學出版，二〇一七年。

6. François Lagrange 與團隊編，《一九一八年至一九二三年，東方無盡的戰爭》（*À l'Est, la guerre sans fin (1918-1923)*），巴黎：Gallimard-Musée de l'Armée，二〇一八年。〔譯注：該書為法國軍事博物館（Musée de l'Armée）同名特展之出版品，本書的作者埃提安・佩哈參與策展，並於展覽期間（二〇一八年十月至二〇一九年一月）舉辦系列講座，從軍事史、政治史、外交史各角度探討高加索地區這個走不出第一次世界大戰的「戰後」。〕

7. Marta Petricioli 著，《義大利對高加索的占領：以「一記忘恩負義的援手」回報倫敦》（*L'occupazione italiana del Caucaso. "Un ingrato servizio" da rendere a Londra*），帕維亞：Casa Editrice Dott. A. Giuffrè，一九七二年。

8. A. Metelev 撰，〈二月在卡爾斯〉（Fevral' v Karse），《無產階級革命》（*Proletarskaja Revoljutsija*），1 (13)，一九二三年，頁二二七至二三四。

9. Giorgi Kalandia, *Kartvlebi p'irvel msoplio omshi*, Tbilissi, Sakartvelos Sakhelmts'ipo Muzeumi, 2014, p. 88-89.

10. Şeref Tipi 著，《皮什巴（一八六〇至一九二六）傳記》（*Pışibba, 1860-1926*），伊斯坦堡：Remzi Kitabevi，二〇〇五年，頁一九六。

11. 一九一七年儒略曆三月二十七日（西曆四月九日）俄國駐霍伊城副領事發給李沃夫大公的電報，檔案號：STsSSA, f. 2081, inv. 1, d. 192, p. 2。

12. Mohammad Gholi Majd 著，《第一次世界大戰中的波斯與英國對波斯之征服》（*Persia in World War I and Its Conquest by Great Britain*），堪薩斯州拉納罕－牛津：美國大學出版社，二〇〇三年，頁一四一至一四二。'Alī Akbar Velāyatī, *Tārīkh-e ravâbit-e khâredjî-e Irân dar dovre-ye avval-e Mashrute*, Téhéran, Vezârat-e Omûr-e Jhâredje, 1374 (1995-1996), p. 44-45.

13. Vasfi Şensözen 著，《第一次世界大戰高加索前線回憶錄》（*I. Dünya Savaşı Yılları Kafkas Cephesi Anıları*），伊斯坦堡：Okuyan Us，二〇一三年，頁一一一。

14. Uygur Kocabaşoğlu 與 Metin Berge 著，《布爾什維克革命與鄂圖曼》（*Bolşevik İhtilâli ve Osmanlılar*），伊斯坦堡：İletişim，二〇〇六年，頁五十一至六十一。M. Frenkin 著，《俄軍與革命，一九一七年至一八年》（*Russkaja armija i revoljutsija, 1917-1918*），慕尼黑：Logos，一九七八年，頁二七四至二七五。Yüksel Nizamoğlu 著，《威毅帕夏：流亡的英雄》（*Vehip Paşa. Kahramanlıktan sürgüne*），伊斯坦堡：Yitik Hazine Yayınları，二〇一三年，頁二〇五至二〇六。

15. A.P. Steklov 著，《布爾什維克組織在高加索前線的革命行動》（*Revoljutsionnaja dejatel'nost' bol'shevistskikh organizatsij na Kavkazskom fronte 1914-1917 gg*），提比里斯：Sabchota Sakartvelo，一九六九年，頁二八六至二八七。Kharit'on Akhvlediani, *Sabch'ota khelisuplebis damgareba Ach'arashi, 1917-1921 ts'.ts'.*, Batoumi, Sabch'ota Ach'ara, 1971, p. 22-24

16. 一九一七年十一月底俄國駐波斯大使發給外高加索委員部的電報，檔案號：STsSSA, f. 1818, inv. 2, d. 33, p. 138。《外高加索與喬治亞外交政策文獻與史料》（*Dokumenty i materialy po vneshnej politike Zakavkaz'ja i Gruzii*），提弗里斯，一九一九年，頁七至八與頁十一至十二。

17. A.P. Steklov 著，《布爾什維克組織在高加索前線的革命行動》（*Revoljutsionnaja dejatel'nost' bol'shevistskikh organizatsij na Kavkazskom fronte 1914-1917 gg*），提比里斯：Sabchota Sakartvelo，一九六九年，頁二八六至二八七。Kharit'on Akhvlediani, *Sabch'ota khelisuplebis damgareba Ach'arashi, 1917-1921 ts'.ts'.*, Batoumi, Sabch'ota Ach'ara, 1971, p. 22-24。

18. 一九一七年十一月底俄國駐波斯大使發給外高加索委員部的電報，檔案號：STsSSA, f. 1818, inv. 2, d. 33, p. 138。《外高加索與喬治亞外交政策文獻與史料》（*Dokumenty i materialy po vneshnej politike Zakavkaz'ja i Gruzii*），提弗里斯，一九一九年，頁七至八與頁十一至十二。

19. 一九一八年二月八日奧匈帝國駐伊斯坦堡大使帕拉威奇尼電報，檔案號：HHStA, PA I 946。

20. 一九一八年儒略曆二月十六日（西曆三月一日）瑟伊姆之和平委員會報告書，與開啟協商的決議，《外高加索與喬治亞外交政策文獻與史料》，一九一九年，頁七十三至七十四與頁八十三至八十四。

21. 一九一八年儒略曆二月十七日（西曆三月二日）加拉罕（Karakhan）發給外高加索委員部電報，《外高加索與喬治亞外交政策文獻與史料》，一九一九年，頁八十五。Wojciech Materski 著，《再分裂的喬治亞：一九一八年至一九二一年國際關係中的喬治亞共和國》（*Georgia rediviva. Republika Gruzińska w stosunkach międzynarodowych 1918-1921*），華沙：波蘭學術院政治研究院（Instytut Studiów Politycznych PAN），一九九四年，頁三十八至四十一。Selami Kılıç 著，《土耳其－蘇維埃關係的誕生》（*Türk-Sovyet Ilişkilerinin Doğuşu*），伊斯坦堡：Dergâh Yayınları，一九九八年。〔譯注：加拉罕（Karakhan，一八八九至一九三七）是亞美尼亞裔的俄國外交官，為《布列斯特－立陶夫斯克條約》協商時俄國代表團的一員。他於一九〇四年加入俄國社會民主工黨，一九一七年成為布爾什維克黨人。〕

22. 一九一八年儒略曆二月二十五日（西曆三月十一日）瑟伊姆立法議會辯論的速記報告，《外高加索與喬治亞外交政策文獻與史料》，一九一九年，頁九十八至九十九。

23. Richard G. Hovannisian 著，《邁向一九一八年獨立之路的亞美尼亞》（*Armenia on the Road to Independence 1918*），柏克萊－洛杉磯：加州大學出版，一九六七年，頁一三三至一三四。一九一八年三月十四日高加索代表團會議紀錄，檔案號：STsSSA, f. 1818, inv. 2, d. 8, p. 44。Djamil' Gasanly 著，《亞塞拜然共和國外交史，冊一：亞塞拜然民主共和國（一九一八年至一九二〇年）外交政策》（*Istorija diplomatii Azerbajdzhanskoj respubliki, T. 1: Vneshnjaja politika Azerbajdzhanskoj Demokraticheskoj Respubliki (1918-1920)*），莫斯科：Flinta-Nauka，二〇一〇年，頁五十二至五十四。

24. E.A. Tokarzhevskij 著，《亞塞拜然內戰與外國介入的歷史》（*Iz istorii inostrannoj interventsii i grazhdanskoj vojny v Azerbajdzhane*），巴庫：Izdatel'stvo AN AzSSR，一九五七年，頁五十至五十一。Michael G. Smith 撰，〈一個謠言的剖析：一九一七年至二〇年〉（Anatomy of a Rumour: Murder, Scandal, the Musavat Party and Narratives of the Russian Revolution in Baku, 1917-1920），《當代歷史學報》（*Journal of Contemporary History*），三十六卷二期，二〇〇一年四月，頁二一一至二四〇。一九一八年十一月二十二日亞塞拜然特別調查委員會報告，收錄於 Yusuf Sarınay 與團隊編，《亞塞拜然檔案中的亞美尼亞問題（一九一八年至一九二〇年）》（*Azerbaycan Belgelerinde Ermeni Sorunu (1918-1920)*），安卡拉：T.C. Başbakanlık Devlet Arşivleri Genel Müdürlüğü，二〇〇一年，頁一六四至一七一。

25. Bəxtiyar Nəcəfov 著，《亞塞拜然民主共和國》（*Azərbaycan Demokratik Respublikası*），巴庫：Azərbaycan Bilik Maarifçilik Cəmiyyəti，一九九二年，頁八至九。

26. Irakly Tsérételli 著，《喬治亞獨立，脫離外高加索與俄羅斯。伊拉克利．策烈鐵里於外高加索瑟伊姆立法議會發表之演講》（*Séparation de la Transcaucasie et de la Russie et indépendance de la Géorgie. Discours prononcés à la Diète Transcaucasienne par Irakly Tsérételli*），巴黎：Imprimerie Chaix，一九一九年，頁二十一。S.T. Arkomed 著，《帝俄高加索敗亡史料》（*Materialy*

po istorii otpadenija Zakavkaz'ja ot Rossii），提比里斯：Izdatel'stvo Krasnaja Kniga，一九二三年，頁十六至十七。〔譯注：伊拉克利・策烈鐵里（Irakly Tsérételli，一八八一至一九五九），出身喬治亞，曾擔任一九一七年俄羅斯臨時政府之內政部長，後返回高加索參與革命。〕

27. 一九一八年五月十五日馮羅索致德國駐君士坦丁堡大使報告書，檔案號：PA AA, Abteilung IA (1871-1920), Russland, R 11111。Lasha Bakradzé, *Germanul-kartuli urtiertobebi p'irveli msoplio omis dros*, Tbilissi, P'egasi, 2010.

28. Stephen Jones 撰，〈在意識形態與實務之間：一九一八年至一九二一年高加索的社會民主制度與經濟轉型〉（Between Ideology and Pragmatism. Social Democracy and the Economic Transition in Georgia, 1918-1921），《高加索研究》（*Caucasus Survey*），一卷二期，二〇一四年四月，頁六十三至八十一。

29. Nâsır Yüceer 著，《第一次世界大戰期間鄂圖曼在亞塞拜然與達吉斯坦的軍事行動》（*Birinci Dünya Savaşı'nda Osmanlı Ordusu'nun Azerbaycan ve Dağıstan Harekâtı*），安卡拉：Genelkurmay Basım Evi，一九九六年。

30. 一九一八年八月四日奧匈帝國駐高加索代表 Franckenstein 報告書，檔案號：HHStA, PA X 157-1, ff. 44-49。〈關於那些外國顧問〉（Eshche ob inostrannykh sovetnikakh），一九一八年八月二日《奮鬥報》（*Bor'ba*）頭版。

31. 一九一八年七月八日旅長 Süleymanov 向 Taşbulaq 村莊所下最後通牒，檔案號：HAA, f. 221, inv. 1, d. 24, p. 47。Qiyas Şükürov 撰，〈亞塞拜然共和國建國的獨立論與併入論之爭（一九一八年一月至六月）〉（Cumhuriyetin kuruluş devrinde Azerbaycan'da istiklâl ve ilhak tarışmaları (Ocak-Haziran 1918)），收錄於 Qiyas Şükürov、Vasif Qafarov 編，《在強權覬覦下的亞塞拜然獨立（一九一八年至一九二〇年）》（*Büyük Devletler Kıskancında Bağımsız Azerbaycan (19181920)*），伊斯坦堡：IQ Kültür Sanat Yayıncılık，二〇一〇年，頁六十一。Tadeusz Swietochowski 著，《一九〇五年至一九二〇年俄屬亞塞拜然：一個穆斯林社群民族認同的形成》（*Russian Azerbaijan, 1905-1920. The Shaping of a National Identity in a Muslim Community*），劍橋：劍橋大學出版，一九八五年，頁六十一至六十二。Ada Holly Shissler 著，《在兩個帝國間：艾哈邁德・阿奧格魯與新土耳其》（*Between Two Empires. Ahmet Ağaoğlu and the New Turkey*），倫敦：I.B. Tauris，二〇〇三年，頁一六三至一六四。

32. Jacques Kayaloff 著，《撒達拉帕戰役》（*The Battle of Sardarabad*），海牙：Mouton，一九七三年。*Gharak'ilisaji 1918 t' herosamartě (p'astat'ght'eri yev njut'eri zhoghovatsu)*, Erevan, YHH, 2008.

33. Jacques Kayaloff 著，《撒達拉帕戰役》（*The Battle of Sardarabad*），海牙：Mouton，一九七三年。*Gharak'ilisaji 1918 t' herosamartě (p'astat'ght'eri yev njut'eri zhoghovatsu)*, Erevan, YHH, 2003.

34. Enis Şahin 著，《外交與邊境：一九一八年的協商與久姆里議定書》（*Diplomasi ve sınır. Gümrü görüşmeleri ve protokolleri,*

1918），伊斯坦堡：Yeditepe Yayınevi，二〇〇五年，頁一二二至一二三。

35. John Fisher 撰，〈寇松勳爵與英國對高加索政策，一九一九年〉（"On the glacis of India": Lord Curzon and British Policy in the Caucasus, 1919），《外交與國政》（*Diplomacy and Statecraft*），八卷二期，一九九七年，頁五十至八十二。

36. Daniel Pommier Vincelli、Andrea Carteny 編，《義大利外交檔案中的亞塞拜然，一九一九年至一九二〇年》（*L'Azerbaigian nei documenti diplomatici italiani (1919-1920)*），羅馬：Edizioni Nuova Cultura，二〇一三年，頁四十二至四十三。

37. Cory Welt 撰，〈決定命運的時刻：一九一八年至一九二一年喬治亞民主共和國內的民族自治與革命暴力〉（A Fateful Moment. Ethnic Autonomy and Revolutionary Violence in the Democratic Republic of Georgia (1918-1921)），收錄於 Stephen F. Jones 編，《打造現代喬治亞，一九一八年至一九二一年》（*The Making of Modern Georgia, 1918-2012*），倫敦－紐約：Routledge，二〇一四年，頁二一一至二二二。

38.《亞美尼亞與喬治亞關係史，一九一八年》（*Iz istorii armjanko-gruzinskikh otnoshenij-1918 god*），提比里斯：Gosudarstvennaja Tipografija，一九一九年，頁十三至十五與頁二十一至二十二。Giorgi Mazniashvili, *Mogonebani*, Tbilissi, Ochop'int're, 2014, p. 109-124 ; Vladimir Harut'junjan (éd.), *Haj-Vrats'akan paterazmě (1918 t'.). Njut'er jev p'astat'ght'er*, Erevan Antares, 2014.

39. Richard G. Hovannisian 撰，〈一九一八年至一九一九年遍布卡拉巴赫山區的亞美尼亞－亞塞拜然衝突〉（The Armeno-Azerbaijani Conflict Over Montainous Karabagh, 1918-1919），《亞美尼亞評論》（*The Armenian Review*），二十四卷二期，一九七一年下，頁四。

40. Anahide Ter Minassian 著，《亞美尼亞共和國一九一八年至一九二〇年》（*La République d'Arménie 1918-1920*），布魯塞爾：Complexe，一九八九年，頁一二七至一二九。

41. Mark A. Kalustian 撰，〈新發現的「瑞亞史料」〉（The Newly-Discovered "Rhea Papers"），《亞美尼亞評論》（*The Armenian Review*），三十五卷三期，一九八二年秋，頁二四五至二七五。

42. 一九一九年四月三十日札法若致英國司令部信函，檔案號：BCA, 930.1.0.0/6.123.1。

43. 一九一九年十月一日卡爾斯之國家穆斯林委員會備忘錄，檔案號：BCA, 930.1.0.0/4.56.2。一九一九年十一月卡爾斯之國家穆斯林委員會致亞美尼亞首相信函，檔案號：HAA, f. 199, inv. 1, d. 15, p. 53。Maro Avetisjan, «P'astat'ght'er Karsi marzi sots'ial-k'aghak'akan iravichaki veraberjal (1919-1920 t't')», *Banber Hajastani Arkhivneri*, 2, 2008, p. 57-74.

44. Alexander E. Balistreri 撰，〈高加索西南部一個臨時共和國：一九一八年至一九年鄂圖曼－高加索邊境民族自決之論述〉（A

Provisional Republic in the Southwest Caucasus: Discourses of Self-Determination on the Ottoman-Caucasian Frontier, 191819），Yaşar Tolga Cora、Dzovinar Derderian、Ali Sipahi 編，《十九世紀之東鄂圖曼：社會、認同與政治》（*The Ottoman East in the Nineteenth Century. Societies, Identities and Politics*），倫敦－紐約：I.B. Tauris，二〇一六年，頁六十二至八十七。

45. Gegam Petrosjan 著，《亞美尼亞共和國與俄國關係（一九一八年至二〇年）》（*Otnoshenija respubliki Armenii s Rossiej (1918-1920 gg.)*），葉里溫：EGU，二〇一二年，頁三十二至三十三。

46. Vardan Ts'olakjan, «Hajastani Hanrapetut'jan ar'evturakan haraberut'junnerĕ Adrbejani jev Vrastani het (19181920 t't'.)», *Banber Hajastani Arkhivneri*, 2 (104), 2004, p. 131140 Harun Yılmaz 撰，〈出乎意料的和平：一九一八年至一九二〇年亞塞拜然－喬治亞關係〉（An Unexpected Peace. Azerbaijani-Georgian Relations, 1918-1920），《革命中的俄國》（*Revolutionary Russia*），二十二卷一期，二〇〇九年，頁三十七至六十七。

47. 伊斯蘭曆一三三七年五月十六日（西曆一九一九年二月十七日）波斯駐提弗里斯總領事報告書，收錄於 Kâveh Bayât, Rezâ Âzarî Shahrzâyî (éd.), *Âmâl-e Irânîân, az konfrans-e solh-e Pârîs tâ qarârdâd-e 1919 Irân va Inglîs*, Téhéran, Pardîs-e Dânesh, 1392 (2013), p. 225.

48. Ahmet Ender Gökdemir 著，《高加索全能神政府》（*Cenûb-i Garbî Kafkas Hükûmeti*），安卡拉：Atatürk Araştırma Merkezi，一九九八年，頁三十八至四十。

49. Fahrettin Kırzıoğlu 撰，〈易布拉辛・艾丁（1874-1948）在卡爾斯奮戰相關檔案〉（Cihangiroğlu Ibrahim Aydın (1874-1948)'daki Milli Mücadele'de Kars ve Atatürk ile Ilgili Belgeler），《記憶》期刊（*Belleten*），48-189/190，一九八五年，頁一〇八至一六五。Alfred Rawlinson 著，《近東冒險，一九一八年至二二年》（*Adventures in the Near East, 1918-1922*），倫敦－紐約：Andrew Melrose，一九二三年，頁一五六至一五七。

50. Aydın Hacıyev 著，《卡爾斯與亞塞拜然土耳其共和國的歷史》（*Qars və Araz-Türk Respublikalarının Tarixindən*），巴庫：Azərbaycan Dövlət Nəşriyyatı，一九九四年，頁五十。

51. A. Dobrynin 著，《一九一八年至一九年守護穆甘平原：高加索邊境守衛隊筆記》（*Oborona Mugani 1918-1919. Zapiski Kavkazskogo pogranichnika*），巴黎：Sojuz Georgievskikh Kavalerov，一九七八年。

52. Keith Jeffery 著，《英國陸軍與帝國危機，一九一八年至一九二二年》（*The British Army and the Crisis of Empire, 1918-1922*），曼徹斯特：曼徹斯特大學出版，一九八四年，頁一四二。

53. Nikita Dastakian 著，《他從黑都來：一名高加索亞美尼亞人的回憶》（*Il venait de la ville noire. Souvenirs d'un Arménien du*

Caucase）。巴黎：L'Inventaire/CRES，一九九八年，頁一一二至一一四。Abdolhoseyn Ma'sûd Ansârî, *Khâterât-e siyâsî ve edjtemâ'î*, Téhéran, Enteshârât-e 'Elmî, 1384 (2005-2006), p. 175-176.

54. 伊朗曆一二九九年元月十八日（西曆一九二〇年四月七日）Tabatabai 致伊朗委員會主席團信函，收錄於 Rezâ Âzarî Shâhrizâyî 編，*Hî'at-i favq al-'âdah-i Qafqâzîyah*, Téhéran, Markaz-e Asnâd ve Târîkh-e diplumâsî, 1389 (2000), p. 258-264.

55. John D. Rose 撰，〈一九一九年至一九二〇年像骨牌般的巴統〉（Batum as Domino, 1919-1920），《國際歷史評論》（*The International History Review*），二卷二期，一九八〇年四月，頁二六六至二八七。Peter Sluglett 撰，〈帝國的衰亡：一九一七年至二一年高加索與伊朗北部的英國人、鄂圖曼人與俄羅斯人〉（The Waning of Empires. The British and the Ottomans and the Russians in the Caucasus and North Iran, 1917-1921），《中東評論》（*Middle East Critique*），二十三卷二期，二〇一四年，頁二〇四。Marta Petricioli 著，《義大利對高加索的占領：以「一記忘恩負義的援手」回報倫敦》（*L'occupazione italiana del Caucaso. "Un ingrato servizio" da rendere a Londra*），帕維亞：Casa Editrice Dott. A. Giuffrè，一九七二年。

56. Mustafa Sarı 著，《土耳其－高加索關係中的巴統》（*Türkiye-Kafkasya Ilişkilerinde Batum*），安卡拉：Afşaroğlu Matbaası，二〇一四年，頁三五一至三五二。Paweł Olszewski 著，《協約國對南高加索政策，一九一八年至一九二一年》（*Polityka państw Ententy wobec Zakaukazia w latach 19181921*），波蘭彼得科夫・特雷布納爾斯基：NWP，二〇〇一年，頁六十一至六十二。

57. Theophylaktos K. Theophylaktos，（*Gyro stèn Asvestè floga. Viografikes Anamneseis. Agônesgia tèn anexartèsia tou Pontou*），Thessalonique, Ekdotikos Oikos Adelfôn Kuriakidè, 1958 (1997), p. 125-131.

58. Tat'jana Nikol'skaja 著，《前衛與啟明》（*Avangard i okrestnosti*），聖彼得堡：Izdatel'stvo Ivana Limbakha，二〇〇二年，頁一〇一。Luigi Magarotto、Marzio Marzaduri、Giovanna Pagani Cesa 編，《前衛在提弗里斯》（*L'avanguardia a Tiflis*），威尼斯：Università degli Studi di Venezia，一九八二年。

59. 一九一九年十月巴統肉販集體向英國軍政府請願書，檔案號：AARSA, f. i-67, inv. 1, d. 7, p. 37。

60. 一九二〇年二月十六日沃爾卓致外交辦事處電報，檔案號：IOL, L/PS/11/168/1362。G.I. Kvinitadzé 著，《我對一九一七年至一九二一年喬治亞獨立那幾年的回憶》（*Moi vospominanija v gody nezavisimosti Gruzii 1917-1921*），巴黎：YMCA Press，一九八五年，頁二一二至二一三。

第四章

1. Edith Chabrier 撰，〈第一屆東方人民大會代表（巴庫，一九二〇年九月一日至八日）〉（Les délégués au Premier Congrès des peuples d'Orient (Bakou, 1er-8 septembre 1920)），《俄羅斯世界學刊》（*Cahiers du monde russe*），二十六卷一期，一九八五年，頁二十一至四十二。Stephen White 撰，〈共產主義與東方：一九二〇年巴庫大會〉（Communism and the East: The Baku Congress, 1920），《斯拉夫評論》（*Slavic Review*），三十三卷三期，一九七四年九月，頁四九八。
2. Jörg Baberowski 著，《四面皆敵：史達林主義在高加索》（*Der Feind ist überall. Stalinismus im Kaukasus*），慕尼黑：Deutsche Verlags-Anstalt，二〇〇三年，頁四一三至四一七。
3. Ronald Grigor Suny 撰，〈俄羅斯帝國〉（The Russian Empire），收錄於 Karen Barkey、Mark von Hagen 編，《帝國後：多民族社會與國家建構。蘇聯與俄羅斯、鄂圖曼和哈布斯堡帝國》（*After Empire. Multiethnic Societies and Nation-Building. The Soviet Union and the Russian, Ottoman, and Habsburg Empires*），科羅拉多州博爾德－英國牛津：Westview，一九九七年，頁一四八。
4. Bülent Gökay 著，《帝國的火爆衝突：在俄羅斯布爾什維克主義與英國帝國主義間的土耳其》（*A Clash of Empires. Turkey Between Russian Bolshevism and British Imperialism, 1918-1923*），倫敦－紐約：Tauris Academic Studies，一九九七年，頁八十一與頁一九九。
5. 伊斯蘭曆一三三九年八月二十七日（西曆一九二一年五月六日）伊朗總領事 Sâ'ed ol-Vezâra 報告書，引自 Kâveh Bayât 著，*Tûfân bar farâz-e Qafqâz*, Téhéran, Markaz-e Asnâd va târîkh-e diplumâsî, 1380 (2001), p. 385.
6. Samuel Hirst 撰，〈跨國的反帝國主義與國家勢力：蘇聯外交與土耳其，一九二〇年至一九二三年〉（Transnational Anti-Imperialism and the National Forces. Soviet Diplomacy and Turkey, 1920-1923），《南亞、非洲與中東比較研究》（*Comparative Studies of South Asia, Africa and the Middle East*），三十三卷二期，二〇一三年，頁二一四至二二六。
7. Richard Pipes 著，《蘇聯的形成：共產主義與民族主義，一九一七年至一九二三年》（*The Formation of the Soviet Union. Communism and Nationalism, 1917-1923*），美國麻州劍橋：哈佛大學出版，一九六四年（五四年初版），頁四十一至四十九。Jeremy Smith 著，《赤色國家：蘇聯時代與後蘇聯之國家經驗》（*Red Nations. The Nationalities Experience in and after the USSR*），劍橋－紐約：劍橋大學出版，二〇一三年，頁二十五至二十六。
8. Erez Manela 著，《威爾遜時刻：民族自決與國際反殖民民族運動之起源》（*The Wilsonian Moment. Self-Determination and the International Origins of Anticolonial Nationalism*），牛津－紐約：牛津大學初版，二〇〇七年，頁六至七。

9. Shalala Mamedova 著，《集權主義之詮釋：一九二〇年至一九三〇年史達林主義與亞塞拜然》（*Interpretatsija totalitarizma. Stalinizm v Azerbajdzhane, 1920-1930*），巴庫：Adilogly，二〇〇四年，頁八十六至八十七。
10. ʻAlî Azarî, *Qiyâm-e Shaykh Mohammad dar Tabrîz*, Téhéran, Bongâh-e Safî ʻAlî Shâh, 1346 (1967), p. 258-271.
11. Mohammad ʻAlî Gîlak, *Târîkh-e Enqelâb-e Djangal*, Rasht, Nashr-e Gilakân, 1371 (1992), p. 288.
12. «"Retsidiv" ili "pretsedent"», *Vozrozhdenie*, 28 octobre 1930, p. 2.
13. Grigor Yaghikiân, *Shûravî ve djonbesh-e Djangal*, Téhéran, Enteshârât-e Novîn, 1363 (1984), p. 94-95 ; Schapour Ravasani 著，《吉蘭蘇維埃共和國：十九世紀末至一九二二年伊朗的社會主義運動》（*Sowjetrepublik Gilan. Die sozialistische Bewegung im Iran seit Ende des 19 Jhdt. bis 1922*），柏林：Basis Verlag，一九七三年，頁二五八至二五九。
14. 一九二〇年五月二十三日奧爾忠尼啟澤致列寧、史達林、奇切林電報，俄羅斯當代史文獻保存與研究中心檔案號：RGASPI, f. 85, inv. 2, d. 38, p. 2-3。Pezhmann Dailami 撰，〈布爾什維克革命與伊朗共產主義的誕生，一九一七年至一九二〇年〉（The Bolshevik revolution and the genesis of communism in Iran, 1917-1920），《中亞研究》（*Central Asian Survey*），十一卷三期，一九九二年，頁七十五至七十六。
15. 一九二〇年六月四日托洛茨基致奇切林電報，引自 M.A. Persits 著，《世界革命的波斯戰線：關於一九二〇年至二一年占領吉蘭蘇維埃的文獻》（*Persidskij front mirovoj revoljutsii. Dokumenty o sovetskom vtorzhenii v Giljan (1920-1921)*），莫斯科：Kvadriga，二〇〇九年，頁四十七至四十八。Məhəmməd Rəsulzadə 著，《對史達林的緬懷》（*Stalinlə ixtilal xatirələri*），巴庫：Elm，一九九一年，頁三十六。
16. Cosroe Chaqueri 著，《伊朗社會主義蘇維埃共和國，一九二〇年－一九二一年：創傷的誕生》（*The Soviet Socialist Republic of Iran, 1920-1921. Birth of the Trauma*），匹茲堡－倫敦：匹茲堡大學出版，一九九五年，頁二三二至二四〇。
17. 一九二〇年八月二十一日蘇聯共產黨高加索局議定書（Protocole du Kavbiuro），俄羅斯當代史文獻保存與研究中心檔案號：RGASPI, f. 64, op. 1, d. 1, l. 6。
18. Gotthard Jäschke 撰，〈俄羅斯－土耳其友誼之路〉（Der Weg zur russisch-türkischen Freundschaft），《伊斯蘭世界》（*Die Welt des Islams*），十六期，一九三四年，頁二十三至三十八。Erol Mütercimler 著，《從海上支援獨立戰爭》（*Kurtuluş Savaşı'na Denizden Gelen Destek ve Kuvayı Milliye Donanması*），伊斯坦堡：ALFA，二〇〇四年。
19. Anahide Ter Minassian 著，前引〈凡省，一九一五年〉，二〇〇〇年，頁二二六。
20. N.N. Shuvalova 編，《一九一八年至一九二三年土耳其民族國家的誕生（根據俄羅斯當代史文獻保存與研究中心文獻）》

（*Turtsija-Rozhdenie natsional'nogo gosudarstva, 1918-1923 (po dokumentam RGASPI)*），莫斯科：Gumanitarij，二〇〇七年，頁八十三至八十四。Oliver Baldwin 著，《六所監獄與兩場革命：一九二〇年至一九二一年在外高加索與安那托利亞的歷險記》（*Six Prisons and Two Revolutions. Adventures in Trans-Caucasia and Anatolia, 1920-1921*），倫敦：Hodder & Stoughton，一九二五年。

21. Alexandre Khatissian 著，《亞美尼亞共和國的孕育和發展》（*Éclosion et développement de la république arménienne*），雅典：Éditions arméniennes，一九八九年，頁二九四。

22. 一九二〇年十二月十七日喬治亞外交部致俄國布爾什維克代表節略，檔案號：STsSSA, f. 1866, inv. 1, d. 1, p. 111。

23. Natalya Çerniçenkina 編，《俄國檔案中莫斯科會議與卡爾斯會議的會議紀錄與資料》（*Rus arşivlerine göre Moskova ve Kars Konferansları. Tutanaklar ve Belgeler*），伊斯坦堡：Değişim，二〇一四年。

24. Polat Safi 編，《十九、二十世紀檔案中的阿爾特文省》（*19 ve 20. Yüzyıl belgelerinde Artvin. Göğe komşu topraklar*），安卡拉：T.C. Artvin Valiliği，二〇〇八年，頁一七〇至一七一與頁一八〇至一八一。

25. L.N. Kalandarishvili 與團隊編，《《奮鬥報》與蘇維埃政權在阿札爾地區的勝利，一九一七年至一九二一年檔案與史料》（*Bor'ba za pobedu Sovetskoj vlasti v Adzharii. Dokumenty i materialy (1917-1921 gg.)*），巴統：Gosizdatel'stvo AdzhASSR，一九六一年，頁三六五至三七二。Otar Turmanidzé 著，《一九二一年至一九四〇年政治與經濟史》（*Ach'aris p'olit'ikuri da ek'onomik'uri ist'oria (1921-1940)*），巴統：Gamomtsemloba Ach'ara，二〇一二年，頁二十四至二十八。Ivar Spector 撰，〈探究阿里．福瓦．契貝索土耳其軍事專家與外交官的角色〉（More on the Role of Ali Fuat Cebesoy as Turkish Military Expert and Diplomat），《中東研究國際學報》（*International Journal of Middle East Studies*），六卷二期，一九七五年四月，頁二三八至二四一。Rıza Nur 著，《我的人生回憶錄，冊三：阿塔圖克的爭論》（*Hayat ve hatıratım, 3: Atatürk kavgası*），伊斯坦堡：Işaret Yayınları，一九九二年，頁一五〇至一五二。

26. 一九二一年九月二十一日亞美尼亞共產黨團致俄國駐巴統領事信函，檔案號：HAA, f. 113, inv. 3, d. 11, p. 218-219。

27. 一九二一年十月七日夏爾瓦．葉利阿瓦致高加索軍隊司令電報，檔案號：RGVA, f. 25873, inv. 1, d. 1005, p. 40。

28. 一九二一年九月二十七日卡爾斯會議邊界委員會的會議紀錄，檔案號：RGVA, f. 25873, inv. 1, d. 1005, p. 46-48。

29. 一九二二年三月二十二日外高加索共產黨區域委員會的會議紀錄，檔案號：SShSA PA, f. 13, inv. 1, d. 17, p. 12。

30. Stephen Blank 撰，〈外高加索聯邦與蘇聯的起源，一九二一年至二二年〉（The Transcaucasian Federation and the Origins of the Soviet Union, 1921-1922），《中亞研究》（*Central Asian Survey*），九卷四期，一九九〇年，頁二十九至五十八。Archil

Atanelishvili, «Amierk'avk'asiis Pederatsiis shekmnis sakitkhi burzhuaziul ist'oriograp'iashi», *Matsne*, 1, 1973, p. 4-17

31. Rəna Bayramova 著，《一九二〇年至一九二五年間亞塞拜然領導階層內部歧見與衝突》（*Azərbaycan rəhbərliyindəixtilaflar və daxili siyasi çəkişmələr (1920-1925-ci illər)*），巴庫：Elm，二〇〇七年，頁一三四至一三五。

32. 一九二二年三月十八日瑪赫拉澤致茨哈卡亞（Tskhakaja）信函，俄羅斯當代史文獻保存與研究中心檔案號：RGASPI, f. 157, inv. 1s, d. 14, p. 2。

33. Jeremy Smith 撰，〈一九二二年喬治亞事件：政策失敗、個性衝突或權力鬥爭？〉（The Georgian Affair of 1922. Policy Failure, Personality Clash or Power Struggle?），《歐亞研究》（*Europe-Asia Studies*），五十卷三期，一九九八年五月，頁五三一至五三四。Francesco Benvenuti 撰，〈在內戰與列寧新經濟政策之間：喬治亞事件〉（Tra la guerra civile e la NEP-L'Affare georgiano），《歷史研究》（*Studi Storici*），十七卷一期，一九七六年一月至三月號，頁一六七至一八〇。

34. Étienne Forestier-Peyrat 撰，〈運作中的蘇聯：來自歷史與外高加索聯邦的教訓〉（Soviet Federalism at Work: Lessons from the History of the Transcaucasian Federation），《東歐歷史年鑑》（*Jahrbücher für Geschichte Osteuropas*），六十五卷四期，二〇一八年一月號，頁五二九至五五九。

35. Arsène Saparov 著，《高加索，從衝突到自治：蘇聯和阿布哈茲、南奧塞提亞與上卡拉巴赫的生成》（*From Conflict to Autonomy in the Caucasus: Soviet Union and the Making of Abkhazia, South Ossetia and Nagorno-Karabakh*），倫敦－紐約：Routledge，二〇一五年。

36. 一九二五年十月十五日史達林發給外高加索共產黨區域委員會電報，俄羅斯當代史文獻保存與研究中心檔案號：RGASPI, f. 558, inv. 1, d. 3335, p. 1。

37. Moshe Lewin 著，《列寧的最後一場搏戰》（*Le Dernier Combat de Lénine*），巴黎：Les Éditions de Minuit，一九六七年，頁五十六。

38. 一九二六年七月二十七日奧爾忠尼啟澤致史達林電報，俄羅斯當代史文獻保存與研究中心檔案號：RGASPI, f. 558, inv. 11, d. 777, p. 39。

39. T.H. Rigby 撰，〈早期省籍小團體與史達林的崛起〉（Early Provincial Cliques and the Rise of Stalin），《蘇維埃研究》（*Soviet Studies*），第一期，一九八一年，頁三至二十八。

40. Renée Viollis 著，《從波羅的海到裏海，隻身遊俄羅斯》（*Seule en Russie de la Baltique à la Caspienne*），巴黎：Gallimard，一九二七年，頁二九七至二九八。

41. Oliver Reisner撰，〈探索帝俄與蘇聯初期的高加索：地方學術關注與概念的改變〉（Die Erforschung Kaukasiens im Zarenreich und der frühen Sowjetunion. Der Wandel von Interessen und Konzepten in den Regionalwissenschaften），收錄於Bianka Pietrow-Ennker編，《帝俄強權：兼併策略與視野下一體化戰略及其影響》（*Russlands imperiale Macht. Integrationsstrategie und ihre Reichweite in transnationaler Perspektive*），維也納－科隆－威瑪：Böhlau，二〇一五年，頁一七九至二〇八。Ts'olak Gevorgjan, «26 komisarneri anvan andrkovkasjan komunistakan hamalsarani steghtsman yev gortsuneut'jan patmut'junits'», *Lraber Hasarakakan Gitut'junneri*, 2, 1981, p. 12-22.

42. Tenguiz Endeladzé, *T'ragik'uli 1924*, Tbilissi, 2004.

43. Harish Kapur著，《蘇聯與亞洲，一九一七年至一九二七年》（*Soviet Russia and Asia, 1917-1927*），日內瓦：日內瓦國際關係研究高等學院（Geneva Graduate Institute of International Studies），一九六六年，頁一九六至一九七。

44. 一九二二年五月十三日巴庫商展委員會的會議紀錄，檔案號：SUITsA, f. 735, inv. 1, d. 493, p. 4。

45. 一九二二年四月二十三日蘇聯人民委員會決議，檔案號：SUITsA, f. 735, inv. 1, d. 493, p. 3435。一九二二年九月六日哈金斯基與弗魯姆金致亞塞拜然政府電報，檔案號：SUITsA, f. 735, op. 1, d. 493, l. 69。

46. Étienne Forestier-Peyrat撰，〈前往伊朗的紅色通道：一九二二年至一九三〇年巴庫貿易集市與亞塞拜然邊境的消失〉（Red Passage to Iran: The Baku Trade Fair and the Unmaking of the Azerbaijani Borderland, 1922-1930），《帝國：後蘇聯的新帝國歷史與民族主義研究》（*Ab Imperio*），二〇一三年四月，頁七十九至一一二。

47. 一九二五年六月十二日亞塞拜然商貿處與土耳其商人和伊朗商人會議的會議紀錄，檔案號：ARDA, f. 710, inv. 1, d. 24, p. 31-36。

48. M. Z. Rzaeva著，《亞塞拜然紀錄片，一九二〇年至一九六五年》（*Dokumental'noe kino Azerbajdzhana, 1920-1965*），巴庫：Elm，一九七一年，頁三十三。

49. 〈巴庫商展的建築是如何打造的〉（Kak stroilos' jarmarochnoe zdanie），一九二六年四月三十日《巴庫工人報》（*Bakinskij rabochij*），頁六。

50. Andreas Frings著，《一九一七年至一九四一年間蘇聯的書寫政策：行動理論的分析》（*Sowjetische Schriftpolitik zwischen 1917 und 1941. Eine handlungstheoretische Analyse*），德國斯圖加特：Franz Steiner Verlag，二〇〇七年。

51. 一九二六年八月黨中央委員會民族議會節略，俄羅斯當代史文獻保存與研究中心檔案號：RGASPI, f. 17, inv. 85, d. 108, p. 198-199。

52. Cyrus Schayegh 著，《知識淵博的是強者：科學、階級與現代伊朗社會的形成，一九〇〇年至一九五〇年》（*Who is Knowledgeable is Strong. Science, Class, and the Formation of Modern Iranian Society, 1900-1950*），柏克萊－洛杉磯－倫敦：加州大學出版，二〇〇九年。

53. Hubertus Büschel、Daniel Speich 編，《世界發展：全球發展合作史》（*Entwicklungswelten. Globalgeschichte der Entwicklungszusammenarbeit*），法蘭克福－紐約：Campus Verlag，二〇〇九年。

54. Étienne Forestier-Peyrat 撰，〈一起對抗蝗蟲：蟲災防治與蘇聯發展援助的誕生，一九二〇年至一九三九年〉（Fighting Locusts Together: Pest Control and the Birth of Soviet Development Aid, 1920-1939），《全球環境》（*Global Environment*），七卷二期，二〇一四年十月號，頁五三六至五七一。

55. 一九二七年八月六日健康人民委員會致外交人民委員會信函，檔案號：GARF, f. A482, op. 55, d. 29, l. 3。Anne Sealey 撰，〈一九二六年衛生公約全球化〉（Globalizing the 1926 Sanitary Convention），《全球歷史學報》（*Journal of Global History*），六卷三期，二〇一一年十一月號，頁四三一至四五五。

56. 弗里喬夫・南森（Fridtjof Nansen）著，《亞美尼亞與近東》（*L'Arménie et le Proche-Orient*），巴黎：Geuthner，一九二八年。

57. Dzovinar Kévonian 著，《難民與人道外交：戰間期歐洲參與者與近東局勢》（*Réfugiés et diplomatie humanitaire. Les acteurs européens et la scène proche-orientale pendant l'entre-deux-guerres*），巴黎：PUPS，二〇〇四年，頁三一八至三二三。Jo Laycock 撰，〈挽救殘餘或是構建社會主義？亞美尼亞蘇維埃初期的跨國人道救援〉（Saving the Remnants or Building Socialism? Transnational Humanitarian Relief in Early Soviet Armenia），《推動社會：社會史與社會運動史學報》（*Moving the Social. Journal of Social History and the History of Social Movements*），五十七期，二〇一七年，頁七十七至九十六。Hovik Melik'set'jan, *Hajrenik'-Sp'jurk' ar'nch'ut'junnerě yev hajrenadardzut'junĕ (19201980 t't'.)*, Erevan, Erevani Hamalsarani Hratarakch'ut'jun, 1985.

58. 一九二四年十二月十日與三十一日外高加索共產黨區域委員會的會議紀錄，檔案號：SShSA PA, f. 13, inv. 2, d. 18, p. 176-177 與 197。

59. 一九二五年三月十四日列寧納坎（久姆里）執行委員會致亞美尼亞政府報告書，檔案號：HAA, f. 113, inv. 3, d. 326, p. 33。

60. 一九二五年二月二十三日威森東克致德國外交部報告書，檔案號：PA AA, Länderabteilung IV (1920-1936), R 84199。

61. 一九二五年一月十五日邊境十八個村莊請願書，檔案號：HAA, f. 113, op. 3, d. 326, l. 4。

62. 一九二五年三月七日德國駐提比里斯總領事致德國外交部報告書，檔案號：PA AA, Länderabteilung IV (1920-1936), R 84199。

63. 一九二六年一月二十日德國駐莫斯科大使致德國外交部報告書。一九二六年四月二十八日外高加索共產黨區域委員會致莫斯科中央委員會信函，檔案號：SShSA PA, f. 13, inv. 4, d. 8, p. 126.

64. Paolo Vita-Finzi 著，《高加索日誌》（*Diario Caucasico*），米蘭－那不勒斯：Riccardo Ricciardi，一九七五年，頁二十八至二十九。65. Marcin Kruszyński, *Ambasada RP w Moskwie, 1921-1939*, Varsovie, Instytut pami ci narodowej, 2010, p. 3437.

65. Marcin Kruszyński 著，《一九二一年至一九三九年波蘭共和國駐莫斯科大使館》（*Ambasada RP w Moskwie, 1921-1939*），華沙：國家記憶研究院（Instytut pami ci narodowej），二〇一〇年，頁三十四至三十七。

66. Pietro Quaroni 著，《一位大使的回憶》（*Ricordi di un ambasciatore*），米蘭：Garzanti，一九五四年，頁五十七。

67. 一九二七年五月波蘭總領事莫斯托夫斯基報告書，檔案號：AAN, f. 510, d. 200。

68. Harsha Ram 撰，〈喬治亞人盛宴的文學淵源：民族禮儀的世界主義詩學〉（The Literary Origins of the Georgian Feast: The Cosmopolitan Poetics of National Ritual），《帝國：後蘇聯的新帝國歷史與民族主義研究》（*Ab Imperio*），二〇一四年四月，頁十九至五十二。Erik R. Scott 撰，〈秀色可餐的民族：喬治亞料理如何征服了蘇聯餐桌〉（Edible Ethnicity: How Georgian Cuisine Conquered the Soviet Table），《評論：探索俄國與歐亞史》（*Kritika: Explorations in Russian and Eurasian History*），十三卷四期，二〇一二年秋季號，頁八三一至八五八。

69. 一九二六年三月三十一日德國駐提比里斯總領事報告書，檔案號：PA AA, Länderabteilung IV (1920-1936), R 83502。

70. 一九二五年一月二日德國駐提比里斯總領事報告書，檔案號：PA AA, Länderabteilung IV (1920-1936), R 84149。

71. Gustav Hilger 著，《我們與克里姆林宮：一九一八年至一九四一年德蘇關係——一個德國外交官的回憶》（*Wir und der Kreml: Deutsch-Sowjetische Beziehungen 1918-1941. Erinnerungen eines deutschen Diplomaten*），法蘭克福：A. Metzner，一九五五年，頁一五〇至一五一。Kaveh Bayât, «Madrase-ye Ettefâq-e Irânîân», *in Tâ'sîrât-e moteqâbel-e târîkhî va farhangî-e Irân va Gordjestân (madjmu'e-ye maqâlât)*, Téhéran, Markaz-e asnâd va târîkh-e dîplumâsî, 1380 (2001), p. 68.

72. 一九二五年一月六日外高加索羅斯塔分會致外高加索共產黨區域委員會信函，檔案號：SShSA PA, f. 13, inv. 3, d. 24, p. 52。

73. 一九二五年一月六日外高加索羅斯塔分會致外高加索共產黨區域委員會信函，檔案號：SShSA PA, f. 13, inv. 3, d. 24, p. 52。

74. 一九二四年十一月十八日奧拉赫拉什維利致 Ter Gabrielian 信函，檔案號：HAA, f. 1444, inv. 1, d. 10, p. 3。

第五章

1. 一九二六年五月六日伊朗外交部致蘇聯駐德黑蘭大使節略，檔案號：SShSA PA, f. 13, inv. 4, d. 85, p. 121。
2. Olga Velikanova 著，《一九二〇年代對蘇維埃政策的常見認知：夢想者的幻滅》（*Popular Perceptions of Soviet Politics in the 1920s. Disenchantment of the Dreamers*），英國貝辛斯托克－美國紐約：Palgrave Macmillan，二〇一三年，頁四十五至四十七。
3. Eric Lohr 著，《俄羅斯公民資格：從帝國到蘇聯》（*Russian Citizenship: From Empire to Soviet Union*），美國麻州劍橋－倫敦：哈佛大學出版，二〇一二年，頁一六六至一六八。
4. I.B. Orlov 撰，〈單一經濟的問題〉（Problemy edinoj ekonomiki），收錄於 S.A. Pavljuchenkov 編，《新經濟政策下的俄羅斯》（*Rossija nepovskaja*），莫斯科：Novyj Khronograf-Mezhdunarodnyj Fond Demokratija，二〇〇二年，頁一五五至一五六。
5. David M. Woodruff 撰，〈政治局之於黃金、工業化與國際經濟，一九二五年至一九二六年〉（The Politburo on Gold, Industrialization, and the International Economy, 1925-1926），收錄於 Paul R. Gregory、Norman Naimark 編，《遺失的蘇聯共產黨中央政治局的會議紀錄：從共治到史達林獨裁》（*The Lost Politburo Transcripts. From Collective Rule to Stalin's Dictatorship*），紐哈芬：耶魯大學出版，二〇〇八年，頁二〇一至二〇三。Oscar Sanchez Sibony 撰，〈史達林主義的經濟蕭條——重新審視大轉折〉（Depression Stalinism. The Great Break Revisited），《評論：探索俄國與歐亞史》（*Kritika: Explorations in Russian and Eurasian History*），十五卷一期，二〇一四年，頁三十二至三十三。
6. 一九二五年十一月二日蘇聯共產黨中央政治局議定書，俄羅斯當代史文獻保存與研究中心檔案號：RGASPI, f. 17, inv. 3, d. 527, p. 2 et 5-9。
7. Violet Conolly 著，《蘇維埃對東方經濟政策：土耳其、波斯、阿富汗、蒙古、唐努圖瓦人民共和國和新疆》（*Soviet Economic Policy in the East. Turkey, Persia, Afghanistan, Mongolia and Tana Tuva, Sin Kiang*），倫敦：OUP-Humphrey Milford，一九三三年，頁一二七。Harish Kapur 著，前引《蘇聯與亞洲，一九一七年至一九二七年》，一九六六年，頁一九八至一九九。
8. 一九二五年九月十日亞美尼亞中央委員會祕書處的會議紀錄，檔案號：HAA, f. 1, inv. 5, d. 10, p. 81。
9. 一九二五年八月十三日亞美尼亞中央委員會致外高加索共產黨區域委員會信函，檔案號：SShSA PA, f. 13, inv. 3, d. 26, p. 38。
10. 一九二六年五月七日〔蘇聯外交事務人民委員〕奇切林致〔外交人民委員會特命全權代表〕卡克林（Karkline）電報，檔案號：SShSA PA, f. 13, inv. 4, d. 85, p. 105。

11. 一九二六年一月六日土耳其駐莫斯科大使致蘇聯外交部節略，檔案號：SShSA PA, f. 13, op. 4, d. 85, l. 47-48。
12. 一九二六年一月十九日奇切林致駐外高加索外交人民委員會特命全權代表卡克林與國家政治保衛局（格別烏）外事處負責人特里利塞爾（Trilisser）條示，檔案號：SShSA PA, f. 13, inv. 4, d. 85, p. 46。
13. 一九二六年二月八日蘇聯內政人民委員會致格別烏信函，檔案號：GARF, f. P393, op. 43a, d. 1082, l. 10。
14. 一九二六年一月三十日〔英國駐波斯大使〕波西・羅蘭（Percy Loraine）致〔英國外交大臣〕奧斯丁・張伯倫（Austen Chamberlain）報告書，檔案號：TNA, FO 416/78, p. 44。
15. 一九二六年二月十一日德國駐伊斯坦堡大使報告書，檔案號：PA AA, Länderabteilung III (1920-1936), R 245.336。
16. 一九二六年二月二十四日義大利駐伊斯坦堡大使報告書，檔案號：ASMAE, AP (1919-1930), b. 1716。
17. 一九二六年六月十五日德國駐德黑蘭公使報告書，檔案號：PA AA, Länderabteilung III (1920-1936), Persien, R 92453。
18. 一九二六年五月十八日波西・羅蘭致奧斯丁・張伯倫報告書〔詳參注15〕，檔案號：TNA, FO 416/78, p. 176-178。
19. 一九二六年二月一日尤雷涅夫致奇切林信函，檔案號：IISG, ARCH-01405, mf. 9。
20. 一九二六年一月十六日亞美尼亞人事務局顧問 Arak'eljan 筆記，檔案號：SShSA PA, f. 13, inv. 4, d. 85, p. 40-44。
21. 尤里・拉林（Jurij Larin）著，《蘇聯的私人資本》（*Chastnyj kapital v SSSR*），莫斯科：Gosizdatel'stvo，一九二七年，頁五十六。Glen Alden Smith 著，《蘇聯外貿：組織、行動與政策，一九一八年至一九七一年》（*Soviet Foreign Trade. Organization, Operations, and Policy, 1918-1971*），紐約－華盛頓－倫敦：Praeger Publishers，一九七三年，頁一五六至一五七。
22. 一九二六年六月十五日英國駐德黑蘭大使情資報告，收錄於 R.M. Burrell、Robert Jarman 編，《伊朗政情日誌》（*Iran Political Diaries (IPD)*），第七冊，一九九七年，頁四八九。
23. Hoseyn Makkî, *Târîkh-e bîst sâle-ye Îrân*, T. 4, Téhéran, pas d'éditeur, 1361 (1982), p. 339；Miron Rezun 著，《蘇聯與伊朗：從巴勒維王朝初期至一九四一年蘇聯入侵期間的蘇聯對伊朗政策》（*The Soviet Union and Iran. Soviet Policy in Iran from the Beginnings of the Pahlavi Dynasty until the Soviet Invasion in 1941*），日內瓦－荷蘭 Alphen aan den Rijn：Sijthoff & Noordhoff International Publishers BV-HEI，一九八一年，頁八十八至九十四。
24. Homa Katouzian 撰，〈睿札沙王的政治遺產和社會基礎，一九二一年至一九四一年〉（Riza Shah's political legitimacy and social base, 1921-1941），收錄於 Stephanie Cronin 編，《打造現代伊朗：睿札沙王治下的國家與社會，一九二一年至一九四一年》（*The Making of Modern Iran. State and Society under Riza Shah, 1921-1941*），倫敦－紐約：Routledge Curzon，二〇〇

三年，頁二十五至二十七。

25. 一九二七年二月十一日英國駐德黑蘭大使情資報告，收錄於 R.M. Burrell、Robert Jarman 編，《伊朗政情日誌》，第八冊，一九九七年，頁八。

26. Nikki R. Keddie 著，《宗教與伊朗的反抗：一八九一年至一九九二年的菸草抗爭》（*Religion and Rebellion in Iran: The Tobacco Protest of 1891-1892*），倫敦：Frank Cass，一九六六年。

27. 伊朗曆一三〇五年十二月五日（西曆一九二七年二月二十五日）《訊息報》（*Ettela'at*），頁二。

28. 一九二七年三月十日英國駐德黑蘭大使情資報告，收錄於《伊朗政情日誌》，第八冊，一九九七年，頁十二。

29. Mansoure Ettehâdiye, *Dar dahlîzhâ-ye qodrat. Zendegînâme-ye siyâsi-e Hoseyn 'Alâ*, Téhéran, Nashr-e târikh-e Irân, 1390 (2011), p. 93; I.A. Jusupov 著，《蘇伊關係的建立與發展，一九一七年至一九二七年》（*Ustanovlenie i razvitie sovetsko-iranskikh otnoshenij (1917-1927 gg.)*），烏茲別克塔什干：Fan，一九六九年，頁一六一。S.L. Agaev 著，《伊朗：一九二五年至一九四一年對外政策與獨立問題》（*Iran. Vneshnjaja politika i problemy nezavisimosti 1925-1941*），莫斯科：Nauka，一九七一年，頁六十二至六十三。

30. 伊朗曆一三〇六年二月十六日（西曆一九二七年五月七日）議會主席團對國會質詢的回應，收錄於 Mahmoud Tâherahmadi, *Asnad-e ravâbit-e Irân ve Shuravi dar dovre-ye Rezâ Shâh (ARIS)*, Téhéran, Enteshârât-e Sâzemân-e Asnâd-e melli-e Irân, 1996, p. 76 et passim.

31. 一九二七年三月二十六日英國駐德黑蘭大使情資報告，收錄於《伊朗政情日誌》，第八冊，一九九七年，頁十二。

32. 伊朗曆一三〇六年一月二十四日（西曆一九二七年四月十四日）內政部西北司致吉蘭省行政部門信函，*ARIS*, 1996, p. 77〔同注31〕；一九二七年四月二十三日〔英國駐波斯特命全權公使〕羅伯．克利夫（Robert Clive）致張伯倫報告書，檔案號：TNA, FO 416/80。

33. 伊朗曆一三〇六年二月十二日（西曆一九二七年五月三日）吉蘭省省長致內政部長 'Imad os-Saltane 報告書，*ARIS*, 1996, p. 91-93〔同注31〕。

34. 一九二七年一月十七日《共產黨報》（*Kommunist*）頭版«Şuralar-Iran münasibəti»。一九二七年二月十九日《*Khorhrdajin Hajastan*》報（*Khorhrdajin Hajastan*）頁二«Britanakan imperializmĕ Parskastanum»。

35. 一九二七年六月三日英國駐德黑蘭大使情資報告，收錄於《伊朗政情日誌》，第八冊，一九九七年，頁二十七。

36. 一九二五年六月二十六日納希契凡人民委員會致外高加索共產黨區域委員會信函，檔案號：SShSA PA, f. 13, inv. 3, d. 26, p.

17。一九二六年三月十五日亞塞拜然中央委員會的會議紀錄，俄羅斯當代史文獻保存與研究中心檔案號：RGASPI, f. 17, inv. 17, d. 3, p. 102-105。

37. 一九二六年十月十六日外交事務人民委員會特命全權代表致外高加索共產黨區域委員會信函，檔案號：SShSA PA, f. 13, inv. 4, d. 85, p. 148。伊朗曆一三〇五年九月十四日（西曆一九二六年十二月六日）伊朗駐葉里溫領事報告書，*ARIS*, 1996, p. 12〔同注31〕。

38. Nazim Sadıxov 著，《亞塞拜然電影（一九二〇年至一九三五年）》（*Azərbaycan bədii kinosu (1920-1935-ci illər*），巴庫：Elm，一九七〇年，頁四十至四十一。

39. 一九二六年九月二十五日德國駐提比里斯總領事報告書，檔案號：PA AA, Länderabteilung IV (1920-1936), R 83502。

40. 一九二九年二月十九日法國駐莫斯科大使報告書，檔案號：AMAE, AP, Sous-série Europe, Turquie, d. 282, ff. 132-133。

41. 一九三〇年一月二十九日共產黨中央控制委員會（Commission centrale de contrôle du Parti）致蘇聯政府報告書，檔案號：SUITsA, f. 616, inv. 1, d. 5, p. 138。一九二九年十二月 Tamarine 致外高加索東方商貿處報告書，檔案號：SShSA PA, f. 14, inv. 3, d. 43, p. 213。

42. 一九二六年五月二十二日針對旅外波斯人問題之跨部委員會節略，檔案號：GARF, f. R393, inv. 43a, d. 1467, p. 19-20。Alexandre Barmine 著，《為蘇聯服務的二十年：一位蘇聯外交官的回憶錄》（*Vingt ans au service de l'U.R.S.S.-Souvenirs d'un diplomate soviétique*），巴黎：Albin Michel，一九三九年，頁二二一。

43. Paul-André Rosental 撰，〈地緣政治與福利國家：兩次大戰期間國際勞工組織與世界移民政策〉（Géopolitique et État-Providence. Le BIT et la politique mondiale des migrations dans l'entre-deux-guerres），《歷史與社會科學年鑑》（*Annales HSS*），二〇〇六年一月號，頁一三二至一三三。

44. 伊朗曆一三〇五年三月二十三日（西曆一九二六年六月十四日）伊朗外交部致蘇聯大使外交節略，檔案號：HAA, f. 113, op. 3, d. 492, p. 5。Parvîz Lûshânî (éd.), *Khâterât-e siyâsî-e Farrokh*, Téhéran, Amir Kabir, 1347 (1968), p. 238-251.

45. 一九二七年十一月十五日〔哪一國的？〕駐葉里溫外交人員報告書，檔案號：HAA, f. 113, inv. 3, d. 612, p. 53。

46. 一九二七年八月二十日達吉斯坦內政人民委員會致俄羅斯內政人民委員會信函，檔案號：GARF, f. R393, inv. 43a, d. 1467, p. 35。

47. 一九二七年二月四日 Pavlounovski 致〔格別烏外事處負責人〕特里利塞爾報告書，檔案號：SShSA PA, f. 13, inv. 5, d. 23, p. 128-130。

48. 日期不詳（一九二六年年底）Pastoukhov 致卡爾斯和阿爾特文省領事信函，檔案號：SShSA PA, f. 14, inv. 3, d. 43, p. 27.

49. 一九二七年七月十八日土耳其內政部長致國會主席報告書，檔案號：BCA, 30.10.0.0/116.808.4。日期不詳（一九二七年春或夏）〔喬治亞格別烏頭子〕貝利亞致喬治亞中央委員會信函，檔案號：SShSA PA, f. 14, inv. 3, d. 43, p. 2-4。

50. Felat Özsoy 著，《Tahsîn Eriş：一九二五年庫德族反抗行動之前與之後》（*Tahsîn Eriş, Öncesi ve Sonrasıyla 1925 Kürt Direnişi (Palu-Hanî-Genç)*），伊斯坦堡：Pêrî Yayınları，二〇〇七年。Martin van Bruinessen 著，《阿迦、謝赫與國家：庫德斯坦的社會與政治結構》（*Agha, Shaikh and State. The Social and Political Structures of Kurdistan*），倫敦－紐澤西：Zed Books，一九九二年，頁二八六至二九三。Robert Olson 著，《庫德民族主義的誕生與謝赫薩伊德叛亂》（*The Emergence of Kurdish Nationalism and the Sheikh Said Rebellion*），美國奧斯丁：德州大學出版，一九八九年。

51. 一九二六年四月十六日外交事務人民委員會致奧爾忠尼啟澤信函，檔案號：SShSA PA, f. 13, inv. 4, d. 14, p. 47。Gunnar Wiessner 著，《Hayoths Dzor：十九世紀末以來土耳其東部一個鄉間屯墾區的民族、經濟與文化變遷》（*Hayoths Dzor. Ethnische, ökonomische und kulturelle Transformationen eines landlichen Siedlungsgebiet in der östlichen Türkei seit dem 19. Jahrhundert*），威斯巴登：Dr. Ludwig Reichert Verlag，一九九七年，頁六十八至七十七。Kinyas Kartal 著，《我從凡城到葉里溫的回憶》（*Erivan'dan Van'a Hatıralarım*），安卡拉：Anadolu Basın Birliği，一九八七年。

52. Shahlâ Azarî, «Mohâjerat-e ettebâ' Shuravî be Irân (1297-1317)», *Gandjîne-ye Asnâd*, 9, printemps 1372 (1993), p. 13-15；Aram Haytian 撰，〈亞美尼亞的摩洛坎人〉（The Molokans of Armenia），《伊朗與高加索》（*Iran & the Caucasus*），十一卷一期，二〇〇七年，頁三十三至四十四。

53. 一九二八年三月八日外高加索社會主義聯邦蘇維埃共和國人民委員會與最高國民經濟會議的會議紀錄，檔案號：HAA, f. 113, inv. 3, d. 524, p. 194。一九二九年六月六日外高加索社會主義聯邦蘇維埃共和國財政人民委員會之會議紀錄，檔案號：SUITsA, f. 736, inv. 2, d. 46, p. 103-104。

54. 一九二八年五月二十九日亞美尼亞格別烏致亞美尼亞中央委員會信函，檔案號：HAA, f. 1, inv. 8, d. 26, p. 86。一九二八年六月十四日亞美尼亞工會主席團共產黨分會議定書，檔案號：HAA, f. 1, inv. 8, d. 27, p. 29。

第六章

1. 〈外高加索的火藥庫〉（La poudrière de Transcaucasie），一九三〇年十一月六日《日內瓦報》（*Journal de Genève*），第二版。

2. Emin Karaca 著，《邊區戰火：一場庫德族起義的解析》（*Ağrı eteklerindeki ateş. Bir Kürt ayaklanması anatomisi*），伊斯坦

堡：Alan，一九九一年，頁三十二至三十三，與頁四十九至五十。

3. Oleg Khlevniuk 著，《在史達林的陰影下：「謝爾戈同志」奧爾忠尼啟澤的生涯》（*In Stalin's Shadow. The Career of "Sergo" Ordzhonikidze*），紐約－倫敦：M.E. Sharpe，一九九五年（一九九三年俄文原版），頁二十一至二十四。

4. 一九二六年八月九日 Kakhiani 與奧拉赫拉什維利致史達林信函，俄羅斯當代史文獻保存與研究中心檔案號：RGASPI, f. 558, inv. 11, d. 777, p. 41-42。〔譯注：Kakhiani（一八九六至一九三七），一九二四年至一九三〇年喬治亞共產黨第一書記；奧拉赫拉什維利（第四章的照片中最右邊那位），一九二三年至一九二七年任外高加索聯邦人民委員會主席。〕

5. Shalala Mamedova 著，前引《極權主義之詮釋：一九二〇年至一九三〇年史達林主義與亞塞拜然》，二〇〇四年，頁一七六至一八二。

6. 一九二八年二月十四日外高加索勞工與農民督察處報告書，檔案號：SSShA PA, f. 13, inv. 6, d. 16, p. 178-180。一九二八年九月四日亞塞拜然第一書記 Qarayev 致共產黨高加索區域委員會信函，檔案號：SSShA PA, f. 13, inv. 6, d. 20, p. 62-63。

7. Françoise Thom 著，《貝利亞，克里姆林宮的雙面雅努斯》（*Beria, le Janus du Kremlin*），巴黎：Le Cerf，二〇一三年，頁十八至二十五。關於此第一場衝突，檔案號：SShSA PA, f. 14, inv. 3, d. 28, p. 515。

8. L. Kosheleva 與團隊編，《史達林寫給莫洛托夫的信件：一九二五年至一九三八年文獻集成》（*Pis'ma I.V. Stalina V.M. Molotovu, 1925-1938 gg. Sbornik dokumentov*），莫斯科：Rossija Molodaja，一九九五年，頁一四六。一九二九年九月十七日德國駐提弗里斯總領事報告書，檔案號：PA AA, Länderabteilung IV (1920-1936), R 84197。

9. 一九二九年十月三十日中央委員會對共產黨外高加索區域委員會工作指令，俄羅斯當代史文獻保存與研究中心檔案號：RGASPI, f. 17, inv. 3, d. 765, p. 16。Ronald Grigor Suny 著，《打造喬治亞國家》（*The Making of the Georgian Nation*），倫敦：I.B. Tauris，一九八九年，頁二四四至二四五。

10. N. Ivnitskij 編，《蘇聯村鎮悲劇，第二冊：一九二九年十一月至一九三〇年十二月》（*Tragedija Sovetskoj derevni, T. 2-nojabr' 1929-dekabr' 1930*），莫斯科：ROSSPEN，二〇〇〇年，頁四十六至四十七。

11. P.N. Lomashvili 著，《大轉變》（*Velikij perevorot*），提比里斯：Sabchota Sakartvelo，一九七二年，頁一八一。一九三〇年三月四日 Nazaretjan 於共產黨外高加索區域委員會講稿，檔案號：SShSA PA, f. 13, inv. 8, d. 23, p. 1-2。

12. 一九二八年十二月六日土耳其內政部致議會主席節略，檔案號：BCA, 30.10.0.0/247.673.44。

13. Gregory J. Massell 著，《無產階級替代品：一九一九年至一九二九年穆斯林婦女與蘇維埃在中亞的革命策略》（*The Surrogate Proletariat: Moslem Women and Revolutionary Strategies in Soviet Central Asia, 1919-1929*），普林斯頓：普林斯頓大

學出版，一九七九年。

14. Marianne Kamp 撰，〈女性自主卸下罩紗：烏茲別克與亞塞拜然的國家主導宣傳〉（Women-initiated Unveiling: State-led campaigns in Uzbekistan and Azerbaijan），收錄於 Stephanie Cronin 編，《穆斯林世界裡的反罩紗宣傳：性別、現代主義與衣著政策》（*Anti-Veiling Campaigns in the Muslim World. Gender, Modernism, and the Politics of Dress*），倫敦－紐約：Routledge，二〇一四年，頁二一八至二一九。

15. 一九二九年三月二十日高加索紅軍報告書，檔案號：RGVA, f. 25873, inv. 1, d. 222, p. 13。

16. Robert Conquest 著，《豐收悲傷：蘇聯集體化與恐怖－饑荒》（*The Harvest of Sorrow: Soviet Collectivization and the Terror-famine*），倫敦：Arrow Books，一九八八年（一九八六年初版）。Niccolò Pianciola 著，《邊地的史達林主義：一九〇五年至一九三六年農墾殖民、遊牧民的定居和中亞國家的建立》（*Stalinismo di frontiera. Colonizzazione agricola, sterminio dei nomadi e costruzione statale in Asia centrale (1905-1936)*），義大利維琴察：Viella，二〇〇九年。Robert Kindler 著，《史達林的遊牧民：哈薩克的占領與饑饉》（*Stalins Nomaden. Herrschaft und Hunger in Kasachstan*），漢堡：Hamburger Edition，二〇一四年。

17. Isabelle Ohayon 著，《蘇聯史達林時代哈薩克人的定居：一九二八年至一九四五年集體化與社會變遷》（*La Sédentarisation des Kazakhs dans l'URSS de Staline. Collectivisation et changement social (1928-1945)*），巴黎：Maisonneuve & Larose，二〇〇六年，頁一一三至一一四。

18. 一九二九年十二月十五日共產黨區域委員會決議，檔案號：SShSA PA, f. 13, inv. 7, d. 17, p. 18。

19. P.N. Lomashvili 撰，〈外高加索集體農場設立史〉（Iz istorii kolkhoznogo stroitel'stva v Zakavkaz'e），《喬治亞共產黨史的問題》（*Voprosy istorii Kommunisticheskoj Partii Gruzii*），第十五期，一九六七年，頁一五六至一五七。Vladimir Ghazakhets'jan, *Hajastani koltntesajin giughats'iut'jan patmut'junĕ*, Erevan, HSSH GA Hratarakch'ut'jun, 1978, p. 49-82.

20. Alexis Berelowitch、V. Danilov 編，《一九一八年至一九三九年契卡－格別烏－內務人民委員部眼下的蘇聯村鎮，第三冊：一九三〇年至一九三四年，卷一：一九三〇年至一九三一年》（*Sovetskaja derevnja glazami VChK-OGPU-NKVD 1918-1939-T. 3, 1930-1934, Kn. 1-1930-1931*），莫斯科：ROSSPEN，二〇〇〇年，頁一九八至二〇二。〔譯注：契卡、格別烏、內務人民委員部，是蘇聯各個時期政治警察機構之名稱。契卡全稱為「全俄肅清反革命及怠工非常委員會」，成立於一九一七年，一九二二年改組為國家政治保衛局（即一般以其字母縮寫 GPU 而稱之格別烏）。內務人民委員部成立於一九三四年，是史達林時代主要政治警察機構。〕

21. Lynne Viola撰，〈史達林治下一九三〇年代的人民抗爭：魔鬼代言人的獨白〉（Popular Resistance in the Stalinist 1930s. Soliloquy of a Devil's Advocate），收錄於Lynne Viola編，《反抗史達林主義：一九三〇年代的蘇聯政權與人民抗爭》（*Contending with Stalinism. Soviet Power and Popular Resistance in the 1930s*），綺色佳－倫敦：康乃爾大學初版，二〇〇二年，頁十七至四十三頁。Sheila Fitzpatrick著，《史達林的農民：農業集體化之後俄國村莊中的反抗與生存》（*Stalin's Peasants. Resistance and Survival in the Russian Village After Collectivization*），牛津－紐約：牛津大學初版，一九九四年，頁四十八至七十九。
22. 一九三〇年三月十八日蘇聯邊境衛隊報告書，檔案號：RGVA, f. 25873, inv. 3s, d. 40, p. 107。
23. Jeronic Perović著，《俄國治下的北高加索：一個多元民族地區介於叛亂與調適之間的歷史》（*Der Nordkaukasus unter russischer Herrschaft. Geschichte einer Vielvölkerregion zwischen Rebellion und Anpassung*），德國科隆：Böhlau，二〇一五年，頁三五四至四〇二。
24. Ismail Akhmedov著，《進入與離開史達林的總參謀部情報總局：一個從紅軍情治單位逃脫的韃靼人》（*In and Out of Stalin's GRU. A Tatar's Escape from Red Army Intelligence*），馬里蘭州弗雷德里克：University Publications of America，一九八四年，頁八十至八十一。
25. Nonna Tarkhova著，《一九二八年至一九三三年紅軍與史達林的農業集體化》（*Krasnaja armija i stalinskaja kollektivizatsija 1928-1933 gg.*），莫斯科：ROSSPEN，二〇一〇年，頁八十九與頁一〇二至一〇五。
26. Françoise Thom著，前引《貝利亞，克里姆林宮的雙面雅努斯》，頁二十七至二十八。
27. Amy Knight著，《貝利亞，史達林的第一副官》（*Beria, Stalin's First Lieutenant*），普林斯頓：普林斯頓大學出版，一九九三年，頁四十一至四十三。
28. 一九三〇年四月十五日亞美尼亞中央委員會祕密決議，俄羅斯當代史文獻保存與研究中心檔案號：RGASPI, f. 17, inv. 19, d. 15, p. 59。
29. 一九三〇年三月二十六日〔蘇聯中央委員會主席〕克里尼茨基致史達林信函，俄羅斯當代史文獻保存與研究中心檔案號：RGASPI, f. 558, inv. 11, d. 756, p. 24。Səid Sadıqov著，《納希契凡自治共和國史》（*Naxçıvan Muxtar Respublikası Tarixindən*），巴庫：Irşad Mərkəzi，一九九五年，頁七十九至八十。
30. 穆薩別科夫之宣講，未註明日期，俄羅斯當代史文獻保存與研究中心檔案號：RGASPI, f. 558, inv. 11, p. 25-27。
31. Grigory Uratadze撰，〈喬治亞農業集體化史提綱〉（Notes on the History of Collectivization in Georgia），《高加索評論》

（*Caucasian Review*），第六期，一九五八年，頁九十七至一〇六。

32. Rapport du kârguzâr de Rezâiye (Ourmiya), 31 Khordâd 1305 (22 juin 1926), Khadîdje Solh Mirzâyî (éd.), *Asnâdî az ravâbit-e Irân va Torkiye (ARIT)*, Téhéran, Enteshârât-e Sâzemân-e Âsnâd-e mellî-e Irân, 1382 (2003), p. 226-227; 一九二六年十一月十九日外高加索格別烏致共產黨區域委員會報告書，檔案號：SShSA PA, f. 13, inv. 4, d. 20, p. 111。

33. Richard Tapper 著，前引《伊朗的遊牧人邊地：沙塞芬人的政治史與社會史》，一九九七年，頁二八四至二八五。

34. Aram Sajijan, «Norahajt vaveragrer Ararati apstambut'jan masin», *Lraber Hasarakakan Gitut'junneri*, 1, 2009, p. 240-245; İhsan Nuri Paşa 著，《亞拉拉特山起義》（*Ağrı Dağı isyanı*），伊斯坦堡：MED，一九九二年，頁四十至四十三。M.A. Gasratjan 編，《近現代庫德族運動》（*Kurdskoe dvizhenie v novoe i novejshee vremja*），莫斯科：Nauka，一九八七年，頁一四五。

35. 一九二九年十二月二十二日土耳其內政部長電報文，檔案號：BCA, 30.10.0.0/105.683.32。

36. 一九三〇年六月十八日英國駐大不里士領事 Palmer 報告書，檔案號：TNA, FO 371/14550。〔譯注：這位英國駐大不里士領事全名為 Clarence Edward Stanhope Palmer（一八八三至一九三六），自一九〇六年便前往黎凡特地區擔任實習譯官，於一九一〇年被派往達達尼爾海峽副領事館，直到第一次世界爆發入伍。曾遭土耳其人俘擄，戰後獲釋。曾多次前往小亞細亞執行特殊任務，於一九二〇年受命擔任大馬士革領事，之後歷任的黎波里、大不里士、塞拉耶佛等地的英國領事。〕

37. James C. Scott 著，前引《佐米亞之地，或不受統治之術》，二〇一三年。（譯注：詳參導論注21。）

38. 一九三〇年六月二十八日蘇聯邊境衛隊總管理處報告書，收錄於 Alexis Berelowitch、V. Danilov 編，前引，《一九一八年至一九三九年契卡－格別烏－內務人民委員部眼下的蘇聯村鎮》，二〇〇〇年，頁三九四。David Shearer 著，《維護史達林的社會主義：蘇聯境內的鎮壓與社會秩序》（*Policing Stalin's Socialism. Repression and Social Order in the Soviet Union*），紐哈芬－倫敦：耶魯大學出版，二〇〇九年，頁四十九至五十二。

39. Rohat Alakom 著，《庫德族亞拉拉特共和國的組織與農民抗爭》（*Xoybûn Örgütü ve Ağrı Ayaklanması*），伊斯坦堡：Avesta，二〇一一年（一九九八年初版），頁八十九至九十。İsmet İnönü 著，《一九一九年至一九七三年筆記，卷一》（*Defterler (1919-1973), C. 1*），伊斯坦堡：YKY，二〇〇一年，頁一五七。

40. 一九三〇年五月二十二日 Lominadzé 致史達林電報文，檔案號：SShSA PA, f. 13, op. 8, d. 56, l. 8。尤其參見蘇聯外交檔案（DVP SSSR）中一九三〇年與一九三一年眾多整合的文件。

41. 〈章格祖爾起義〉（Zangezuri aghetě），一九三一年五月號《旗幟》（*Droshak*）第五期，頁一一二至一一三。（譯注：《旗幟》是亞美尼亞革命聯盟的出版品。）

42. 一九三〇年三月九日與五月七日英國駐德黑蘭大使報告書，收錄於R.M. Burrell、Robert Jarman編，《伊朗政情日誌》冊八，一九九七年，頁五二三與頁五三三。

43. 一九三〇年一月二十日土耳其內政部節略，檔案號：BCA, 30.10.0.0/248.675.4。

44. Nicolas Werth撰，〈蘇聯一九二〇年代與一九三〇年代的失敗主義與世界末日的流言〉（Rumeurs défaitistes et apocalyptiques dans l'URSS des années 1920 et 1930），《二十世紀歷史期刊》（*Vingtième Siècle. Revue d'histoire*），第七十一期，二〇〇一年七月至九月號，頁二十五至三十五。

45. Dzhumadurdy Annaorazov撰，〈一九三一年土庫曼族的遊牧民揭竿而起〉（Vosstanie turkmenskikh kochevnikov v 1931 g），《歷史問題》（*Voprosy istorii*），第五期，二〇一三年，頁三十七。Caroline Humphrey撰，〈史達林與藍色大象：後共產時代史學的偏執與同謀〉（Stalin and the Blue Elephant: Paranoia and Complicity in Post-Communist Metahistories），收錄於Harry G. West、Todd Sanders編，《透明度與陰謀：新世界秩序中的懷疑民族學》（*Transparency and Conspiracy: Ethnographies of Suspicion in the New World Order*），美國德罕（Durham）：杜克大學初版，頁一七五至二〇三。（譯注：藍色大象，為反精神疾病汙名化之象徵。）

46. Bruce Grant撰，〈一九三〇年一個平凡的亞塞拜然村莊：紀念高加索山區裡的起義〉（An Average Azeri Village (1930). Remembering Rebellion in the Caucasus Mountains），《斯拉夫評論》（*Slavic Review*），六十三卷四期，二〇〇四年冬季號，頁七〇九至七一〇。

47. 一九三〇年八月二日亞塞拜然格別烏首領Bağırov報告書，轉引自Musa Qasımlı著，《一九二〇年至一九四五年亞塞拜然土耳其人的民族奮鬥史》（*Azerbaycan türklerinin milli mücadele tarihi 1920-1945*），伊斯坦堡：Kaknüs Yayınları，二〇〇六年，頁三七八至三七九。

48. Timothy K. Blauvelt撰，〈史達林治下邊區的反抗與調適：一場阿布哈茲農民起義〉（Resistance and Accommodation in the Stalinist Periphery. A Peasant Uprising in Abkhazia），《帝國：後蘇聯之新帝國歷史與民族主義研究》（*Ab Imperio*），二〇一二年三月號，頁八十九。

49. Manuel Sarkisyanz著，《一部外高加索亞美尼亞現代史》（*A Modern History of Transcaucasian Armenia*），出版地、出版者不詳，一九七六年，頁三一三至三一四。Mary Kilbourne Matossian著，《蘇聯政策對亞美尼亞的衝擊》（*The Impact of Soviet Policies in Armenia*），荷蘭萊登：E.J. Brill，一九六二年，頁一〇六至一〇七。

50. N. Ivnitskij編，前引《蘇聯村鎮悲劇，第二冊：一九二九年十一月至一九三〇年十二月》，二〇〇〇年，頁二五三。

51. 一九三〇年四月六日英國駐德黑蘭大使情資報告，收錄於 R.M. Burrell, Robert Jarman 編，《伊朗政情日誌》第八冊，一九九七年，頁五二六。
52. Rosita Forbes 著，《衝突：從安哥拉到阿富汗》（*Conflict. Angora to Afghanistan*），倫敦－多倫多－墨爾本－雪梨：Cassell & Co，一九三一年。
53. 同前，頁二〇〇。
54. 同前，頁二二九至二三〇。
55. 同前，頁二一六至二一八。
56. 同前，頁二二一。
57. Charles Shaw 撰，〈鎖－鑰關係下的友誼：一九一八年至一九三四年蘇聯中亞邊境〉（Friendship under Lock and Key. The Soviet Central Asian Border, 1918-1934），《中亞研究》（*Central Asian Survey*），三十卷三－四期，二〇一一年，頁三四一。
58. Rosita Forbes 著，前引《衝突：從安哥拉到阿富汗》，一九三一年，頁二三六。
59. 一九三一年八月二十二日土耳其軍警司令報告書，檔案號：BCA, 30.10.0.0/248.676.9。
60. 一九三〇年四月五日〔英國〕駐德黑蘭公使致〔英國外交大臣〕亞瑟．亨德森（Arthur Henderson）報告書，檔案號：TNA, FO 371/14550。
61. 一九三〇年五月十二日〔英國〕駐特拉布宗領事報告書，檔案號：TNA, FO 424/272。〈高加索揭竿而起〉（La révolte du Caucase），一九三〇年七月三十一日《日內瓦報》（*Journal de Genève*），頭版。
62. 波斯曆一三〇九年一月二十日（西曆一九三〇年四月九日）喀拉達格（Qaradâgh）難民致波斯外交部請願書，引自 Shahlâ Azarî 著，前引〔第五章注57〕, *op. cit.*, printemps 1372 (1993), p. 3.
63. 一九三〇年五月十七日被收容在厄德爾的蘇聯德國難民發給德國駐特拉布宗領事館電報文，檔案號：PA AA, Konsulate, Trabzon, N. 7。
64. 波斯曆一三〇九年八月八日（西曆一九三〇年十月三十日）伊朗內政部公告，引自 Shahlâ Azarî 著，前引〔第五章注57〕, *op. cit.*, printemps 1372 (1993), p. 4.
65. 一九三〇年十一月二十九日德國駐德黑蘭大使舒倫堡（Schulenburg）報告書，檔案號：PA AA, Länderabteilung III (1920-1936), Persien, R 78131。〔譯注：這位德國駐德黑蘭大使全名為 Friedrich-Werner von der Schulenburg(一八七五至一九四四)。在一九一八年土耳其東進時，他曾於巴統會議中大力表達德國支持喬治亞獨立，並提出將保護喬治亞（參閱第三章）。一九三四年至一九四一年間，他擔任德國最後一任駐蘇聯大使。他極度反對希特勒，參與密謀了一九四四年七月二十日暗殺希特勒的華爾奇麗雅行動，失敗後死在獄中。〕

66. 一九三〇年四月五日英國駐德黑蘭大使報告書，檔案號：TNA, FO 371/14550。

67. 一九三〇年三月十四日《德黑蘭信差》剪報，檔案號：TNA, FO 371/14550。

68. 一九三〇年四月五日〔英國〕駐德黑蘭公使致〔英國外交大臣〕亞瑟・亨德森報告書，檔案號：TNA, FO 371/14550.

69. 一九三〇年五月七日波蘭駐大不里士領事保羅（Pol）報告書，檔案號：AAN, f. 322, d. 6683, p. 20。

70. 〈關於亞塞拜然叛亂運動報告書〉（Rapport concernant le mouvement insurrectionnel à [sic] l'Azerbaïdjan），《高加索獨立委員會會訊》（*Bulletin du Comité de l'Indépendance du Caucase*），第十二期，一九三〇年六月十日。Mir 撰，〈亞塞拜然難民潮〉（La vague des réfugiés Azerbaïdjaniens），《普羅米修斯》（*Prométhée*），第七期，一九三〇年七月，頁六至八。

71. 一九三〇年八月二十四日《日內瓦報》，頁五，波斯內閣大臣之辯駁權（Droit de réponse）。

72. 一九三〇年五月七日波蘭駐大不里士領事保羅報告書，檔案號：AAN, f. 322, d. 6683, ll. 20-21。Abdolhoseyn Ma'sûd Ansârî, *Khâterât-e siyâsî ve edjtemâ'î*, Téhéran, Enteshârât-e 'elmî, 1384 (2005-2006), p. 374-375.

73. Shâmîl Djavânshîr, *Man az changâl-e Estâlîn firâr kardam. Gushehâyî az sargozasht-e panâhandegân-e Qafqâzî dar Irân, 1300-1323 shamsî*, Téhéran, Pardîs Dânesh, 1392 (2013), p. 84-85.

74. 一九三〇年五月九日蘇聯邊境衛隊報告書，檔案號：RGVA, f. 25873, inv. 3s, d. 40, p. 298。

75. 一九三〇年六月貝利亞針對打擊土匪的報告書，俄羅斯當代史文獻保存與研究中心檔案號：RGASPI, f. 80, inv. 25/s, d. 1, p. 177-178。

76. David R. Stone 撰，〈一九二四年八月襲擊波蘭斯托普斯與蘇聯情治活動的發展〉（The August 1924 Raid on Stolpce, Poland, and the Evolution of Soviet Active Intelligence），《情報與國家安全》（*Intelligence and National Security*），二十一卷三期，二〇〇六年，頁三二一至三四一。

77. 一九三〇年六月十四日德國駐大不里士領事館報告書，檔案號：PA AA, Länderabteilung III (1920-1936), R 78131。一九三〇年六月十六日〔英國〕《每日電信報》（*Daily Telegraph*），〈俄國人襲擊波斯〉（Russian Raids on Persia），檔案號：TNA, FO, 371/14550。一九三〇年七月一日〔英國駐波斯特命全權公使〕羅伯・克利夫致〔英國外交大臣〕亞瑟・亨德森報告書，檔案號：TNA, FO 416/87。

78. 一九三〇年六月二十日／七月十一－十二日蘇聯共產黨中央政治局決議，俄羅斯當代史文獻保存與研究中心檔案號：

RGASPI, f. 17, inv. 162, d. 8, p. 171。

79. 一九三〇年一月一日外高加索格別烏局長雷登斯（Redens）的報告書，俄羅斯當代史文獻保存與研究中心檔案號：RGASPI, f. 80, inv. 25/s, d. 1, p. 104。

80. 波斯曆一三〇九年八月二日（西曆一九三〇年十月二十四日）伊朗內政部長致亞塞拜然省總督條示，*ARIT*〔同前注34〕，1382 (2003), p. 247.

81. 一九三〇年七月三日喬治・克拉克（George Clerk）致亨德森報告書，檔案號：TNA, FO 424/273。İhsan Nuri Paşa 著，前引《亞拉拉特山起義》，一九九二年，頁七十六至七十九。〔譯注：喬治・克拉克（George Clerk，一八七四至一九五一），英國外交官。自年輕初入外交領域時，便對第一次世界大戰後奧匈帝國解散之後少數民族的處境極為關切。一九二六年首次被任命為大使，帶領任務使節團前往土耳其，駐土耳其直至一九三三年。〕

82. Rohat Alakom 編，《農民反叛時一位土耳其軍官的回憶錄》（*Bir Türk Subayının Ağrı Isyanı Anıları*），伊斯坦堡：Avesta，二〇一一年，頁八十二。

83. 一九三〇年八月《大不里士日誌》（*Tabriz Diary*），檔案號：TNA, FO 424/273。一九三〇年六月二十八日英國駐德黑蘭軍事專員杜德（Dodd）中校報告書，檔案號：TNA, FO 424/273。«T'urk'akan tchakatum»，一九三一年十二月號《旗幟》（*Droshak*）十二卷三二五期，頁二八九至二九〇。

84. Jordi Tejel 著，《庫德國家聯盟》（*La Ligue nationale kurde Khoyboun*），巴黎：L'Harmattan，二〇〇七年，頁七至八。

85. 一九二七年十二月十九日外高加索格別烏的「庫德族與達什納克黨人」報告書，檔案號：SShSA PA, f. 13, inv. 5, d. 170, p. 200-209。

86. 一九三一年八月十七日土耳其部長聯席會議頒布的飭令，查禁《新高加索》（*Yeni Kafkas*）、《亞塞拜然土耳其人》（*Azəri Türk*）、《肥美草地》（*Otlu Yurd*）、《公告》（*Bildiriş*）等報紙，檔案號：BCA, 30.18.1.2/22.59.13。Nəsiman Yaqublu 著，《土耳其在亞塞拜然爭取獨立的過程中的支援（蘇聯時期：一九二〇年至一九九一年）》（*Türkiyənin Azərbaycanlılara müstəqillik mücadiləsində dəstəyi (Sovetlər dönəmi: 1920-1991-ci illər)*），巴庫：Abşeron Nəşr，二〇〇九年，頁六十二。

87. 《土耳其人之家》（*Taşnak-Hoybun*），安卡拉：Türk Ocakları Matbaası，一九三一年。«Dashnak-Hojpun»，一九三一年三月號《旗幟》（*Droshak*）三卷三〇七期，頁三十三至三十四。

88. 波斯曆一三〇九年八月二日（西曆一九三〇年十月二十四日）伊朗內政部長致亞塞拜然省總督條示，*ARIT*〔同前注34〕，1382 (2003), p. 247.

89. 日期不詳（一九三一年十一月－十二月間）Pastoukhov 給邊境守衛管理局局長的備忘錄部條示，檔案號：SShSA PA, f. 13, inv. 10, d. 63, p. 27。

90. 一九三一年四月十六日土耳其安全報告書，檔案號：BCA, 30.10.0.0/248.676.4。

91. Sabine Dullin 著，《寬帶邊界：蘇聯政策溯源（一九二〇年至一九四〇年）》（*La Frontière épaisse. Aux origines des politiques soviétiques (1920-1940)*），巴黎：法國社會科學高等研究院出版（Éditions de l'EHESS），二〇一四年，頁一四八至一四九。

92. 一九三〇年九月二十九日葉里溫邊境碉堡致亞美尼亞中央委員會節略，檔案號：HAA, f. 1, inv. 10, d. 25, p. 100。一九三一年六月二十九日喬治亞中央委員會議定書，檔案號：SShSA PA, f. 14, inv. 6, d. 184, p. 251。

93. 一九三一年五月十二日喬治亞中央委員會祕密決議，檔案號：SShSA PA, f. 1, inv. 1, d. 3, p. 48。

94. 一九三一年十月二十九日英國駐特拉布宗領事 Falanga 報告書，檔案號：TNA, FO 424/275。Uğur Ümit Üngör 著，《打造現代土耳其：一九一三年至一九五〇年東安那托利亞的民族與國家》（*The Making of Modern Turkey. Nation and State in Eastern Anatolia, 1913-1950*），牛津－紐約：牛津大學出版，二〇一一年，頁一六六至一六七。

95. Dâriûsh Beâzîn 著，《阿爾達比勒》（*Ardabîl*），德黑蘭：Daftar-e pazhûheshhâ-ye farhangî，波斯曆一三八二年（西曆二〇〇三年），頁九十一。J. H. de Mauroy 著，《沙塞芬人的遊牧與定居（三）：西亞塞拜然與伊朗》（*Nomadisme et sédentarisation chez les Shahsevan (3). Azerbaïdjan occidental et Iran*），法國高等文官學校（Centre de Hautes Etudes Administrative）現代非洲與亞洲課程筆記摘要，一九七一年，頁七。

96. Mirella Galletti 撰，〈義大利對付亞述人和庫德族人的政策〉（La politica italiana verso assiri e curdi），《現代東方研究》（*Quaderni di Oriente Moderno*），八十一卷三期：二〇〇一年，頁一六三至一六四。

97. ordi Tejel 著，《流亡之土耳其庫德族運動：在法國監管敘利亞與黎巴嫩期間（一九二五年至一九四六年）庫德民族主義之存續與中斷》（*Le Mouvement kurde de Turquie en exil. Continuités et discontinuités du nationalisme kurde sous le mandat français en Syrie et au Liban (1925-1946)*），瑞士伯恩：Peter Lang，二〇〇七年，頁二五三至二五五。

98. 一九三二年一月二十八日外交辦公室節略，收錄於 Anita L.P. Burdett 編，前引《亞美尼亞：一八七八年至一九四八年，政治與民族疆域》，一九九八年，頁九五七。Robert O. Krikorian 撰，〈卡爾斯－阿爾達漢與蘇聯亞美尼亞的收復故土主義，一九四五年至一九四六年〉（Kars-Ardahan and Soviet Armenian Irredentism, 1945-1946），收錄於 Richard G. Hovannisian 編，《亞美尼亞人的卡爾斯與阿尼城》（*Armenian Kars and Ani*），美國加州科斯塔梅薩：Mazda Publishers，二〇一一年，頁三九八。

99. 一九二九年十一月五日伊朗司法部長致土耳其外交部長（Tevfik Rüştü）外交節略，*ARIT*〔同前注34〕, 1382 (2003), p. 4849.
100. Donald Rayfield著，《帝國的邊緣：喬治亞史》（*Edge of Empires. A History of Georgia*），倫敦：Reaktion Books，二〇一二年，頁三五〇至三五一。

第七章

1. Claire Mouradian撰，〈高加索與高加索人〉（Caucase et Caucasiens），收錄於Jean-François Muracciole, Guillaume Piketty編，《第二次世界大戰百科全書》（*Encyclopédie de la Seconde Guerre mondiale*），巴黎：Robert Laffont，二〇一五年，頁一七七至一七三。
2. Onur İşçi著，《第二次世界大戰期間的土耳其與蘇聯》（*Turkey and the Soviet Union during WWII*），倫敦：I.B. Tauris，二〇一九年。Nicholas Tamkin著，《英國、土耳其與蘇聯，一九四〇年至四五年》（*Britain, Turkey and the Soviet Union, 1940-45*），英國貝辛斯托克－紐約：Palgrave Macmillan，二〇〇九年。Taline Ter Minassian撰，〈第二次世界大戰期間土耳其的中立性〉（La neutralité de la Turquie pendant la Seconde Guerre mondiale），《世界大戰與當代衝突》（*Guerres mondiales et conflits contemporains*），一九四期，一九九九年十月號，頁一一七至一四八。Frank G. Weber著，《迴避式的中立：第二次世界大戰中的德國、英國和對土耳其的結盟要求》（*The Evasive Neutral: Germany, Britain, and the Quest for a Turkish Alliance in the Second World War*），哥倫比亞－倫敦：密蘇里大學出版，一九七九年。
3. Nikolay A. Kozhanov撰，〈一九四一年同盟國入侵伊朗的藉口和理由〉（The Pretexts and Reasons for the Allied Invasion of Iran in 1941），《伊朗研究》（*Iranian Studies*），四十五卷四期，頁四七九至四九七。Yair P. Hirschfeld著，《權力場中的德國與伊朗：一九二一年至一九四一年雷札國王統治下的國際關係》（*Deutschland und Iran im Spielfeld der Mächte. Internationale Beziehungen unter Reza Schah, 1921-1941*），杜塞爾道夫：Droste，一九八〇年。Rashid Armin Khatib-Shahidi著，《第二次世界大戰前德國對伊朗外交政策》（*German Foreign Policy Towards Iran before World War II*），倫敦－紐約：I.B. Tauris，二〇一二年。
4. 不只遭到德國與義大利的操弄，也遭到日本的操弄；對日本而言，高加索自二十世紀初起就是一個地緣政治的著力點。Hiroaki Kuromiya、Georges Mamoulia著，《歐亞三角形：俄羅斯、高加索與日本，一九〇四年至一九四五年》（*The Eurasian Triangle. Russia, The Caucasus and Japan, 1904-1945*），華沙－柏林：De Gruyter Open，二〇一六年。
5. Georgi Agabekov著，《格別烏：契卡軍官筆記》（*OGPU. Zapiski tchekista*），柏林：Strela，一九三〇年。

6. Ella Maillart 著，《混跡俄國年輕人之中：從莫斯科到高加索》（*Parmi la jeunesse russe. De Moscou au Caucase*），巴黎：Fasquelle，一九三二年，頁一九八。
7. 一九三四年三月二十七日義大利駐提比里斯總領事報告書，檔案號：ASMAE, AP (1931-1945), b. URSS 13, fasc. 3。
8. 一九三〇年三月十日巴庫波斯商人請願書，檔案號：SUITsA, f. 719, inv. 1, d. 70, p. 96。
9. I.K. Khasiôtès, *Oil Ellènes tès Rôsias kai tès Sovietikès Enôsès. Metoikesies kai Ektopismoi, Organôsè kai Ideologia*, Thessalonique, University Studio Press, 1997, p. 383-405.
10. 一九三一年二月二十五日與九月二十日土耳其部長聯席會議頒布的飭令，檔案號：BCA, 30.18.1.2/18.14.5 與 30.18.1.2/23.65.5。
11. 一九三三年一月－三月波蘭總領事斯泰沃斯基（Stebłowski）報告書，檔案號：CAW, I.303.4.1846。
12. 日期不詳（一九三〇年十二月）Malychev 針對與波斯貿易之報告書，俄羅斯當代史文獻保存與研究中心檔案號：RGASPI, f. 85, inv. s/Persija, d. 63, p. 2-10。
13. Kâveh Bayât, «Madrase-ye Ettefâq-e Irânîân», in *Tâ'sîrât-e moteqâbel-e târîkhî va farhangî-e Irân va Gordjestân (madjmu'e-ye maqâlât)*, Téhéran, Markaz-e asnâd va târîkh-e dîplumâsî, 1380 (2001), p. 70-73; 一九三〇年三月十日波斯駐巴庫總領事致亞塞拜然外交部代表處官員節略，檔案號：IISG, ARCH-03095, ch. 3。
14. Altay Göyüşov、Elçin Əsgərov 撰，〈在蘇聯與獨立的亞塞拜然境內的伊斯蘭與伊斯蘭教育〉（Islam and Islamic Education in Soviet and independent Azerbaijan），收錄於 Michael Kemper、Raoul Motika、Stefan Reichmuth 編，《蘇聯與後繼諸國之伊斯蘭教育》（*Islamic Education in the Soviet Union and its Successor States*），倫敦－紐約：Routledge，二〇一〇年，頁一九五至一九六。
15. 'Isa 'Abdî, *Asnâdî az madâres-e Irânî dar khâredj va madâres-e khâredjî dar Irân (1301-1317 h.sh.)*, Téhéran, Markaz-e asnâd-e riyâsat-e djomhûrî, 1381 (2002), p. 276-277 et 301.
16. Mary Yoshinari 撰，〈伊朗－蘇聯經濟關係中的一樁獨特事件：一九三五年伊朗商貿代表團訪問蘇聯〉（A Unique Event in Iran-Soviet Economic Relations: The 1935 Iranian Trade Delegation to the USSR），《伊朗研究》（*Iranian Studies*），四十九卷五期，二〇一六年，頁七九一至八一五。
17. Erdal Aydoğan 撰，〈伏羅希洛夫參訪土耳其與他對土蘇關係的貢獻〉（Kliment Yefromoviç Voroşilov'un Türkiye'yi Ziyareti ve Türkiye-Sovyet Rusya ilişkilerine katkısı），《土耳其安卡拉大學阿塔圖克大道雜誌》（*Ankara Türk Üniversitesi TITE Atatürk Yolu*

Dergisi），三十九期，二〇〇七年五月號，頁三三七至三五七。Samuel Hirst 撰，〈歐洲邊境的反西方主義：一九三〇年代土蘇交集的意義〉（Anti-Westernism on the European Periphery: The Meaning of Soviet-Turkish Convergence in the 1930s），《斯拉夫評論》（*Slavic Review*），七十二卷一期，二〇一三年春季號，頁三十五與頁四十。

18. Afshin Marashi 著，《伊朗國家化：文化、權力與國家，一八七〇年至一九四〇年》（*Nationalizing Iran. Culture, Power and the State, 1870-1940*），西雅圖－倫敦：華盛頓大學出版，二〇〇八年，頁一二四至一二七。

19. Zemfira Hacıyeva 著，《亞塞拜然國家博物館》（*Azərbaycan Dövlət Muzeyi*），巴庫：Şərq-Qərb Nəşriyyat Evi，二〇一二年，頁三十六至三十七。

20. Ahmet Ferîd 撰，〈文化是人民的擎天柱〉（Kultur stûna gel e），《何處》（*Çira*），三卷十二期，一九九七年冬季號，頁三至十四。Eden Naby 撰，〈蘇聯的亞述人〉（Les Assyriens d'Union soviétique），《俄羅斯與蘇聯世界學刊》（*Cahiers du monde russe et soviétique*），十六卷三－四期，一九一五年七月－十二月號，頁四四五至四五七。

21. 一九三五年三月五日蘇聯共產黨中央政治局決議，俄羅斯當代史文獻保存與研究中心檔案號：RGASPI, f. 17, inv. 162, d. 17, p. 134。

22. David Brandenberger 著，《民族布爾什維克主義：史達林時代的大眾文化與現代俄羅斯民族認同的形成，一九三一年至一九五六年》（*National Bolshevism. Stalinist Mass Culture and the Formation of Modern Russian National Identity, 1931-1956*），美國麻州劍橋－英國倫敦：哈佛大學出版，二〇〇二年。

23. 一九三九年五月二十九日義大利駐提比里斯總領事報告書，檔案號：ASMAE, AP (1931-1945), b. URSS 19。

24. Yuri Slezkine 撰，〈蘇聯像個同居公寓〉（The USSR as a Communal Apartment），《斯拉夫評論》（*Slavic Review*），五十三卷二期，一九九四年夏季號，頁四一四至四五二。

25. Jean-Richard Bloch、Marguerite Bloch 著，《莫斯科－高加索，一九三四年夏，蘇聯之旅的信件》（*Moscou-Caucase. Eté 1934. Lettres du voyage en URSS*），Rachel Mazuy 與 Ludmila Stern 編輯，巴黎：法國國家科學研究中心出版（CNRS Éditions），二〇一九年，頁一九七。

26. Arthur Koestler 著，《象形文字》（*Hieroglyphed*），巴黎：Calmann-Lévy，一九五五年，頁一〇二。

27. Taline Ter Minassian 著，《葉里溫：在蘇聯時代打造一座首都》（*Erevan. La construction d'une capitale à l'époque soviétique*），法國雷恩：PUR，二〇〇七年，頁四十至五十一。

28. Jörg Baberowski 著，前引《四面皆敵：史達林主義在高加索》，二〇〇三年，頁八二八。

29. Vladimir Ghazakhets'jan，（*1937-ě Hajastanum*），Erevan, Zangak, 2005, p. 41-42.

30. Marc Junge、Bernd Bonwetsch 編，《喬治亞的布爾什維克命令：高加索一個小共和國的巨大恐怖》（*Bolschewistische Ordnung in Georgien. Der grosse Terror in einer kleinen kaukasischen Republik*），德國奧登堡：De Gruyter，二〇一五年，頁五十二。

31. Harun Yilmaz 撰，〈蘇聯與一九三〇年代亞塞拜然國家認同的建立〉（The Soviet Union and the Construction of Azerbaijani National Identity in the 1930s），《伊朗研究》（*Iranian Studies*），四十六卷四期，二〇一三年，頁五一一至五三三。Fedor Achnin、Vladimir Alpatov、Dmitrij Nasilov 著，《大整肅》（*Repressirovannaja tjurkologija*），莫斯科：Vostochnaja Literatura，二〇〇二年，頁一五六至一五七。

32. Paul R. Gregory 著，《配額理論：從列寧到史達林的國家安全（一份文獻研究）》（*Terror by Quota. State Security from Lenin to Stalin (An Archival Study)*），紐哈芬－倫敦：耶魯大學出版，二〇〇九年，頁十六。Pavel Polian 著，《違背他們的意願：蘇聯時期強制遷徙的歷史與地理》（*Against Their Will. The History and Geography of Forced Migrations in the USSR*），布達佩斯－紐約：CEU Press，二〇〇四年（原俄文版二〇〇一年出版），頁九十二至一〇三。

33. Djeyhun Hadjibeyli 撰，〈一九三七年阿札爾領袖的審判〉（The 1937 Trials of Adzharian Leaders），《高加索評論》（*Caucasian Review*），第八期，一九五九年，頁二十一至二十六。Vakht'ang Gourouli、Omar Toushourashvili 撰，（Lavrent'i Berias mimots'era Ioseb St'alintan (1937 ts.)），*Saarkivo Moambe*, 3, automne 2008, p. 104-105.

34. 一九三〇年十一月二十九日德國駐德黑蘭大使信函，檔案號：PA AA, Länderabteilung III, Russland, R 78131。波斯曆一三一六年四月八日（西曆一九三七年六月二十九日）伊朗駐巴庫總領事報告書，以及波斯曆一三一六年四月二日（西曆一九三七年六月二十三日）伊朗外交部報告書，檔案號：IISG, ARCH-03095, ch. 11。

35. N.L. Pobol'、P.M. Poljan 編，《一九二八年至一九五三年史達林時代的強制遷徙》（*Stalinskie deportatsii 1928-1953*），莫斯科：Izdatel'stvo Materik/Mezhdunarodnyj Fond Demokratija，二〇〇五年，頁九十九至一〇一。

36. 一九三九年亞塞拜然內政人民委員會總結摘要，檔案號：IISG, ARCH-02868。Shalala Mamedova 著，前引《極權主義之詮釋：一九二〇年至三〇年史達林主義與亞塞拜然》，二〇〇四年，頁二二九至二三〇。

37. Touraj Atabaki 撰，〈不友善的主人、惹人嫌的客人：一九二一年至一九三九年伊朗革命分子在蘇聯的生活與時光〉（Incommodious Hosts, Invidious Guests: The Life and Times of Iranian Revolutionaries in the Soviet Union, 1921-1939），Stephanie Cronin 編，《現代伊朗的改革者與革命分子：對於伊朗左派的新觀點》（*Reformers and Revolutionaries in Modern*

Iran. New Perceptions of the Iranian Left），倫敦－紐約：Routledge Curzon，二〇〇四年，頁一五九。Taline Ter Minassian 著，《共產國際的兜貨商：蘇聯與中東少數民族》（*Colporteurs du Komintern. L'Union soviétique et les minorités au Moyen-Orient*），巴黎：Presses de la FNSP，一九九七年，頁二三二至二三四。

38. 一九三八年十月十四日土耳其外交部致議會主席團節略，檔案號：BCA, 30.10.0.0/81.531.17。

39. 一九三八年五月十九日 M. Butler 致哈利法克斯子爵（vicomte Halifax）信函，檔案號：TNA, FO 416/96, Vol. 1。〔譯注：哈利法克斯子爵（vicomte Halifax），一九二六年至一九三一年曾任印度副王與總督，一九三八年至一九四〇年為英國外務大臣。〕

40. 一九三八年三月七日亞美尼亞外交人民委員會全權代表致亞美尼亞政府信函，檔案號：HAA, f. 113, inv. 3, d. 1797, p. 19。一九三八年十月二十六日土耳其健康與社會扶助部致議會主席團節略，檔案號：BCA, 30.10.0.0/81.531.17。

41. 波斯曆一三一七年四月八日（西曆一九三八年六月二十九日）詔令。一九三八年八月十三日英國駐伊朗大使報告書，檔案號：TNA, FO, 516/96, Vol. 2。

42. 一九三八年十二月三日薩姆松省總督條示，以及一九三八年十二月三十一日內政部條示，檔案號：BCA, 30.10.0.0/81.531.17。

43. Miron Rezun 著，前引《蘇聯與伊朗：從巴勒維王朝初期至一九四一年蘇聯入侵期間的蘇聯對伊朗政策》，一九八一年，頁三三一至三三二。Kamuran Gürün 著，《土蘇關係（一九二〇年至一九五三年）》（*Türk-Sovyet İlişkileri (19201953)*），安卡拉：Türk Tarih Kurumu Basımevi，一九九一年（二〇一〇年），頁一四一至一四八。

44. 《東安那托利亞社會工程：迪爾西姆－薩松（一九三四年至一九四六年）》（*Doğu Anadolu'da Toplumsal Mühendislik. Dersim-Sason (1934-1946)*），伊斯坦堡：Tarih Vakfı Yurt Yayınları，二〇一〇年。Nicole Watts 撰，〈重新定位迪爾西姆：土耳其國家塑造與庫德族的反抗〉（Relocating Dersim. Turkish state-building and Kurdistan resistance），《土耳其新展望》（*New Perspectives on Turkey*），二十三期，二〇〇〇年秋季號，頁五至三十。

45. 一九四〇年一月十七日英國駐德黑蘭大使年度報告書，檔案號：TNA, FO 416/98。

46. 一九三九年九月二十三日蘇聯內務人民委員部致亞塞拜然當局指令，收錄於 V.P. Jampol'skij 與團隊編，《偉大的衛國戰爭中之蘇聯國家安全機關》（*Organy gosudarstvennoj bezopasnosti SSSR v Velikoj Otechestvennoj Vojne*），冊一之一，莫斯科：Kniga i Bizness，一九九五年，頁九十四至九十五。

47. Vladimir Mil'bakh、Valentin Lar'kin 撰，〈一九三七年至一九三八年外高加索軍區軍隊司令〉（Komandujushchie vojskam Zakavkazskogo voennogo okruga v 1937-1938 gg.），《俄羅斯當代史》（*Novejshaja istorija Rossii*），二期，二〇一六年，頁

一八九至二一六。

48. Patrick R. Osborn 著，《派克行動：英國與蘇聯，一九三九年至一九四一年》（*Operation Pike. Britain versus the Soviet Union, 1939-1941*），紐西蘭韋斯特波特－倫敦：Greenwood Press，二〇〇〇年。

49. Onur İşçi 撰，〈馬西格利案與其背景脈絡：德蘇互不侵犯協議後的土耳其外交政策〉（The Massigli Affair and its Context. Turkish Foreign Policy after the Molotov-Ribbentrop Pact），《當代歷史學報》（*Journal of Contemporary History*），五十五卷二期，二〇一九年。〔譯注：馬西格利（René Massigli，一八八八至一九八八），一九三八年至一九四〇年為法國駐土耳其大使。一九四四年至一九五五年任駐英國大使。〕

50. Kandid Tcharkviani 著，〈後方與前線是一體的〉（Tyl i front byli ediny），《高加索堅持了，高加索勝利了》（*Kavkaz vystojal, Kavkaz pobedil*），提比里斯：Izdatel'stvo TsK KP Gruzii，一九七三年，頁一三〇至一三一。

51. Mazair Abasov 著，《偉大衛國戰爭期間之巴庫（一九四一年至一九四五年）》（*Baku v gody velikoj otechestvennoj vojny (1941-1945 gg.)*），巴庫：Azerbajdzhanskoe Gosizdatel'stvo，一九六七年，頁一七一。

52. 一九四一年十月二十二日車臣－印古什共產黨委員會致亞塞拜然中央委員會信函，檔案號：ARDA, f. 411, inv. 25, d. 170, p. 511。

53. Adrian O'Sullivan 著，《被占領的伊朗境內之間諜活動與反情蒐：一九四一年至四五年同盟國密情單位的成功》（*Espionage and Counterintelligence in Occupied Persia (Iran). The Success of the Allied Secret Services, 1941-45*），英國貝辛斯托克－紐約：Palgrave Macmillan，二〇一五年。關於德國在伊朗情報員的證詞，參見 Bernhardt Schulze-Holthus 著，《赤化未成的伊朗：在德國情治單位的冒險》（*Frührot in Iran. Abenteuer im deutschen Geheimdienst*），德國 Esslingen：Bechtle Verlag，一九五二年。

54. Khadji Mourat Ibragimbeyli 著，《「小白花行動」與中東的崩解》（*Krakh "Edel'vejsa" i Blizhnij Vostok*），莫斯科：Nauka，一九七七年，頁三十四至三十五。

55. Mohammad Gholi Majd 著，《第二次世界大戰被同盟國占領的伊朗：通往勝利的橋樑與一方饑饉之地》（*Iran under Allied Occupation in World War II. The Bridge to Victory & a Land of Famine*），馬里蘭州拉納姆：美國大學出版，二〇一六年。

56. Alexander Statiev 著，《在戰爭之巔：第二次世界大戰中紅軍為高加索山脈的奮戰》（*At War's Summit. The Red Army and the Struggle for the Caucasian Mountains in World War II*），紐約：CUP，二〇一八年，頁二至三。

57. K.A. Aroutiounian、G.R. Pogosian 編，《亞美尼亞人對偉大衛國戰爭勝利的貢獻（一九四一年至一九四五年）》（*Vklad*

Armjanskogo naroda v pobedu v Velikoj Otechestvennoj Vojne (1941-1945)），葉里溫：Gitutjun，二〇一〇年，頁六十三至六十八。

58. Manfred Zeidler撰，〈「高加索經驗」：在占領高加索的政策中希特勒是否有下指令？〉（Das "kaukasische Experiment". Gab es eine Weisung Hitlers zur deutschen Besatzungspolitik im Kaukasus），《當代歷史季刊》（*Vierteljahrshefte für Zeitgeschichte*），三期，二〇〇五年，頁四七五至五〇〇。

59. N.G. Qədirova、C.Ə. Bəhramov, R.B. Musayev編，《一九四一年至一九四五年戰爭中的亞塞拜然：彙整文集》（*Azərbaycan 1941-1945-ci illər müharibəsində. Məqalələr toplusu*），巴庫：Elm，二〇〇八年，頁九十一至九十二。

60. A. Igolkin著，《一九四〇年至一九五〇年蘇聯石油政策》（*Sovetskaja neftjanaja politika v 1940-1950 godakh*），莫斯科：Institut Rossijskoj Istorii RAN，二〇〇九年，頁八十三。

61. 一九四二年八月十八日英國情資報告書，收錄於R.M. Burrell、Robert L. Jarman編，《伊朗政情日誌》（*IPD*），第十一冊，一九九七年，頁五五四。

62. Qaraş Mədətov著，《一九四一年至一九四五年偉大衛國戰爭中的亞塞拜然》（*Azərbaycan böyük vətən müharibəsində 1941-1945*），巴庫：ASSR Elmlər Akademiyası Nəşriyyatı，一九六五年，頁一一三。

63. V.I. Bekishvili撰，〈在捍衛高加索山口期間（一九四二年至一九四三年）外高加索諸共和國的蘇聯組織與共產黨「活動」〉（Dejatel'nost' partijnykh i sovetskikh organov Zakavkazskikh respublik po oborone Kavkazskikh perevalov (1942-1943 g.g.)），收錄於M.V. Natmeladzé編，《偉大衛國戰爭中喬治亞蘇維埃社會主義共和國的參與》（*Uchastie Gruzinskoj SSR v Velikoj Otechestvennoj Vojne (1941-1945 g.g.)*），提比里斯：Metsniereba，一九八九年，頁五十九。

64. Georges Mamoulia著，《在蘇聯與西方列強之間高加索獨立主義者的奮戰：喬治亞之例（一九二一年至一九四五年）》（*Les Combats indépendantistes des Caucasiens entre URSS et puissances occidentales. Le cas de la Géorgie (1921-1945)*），巴黎：L'Harmattan，二〇〇九年，頁二二八至二三二。

65. Joachim Hoffmann著，《高加索一九四二年／四三年：德軍與蘇聯之東方民族》（*Kaukasien 1942/43. Das deutsche Heer und die Orientvölker der Sowjetunion*），德國布賴斯高地區弗萊堡：Rombach Verlag，一九九一年，頁一一七至一二七。

66. Patrik von zur Mühlen著，《在納粹萬字與蘇聯紅星之間：第二次世界大戰期間蘇聯東方民族之民族主義》（*Zwischen Hakenkreuz und Sowjetstern. Der Nationalismus der sowjetischen Orientvölker im Zweiten Weltkrieg*），杜塞爾道夫：Droste Verlag，一九七一年，頁一七〇至一七三。

67. Harun Yılmaz 著，《蘇聯史學中的民族認同：史達林時代諸民族的興起》（*National Identities in Soviet Historiography: the Rise of Nations under Stalin*），倫敦－紐約：Routledge，二〇一五年，頁一一六。

68. David Motadel 著，《穆斯林與納粹戰爭機器》（*Les Musulmans et la machine de guerre nazie*），巴黎：La Découverte，二〇一九年（原文英文版二〇一四年初版）。

69. A.A. Anikeev、S.I. Linets、S.V. Yanouch 著，《高加索戰役的研究、文獻與照片》（*Bitva za Kavkaz v issledovanijakh, dokumentakh i fotomaterialakh*），俄國北高加索行政區皮亞季戈爾斯克：PLGU，二〇一五年，頁七十九。

70. 一九四一年十一月二十八日 Islamzadé 與 Azizbekov 致亞塞拜然共產黨中央委員會信函，檔案號：ARDA, f. 411, inv. 25, d. 166, p. 278-280。

71. Touraj Atabaki 著，《亞塞拜然：種族與伊朗強權的鬥爭》（*Azerbaijan. Ethnicity and the Struggle for Power in Iran*），倫敦－紐約：I.B. Tauris，二〇〇〇年，頁八十五至八十七。Mohammad Gholi Majd 著，前引《第二次世界大戰被同盟國占領的伊朗：通往勝利的橋樑與一方饑饉之地》，二〇一六年。

72. Cosroe Chaqueri 撰，〈伊朗人民黨的創建中蘇聯是否發揮了作用？〉（Did the Soviets Play a Role in Founding the Tudeh Party in Iran?），《俄羅斯世界學刊》（*Cahiers du monde russe*），四十卷三期，一九九九年七月至九月號，頁四九七至五二八。

73. Touraj Atabaki 著，前引《亞塞拜然：民族特色與伊朗的權力鬥爭》，二〇〇〇年，頁九十一至九十三。

74. Abbas Vali 著，《伊朗境內的庫德族人和國家：打造庫德認同》（*Kurds and the State in Iran. The Making of Kurdish Identity*），倫敦－紐約：I.B. Tauris，二〇一一年，頁二十至二十　。

75. Djamil' Gasanly 著，《蘇聯的南境擴張政策：史達林與亞塞拜然的石油優勢（一九三九年至一九四五年）》（*Sovetskaja politika po rasshireniju juzhnykh granits. Stalin i azerbajdzhanskaja karta v bor'be za neft' (1939-1945)*），莫斯科：ROSSPEN，二〇一七年，頁九十七至一〇二。

76. C. M. Vəkilov 撰，〈一九二〇年至一九四〇年亞塞拜然社會主義蘇維埃共和國在蘇伊文化關係中（在劇場藝術領域）的參與〉（1920-1940-cı illərdə Azərbaycan SSR-in Sovet-Iran mədəni əlaqələrində (teatr sənəti sahəsində) iştirakı），收錄於 Ş.E. Tağıyeva 編，《南亞塞拜然的歷史問題》（*Cənubi Azərbaycan tarixi məsələləri*），巴庫：Elm，一九八九年，頁六至十七。

77. 一九四七年一月三日亞塞拜然外交部致蘇聯外交部信函，檔案號：ARDA, f. 28, inv. 4, d. 89, p. 1-3。

78. 一九四四年八月三十一日蘇聯政府決議，檔案號：AVPRF, f. 06, inv. 6sup., pap. 75, d. 880, p. 1。

79. Djamil' Gasanli 著，《蘇聯－土耳其：從中立到冷戰（一九三九年至一九五三年）》（*SSSR-Turtsija. Ot nejtraliteta k kholodnoj*

vojne (1939-1953)），莫斯科：Tsentr Propagandy，二〇〇八年，頁二十四至三十一。

80. David Wolff 撰，〈史達林戰後東方與西方疆界劃定策略〉（Stalin's postwar border-making tactics East and West），《俄羅斯世界學刊》（*Cahiers du monde russe*），五十二卷二／三期，二〇一一年，頁二七三至二九一。Catherine Gousseff 著，《交換人民：波蘭－蘇聯邊境少數族群的遷徙（一九四四年至一九四七年）》（*Échanger les peuples: le déplacement des minorités aux confins polono-soviétiques (1944-1947)*），巴黎：Fayard，二〇一五年。

81. Georges Mamoulia 撰，〈一九四五年至一九四七年土耳其危機與伊朗危機：高加索檔案的貢獻〉（Les crises turque et iranienne, 1945-1947. L'apport des archives caucasiennes），《俄羅斯世界學刊》（*Cahiers du monde russe*），四十五卷一／二期，二〇〇四年一月至六月號，頁二七一。

82. 一九四六年五月十五日亞美尼亞外交部政治局報告書，檔案號：HAA, f. 326, inv. 1, d. 121, p. 2-9。Christopher Harris 編，《英國駐特拉布宗末任領事的報告書，一九四九年至一九五六年》（*The Reports of the Last British Consul in Trabzon, 1949-1956*），伊斯坦堡：The Isis Press，二〇〇五年，頁一五三。

83. İsmail Köse 撰，〈波拉爾坦橋慘案：一九四五年土耳其裔的蘇聯難民重返蘇聯〉（Boraltan Faciası: Türk Kökenli Sovyet Vatandaşı Mültecilerin Sovyetler Birliği'ne İadesi (1945)），《阿塔圖克研究中心學報》（*Atatürk Araştırmaları Merkezi Dergisi*），三十二期，二〇一六年，頁一四九至一八七。

84. Ertuğrul Meşe 著，《反共社團：土耳其右派建構的反共思想》（*Komünizmle Mücadele Dernekleri. Türk Sağında Antikomünizmin İnşası*），伊斯坦堡：İletişim Yayınları，二〇一六年，頁九十六至九十七。

85. F.S. Raine 撰，〈史達林與一九四五年伊朗的亞塞拜然民主黨的創立〉（Stalin and the Creation of the Azerbaijan Democratic Party in Iran, 1945），《冷戰史》（*Cold War History*），二卷一期，二〇〇一年，頁一至三十八。

86. Nataliia Egorova 撰，〈史達林的石油政策與一九四五年－一九四六年的伊朗危機〉（Stalin's Oil Policy and the Iranian Crisis of 19451946），收錄於 Jeronim Perović 編，《冷戰能源：蘇聯石油與天然氣的跨國歷史》（*Cold War Energy. A Transnational History of Soviet Oil and Gas*），瑞士卡姆：Palgrave Macmillan，二〇一六年，頁七十九至一〇四。

87. Gasan Gasanov 著，《一九四四年至一九四六年伊朗日誌》（*Iranskij dnevnik (1944-1946 gg.)*），巴庫：Elm，二〇〇七年，頁五一五至五一七。

88. 一九四六年五月八日史達林致皮舍瓦利信函，檔案號：AVPRF, f. 06, inv. 7, p. 34, d. 544, p. 8-9。

第八章

1. Nicolas Bouvier 著，《世界之用》（*L'Usage du monde*），巴黎：Payot & Rivages，一九六三年，頁一四〇。〔譯注：引文之中譯來自徐麗松譯，《世界之用》，台北：麥田，二〇一九年，頁一四五。〕

2. Ali Taşpınar 著，《里澤的歷史，從石器時代到一九五〇年》（*Rize Tarihi, Taş Çağlarından 1950'ye Kadar*），土耳其里澤：Rize Ticaret Borsası，二〇〇四年，頁六一二至六一四。Ilya Dzhirkvelov 著，《祕密僕人：我與蘇聯國家安全委員會及蘇維埃菁英共度的人生》（*Secret Servant. My Life with the KGB and the Soviet Elite*），紐約：Harper & Row Publishers，一九八七年，頁二一五至二一六。

3. 一九五一年六月底，納欣．希克美致蘇聯當局信函，俄羅斯當代史文獻保存與研究中心檔案號：RGASPI, f. 82, inv. 2, d. 1330, p. 68。

4. Michael Pereira 著，《特拉比松之東》（*East of Trebizond*），倫敦：Geoffrey Bles，一九七一年，頁二二二。

5. Georges Mamoulia 撰，〈戰後蘇聯最初的嫌隙：以喬治亞與高加索為例，一九四六至一九五六年〉（Les premières fissures de l'URSS d'après-guerre. Le cas de la Géorgie et du Caucase du Sud, 1946-1956），《俄羅斯世界學刊》（*Cahiers du Monde russe*），四十六卷三期，二〇〇五年，頁六〇二。

6. 一九五三年五月八日亞塞拜然國家安全部報告書，檔案號：ARDA, f. 411, inv. 26, d. 332, p. 52-56.

7. Perin E. Gürel 著，《西化的局限：土耳其的美國文化史》（*The Limits of Westernization. Cultural History of America in Turkey*），紐約：哥倫比亞大學出版，二〇一四年，頁七七至七八。Nicholas Danforth 撰，〈可塑性化的現代性：重新思考美國政策、援助計畫和政治宣傳在五〇年代的土耳其的意識形態角色〉（Malleable Modernity: Rethinking the Role of Ideology in American Policy, Aid Programs, and Propaganda in Fifties' Turkey），〔牛津大學出版〕《外交史》期刊（*Diplomatic History*），三十九卷三期，二〇一五年六月，頁四七七至五〇三。

8. Gavin D. Brockett 撰，〈在朝鮮的「土耳其人」傳奇：民眾對於韓戰的認知，以及這些認知對於土耳其國家認同的重要性〉（The Legend of "The Turk" in Korea: Popular Perceptions of the Korean War and Their Importance to a Turkish National Identity），《戰爭與社會》（*War & Society*），二十二卷二期，二〇〇四年，頁一〇九至一四二。

9. Vladislav M. Zubok 著，《一個失敗的帝國：從史達林到戈巴契夫，冷戰中的蘇聯》（*A Failed Empire. The Soviet Union in the Cold War from Stalin to Gorbachev*），北卡羅萊納州教堂山：北卡羅萊納大學出版，二〇〇七年，頁五十八。

10. Jo Laycock 撰，〈亞美尼亞故鄉與返鄉，一九四五年九月：離散的亞美尼亞人重返蘇聯〉（Armenian Homelands and

Homecomings, 1945-9. The Repatriation of Diaspora Armenians to the Soviet Union），《文化與社會史學報》（*The Journal of the Social History Society*），九卷一期，二〇一二年，頁一〇三至一二三。Claire Mouradian 撰，〈亞美尼亞僑民返回亞美尼亞蘇維埃社會主義共和國，一九四六年至一九六二年〉（L'immigration des Arméniens de la diaspora vers la RSS d'Arménie, 1946-1962），《俄羅斯世界學刊》（*Cahiers du Monde russe*），二十卷一期，一九七九年，頁七十九至一一〇。

11. Thomas de Waal 著，《大災難：種族滅絕陰影下的亞美尼亞人與土耳其人》（*Great Catastrophe. Armenians and Turks in the Shadow of Genocide*），紐約：牛津大學出版，二〇一五年，頁一二〇至一二一。

12. Maike Lehmann 著，《一個蘇維埃國家：亞美尼亞一九四五年以來亞美尼亞對於社會主義國家的詮釋》（*Eine sowjetische Nation. Nationale Sozialismusinterpretationen in Armenien seit 1945*），法蘭克福－紐約：Campus Verlag，二〇一二年，頁六十三。

13. 一九四七年十二月三日巴吉羅夫與 Aroutiounov 共同致史達林信函，檔案號：HAA, f. 1, inv. 27, d. 47, p. 137-138。

14. 一九四八年四月十一日諾亞伯（Nojamber）地區居民 Cəvahir Kərim qızı Nəzərova 致史達林信函，收錄於 Ataxan Paşayev 編，《一九四八年至一九五三年亞美尼亞蘇維埃社會主義共和國被迫遷徙的亞塞拜然人：文獻集成》（*Azərbaycanlıların Ermənistan SSR-dən deportasiyası (19481953-cü illər). Sənədlər toplusu*），巴庫：Zərdabi，二〇一三年，頁一三〇至一三二。

15. 一九四八年五月三日亞美尼亞內政部關於亞塞拜然人對遷徙行動反應的報告書，同前引，頁一五五至一五七。

16. Claire Pogue Kaiser 撰，〈「他們在做什麼？畢竟，我們又不是德國人」：高加索地區的驅逐、歸屬和戰後經驗〉（"What Are They Doing? After All, We're Not Germans": Expulsion, Belonging, and Postwar Experience in the Caucasus），收錄於 Krista A. Goff、Lewis H. Siegelbaum 編，《歐亞交界地區的帝國和歸屬感》（*Empire and Belonging in the Eurasian Borderlands*），綺色佳－倫敦：康乃爾大學出版，二〇一九年，頁八十九至九十。

17. 一九四六年六月六日 Georgi Gamkharashvili 致史達林信函，俄羅斯當代史文獻保存與研究中心檔案號：RGASPI, f. 558, inv. 11, d. 893, p. 18-28。

18. L.P. Kosheleva、Oleg Khlevniuk 編，《蘇聯國家政策：一九四五年至一九五三年的意識形態與實踐》（*Sovetskaja natsional'naja politika: ideologija i praktiki 1945-1953*），莫斯科：ROSSPEN，二〇一三年，頁八一三至八二四，與頁八三七至八三八。

19. Eldar Ismailov 著，《權力與人民：戰後亞塞拜然境內的史達林主義，一九四五年至一九五三年》（*Vlast' i narod. Poslevoennyj stalinizm v Azerbajdzhane, 1945-1953*），巴庫：Adiloğlu，二〇〇三年，頁二十至二十三。

20. Timothy Blauvelt 撰，〈契卡人的行進：以貝利亞為尊的祕密警察網絡和蘇聯的密情政治〉（March of the Chekists: Beria's Secret Police Patronage Network and Soviet Crypto-Politics），《共產黨與後共產黨研究》（*Communist and Post-Communist Studies*），四十四卷一期，二〇一一年三月號，頁七十三至八十八。Charles H. Fairbanks Jr. 撰，〈恩庇門客主義與後蘇聯失序之根源〉（Clientelism and the Roots of Post-Soviet Disorder），收錄於 Ronald Grigor Suny 編，《外高加索、民族主義和社會變化》（*Transcaucasia, Nationalism and Social Change*），密西根州安娜堡：密西根大學出版，一九九六年，頁三四三。

21. Akakij Mgeladzé 著，《史達林的自我認識：不久之前的過去》（*Stalin, kakim ja ego znal: stranitsy nedavnego proshlogo*），提比里斯：無出版者，二〇〇一年，頁一七七至一七九。

22. Yoram Gorlizki、Oleg Khlevniuk 著，《冰冷的和平：史達林與蘇聯統治圈，一九四五年至一九五三年》（*Cold Peace. Stalin and the Soviet Ruling Circle, 1945-1953*），紐約：牛津大學出版，二〇〇四年，頁一一〇至一一三。

23. Amir Weiner 撰，〈從強勁的革命到退縮中的革命：蘇維埃革命的生命週期，一九四五年至一九六八年〉（Robust Revolution to Retiring Revolution: The Life Cycle of the Soviet Revolution, 1945-1968），《斯拉夫與東歐評論》（*The Slavonic and East European Review*），八十六卷二期，二〇〇八年四月號，頁二一六至二二二。

24. 一九五三年十月二十八日美國駐德黑蘭大使報告書，收錄於 R.M. Burrell、Robert L. Jarman 編，《伊朗政情日誌》（*IPD*），第十四冊，一九九七年，頁一一六至一一九。

25. Vladislav M. Zubok 撰，〈史達林、蘇聯情報系統、和關於伊朗的鬥爭，一九四五年至五三年〉（Stalin, Soviet Intelligence, and the Struggle for Iran, 1945-53），《外交史》（*Diplomatic History*），四十四卷一期，二〇二〇年一月號，頁二十二至四十六。Ervand Abrahamian 著，《一九五三年政變：美國中情局與現代美伊關係的根源》（*The Coup. 1953, the CIA, and the Roots of Modern U.S.-Iranian Relations*），紐約：The New Press，二〇一三年。

26. 一九五五年十一月十七日英國駐莫斯科大使電報文，檔案號：TNA, FO 371/117723。

27. Kristin Roth-Ey 著，《莫斯科關鍵時刻：蘇聯如何打造媒體帝國導致冷戰落敗》（*Moscow Prime Time. How the Soviet Union Built the Media Empire That Lost the Cold War*），綺色佳－倫敦：康乃爾大學，二〇一一年，頁一四七。Roham Alvandi 撰，〈輕忽中立性：沙王、赫魯雪夫與一九五九年失敗的蘇伊協商〉（Flirting with Neutrality: the Shah, Khrushchev and the Failed 1959 Soviet-Iranian Negotiations），《伊朗研究》（*Iranian Studies*），四十七卷三期，二〇一四年，頁四一九至四四〇。

28. Boris Sokolov 著，《羅科索夫斯基》（*Rokossovskij*），莫斯科：Molodaja Gvardija，二〇一〇年，頁四九三。

29. 一九六〇年十月十五日蘇聯代表團給土蘇聯合委員會的指示，檔案號：HAA, f. 326, inv. 2, d. 18, p. 12-13。

30. Geronti Kikodzé, T'anamedrovis Ch'anatserebi, Tbilissi, Arete, 2003, p. 143-144.
31. Timothy Blauvelt 撰，〈喬治亞一九五六年三月事件之地位提升與民族動員〉（Status Shift and Ethnic Mobilisation in the March 1956 Events in Georgia），《歐亞研究》（*Europe-Asia Studies*），六十一卷四期，二〇〇九年六月號，頁六五一至六六八。
32. Giorgi Kldiashvili 撰，〈一九五六年三月事件後的民族主義和喬治亞民族獨立運動之起源〉（Nationalism after the March 1956 Events and the Origins of the National-independence Movement in Georgia），收錄於 Timothy K. Blauvelt、Jeremy Smith 編，《史達林死後的喬治亞：民族主義和蘇聯強權》（*Georgia After Stalin. Nationalism and Soviet Power*），倫敦－紐約：Routledge，二〇一六年，頁七十六至九十一。
33. Jamil Hasanli 著，《赫魯雪夫的解凍禁和蘇聯亞塞拜然的國族認同，一九五四年至一九五九年》（*Khrushchev's Thaw and National Identity in Soviet Azerbaijan, 1954-1959*），馬里蘭州拉納姆－科羅拉多州博爾德：Lexington Books，二〇一五年，頁九十二至一二一。若要以蘇聯的尺度對當時局勢背景進行了解，請參閱 Michael Loader 撰，〈叛逆的共和國：一九五八年的教育改革與蘇維埃拉脫維亞蘇維埃共和國〉（The Rebellious Republic: The 1958 Education Reform and Soviet Latvia），《拉脫維亞歷史研究院學報》（*Latvijas Vēstures Institūta Žurnāls*），一百卷三期，二〇一六年，頁一一三至一三九。
34. Bâbak Amîrkhosravî, Mohsen Heydariân, Mohâjerat-e sûsiâlîstî va sarnevesht-e Irânîân, Payâm Emrûz, 1381 (2002-2003), p. 86-89.
35. Xaqan Balayev 著，《南方移民對亞塞拜然社會－政治生活的參與》（*Azərbaycanın sosial-siyasi həyatında cənublu mühacirlərin iştirakı*），巴庫：Elm və təhsil，二〇一八年，頁五十六。
36. 同前注，頁八十六至八十七。
37. 一九五六年八月二十日穆塔利．伊拉尼致蘇聯外交部信函，檔案號：ARDA, f. 28, inv. 10, d. 54, p. 82-83。
38. Xaqan Balayev 著，前引《南方移民對亞塞拜然社會－政治生活的參與》，二〇一八年，頁七十二至七十四。
39. Hosseyn Ahmadî, «Talâsh-e mohadjerîn-e nâdem dar Shuravî barâye bâzgasht be Irân», *Motâle'ât-e Asyâ-ye Markazî va Qafqâz*, 58, été 1386 (2007), p. 73-87.
40. Maziar Behrooz 著，《有理念的叛逆：伊朗左派之落敗》（*Rebels with a Cause. The Failure of the Left in Iran*），倫敦－紐約：I.B. Tauris，一九九九年。Sepehr Zabih 著，《伊朗的共產主義運動》（*The Communist Movement in Iran*），柏克萊：加州大學出版，一九六六年。
41. 一九五四年九月十七日亞美尼亞中央委員會決議，檔案號：HAA, f. 1, inv. 34, d. 31, p. 30。
42. Metin Yüksel 著，《庫德學與謝利爾家族》（*Kurdolojî û Malbata Celîlan*），伊斯坦堡：Avesta，二〇一三年。

43. İsmail Beşikçi 著，《一九六七年東方集會之分析》（*Doğu mitingleri'nin analizi, 1967*），伊斯坦堡：Yurt Kitap-Yayın，一九九二年，頁五十七。

44. Chikara Hashimoto、Egemen B. Bezci 撰，〈庫德族是不是「沒朋友，只有山」？土耳其反共、反蘇聯、反庫德族的祕密戰爭〉（Do the Kurds have "no friends but the mountains"? Turkey's Secret War against Communists, Soviets and the Kurds），《中東研究》（*Middle Eastern Studies*），五十二卷四期，二〇一六年，頁六四〇至六五五。

45. Etienne Forestier-Peyrat 撰，〈一九四〇年代至一九八〇年代蘇聯對庫德族與蘇聯境內庫德族運動的外交政策〉（1940'lardan 1980'lere Kürtlere yönelik Sovyet dış politikası ve Sovyet Kürt aktivizmi），《庫德人的歷史》（*Kürt Tarihi*），二〇一九年十月－十二月號，頁四十六至五十五。

46. Mary Ann Heiss 撰，〈展示「赤色殖民主義」：一九五三年至一九六三年美國在聯合國的宣傳戰〉（Exposing "Red Colonialism". U.S. Propaganda at the United Nations, 1953-1963），《冷戰研究學報》（*Journal of Cold War Studies*），十七卷三期，二〇一五年夏季號，頁八十二至一一五。

47. Frederick C. Barghoorn 著，《蘇聯文化攻勢：蘇聯外交政策中的文化外交角色》（*The Soviet Cultural Offensive. The Role of Cultural Diplomacy in Soviet Foreign Policy*），普林斯頓：普林斯頓大學出版，一九六〇年。

48. Étienne Forestier-Peyrat 撰，〈一個框架的問題：一九四五年後諸蘇維埃共和國與國際關係〉（Un problème de cadres: Républiques soviétiques et relations internationales après 1945），《外交史期刊》（*Revue d'histoire diplomatique*），一三八卷一期，二〇一八年，頁三至二十二。

49. Constantin Katsakioris 撰，〈蘇聯和非洲知識分子：一九五四年至一九六四年去殖民化年代的國際主義、泛非洲主義和黑人意識文化運動〉（L'Union soviétique et les intellectuels africains. Internationalisme, panafricanisme et négritude pendant les années de la décolonisation, 1954-1964），《俄羅斯世界學刊》（*Cahiers du monde russe*），四十七卷一／二期，二〇〇六年，頁十五至三十二。Masha Kirasirova 撰，〈莫斯科的「穆斯林之子」：蘇聯中亞中介者前往遠東，一九五五至一九六二年〉（"Sons of Muslims" in Moscow: Soviet Central Asian Mediators to the Foreign East, 1955-1962），《帝國：後蘇聯之新帝國歷史與民族主義研究》（*Ab Imperio*），四期，二〇一一年，頁一〇六至一三二。

50. 關於中亞類似機構的比較，詳參 Eren Tasar 著，《蘇維埃與穆斯林：中亞伊斯蘭的制度化》（*Soviet and Muslim. The Institutionalization of Islam in Central Asia*），紐約：牛津大學出版，二〇一七年。

51. Elidor Mëhilli 著，《從史達林到毛澤東：阿爾巴尼亞和社會主義世界》（*From Stalin to Mao. Albania and the Socialist*

World），綺色佳－倫敦：康乃爾大學出版，二〇一七年，頁五十八至六十一。

52. Mikhail Gruev、Aleksej Kal'onski 著，《「更新計畫」，穆斯林社群與共產體制：政治、反應與結果》（"*Vîzroditelnijat protses*". *Mjusjulmanskite obshtnosti i komunisticheskijat rezhim: politiki, reaktsii i posleditsi*），保加利亞索菲亞：保加利亞近代研究所（SIELA-Institut za izsledvane na blizkoto minalo），二〇〇八年，頁一三一至一三二。

53. 一九五八年四月十七日尤里．朱科夫致 Vasil Mjavanadzé 信函，檔案號：SSShA PA, f. 14, inv. 33, d. 315, p. 1-2。（譯注：Vasil Mjavanadzé 是喬治亞社會主義蘇維埃共和國一九五三年至一九七二年間的總統暨該國共產黨第一書記。）

54. Claire Mouradian 著，《從史達林到戈巴契夫：一個蘇維埃共和國，亞美尼亞的歷史》（*De Staline à Gorbatchev. Histoire d'une république soviétique, l'Arménie*），巴黎：Ramsay，一九九〇年，頁三三四至三三六。

55. 一九六一年塔喜拉．塔希若娃與 Nabiha Ben Miled 往來信函，檔案號：ARDA, f. 2662, inv. 1, d. 9, p. 2-5。〔譯注：Nabiha Ben Miled（一九一九至二〇〇九），突尼西亞民主人士，民族主義運動人士。〕

56. Leyla Sayfutdinova 撰，〈亞塞拜然蘇維埃共和國工程師的足跡〉（Mapping the Mobility of Azerbaijani Soviet engineers），《勞工史》（*Labor History*），五十九卷三期，二〇一八年，頁三一六至三三〇。

57. 一九七二年春亞塞拜然外交部長致莫斯科常駐代表處信函，檔案號：ARDA, f. 28, inv. 11, d. 20, p. 42。

58. Constantin Katsakioris 撰，〈促進去殖民化：一九六〇年至一九六五年蘇聯最早的非洲留學生與他們的幻想破滅〉（Les promotions de la décolonisation. Les premiers étudiants africains en URSS et leurs désillusions, 1960-1965），收錄於 Monique de Saint Martin、Grazia Scarfò Ghellab、Kamal Mellakh 編，《去東方留學：非洲高學歷者的經驗》（*Étudier à l'Est. Expériences de diplômés africains*），巴黎：Karthala-FMSH，二〇一五年，頁九十一。

59. Abdellah Ouahhabi 著，《一個北非人的莫斯科生活》（*Un beur à Moscou*），巴黎：Robert Laffont，一九八八年，頁七十三至七十六。

60. 一九七七年五月十五日塔希若娃致蘇聯外交部報告書，檔案號：ARDA, f. 28, inv. 11, d. 45, p. 1-2。

61. Eberhard Kienle 著，《巴斯黨對巴斯黨：一九六八年至一九八九年敘利亞與伊拉克間的衝突》（*Ba'th v. Ba'th. The Conflict between Syria and Iraq 1968-1989*），倫敦－紐約：I.B. Tauris，一九九〇年，頁一一六至一二〇。〔譯注：巴斯黨為阿拉伯復興社會黨的音譯，其黨名縮寫方式多種，Ba'th / BAATH / BAAS。一九四四年創立於敘利亞，其主張結合了阿拉伯社會主義和泛阿拉伯民族主義，宗旨為建立一個泛阿拉伯國家。該黨曾於一九六三年至一九六六年期間，以及一九七〇年至今於敘利亞執政，在伊拉克執政則為一九六三年，以及自一九六八年至二〇〇三年期間。〕

第九章

1. Roham Alvandi撰，〈沙王對赫魯雪夫態度軟化：一九六二年伊朗承諾蘇聯飛彈基地〉（The Shah's détente with Khrushchev: Iran's 1962 missile base pledge to the Soviet Union），《冷戰史》（*Cold War History*），十四卷二期，二〇一四年，頁四二三至四四四。
2. Sébastien Fath著，《伊朗與戴高樂：一個未竟之夢的發展》（*L'Iran et de Gaulle. Chronique d'un rêve inachevé*），法國納伊：EurOrient，一九九九年，頁二十八至二十九。
3. John Sakkas、Nataliya Zhukova撰，〈蘇聯、土耳其和賽普勒斯問題，一九六七年至一九七四年〉（The Soviet Union, Turkey and the Cyprus Problem, 1967-1974），《認同、國際關係與歐洲文明學術研究期刊》（*Les Cahiers IRICE*），二〇一三年一月號（第十期），頁一二三至一二五。
4. Ahmad Mîrfenderskî (et Ahmad Ahrâr),〔同第八章注26〕*op. cit.*, 1382 (2003), p. 110-113; Artemy M. Kalinovsky著，《社會主義發展實驗室：冷戰政治與塔吉克蘇維埃共和國的去殖民化》（*Laboratory of Socialist Development. Cold War Politics and Decolonization in Soviet Tajikistan*），綺色佳－倫敦：康乃爾大學出版，二〇一八年，頁二至六。
5. Cissy E.G. Wallace著，《蘇聯與開發中國家的經濟與技術合作：土耳其的例子》（*Soviet Economic and Technical Cooperation with Developing Countries: The Turkish Case*），倫敦政經學院博士論文，一九九〇年，頁一一二至一一三。Mahmûd Tâherahmadî, *Târîkh-e ravâbet-e Irân va Ettehâd-e Djamâhîr-e Shûravî 1325-1345*, Téhéran, Edâre-ye asnâd va târîkh-e dîplomâsî, 1393 (2014), p. 135-137.
6. 一九七二年十二月十二日亞塞拜然外交部業務報告書，檔案號：ARDA, f. 28, inv. 11, d. 28, p. 11。
7. Arzu Öztürkmen撰，〈穿越物質文化的記憶：一個黑海小鎮中過往社群的地方知識〉（Remembering Through Material Culture: Local Knowledge of Past Communities in a Turkish Black Sea Town），《中東研究》（*Middle Eastern Studies*），三十九卷二期，二〇〇三年四月號，頁一七九至一九三。
8. Nodar Mossaki、Lana Ravandi-Fadai撰，〈一種有戒心的求愛：一九四〇年代末至一九六〇年代蘇聯在伊朗的文化外交〉（A Guarded Courtship: Soviet Cultural Diplomacy in Iran from the late 1940s to the 1960s），《伊朗研究》（*Iranian Studies*），五十一卷三期，二〇一八年，頁四二七至四五四。
9. Andreas Oberender撰，〈「太超過的事最好別張揚。」米高揚和亞美尼亞與亞塞拜然間的歷史－政治衝突〉（"Am besten wäre es, man schwiege über die Exzesse." Anastas Mikojan und der geschichtspolitische Konflikt zwischen Armenien und

Aserbaidschanern）、《東歐歷史年鑑》（*Jahrbücher für Geschichte Osteuropas*），五十九卷四期，二〇一一年，頁五〇九至五三三。

10. Alexander Titov撰，〈赫魯雪夫治下的中央委員會機制〉（The Central Committee apparatus under Khrushchev），收錄於Jeremy Smith、Melanie Ilic編，《克里姆林宮裡的赫魯雪夫：一九五三年至一九六四年蘇聯的政策與政府》（*Khrushchev in the Kremlin. Policy and Governement in the Soviet Union, 1953-1964*），倫敦－紐約：Routledge，二〇一一年，頁五十四至五十五。

11. 一九六三年二月七日蘇聯共產黨最高蘇維埃主席團決議，收錄於O.V. Khlevnjiuk與團隊編，《赫魯雪夫的地方政策：一九五三年至一九六四年蘇聯共產黨中央委員會與地方的黨委員會》（*Regional'naja politika N.S. Khrushcheva. TsK KPSS i mestnye partijnye komitety 1953-1964 gg.*），莫斯科：ROSSPEN，二〇〇九年，頁四九四至四九五。

12. R.G. Gachelidze、M.A. Nadzhafaliyev、A.D. Rondeli撰，〈外高加索區域發展〉（The Regional Development of Transcaucasia），《地理論壇》（*Geoforum*），十五卷一期，一九八四年，頁六十八。

13. Tadeusz Swietochowski著，《俄羅斯與亞塞拜然：轉型中的邊境地》（*Russia and Azerbaijan. A Borderland in Transition*），紐約：哥倫比亞大學出版，一九九五年，頁一七九至一八〇。

14. 一九六三年五月二十三日外高加索辦公室督察A Tchanturiya致G. Botchkarev摘要筆記，檔案號：SSShA PA, f. 14, inv. 38, d. 390, p. 2-4。

15. Jonathan Harris著，《史達林和赫魯雪夫時代的共產黨領導：一九四八年至一九六四年共產黨官員與蘇聯國家》（*Party Leadership under Stalin and Khrushchev. Party Officials and the Soviet State, 19481964*），馬里蘭州拉納姆－倫敦：Lexington Books，二〇一八年，頁一七六至一七七。

16. 一九六三年一月二十六日喬治亞中央委員會呈蘇聯共產黨中央委員會信函，檔案號：RGANI, f. 5, inv. 31, d. 223, p. 11-12。

17. Taline Ter Minassian著，前引《葉里溫：在蘇聯時代打造一座首都》，二〇〇七年，頁一五一至一六一。

18. Johanna Conterio撰，〈「我們的黑海岸」：赫魯雪夫時代黑海沿岸的蘇維埃化與過度開發問題〉（"Our Black Sea Coast": The Sovietization of the Black Sea Littoral under Khrushchev and the Problem of Overdevelopment），《評論：探索俄國與歐亞史》（*Kritika: Explorations in Russian and Eurasian History*），十九卷二期，二〇一八年春季號，頁三二七至三二八。

19. Mikhail Shtern、August Shtern撰，《性在蘇聯》（*Sex in the Soviet Union*），倫敦：W.H. Allen，一九八一年，頁一六五。
Arthur Clech著，〈在多元民族的蘇聯境內同性戀的主體性〉（Des subjectivités homosexuelles dans une URSS multinationale），

《社會運動》（*Le Mouvement social*），二六〇卷三期，二〇一七年，頁九十一至一一〇。

20. Jörg Stadelbauer 撰，〈蘇維埃高加索的旅遊〉（Der Fremdenverkehr in Sowjet-Kaukasien），《經濟地理期刊》（*Zeitschrift für Wirtschaftsgeographie*），三十卷一期，一九八六年，頁一至二十一。

21. Saghar Sadeghian 撰，〈卡札爾王朝和巴勒維王朝時期伊朗北部的裏海森林〉（The Caspian Forests of Northern Iran during the Qajar and Pahlavi Periods: Deforestation, Regulation and Reforestation），《伊朗研究》（*Iranian Studies*），四十九卷六期，二〇一六年，頁九七三至九九六。

22. Christian Noack 撰，〈應付旅客：規劃的與蘇聯黑海海岸「野性的」大眾旅遊〉（Coping with the Tourist: Planned and “Wild” Mass Tourism on the Soviet Black Sea Coast），收錄於 Anne E. Gorsuch、Diane P. Koenker 編，《旅遊：資本主義和社會主義下的俄羅斯和東歐旅客》（*Turizm. The Russian and East European Tourist under Capitalism and Socialism*），綺色佳－倫敦：康乃爾大學出版，二〇〇六年，頁二八一至三〇四。

23. L.M. Coyaud 撰，〈蘇維埃喬治亞的鄉間：一個鄉土規劃的例子〉（Un exemple de planification rurale: les campagnes de Géorgie soviétique），《鄉間研究》（*Études rurales*），四十九卷五十期，一九七三年，頁三一三。

24. 一九七三年三月七日法國駐莫斯科大使呈法國外交部報告書，檔案號：AMAE, AP, Europe, 1971-1976, URSS, 546。

25. Gerald Mars、Yochanan Altman 撰，〈蘇維埃喬治亞第二經濟的文化根基〉（The Cultural Bases of Soviet Georgia’s Second Economy），《蘇維埃研究》（*Soviet Studies*），三十五卷四期，一九八三年，頁五四六至五六〇。

26. Mark Saroyan 撰，〈超越民族國家：蘇聯外高加索的文化與種族政策〉（Beyond the Nation-State: Culture and Ethnic Politics in Soviet Transcaucasia），《蘇聯》（*Soviet Union/Union Soviétique*），十五卷二－三期，一九八八年，頁二三〇至二三一。

27. Erik R. Scott 撰，《熟悉的陌生人：喬治亞人僑民與蘇聯帝國的發展》（*Familiar Strangers. The Georgian Diaspora and the Evolution of the Soviet Empire*），紐約：牛津大學出版，二〇一六年，頁一〇〇至一〇五。

28. Jeff Sahadeo 著，〈蘇維埃的「黑工」和在列寧格勒與莫斯科的社區營造〉（Soviet “Blacks” and Place Making in Leningrad and Moscow），《斯拉夫評論》（*Slavic Review*），七十一卷二期，二〇一二年夏季號，頁三三一至三五八。

29. 一九七〇年五月二十一日喬治亞中央委員會呈蘇聯共產黨中央委員會信函，檔案號：RGANI, f. 5, inv. 62, d. 6。一九七二年七月五日喬治亞駐莫斯科常駐代表致 G.D. Djavakhichvili 信函，檔案號：SUITsA, f. 446, inv. 1, d. 157, p. 3-9。

30. Grey Hodnett 著，《蘇維埃諸民族共和國的領導：一篇人員召聘政策的量化研究》（*Leadership in the Soviet National Republics. A Quantitative Study of Recruitment Policy*），加拿大奧克維爾：Mosaic Press，一九七八年，頁一〇四至一〇五。

31. Jonathan Steele、Eric Abraham著，《安德洛波夫掌權》（*Andropov in Power*），牛津：Martin Robertson，一九八三年，頁九十六。
32. 一九七三年三月七日法國駐莫斯科大使呈法國外交部報告書，檔案號：AMAE, AP, Europe, 1971-1976, URSS, 546。
33. Jürgen Gerber著，《喬治亞：一九五六年以來的民族對立與共產體制》（*Georgien. Nationale Opposition und kommunistische Herrschaft seit 1956*），巴登巴登：Nomos Verlag，一九九七年，頁四十六至四十八。
34. 一九七五年一月六日蘇聯共產黨中央委員會組織部之指示，檔案號：RGANI, f. 5, inv. 67, d. 82, p. 120。
35. Saulius Grybkauskas撰，〈蘇聯帝國化？諸蘇維埃共和國內第二書記的設置〉（Imperializing the Soviet Federation? The Institution of the Second Secretary in the Soviet Republics），《帝國：後蘇聯之新帝國歷史與民族主義研究》（*Ab Imperio*），三期，二〇一四年，頁二六七至二九二。
36. Ronald Grigor Suny撰，〈外高加索：一個多元民族社會之文化凝聚力與民族復興〉（Transcaucasia: Cultural Cohesion and Ethnic Revival in a Multinational Society），收錄於Lubomyr Hajda、Mark Beissinger編，《蘇聯政治與社會中的民族作用因素》（*The Nationalities Factor in Soviet Politics and Society*），科羅拉多州博爾德－牛津：Westview Press，一九九〇年，頁二三〇至二三一。
37. 一九六七年二月四日一支蘇聯代表團與伊朗國家石油公司的談話紀錄，檔案號：RGAE, f. 365, inv. 2, d. 2690, p. 3-5。
38. 一九七四年一月二十三日法國駐莫斯科大使呈法國外交部報告書，檔案號：AMAE, AAP, Europe, 1971-1976, URSS, 546。
39. Per Högselius著，《赤色天然氣：俄羅斯和歐洲能源依賴之起源》（*Red Gas. Russia and the Origins of European Energy Dependence*），英國貝辛斯托克－紐約：Palgrave Macmillan，二〇一三年，頁一七二。
40. Mikail Nazarov著，《機構和幹部：我當年的筆記》（*Apparat i ljudi. Zapiski o moem vremeni*），巴庫：Apostrof，二〇一〇年，頁一〇〇至一〇二。
41. 一九七〇年十二月二十四日卡爾斯省長報告書，檔案號：BCA, 30.18.1.2/268.43.17。
42. Jeffrey T. Richelson著，《間諜的世紀：二十世紀的情治作業》（*A Century of Spies. Intelligence in the Twentieth Century*），紐約－牛津：牛津大學出版，一九九五年，頁三三九。
43. 一九七六年十一月九日列寧納坎（久姆里）共黨中央委員會致亞美尼亞共黨中央委員會信函，檔案號：HAA, f. 1, inv. 53, d. 75, p. 125。
44. Chris Hann、Ildikó Bellér-Hann撰，〈土耳其東北部的市場、道德與現代性〉（Markets, morality and modernity in north-east

Turkey），收錄於 Thomas M. Wilson、Hastings Donnan 編，《邊區認同：國際邊界的民族與國家》（*Border Identities. Nation and State at International Frontiers*），劍橋：劍橋大學出版，一九九八年，頁二四五至二四六。

45. Paul Josephson 與團隊著，《俄羅斯環境史》（*An Environmental History of Russia*），劍橋—紐約，劍橋大學出版，二〇一三年，頁二三三與頁二三四至二三五。

46. 一九七一年十一月十二日水利部副部長 Ivan Borodavtchenko 致國家科學與技術委員會信函，檔案號：RGAE, f. 436, inv. 2, d. 1475, p. 5。

47. Eskandar Fîrûz，《葉斯坎達爾．菲魯茲的觀點》（*Khâterât-e Eskandar Fîrûz*），貝塞斯達（馬里蘭州）：Bethesda (Maryland) Ibex Publishers，二〇一二年，頁三一三至三一六。

48. 一九七〇年十二月二十四日蘇聯駐伊朗大使報告書，檔案號：ARDA, f. 28, inv. 11, d. 18, p. 7-15。Guive Mirfenderski 著，《裏海外交史：條約、日誌與其他故事》（*A Diplomatic History of the Caspian Sea. Treaties, Diaries and Other Stories*），英國貝辛斯托克—紐約：Palgrave，二〇〇一年，頁一七三。

49. Stephen Brain 撰，〈外表看起來綠色的訴求：美蘇意識形態競爭與冷戰時期環保議題外交〉（The Appeal of Appearing Green: Soviet-American Ideological Competition and Cold War Environmental Diplomacy），《冷戰史》（*Cold War History*），十六卷四期，二〇一六年，頁四四三至四六二。

50. Georgi M. Derluguian 著，《高加索的布迪厄祕密崇拜者：一部世界體系傳記》（*Bourdieu's Secret Admirer in the Caucasus. A World-System Biography*），芝加哥—倫敦：芝加哥大學出版，二〇〇五年，頁九十一至九十三。

51. 一九六六年一月三十日中央委員會表態贊成梅斯赫特人（peuple meskhète）從〔烏茲別克〕塔什干返回梅斯赫特地區（Meskhétie），檔案號：SSShA PA, f. 14, inv. 42, d. 240, p. 34-41。

52. Marc Elie 撰，〈平反的意義：赫魯雪夫與戈巴契夫對於史達林時代迫害遺緒之處理〉（Ce que réhabiliter veut dire. Khrouchtchev et Gorbatchev aux prises avec l'héritage répressif stalinien），《二十世紀歷史期刊》（*Vingtième Siècle. Revue d'histoire*），一〇七期，二〇一〇年三月號，頁一〇一至一一三。101-113.

53. Arif Yunusov 撰，〈鞏固流亡中的國族認同：在亞塞拜然的突厥語族梅斯赫特人〉（Consolidating a National Identity in Exile: The Meskhetian Turks in Azerbaijan），收錄於 Tom Trier、Andrei Khanzhin 編，《十字路口上的突厥語族梅斯赫特人：融入、返鄉或重新落腳？》（*The Meskhetian Turks at a Crossroads. Integration, Repatriation or Resettlement?*），柏林：LIT Verlag，二〇〇七年，頁一七二至一九六。

54. Filipp Bobkov 著，《國家安全委員會與政府當局》（*KGB i vlast'*），莫斯科：Izdatel'stvo Veteran MP，一九九五年，頁三〇八至三一〇。一九六九年六月十九日喬治亞中央委員會呈蘇聯共產黨中央委員會摘要筆記，檔案號：RGANI, f. 5, inv. 61, d. 7, p. 3-5。

55. 亞美尼亞人共同聯署向赫魯雪夫請願書，檔案號：HAA, f. 207, inv. 26s, d. 171, p. 1-12。

56. Dina Zisserman-Brodsky 著，《蘇聯建構民族政策：地下刊物、剝奪感和民族國家主義的崛起》（*Constructing Ethnopolitics in the Soviet Union: Samizdat, Deprivation, and the Rise of Ethnic Nationalism*），紐約－英國貝辛斯托克：Palgrave Macmillan，二〇〇三年，頁五十四至五十七。

57. Cəmil Həsənli 著，《蘇維埃亞塞拜然的自由主義：權力、知識分子、人民（一九五九年至一九六九年）》（*Azərbaycanda Sovet liberalizmi. Hakimiyyət. Ziyalılar. Xalq (19591969)*），巴庫：Qanun，二〇一八年，頁四八三至四九八。Maike Lehmann 著，前引《一個蘇維埃國家：一九四五年起亞美尼亞社會主義的國家詮釋》，二〇一二年，頁三〇四至三〇五。

58. Haig Sarkissian 撰，〈在葉里溫觀察所見之土耳其亞美尼亞種族屠殺五十周年〉（50th Anniversary of the Turkish Genocide as Observed in Erevan），《亞美尼亞評論》（*The Armenian Review*），十九卷四期，一九六六年冬季號，頁二十三至二十八。

59. 尤其是史學家 Djon Kirakosian 也是日後的亞美尼亞蘇維埃共和國外交部長所寫的幾篇文章。詳參 Anton Weiss-Wendt 著，《一種修辭上的犯罪：冷戰地緣政治論述中的種族屠殺》（*A Rhetorical Crime. Genocide in the Geopolitical Discourse of the Cold War*），加拿大新不倫瑞克：羅格斯大學出版，二〇一八年，頁一二一。〔譯注：史學家 Djon Kirakosian（一九二九至一九八五），因拉丁化方式不同亦寫作 John Kirakosyan，他也是政治學者，自一九七五年擔任亞美尼亞外交部長直至離世。主要著作之一《第一次世界大戰與西亞美尼亞人》，一九六五年以亞美尼亞文初版，一九六七年再版，一九七一年更以俄文出版。西亞美尼亞，就是一九一五年發生亞美尼亞人種族屠殺後，被土耳其改稱為東安那托利亞的那個地區。〕

60. Silvia Serrano 著，《後蘇聯時代喬治亞的東正教會與政治》（*Orthodoxie et politique en Géorgie postsoviétique*），巴黎：Karthala，二〇一八年，頁四十八至五十。

61. Yves Ternon 著，《亞美尼亞訴求》（*La Cause arménienne*），巴黎：Le Seuil，一九八三年，頁二一〇至二一一。

62. Victor A. Shnirelman 著，《過往的價值：外高加索的神話、認同和政策》（*The Value of the Past. Myths, Identity and Politics in Transcaucasia*），大阪：日本國立民族學博物館，二〇〇一年，頁六十一至七十八。

63. Gaïdz Minassian 著，《戰爭與亞美尼亞恐怖主義，一九七二年至一九九八年》（*Guerre et terrorisme arménien, 1972-1998*），巴黎：PUF，二〇〇二年。Ronald Grigor Suny 著，《望向亞拉拉特山：現代史中的亞美尼亞》（*Looking Toward Ararat.*

Armenia in Modern History），布盧明頓－印第安納波利斯：印第安納大學出版，一九九三年，頁一八七。Bohdan Nahaylo、Victor Swoboda 著，《蘇聯解體：蘇聯的民族問題史》（*Soviet Disunion. A History of the Nationalities Problem in the USSR*），紐約：The Free Press，一九九〇年，頁一九〇。

64. 一九七四年四月十六日蘇聯共產黨中央委員會條示，檔案號：RGANI, f. 5, inv. 67, d. 82, p. 34-35。

65. R.H. Dekmejian 撰，〈蘇聯－土耳其關係與亞美尼亞蘇維埃社會主義共和國的政策〉（Soviet-Turkish Relations and Politics in the Armenian SSR），《蘇維埃研究》（*Soviet Studies*），十九卷四期，一九六八年，頁五一〇至五二五。

66. 一九七三年十二月三十一日古爾．納爾班江（Gourguen Nalbandian）呈亞美尼亞當局密報，檔案號：HAA, f. 1, inv. 52, d. 83, p. 19-47。

67. Ayesha Jalal 撰，〈一個不確定的路徑：當代伊斯蘭的全球化，一九七一年至一九七九年〉（An Uncertain Trajectory: Islam's Contemporary Globalization, 1971-1979），收錄於 Niall Ferguson 與團隊編，《全球的衝擊：透視一九七〇年代》（*The Shock of the Global: The 1970s in Perspective*），美國麻州劍橋：哈佛大學出版，二〇一〇年，頁三一九至三三六。Roham Alvandi 編，《雅利安人之光的年代：伊朗巴勒維王朝晚期與其全球錯綜的關係》（*The Age of Aryamehr. Late Pahlavi Iran and Its Global Entanglements*），倫敦：Gingko Library，二〇一八年。（譯注：Aryamehr，雅利安人之光，是一九六五年九月伊朗國會給伊朗末代沙王上的尊號。一九七八至一九七九年，伊朗發生革命，推翻巴勒維王朝，建立伊斯蘭共和國。）

68. Il'ja Strekalov 著，《蘇聯的最後一份憲法》（*Poslednjaja konstitutsija Sovetskogo Sojuza*），莫斯科：Algoritm，二〇一八年。

69. 一九七七年六月二十一日喬治亞中央委員會第二書記 Gennadi Kolbin 呈蘇聯共產黨中央委員會報告書，檔案號：SShSA PA, f. 14, inv. 52, d. 405, p. 1-16。

70. Yaroslav Bilinsky、Tönu Panning 撰，〈蘇聯各共和國內的赫爾辛基觀察委員會：對蘇聯民族政策的影響〉（Helsinki Watch Committees in the Soviet Republics: Implications for Soviet Nationality Policy），《民族議題論文》（*Nationalities Papers*），九卷一期，一九八一年，頁一至二十五。〔譯注：*Nationalities Papers*，劍橋大學自一九七二年出版的一份同行評審的學術論文期刊，發表與民族主義、少數民族、民族衝突議題相關之論文，主要聚焦中東歐、巴爾幹半島、前蘇聯、土耳其，和中亞地區的民族議題。〕

71. Igor Marykhuba 著，《蘇聯時代的阿布哈茲：二十世紀七〇年代阿布哈茲人民之國家自由奮鬥史》（*Abkhazija v sovetskuju epokhu. Iz istorii natsional'no-osvoboditel'noj bor'by Abkhazskogo naroda (70-e gody XX veka)*），卷二，阿布哈茲首都蘇呼米：Akademija Nauk Abkhazii，二〇〇九年。

72. Claire Pogue Kaiser 著，《居住國籍：一九四五年至一九七八年蘇維埃喬治亞的政策與實務》（*Lived Nationality. Policy and Practice in Soviet Georgia, 1945-1978*），美國賓州大學博士論文，二〇一五年，頁三四二至三四九。
73. 一九七八年三月十二日謝瓦納澤致蘇聯共產黨中央委員會信函，檔案號：SSShA PA, f. 14, inv. 115, d. 303, p. 33-35。
74. 一九七七年底喬治．查赫納札羅夫筆記，檔案號：Fonds Gorbatchev, f. 5, inv. 1, doc. 14567。
75. Jürgen Gerber 著，前引《喬治亞：一九五六年以來的民族對立與共產體制》，一九九七年，頁九十三至九十五。Musa Qasımlı 著，《海達．阿立耶夫：獨立的道路（一九六九年至一九七八年）》（*Heydər Əliyev-Istiqlala gedən yol (1969-1987-ci illər)*），巴庫：巴庫大學出版，二〇〇七年，頁二七三至二七六。
76. Darrell Slider 撰，〈蘇聯民族政策之危機與回應〉（Crisis and Response in Soviet Nationality Policy），《中亞研究》（*Central Asian Survey*），四卷四期，一九八五年，頁五十一至六十八。
77. Silvia Serrano 撰，〈南高加索的俄羅斯人：擁有帝國（而且還丟失了）的不幸〉（Les Russes du Caucase du Sud: du malheur d'avoir un empire (et de le perdre)），《東西歐比較研究期刊》（*Revue d'études comparatives Est-Ouest*），三十九卷一期，二〇〇八年，頁一二六。
78. Bruce Grant 撰，〈巴庫國際大都會〉（"Cosmopolitan Baku"），《民族》學報（*Ethnos*），七十五卷二期，二〇一〇年，頁一二三至一四七。〔譯注：*Ethnos*，瑞典斯德哥爾摩大學社會人類學研究所出版之同行評審學術論文期刊。〕

第十章

1. Frank Bösch 著，《一九七九年歷史的轉折點：今日世界的開端》（*Zeitenwende 1979: als die Welt von heute begann*），慕尼黑：C.H. Beck，二〇一九年。
2. Marc Elie、Isabelle Ohayon 撰，〈導論：布里茲涅夫年代的社會與文化〉（Introduction-Culture et société des années Brežnev），《俄羅斯世界學刊》（*Cahiers du monde russe*），五十四卷一、二期，二〇一三年，頁十一至二十八。Yoram Gorlizki 撰，〈過度信任：布里茲涅夫統治下的共產黨地區領導階層及地方政治網絡〉（Too Much Trust: Regional Party Leaders and Local Political Networks under Brezhnev），《斯拉夫評論》（*Slavic Review*），六十九卷三期，二〇一〇年秋季號，頁六七六至七〇〇。
3. Alexandre Bennigsen 著，《伊斯蘭對蘇聯國家的威脅》（*The Islamic Threat to the Soviet State*），紐約：St. Martin's Press，一九八三年。Allen Douglas 著，《莫斯科如何在中東玩弄穆斯林這張牌》（*How Moscow Plays the Muslim Card in the Middle*

East），紐約：Executive Intelligence Review，一九八四年。關於前述詮釋的一份批判分析，詳見 Artemy M. Kalinovsky 撰，〈鼓勵反抗：保羅．亨茲、班尼森學派與冷戰和緩之危機〉（Encouraging resistance. Paul Henze, the Bennigsen school, and the crisis of détente），收錄於 Michael Kemper、Artemy M. Kalinovsky 編，《重新評估東方主義：冷戰期間連鎖效應的東方學》（*Reassessing Orientalism. Interlocking Orientologies during the Cold War*），倫敦－紐約：Routledge，二〇一五年，頁二一一至二三二。〔譯注：班尼森學派源自一位俄羅斯地緣政治學者 Alexandre Bennigsen（一九一三至一九八八），他也是歷史學者與中亞穆斯林國家研究專家，被譽為前蘇聯諸穆斯林共和國民族問題研究的奠基者。受其影響的許多研究者被稱為班尼森學派。〕

4. Semih Vaner 撰，〈夾在西方贊助人和「北方強鄰」之間的土耳其〉（La Turquie entre l'Occident-Patron et le "Grand Voisin du Nord"），收錄於 Zaki Laïdi 編，《第三世界所見之蘇聯》（*L'URSS vue du Tiers Monde*），巴黎：Karthala，一九八四年，頁一一一。Hugo Meijer 撰，〈均衡衝突的安全利益：冷戰最後十年美國輸出國防至中國〉（Balancing Conflicting Security Interests. U.S. Defense Exports to China in the Last Decade of the Cold War），《冷戰研究學報》（*Journal of Cold War Studies*），十七卷一期，二〇一五年冬季號，頁四至四十。
5. Artemy M. Kalinovsky 著，《漫長的再見：蘇聯自阿富汗撤軍》（*A Long Goodbye. The Soviet Withdrawal from Afghanistan*），劍橋－倫敦：哈佛大學出版，二〇一一年，頁二十二至二十三。
6. Robert Santucci 撰，〈伊斯蘭國家團結面對阿富汗事件的考驗〉（La solidarité islamique à l'épreuve de l'Afghanistan），《法國政治學期刊》（*Revue française de science politique*），三十二卷二期，一九八二年，頁四九四至五〇四。
7. Benjamin Gourisse 著，《土耳其的政治暴力：一九七五年至一九八〇年深陷賭局的國家》（*La Violence politique en Turquie. L'État en jeu (1975-1980)*），巴黎：Karthala，二〇一四年。Brian Mello 撰，〈共產黨人與妥協主義者：解釋土耳其勞工運動內部的分歧，一九六〇年至一九八〇年〉（Communists and Compromisers: Explaining Divergences within Turkish Labor Activism, 1960-1980），《歐洲土耳其研究學報》（*European Journal of Turkish Studies*），十一期，二〇一〇年，線上版。
8. A.A. Rodionov 著，《土耳其：十字路口的命運》（*Turtsija. Perekrestok sudeb*），莫斯科：Mezhdunarodnye Otnoshenija，二〇〇六年，頁二一五至二一六。
9. 一九八〇年九月二十二日 Sandro Gualia 致布里茲涅夫信函，檔案號：SSShA PA, f. 14, inv. 119, d. 679, p. 9。
10. 一九八一年一月五日阿立耶夫致蘇聯共產黨中央委員會信函，檔案號：RGANI, f. 5, inv. 84, d. 89, p. 20-21，引自 Musa Gasymly 著，《土耳其－蘇聯：從政變到解體，一九八〇年至一九九一年》（*Turtsija-SSSR. Ot perevorota do raspada, 1980-*

1991），莫斯科：Insan Izdatel'stvo, 2010, p. 117.

11. Christian Emery 著，《美國外交政策與伊朗革命》（*US Foreign Policy and the Iranian Revolution*），英國貝辛斯托克－紐約：Palgrave Macmillan，二〇一三年，頁五十五至五十六。

12. Cosroe Chaqueri 撰，〈Iraj Eskandary 與伊朗圖德黨〉（Iraj Eskandary and the Tudeh Party of Iran），《中亞研究》（*Central Asian Survey*），七卷四期，一九八八年，頁一〇一至一三三。

13. Mohammad-Reza Djalili 著，《伊斯蘭外交：何梅尼主張的國際策略》（*Diplomatie islamique. Stratégie internationale du khomeynisme*），巴黎：PUF，一九八九年，頁八十三至八十六。

14. «Esteqbâl-e porshûr-e mosalmânân-e shuravî az safîr-e Djomhûrî-e Eslâmi-e Iran», Djomhûrî-e Eslâmî, 9 Khurdâd 1358 (30 mai 1979), *in* Mohammad Mokri, Na Sharqi, Na Gharbi, *Djomhûrî-e Eslâmî*, Téhéran, Moasese-ye Enteshârât-e Amir Kabir, 1362 (1983-1984), p. 65-66.

15. Pierre Razoux 著，《一九八〇年至一九八八年兩伊戰爭：第一次波斯灣戰爭》（*La Guerre Iran-Irak 1980-1988. Première guerre du Golfe*），巴黎：Perrin，二〇一三年，頁九十七至九十九。

16. 一九七九年十一月十三日亞塞拜然中央委員會決議，檔案號：ARPİİSSA, f. 1, inv. 66, d. 103, p. 36。

17. 一九八〇年一月四日亞塞拜然中央委員會決議，檔案號：ARPİİSSA, f. 1, inv. 67, d. 15, p. 108。

18. Viktorija V. Pilipenko 撰，〈伊斯蘭革命後蘇聯－伊朗的關係轉變〉（Transformatsija sovetsko-iranskikh otnoshenij posle islamskoj revoljutsii），《東方文獻》（*Vostochnyj Arkhiv*），三十卷二期，二〇一四年，頁九十。

19. Mohammad Mokri 著，《伊朗北部邊界：高加索、中亞》（*Les Frontières du Nord de l'Iran. Caucase, Asie centrale*），巴黎：Geuthner，二〇〇四年，頁一四〇至一四一。

20. Vladimir Kuzichkin 著，《蘇聯國家安全委員會內情：我在蘇聯情報單位的生活》（*Inside the KGB. My Life in Soviet Espionage*），紐約：Ivy Books，一九九〇年，頁三六四至三六七。

21. Aryeh Y. Yodfat 著，《蘇聯與伊朗革命》（*The Soviet Union and Revolutionary Iran*），倫敦－澳洲坎培拉－紐約：Croom Helm-St Martin's Press，一九八四年，頁一四二至一四三。

22. 一九八〇年五月八日蘇聯科學院社會科學部主席團決議，檔案號：HAA, f. 1095, inv. 3, d. 55, p. 1-3。

23. Musa Qasımlı 著，前引《海達・阿立耶夫：獨立的道路（一九六九年至一九七八年）》，二〇〇七年，頁四七二至四七三。

24. 一九八三年四月六日帕查札德與伊拉克外交人員訪談實錄，檔案號：ARDA, f. 3188, inv. 1, d. 286, p. 17-19。

25. Timothy Nunan撰，〈重新認識「蘇聯的穆斯林」：土耳其和伊朗演繹蘇聯的伊斯蘭，一九七八年至一九八二年〉（Getting Reacquainted with the "Muslims of the USSR": Staging Soviet Islam in Turkey and Iran, 1978-1982），《帝國：後蘇聯之新帝國歷史與民族主義研究》（*Ab Imperio*），二〇一一年四月號，頁一三三至一七一。Serkan Yolaçan撰，〈走過晴雨同甘共苦的亞塞拜然人網絡：一個僑民眼中的西亞政治〉（Azeri Networks through Thick and Thin. West Asian Politics from a Diasporic Eye），《歐亞研究學報》（*Journal of Eurasian Studies*），十卷一期，二〇一九年，頁三十六至四十七。
26. Brenda Shaffer著，《邊界與手足：伊朗與亞塞拜然認同的挑戰》（*Borders and Brethrens. Iran and the Challenge of Azerbaijani Identity*），麻州劍橋－倫敦：麻省理工學院出版，二〇〇二年，頁九十至一百。
27. Mirza Ibrahimov撰，〈南方復興〉（Cənubda dirçəliş），《亞塞拜然》（*Azərbaycan*），第一期，一九八〇年，引自David B. Nissman著，《蘇聯與伊朗亞塞拜然省：運用民族主義進行政治滲透》（*The Soviet Union and Iranian Azerbaijan. The Use of Nationalism for Political Penetration*），科羅拉多州博爾德－倫敦：Westview Press，一九八七年，頁四十八至四十九。
28. Gilles Riaux著，《伊朗的民族認同和民族主義：亞塞拜然因素》（*Ethnicité et nationalisme en Iran. La cause azerbaïdjanaise*），巴黎：Karthala，二〇一二年，頁一六八至一七三。
29. Süleyman Rustəm著，《遙想南方：詩與詩人》（*Cənub həsrəti. şeirlər və poemalar*），巴庫：Yazıçı，一九八一年。David Nissiman撰，〈亞塞拜然「懷舊」文學的起源與發展：〉（The Origin and Development of the Literature of "Longing" in Azerbaijan），《土耳其研究學報》（*Journal of Turkish Studies*），第八期，一九八四年，頁一九九至二〇七。
30. 一九八三年三月十一日亞美尼亞外交部致亞美尼亞中央委員會信函，檔案號：HAA, f. 1, inv. 73, d. 19, p. 56。一九六三年二月十八日A.F. Aslanikachvili致喬治亞中央委員會條示，檔案號：SSShA PA, f. 14, inv. 38, d. 329, p. 10-18。Babak Rezvani撰，〈菲瑞丹地區喬治亞人的伊斯蘭化與民族起源論〉（The Islamization and Ethnogenesis of the Fereydani Georgians），《民族論文》（*Nationalities Papers: The Journal of Nationalism and Ethnicity*），三十六卷四期，二〇〇八年，頁五九三至六二三。
31. 關於二十世紀伊朗的亞美尼亞人之處境，參見David N. Yaghoubian著，《伊朗的民族、認同與民族主義之發展》（*Ethnicity, Identity, and the Development of Nationalism in Iran*），紐約州雪城：雪城大學出版，二〇一四年。
32. 一九八五年五月七日〔法國文化部長〕Jack Lang致〔外交部長〕Roland Dumas信函，檔案號：AMAE, AP, Europe, 1981-1985, URSS, 5614。
33. Edvard Shevardnadze撰，〈在黨的實務工作中運用社會學研究更有效率〉（Effektivnee ispol'zovat' sotsiologicheskie issledovanija v praktike partijnoj raboty），《社會學研究》（*Sotsiologicheskie issledovanija*），第一期，一九七八年，頁六十六至六十八。

34. 一九八四年一月二十四日法國大使 Claude Arnaud 致〔法國〕外交部報告書，檔案號：AMAE, AP, Europe, 1981-1985, URSS, 5614。

35. James Steffen 撰，《謝爾蓋・帕拉札諾夫的電影》（*The Cinema of Sergei Parajanov*），麥迪遜—倫敦：威斯康辛大學出版，二〇一三年，頁二〇二至二〇三。Jean Radvanyi 編，《喬治亞電影》（*Le Cinéma géorgien*），巴黎：龐畢度中心（Centre Georges Pompidou），一九八八年。

36. Marie-Hélène Mandrillon 著，〈國家專業，蘇聯的環境熔煉坩堝〉（L'expertise d'État, creuset de l'environnement en URSS），《二十世紀歷史期刊》（*Vingtième Siècle. Revue d'histoire*），一一三卷一期，二〇一二年，頁一〇七至一一六。

37. Jürgen Gerber 著，前引《喬治亞：一九五六年以來的民族對立與共產體制》，一九九七年，頁一五四至一六〇。

38. Katja Doose 撰，〈綠色民族主義？亞美尼亞蘇維埃共和國中環境論的轉變，一九六九年至一九九一年〉（Green Nationalism? The Transformation of Environmentalism in Soviet Armenia, 1969-1991），《帝國：後蘇聯之新帝國歷史與民族主義研究》（*Ab Imperio*），二〇一九年一月號，頁一八一至二〇五。

39. Thomas de Waal 著，前引《黑色花園：歷經戰爭與和平的亞美尼亞和亞塞拜然》，二〇〇三年，頁十七至十九。

40. Ohannes Geukjian 著，《南高加索的民族認同、民族主義和衝突：上卡拉巴赫地區與蘇聯民族政策的遺贈》（*Ethnicity, Nationalism and Conflict in the South Caucasus. Nagorno-Karabakh and the Legacy of Soviet Nationalities Policy*），英國法納姆—佛蒙特州伯靈頓：Ashgate，二〇一二年，頁一四六至一四七。

41. 《蘇姆蓋特慘案：蘇聯對亞美尼亞人的一場屠殺》（*La tragédie de Soumgaït. Un pogrom d'Arméniens en Union soviétique*），巴黎：Le Seuil，一九九一年。

42. Anahide Ter Minassian 撰，〈一九四五年後巴黎的亞美尼亞人〉（Les Arméniens de Paris depuis 1945），收錄於 Antoine Marès、Pierre Milza 編，《一九四五年後異鄉人的巴黎》（*Le Paris des étrangers depuis 1945*），巴黎：Publications de la Sorbonne，一九九四年，頁二三六至二三七。

43. 一九八八年六月二十七日英國外交、國協事務部蘇聯研究部門蘇聯司筆記，檔案號：FCO 28/8876。

44. Sergey Rumyantsev、Sevil Huseynova 撰，〈國際化程度最高和最低的：一九六〇年代初至一九九〇年一月亞塞拜然與亞美尼亞的城市與鄉村〉（The Most and the Least International. The City and the Countryside in Azerbaijan and Armenia from the Early 1960s to January 1990），《歐亞研究》（*Europe-Asia Studies*），七十卷六期，二〇一八年，頁九〇四至九二三。

45. 一九八八年四月十八日至二十一日莫斯科士蘇鐵路運輸會議的會議記錄，檔案號：RGAE, f. 1884, inv. 105, d. 13142, p. 1-6。

46. Faruk Bilici撰，〈一種超前的具體落實：在黑海東部的合作〉（Une réalisation concrète avant la lettre: la coopération en mer Noire orientale），《東地中海與土耳其－伊朗世界研究期刊》（*CEMOTI. Cahiers d'Etudes sur la Méditerranée Orientale et le Monde Turco-Iranien*），第十五期，一九九三年，頁一六九至一八三。Chris Hann、Ildikó Hann撰，〈土耳其市場的俄羅斯茶炊與性〉（Samovars and Sex on Turkey's Russian Markets），《今日人類學》（*Anthropology Today*），八卷四期，一九九二年八月，頁三至六。

47. Mathijs Pelkmans著，前引《捍衛邊界：喬治亞共和國的認同、宗教和現代性》，二〇〇六年，頁七十二至七十五。

48. Clément Therme著，《一九七九年後德黑蘭與莫斯科之間的關係》（*Les Relations entre Téhéran et Moscou depuis 1979*），巴黎：法國大學出版社，二〇一二年，頁九十二至九十三。

49. Raoul Motika撰，〈伊朗和伊拉克對於高加索觀念中的意識形態元素〉（Ideologische Elemente der iranischen und türkischen Kaukasusperzeption），收錄於Uwe Halbach、Andreas Kappeler編，《高加索癥結點》（*Krisenherd Kaukasus*），巴登巴登：Nomos，一九九五年，頁二六三至二六六。

50. Katja Doose著，《重建的構造：亞美尼亞大地震和重組，一九八五年至一九九八年》（*Tektonik der Perestroika. Das Erdbeben und die Neuordnung Armeniens, 1985-1998*），維也納－科隆－威瑪：Böhlau Verlag，二〇一九年。

51. 一九八八年十二月十四日Akhromeev元帥致最高蘇維埃副主席Lukyanov報告書，檔案號：GARF, f. R9654, inv. 6, d. 95, p. 15-16。

52. Pierre Verluise著，《亞美尼亞：斷裂》（*Arménie. La fracture*），巴黎：Stock，一九九九年，頁四十七至四十九。

53. 一九八九年一月十六日亞美尼亞外交部致V. Nikiforov報告書，檔案號：HAA, f. 326, inv. 7, d. 172, p. 5

54. 亞美尼亞外交部致喬治亞外交部信函，檔案號：HAA, f. 326, inv. 7, d. 189, p. 4-5。

55. Brenda Shaffer著，前引《邊界與手足：伊朗與亞塞拜然認同的挑戰》，二〇〇二年，頁一三六至一三七。Tadeusz Swietochowski著，前引《俄羅斯與亞塞拜然：轉型中的邊境地》，一九九五年，頁二〇九至二一〇。

56. Erdem Karaca撰，〈蘇聯解體後到獨立國協成立前納希契凡、亞美尼亞與亞塞拜然之地緣政治發展以及土耳其的態度（一九八七年十月至一九九一年十二月）〉（SSCB'nin Dağılma Sürecinden BDT'nin Kurulmasına Kadar Geçen Sürede Karabağ Eksenli Olarak, Nahçıvan, Ermenistan ve Azerbaycan Coğrafyasında Yaşanan Gelişmeler ve Türkiye'nin Tutumu (Ekim 1987-Aralık 1991)），《聖戰勇士：學院觀點》（*Gazi. Akademik Bakış*），九卷十七期，二〇一五年冬季號，頁一一九。

57. Thorniké Gordadzé撰，〈喬治亞和國內「不稱職的東道主」〉（La Géorgie et ses "hôtes ingrats"），《國際評論》（*Critique*

internationale），十卷一期，二〇〇一年，頁一六一至一七六。Georges Charachidzé 撰，〈帝國與巴別塔：重建中的少數族群〉（L'Empire et Babel. Les minorités dans la perestroïka），《人類》（*Le Genre humain*），二十卷二期，一九八九年，頁九至三十六。

58. 一九八八年夏天以利亞．恰夫沙瓦澤學會發表的宣言，檔案號：SShSA PA, f. 14, inv. 129, d. 159, p. 20-22。

59. Sophie Tournon 撰，〈喬治亞：無限期延後遣返梅斯赫特地區遭強制遷徙的人民〉（Géorgie: l'ajournement indéfini du rapatriement des déportés de Meskhétie），收錄於 Aurélie Campana、Grégory Dufaud、Sophie Tournon 編，《驅逐出境的後遺症：高加索與克里米亞受迫害人民之今昔》（*Les déportations en héritage. Les peuples réprimés du Caucase et de Crimée hier et aujourd'hui*），法國雷恩：Presses Universitaires de Rennes，二〇一〇年，頁一九三至二四〇。

60. Stephen H. Rapp J. 撰，〈拆解「喬治亞的精神使命」：神聖的民族中心主義、具國際觀的國族主義論和蘇聯瓦解時至關重要的覺醒〉（Dismantling "Georgia's Spiritual Mission": Sacral Ethnocentrism, Cosmopolitan Nationalism, and Primordial Awakenings at the Soviet Collapse），收錄於 Krista A. Goff、Lewis H. Siegelbaum 編，前引《歐亞交界地區的帝國和歸屬》，二〇一九年，頁一六二至一八一。

61. 一九八九年五月二十二日〔喬治亞〕參謀總長 M. Moiseev 致最高蘇維埃副主席 Anatoli Loukianov 報告書，檔案號：GARF, f. R9654, inv. 6, d. 95, p. 72。

62. Jürgen Gerber 著，前引《喬治亞：一九五六年以來的民族對立與共產體制》，一九九七年，頁一七七至一八三。

63. Antoine Constant 著，《亞塞拜然》（*L'Azerbaïdjan*），巴黎：Karthala，二〇〇二年，頁三三二至三三三。

64. Rufat Sattarov 著，《獨立的亞塞拜然國內的伊斯蘭、國家與社會》（*Islam, State and Society in Independent Azerbaijan*），威斯巴登：Reichert Verlag，二〇〇九年，頁七十九至八十三。

65. Tadeusz Swietochowski 撰，〈上卡拉巴赫的問題：殖民之下與去殖民化過程中的地理學與人口學〉（The Problem of Nagorno-Karabakh: Geography versus Demography under Colonialism and in Decolonization），收錄於 Hafeez Malik 編，《中亞：戰略的重要性與未來展望》（*Central Asia. Its Strategic Importance and Future Prospects*），英國貝辛斯托克－紐約：Macmillan，一九九四年，頁一五三。

66. Taline Papazian 撰，〈在去殖民化、重新建國和反叛之間：南高加索各共和國誕生之多角檢視〉（Entre décolonisation, refondation et rébellion: lecture croisée des actes de naissance des Républiques du Caucase du Sud），《當代亞美尼亞研究》（*Études arméniennes contemporaines*），第一期，二〇一三年，頁九至十六。

67. 一九九二年一月十六日俄國外交部致喬治亞駐莫斯科代表信函，檔案號：SUITsA, f. 1206, inv. 7, d. 7, p. 3。

結論

1. Jules Verne 著，《環遊黑海歷險記》（*Kéraban-le-têtu*），巴黎：J. Hetzel，一八八三年。
2. Maria Todorova 著，《巴爾幹半島的意象》（*L'Imaginaire des Balkans*），巴黎：法國高等社會科學院出版，二〇一一年。
3. Y. Eyüp Özveren 撰，〈研究黑海世界的前置工作，一七八九年至一九一五年〉（A Framework for the Study of the Black Sea World, 1789-1915），「設立於美國紐約大學的」《斐爾南・布勞岱爾研究中心期刊》（*Review (Fernand Braudel Center)*），二十卷一期，一九九七年冬季號，頁七十七至一一三。Stefan Troebst 撰，〈黑海作為一個歷史性的中介地區：文化研究與社會科學領域裡的概念〉（The Black Sea as a Historical Meso-Region: Concepts in Cultural Studies and the Social Sciences），《巴爾幹半島與黑海研究學報》（*Journal of Balkan and Black Sea Studies*），二卷二期，二〇一九年六月號，頁十一至二十九。
4. Dilek Yankaya 著，《新的伊斯蘭布爾喬亞：土耳其模式》（*La Nouvelle Bourgeoisie islamique. Le modèle turc*），巴黎：PUF，二〇一三年。Erkan Ertosun 撰，〈外交政策的改變和領導權：一九八三年至一九八九年圖爾古特・奧札爾在土耳其一馬當先的例子〉（Change and Leadership in Foreign Policy: The Case of Turgut Özal's Premiership in Turkey, 1983-1989），《地中海季刊》（*Mediterranean Quarterly*），二十七卷二期，二〇一六年，頁四十七至六十六。
5. 一九九二年十二月十日喜克梅特・契丁在黑海經濟合作組織會議開幕式之演說。
6. Lale Yalçın-Heckmann 著，《重返私有制：亞塞拜然共和國農業改革後的農村生活》（*The Return of Private Property. Rural Life after Agrarian Reform in the Republic of Azerbaijan*），柏林：LIT Verlag，二〇一〇年。關於喬治亞過渡時期之經驗，詳參口述彙整，收錄於 Natela Kopaliani-Schmunk 編，《來自喬治亞的聲音：從史達林死後至今》（*Stimmen aus Georgien. Vom Tode Stalins bis zur Gegenwart*），柏林：LIT Verlag，二〇一八年。
7. Vicken Cheterian 撰，〈重建、轉型、革命〉（Perestroika, Transition, Colour Revolutions），收錄於 Vicken Cheterian 編，《從重建到顏色革命：後社會主義之改革與革命》（*From Perestroika to Rainbow Revolutions. Reform and Revolution after Socialism*），倫敦：Hurst & Company，二〇一三年，頁一至三十一。
8. 一九九三年五月七日土耳其駐提比里斯大使致喬治亞外交部節略，檔案號：SUITsA, f. 1206, inv. 3, d. 1563, p. 64-69。
9. Lale Yalçın-Heckmann 撰，〈開放與封閉：高加索地區的公民資格制度、市場與邊界〉（Openings and Closures: Citizenship Regimes, Markets and Borders in the Caucasus），收錄於 Bruce Grant、Lale Yalçın-Heckmann 編，《高加索世界觀：人類學、

歷史和一個世界區域的打造》（*Caucasus Paradigms. Anthropologies, Histories and the Making of a World Area*），柏林：LIT Verlag，二〇〇七年，頁二七九至二八一。

10. Jean Radvanyi 撰，〈從高加索地區地緣政治的變化透視喬治亞內部問題〉（Les problèmes internes de la Géorgie à la lueur des mutations géopolitiques de la zone caucasienne），收錄於 Mohammad-Reza Djalili 編，《後蘇聯時期的高加索：衝突中的轉型》（*Le Caucase post-soviétique: la transition dans le conflit*），一九九五年，頁五十至五十一。

11. Taline Papazian 著，《火的考驗下之亞美尼亞：通過戰爭淬鍊的國家》（*L'Arménie à l'épreuve du feu. Forger l'État à travers la guerre*），巴黎：Karthala，二〇一六年，頁二一二至二一五。

12. Nəsib Nəsibzadə 著，《亞塞拜然民主共和國（文獻與資料）》（*Azərbaycan Demokratik Respublikası (Məqalələr və sənədlər)*），巴庫：Elm，一九九〇年。

13. Thomas de Waal 撰，〈一個破碎的地區：南高加索統合計畫的屢屢失敗〉（A Broken Region. The Persistent Failure of Integration Projects in the South Caucasus），《歐亞研究》（*Europe-Asia Studies*），六十四卷九期，二〇一二年，頁一七〇九至一七二三。

14. Andrew Barry 著，《物資政策：輸油管沿線的爭執》（*Material Politics. Disputes along the Pipeline*），英國奇切斯特：John Wiley & Sons，二〇一三年。

15. Aude Merlin、Silvia Serrano 撰，〈高加索諸國與衝突〉（États et conflits au Caucase），收錄於 Aude Merlin、Silvia Serrano 編，《高加索的秩序與失序》（*Ordres et désordres au Caucase*），布魯塞爾：布魯塞爾大學出版，二〇一〇年，頁十一。

16. Patrick Armstrong 撰，〈進入迷因〉（Enter the Memes），收錄於 Robert Bruce Ware 編，《爐下之火：高加索如何形塑了俄羅斯》（*The Fire Below. How the Caucasus Shaped Russia*），紐約－倫敦：Bloomsbury Academic，二〇一三年，頁十九至二十三。

17. Bayram Balci 著，《中亞和高加索地區的伊斯蘭復興》（*Renouveau de l'islam en Asie centrale et dans le Caucase*），巴黎：法國國家科學研究中心，二〇一七年，頁一一五至一一六。

18. Clément Therme 著，前引《一九七九年後德黑蘭與莫斯科的關係》，二〇一二年，頁一三二至一三三。Mahmoud Va'zei, *Miyândjigirî dar Asyâ-ye Markazî va Qafqâz: Tadjrobe-ye djomhûrî-e Eslâmî-e Irân*, Téhéran, Vezârat-e Omûr-e Khâredjî, 1388 (2009).

19. Bayram Balci 撰，〈在伊斯蘭與世俗性之間：土耳其對中亞與高加索突厥語族共和國的宗教政策〉（Entre islam et laïcité: la politique religieuse de la Turquie dans les républiques turques d'Asie centrale et du Caucase），收錄於 Bayram Balci、Raoul Motika 編，《後蘇聯時代高加索的宗教與政治》（*Religion et politique dans le Caucase post-soviétique*），巴黎－伊斯坦堡：

Maisonneuve & Larose-IFEA，二〇〇七年，頁八十一至九十六。

20. Svante E. Cornell 著，《亞塞拜然，獨立之後》（*Azerbaijan Since Independence*），紐約州阿蒙克－倫敦：M.E. Sharpe，二〇一一年，頁七十至七十一。

21. Suha Bolukbaşı 撰，〈安卡拉以巴庫為中心的外高加索政策，失敗了嗎？〉（Ankara's Baku-Centered Transcaucasia Policy: Has It Failed?），《中東學報》（*Middle East Journal*），五十一卷一期，一九九七年冬季號，頁八十四。

22. Damien Helly 撰，〈歐盟的對外行動模式：南高加索的例子〉（Les modes d'action extérieure de l'Union Européenne: le cas du Caucase du Sud），《法國政治學期刊》（*Revue française de science politique*），五十五卷二期，二〇〇五年，頁二四五至二四六。

23. Robert Olson 撰，〈一九九一年至一九九七年土耳其與俄羅斯的外交政策：庫德族人與車臣問題〉（Turkish and Russian Foreign Policies, 1991-1997: The Kurdish and Chechnya Questions），《穆斯林少數民族事務學報》（*Journal of Muslim Minority Affairs*），十八卷二期，一九九八年，頁二〇九至二二七。

24. Audrey L. Altstadt 著，《後蘇聯時代亞塞拜然受挫的民主》（*Frustrated Democracy in Post-Soviet Azerbaijan*），華盛頓－紐約：伍德羅．威爾遜中心出版社－哥倫比亞大學出版社，二〇一七年。

25. Gaïdz Minassian 著，《南高加索，新的冷戰：亞美尼亞、亞塞拜然、喬治亞》（*Caucase du Sud, la nouvelle guerre froide. Arménie, Azerbaïdjan, Géorgie*），巴黎：Autrement，二〇〇七年，頁一一〇至一二七。Steven LeVine 著，《石油與榮耀：帝國的追求與裏海上的財富》（*The Oil and the Glory: The Pursuit of Empire and Fortune on the Caspian Sea*），紐約：Random House，二〇〇七年。

26. Amin Moghadam、Serge Weber 撰，〈在葉里溫的伊朗人：一種「尋常的世界主義」〉（Des Iraniens à Erevan: un "cosmopolitisme vernaculaire"），《人類與遷徙》（*Hommes et Migrations*），第一三一二期，二〇一五年，頁三十三至四十一。

27. Zaur Gasimov 撰，〈高加索世界主義的語彙：二十世紀位於十字路口的巴庫〉（The Languages of Caucasian Cosmopolitanism: Twentieth-Century Baku at the Crossroads），收錄於 Dina Gusejnova 編，《戰爭衝突中的多元文化主義：從七年戰爭到冷戰的帝國遭遇》（*Cosmopolitanism in Conflict. Imperial Encounters from the Seven Years' War to the Cold War*），倫敦：Palgrave Macmillan，二〇一八年，頁二六二至二六四。

28. Silvia Serrano 著，前引《後蘇聯時代喬治亞的東正教會與政治》，二〇一八年，頁一六二至一六五。

29. Rebecca Ruth Gould 撰，〈紀念阿恆札代：矛盾的世界主義與提比里斯舊城中後蘇聯時代的自戀〉（Memorializing Akhundzadeh:

Contradictory Cosmopolitanism and Post-Soviet Narcissism in Old Tbilisi），《國際後殖民研究學報》（*Interventions*），二十卷四期，二〇一八年，頁四八八至五〇九。

30. John W. Parker 著，《波斯夢：沙王下台後的莫斯科與德黑蘭關係》（*Persian Dreams. Moscow and Tehran since the Fall of the Shah*），華盛頓：Potomac Books，二〇〇九年。

31. Edmund Herzig 著，《伊朗與前蘇聯的南境》（*Iran and the Former Soviet South*），倫敦：英國皇家國際事務研究所，一九九五年，頁四至五。

32. Adeline Braux 著，《莫斯科－高加索：後蘇聯時代的移民和僑民》（*Moscou-Caucase. Migrations et diasporas dans l'espace post-soviétique*），巴黎：Petra，二〇〇九年。Meredith L. Roman 撰，〈把高加索人當黑人：共產主義倒塌後的莫斯科與非俄羅斯人的種族化〉（Making Caucasians Black: Moscow since the Fall of Communism and the Racialization of Non-Russians），《共產主義研究與轉型政策學報》（*Journal of Communist Studies and Transition Politics*），十八卷二期，二〇〇二年，頁一至二十七。

33. Maroussia Ferry 著，《我們可能失去的：後蘇聯時代喬治亞的人類學（一九九一年至二〇一五年）》（*Ce que nous aurions perdu: anthropologie de la crise en Géorgie postsoviétique (1991-2015)*），法國高等社會科學院博士論文，巴黎，二〇一八年。以及，同作者撰，〈當喬治亞的女人都走光了〉（Quand la Géorgie se vide de ses femmes），《百分百的權利》（*Plein droit*），一二二卷三期，二〇一九年，頁三十三至三十六。

34. Vicken Cheterian 撰，〈喬治亞的玫瑰革命：改變或重蹈覆轍？介於國家建構與現代化計劃之間的緊張情勢〉（Georgia's Rose Revolution: Change or Repetition? Tension between State-Building and Modernization Projects），《民族論文》（*Nationalities Papers*），三十六卷四期，二〇〇八年，頁六八九至七一二。Paul Manning 著，《陌生土地上的陌生人：十九世紀喬治亞印象中的西方主義論群眾與東方主義論地理》（*Strangers in a Strange Land. Occidentalist Publics and Orientalist Geographies in Nineteenth-Century Georgian Imaginaries*），麻州伯靈頓：Academic Studies Press，二〇一二年，頁十至十一。

35. Silvia Serrano 撰，〈喬治亞，一個遙遠的鄰居〉（La Géorgie, un voisin distant），收錄於 Jacques Rupnik 編，《歐洲的邊區：歐盟的睦鄰政策》（*Les Banlieues de l'Europe. Les politiques de voisinage de l'Union européenne*），巴黎：巴黎政治學院出版（Presses de la FNSP），二〇〇七年，頁七十五至一〇〇。

36. Laure Delcour 著，《形塑後蘇聯時代的空間？歐盟政策與地區建設方法》（*Shaping the Post-Soviet Space? EU Policies and Approaches to Region-Building*），加拿大法納姆－麻州伯靈頓：Ashgate，二〇一一年。Charlotte Hille 撰，〈歐洲試圖安

撫高加索：雄心與矛盾〉（Les tentatives européennes de pacification du Caucase. Ambitions et contradictions），收錄於 Anne Bazin、Charles Tenenbaum 編，《歐盟與和平》（*L'Union européenne et la paix*），巴黎：巴黎政治學院出版，二〇一七年，頁二〇三至二二一。

37. Régis Genté 著，前引《普丁與高加索》，二〇一四年，頁一三一至一三六。

38. Gaïdz Minassian 撰，〈南高加索的大謀略〉（Grandes manœuvres au Caucase du Sud），《外交政策》（*Politique étrangère*），第四期，二〇〇八年，頁七七五至七八七。

39. Zaur Gasimov 撰，〈懼怕和著迷：俄羅斯對土耳其印象的擺盪〉（Angst und Faszination. Das Pendeln des türkischen Russlandbildes），《東歐》（*Osteuropa*），六十八卷十期－十二期，二〇一八年，頁三一七至三三七。

索引

人名

四畫

五畫

六畫

七畫

八畫

九至十畫

十一至十二畫

十三畫

十四畫以上

文獻

地點

三至五畫

六至七畫

八畫

九至十畫

十一至十四畫

十五畫以上

其他

三至七畫

八至十畫

十一畫以上

歐亞火藥庫的誕生：在俄羅斯、土耳其、伊朗之間求生存的 20 世紀高加索

作　　者　埃提安・佩哈（Etienne Peyrat）
譯　　者　許惇純
選 書 人　張瑞芳
審　　訂　周雪舫、郭容吟
責任主編　張瑞芳
專業校對　童霈文
版面構成　張靜怡
封面設計　陳文德
行銷統籌　張瑞芳
行銷專員　段人涵
出版協力　劉衿妤
總 編 輯　謝宜英
出 版 者　貓頭鷹出版

發 行 人　涂玉雲
發　　行　英屬蓋曼群島商家庭傳媒股份有限公司城邦分公司
　　　　　104 台北市中山區民生東路二段 141 號 11 樓
　　　　　劃撥帳號：19863813；戶名：書虫股份有限公司
城邦讀書花園：www.cite.com.tw　購書服務信箱：service@readingclub.com.tw
購書服務專線：02-2500-7718~9（週一至週五 09:30-12:30；13:30-18.00）
24 小時傳真專線：02-25001990~1
香港發行所　城邦（香港）出版集團／電話：852-2877-8606 ／傳真：852-2578-9337
馬新發行所　城邦（馬新）出版集團／電話：603-9056-3833 ／傳真：603-9057-6622
印 製 廠　中原造像股份有限公司
初　　版　2023 年 4 月
定　　價　新台幣 630 元／港幣 210 元（紙本書）
　　　　　新台幣 441 元（電子書）
I S B N　978-986-262-611-5（紙本平裝）／ 978-986-262-610-8（電子書 EPUB）

讀者意見信箱　owl@cph.com.tw
投稿信箱　owl.book@gmail.com
貓頭鷹臉書　facebook.com/owlpublishing

【大量採購，請洽專線】(02) 2500-1919

城邦讀書花園
www.cite.com.tw

國家圖書館出版品預行編目資料

歐亞火藥庫的誕生：在俄羅斯、土耳其、伊朗之間求生存的 20 世紀高加索／埃提安・佩哈（Etienne Peyrat）著；許惇純譯 . -- 初版 . -- 臺北市：貓頭鷹出版：英屬蓋曼群島商家庭傳媒股份有限公司城邦分公司發行 , 2023.04
面；　公分 .
譯自：Histoire du Caucase au XXe siècle.
ISBN 978-986-262-611-5（平裝）

1. CST：地緣政治　2. CST：國際關係
3. CST：區域研究　4. CST：高加索

571.15　　111022151

本書採用品質穩定的紙張與無毒環保油墨印刷，以利讀者閱讀與典藏。